DETLEF AUFDERHEIDE

Unternehmer, Ethos und Ökonomik

Volkswirtschaftliche Schriften

Begründet von Prof. Dr. Dr. h. c. J. Broermann †

Heft 450

Unternehmer, Ethos und Ökonomik

Moral und unternehmerischer Gewinn aus der Sicht der Neuen Institutionenökonomik

Von

Detlef Aufderheide

Duncker & Humblot · Berlin

Die Deutsche Bibliothek – CIP-Einheitsaufnahme

Aufderheide, Detlef:
Unternehmer, Ethos und Ökonomik : Moral und unternehmerischer Gewinn aus der Sicht der neuen Institutionenökonomik / von Detlef Aufderheide. – Berlin : Duncker und Humblot, 1995
(Volkswirtschaftliche Schriften ; H. 450)
Zugl.: Münster (Westfalen), Univ., Diss., 1993
ISBN 3-428-08470-5
NE: GT

D 6

Fotoprint: Berliner Buchdruckerei Union GmbH, Berlin
Printed in Germany

ISSN 0505-9372
ISBN 3-428-08470-5

Gedruckt auf alterungsbeständigem (säurefreiem) Papier
entsprechend ISO 9706 ♾

Meinen Eltern in Dankbarkeit

Schon daß man in moralischen Fragen
überhaupt mit den Mitteln der Logik operiert,
Konsequenzen, Zusammenhänge und
Widersprüche aufzudecken sucht, mag
Verfechtern einer dogmatischen Moral nicht
selten als übertrieben erscheinen.

Hans Albert

Vorwort

Die Frage einer moralischen Rechtfertigung der Marktwirtschaft darf heute als beantwortet gelten: Spätestens nach dem Zusammenbruch des sozialistischen Experiments hat die gemeinwohlfördernde Eigenschaft einer auf individuelles Vorteilsstreben setzenden Ordnung gute Chancen, von der überwiegenden Mehrzahl der Menschen erkannt und anerkannt zu werden.

Mag die moralische Bedeutung der marktwirtschaftlichen Ordnung *in toto* heute also vielen Menschen nachvollziehbar erscheinen, so gilt dies für individuelles Handeln innerhalb dieser Ordnung paradoxerweise nicht ohne weiteres. Dabei erweist sich insbesondere - und ausgerechnet - das für die Vitalität einer Marktwirtschaft elementare unternehmerische Handeln vielen Menschen immer noch und immer wieder als suspekt. Größere und kleinere Skandale, Vorteilsnahmen und erfolgreiche Bestechungsversuche, die zu manipulierten Auftragsvergaben (übrigens nicht nur im öffentlichen Bereich) führen, tragen ebenso zu dieser Einschätzung bei wie die wiederholte Übervorteilung schwächerer Vertragspartner oder fortgesetzte Umweltvergehen: Auch und gerade innerhalb einer auf das Engagement des einzelnen setzenden Ordnung haben offenbar gewisse Möglicheiten keineswegs an Bedeutung verloren, das eigene Einkommen nicht - ordnungskonform - zum Wohle, sondern - ordnungswidrig - auf Kosten anderer zu erhöhen. Die technologische Entwicklung, als Sinnbild der Wohlstandsmehrung anerkannt, spielt hier eine nicht geringe Rolle: Der gewaltige Produktivitätsfortschritt und die damit verbundene zunehmende Arbeitsteilung haben ohne Zweifel auch zu einer wachsenden Anonymisierung aller lebensweltlichen und wirtschaftlichen Beziehungen geführt; mit dem schöpferischen hat sich auch das zerstörerische Potential intendierter wie nichtintendierter Wirkungen menschlicher Handlungen offenbar explosionsartig entwickelt.

Es kann daher derzeit kaum ein Zweifel bestehen, daß aus dem Untergang des Sozialismus in den Augen vieler Menschen heute zwar ein funktionaler Erfolg, aber kein moralischer Triumph geworden ist. Somit lautet allerdings eine naheliegende Frage, ob unter diesen Bedingungen nicht, quasi durch Erosion von unten nach oben, auch die eingangs erwähnte moralische Vorzugswürdigkeit der Gesamtordnung zwangsläufig wieder in Gefahr gerät?

Diese empirisch-lebensweltlichen Probleme der Menschen spiegeln sich auffällig in den theoretischen der Ökonomik. Neuere Ansätze zur Wirtschafts- bzw. Ordnungsethik haben sich zwar bereits als äußerst erfolgreich erwiesen. Auch diese geraten jedoch beim analytischen Schritt von den Vorteilen einer *allgemeinen* Geltung gesellschaftlicher Spielregeln zur Erklärung ihrer *individuellen* Befolgung in konzeptionelle Schwierigkeiten, zumal moralische Wertvorstellungen jedenfalls für das hypothetisch handelnde Individuum - den *homo oeconomicus* - axiomatisch ausgeschlossen werden (müssen). Welcher Beitrag, so lautet eine naheliegende Frage, ist von dieser Seite zu einer verbesserten Umsetzung moralischer Ziele in individuellem, insbesondere unternehmerischem Handeln zu erwarten?

Diese Fragen werden in der vorliegenden Untersuchung theoriestrategisch angegangen und systematisch aufgearbeitet. Dabei wird zu zeigen sein, ob oder inwiefern - gerade mit Hilfe neuerer Ansätze der ökonomischen Theoriebildung - geeignete Vorkehrungen ermittelt werden können, die eine hinreichende Kongruenz von, wenn man so will, individuellem Interesse und Gemeinwohl (wieder-) herzustellen helfen. Den Ausgangspunkt bildet eine konzeptionelle Auseinandersetzung mit dem positiven ökonomischen Ansatz zur Erklärung menschlichen Handelns. Anschließend werden Probleme der Normativität in ökonomischen Theorien näher untersucht und der produktive Beitrag einer institutionenorientierten Moralökonomik zur wirtschaftsethischen Diskussion expliziert. Dies ist die Grundlage für eine Untersuchung derzeit vorliegender unternehmensethischer Konzeptionen, ehe ein abschließender Entwurf zur Unternehmensethik - genauer: zur unternehmensbezogenen Moralökonomik - vorgestellt wird, den ich vorläufig als Regeltransparenzansatz bezeichne; (auch) der dort unterbreitete Vorschlag stellt auf eine verbesserte Verankerung moralischer Normen in unternehmerischem Handeln ab, setzt zugleich aber auf die Anwendung und Weiterentwicklung neuerer theoretischer Erkenntnisse, insbesondere der Neuen Institutionenökonomik.

Bei der vorliegenden Untersuchung handelt es sich um die überarbeitete Fassung einer Arbeit, die im Februar 1993 von der Wirtschaftswissenschaftlichen Fakultät der Westfälischen Wilhelms-Universität Münster als Inaugural-Dissertation angenommen wurde. Sie wurde nur durch die außerordentliche Förderung möglich, die mir mein akademischer Lehrer und Doktorvater, Herr Professor Dr. Dr. h. c. Jochen Schumann, stets gewährte. Ihm gilt mein tief empfundener Dank. Auch bei meiner Kollegin, Frau Diplom-Volkswirtin Kirsten Witte, und meinem Kollegen Dr. Christof Domrös am Lehrstuhl für Volkswirtschaftstheorie möchte ich mich bedanken; sie haben immer wieder konzeptionelle Fragen der Neuen Institutionenökonomik mit mir diskutiert. Meinen herzlichen Dank möchte ich auch meinem Zweitgutachter, Herrn Professor Dr. Hans-Jürgen Ewers, aussprechen, der zudem die Endphase der Arbeit mit engagierter Diskussionsbereitschaft begleitet und das Projekt insgesamt sehr unterstützt hat.

Als großartiger Kamerad erwies sich Dr. Stefan van der Velden, der zahlreiche Fragen und erste Entwürfe mit solcher Geduld und so ehrlicher Kritik begleitete, wie dies wohl nur ein sehr guter Freund tun kann.

Immer schon, spätestens aber, als der ursprünglich selbst gesetzte Abgabetermin bedrohlich näherrückte und das Typoskript immer noch keine ansehnliche Form annehmen wollte (Selbstbindungen können auch ihre Tücken haben), mußte Christine die größte Last tragen; sie hat es mit großer Geduld und Zuneigung getan. Nicht nur dafür bin ich ihr sehr dankbar: Sie wollte nach all dem noch meine Frau werden.

Last not least wäre dieses Projekt ohne das immerwährende Vertrauen, die Liebe und die Unterstützung durch zwei besondere Menschen nicht zustande gekommen: meine Eltern. Ihnen ist dieses Buch gewidmet.

Münster, im Juni 1995

Detlef Aufderheide

Inhaltsverzeichnis

Erstes Kapitel

Möglichkeiten und Probleme des ökonomischen Ansatzes zur Erklärung der Befolgung moralischer Normen

Zweites Kapitel

Das Konzept einer institutionenorientierten Moralökonomik

Viertes Kapitel

Unternehmer, Ethos und Ökonomik: Ein abschließender Vorschlag

Abbildungsverzeichnis

If you don't like my set of assumptions
give me another and I will gladly make you
another model; have your pick.

Wassily Leontief

Erstes Kapitel

Möglichkeiten und Probleme des ökonomischen Ansatzes zur Erklärung der Befolgung moralischer Normen

A. Grundlagen

Vielleicht behält Niklas Luhmann recht, der - bemerkenswerterweise mit einem Hinweis auf historische Erfahrungen - den aktuellen „Ethik-Trend"[1] offenbar für den Ausfluß einer typischen Larmoyanz gegen Ende eines jeden Jahrhunderts hält und im übrigen mit mildem Spott begleitet[2].

Wie dem auch sei: Zunächst einmal ist festzustellen, daß in der Ökonomik (und in anderen Wissenschaften jeweils) der Sektor Wirtschaftsethik boomt. Die Zahl der einschlägigen wissenschaftlichen Veröffentlichungen hat eine kaum noch überschaubare Zahl angenommen, ohne daß bisher Konturen einer disziplinären Einheit erkennbar würden. Diese Entwicklung spiegelt sich in der Tatsache, daß in den letzten Jahren mehrere wirtschafts- und sozialwissenschaftliche Zeitschriften gegründet worden sind[3], die sich überwiegend oder

---

[1] So, in dieser Beziehung weitgehend frei von kritischen Untertönen, *Schlegelmilch* (1990), S. 366.

[2] Siehe die beiden neueren Vorträge: *Luhmann* (1988), ders. (1991). Der Titel des erstgenannten - „Paradigm lost" - ist wohl als pointiert-ironisierende Wendung des Miltonschen „Paradise lost" zu verstehen.

[3] Dazu zählen: Business and Professional Ethics Journal (1982), Journal of Business Ethics (1982), Corporate Ethics Digest (1982), Economics and Philosophy (1985), Ethik und Sozialwissenschaften (1990), mit einer deutlich kritischen Grundposition: Business and Society Review, auch: Analyse & Kritik (1979) sowie Rationality and Society (1989). Die Daten in Klammern bezeichnen das Ersterscheinungsjahr.

sogar ausschließlich mit diesem Themenkreis beschäftigen und neben die altehrwürdige, traditionell philosophisch ausgerichtete Zeitschrift „Ethics“ getreten sind, deren Tradition (mit 1890 als Ersterscheinungsjahr) bis zum Ende (!) des letzten Jahrhunderts zurückreicht. Nicht zuletzt hat auch der Verein für Socialpolitik einen zunächst temporär ins Leben gerufenen Ausschuß für Wirtschaftsethik 1989 dauerhaft eingerichtet[4]; im deutschsprachigen Raum sind 1987 (St. Gallen) und 1990 (Eichstätt, Außenstelle Ingolstadt) zwei Lehrstühle für Wirtschafts- bzw. Unternehmensethik neu eingerichtet worden. Außerdem fand zwischenzeitlich in Bad Homburg die erste Tagung des Deutschen Netzwerkes Wirtschaftsethik - EBEN Deutschland (European Business Ethics Network) statt. Ein Lexikon der Wirtschaftsethik - *Enderle et al.* (Hrsg.) (1993) - ist soeben erschienen.

Es ist also durchaus denkbar, daß sich bei genauerer Untersuchung 'Luhmann-Zyklen' (bzw. lange Wellen) der Ethikmode[5] ausmachen lassen werden. Dies bliebe ernsthaften empirischen Arbeiten überlassen - nicht unbedingt nur denen von Astrologen, wie Luhmann selbst empfiehlt[6].

1. Das Problem: Unternehmer zwischen Rentabilität und Moral

Plausibilitätsüberlegungen sprechen allerdings dafür, daß den erwähnten Zweifeln Luhmanns zum Trotz zumindest zur Zeit erheblicher theoretischer wie praktischer Handlungsbedarf besteht.[7] Die Ergebnisse der auch in der ökonomisch geprägten Literatur vielfältig angestellten Ursachenforschung für den Bedarf an einer Auseinandersetzung mit ethischen und moralischen Fra-

---

[4] Vgl. *Homann* (1992b), S. 7. Siehe hierzu außerdem die Tagungsbände *Enderle* (Hrsg.) (1985), *Hesse* (Hrsg.) (1988), *Homann* (Hrsg.) (1992). Zu einer ersten systematisierenden Zusammenfassung der von den Ausschußmitgliedern vertretenen Grundpositionen zum Thema vgl. *Homann / Hesse et al.* (1988), sowie zur aktuellen Arbeit des Ausschusses, zu dessen erstem Vorsitzenden er gewählt worden ist, *Homann* (1992b).

[5] Luhmann spricht explizit von „Ethikwellen“. *Luhmann* (1988), S. 1; zu seinen Belegen vgl. ebenda, S. 1 ff.

[6] Vgl. *Luhmann* (1988), S. 3.

[7] Luhmann bestreitet nicht die Existenz der Probleme, sondern die Fähigkeit einer Ethik, Problemlösungsansätze zu finden: „Oder wird etwa Ethik gerade deshalb als Medizin verschrieben, weil sie zwar nicht heilt, aber den Juckreiz der Probleme verringert“? *Luhmann* (1991), S. 5. Nach seiner Auffassung folgt, verkürzt gesagt, das Subsystem 'Wirtschaft' eigenen, gewissermaßen 'moralinkompatiblen' Codes; gerade das habe allerdings seinen enormen bisherigen Erfolg ausgemacht.

gen lassen sich für einen ersten Zugriff zu drei Komplexen zusammenfassen;[8] zwei sind eher technologischer, der dritte eher psychosozialer Natur:

(1) Der enorme Produktivitätsfortschritt in marktwirtschaftlich verfaßten Volkswirtschaften ist mit einer wachsenden Anonymisierung aller lebensweltlichen und wirtschaftlichen Beziehungen einhergegangen; mit dem schöpferischen hat sich auch das zerstörerische Potential nichtintendierter Nebenwirkungen menschlichen Handelns offenbar explosionsartig entwickelt. In der Sprache der Ökonomen hat sich damit eine wachsende Bedeutung externer Effekte ergeben, die die Selbststeuerungskraft und Kontrollfähigkeit der auf autonomes, dezentrales Handeln setzenden marktwirtschaftlichen Ordnung zunehmend in Frage stellen. Die immer deutlicher werdenden langfristigen Wirkungen der Umweltzerstörung lassen diesen Aspekt geradezu handgreiflich werden; auch das Problem der intergenerativen Gerechtigkeit, also intertemporaler externer Effekte, ist zu einem gängigen Thema aktueller Diskussionen geworden, dessen Bedeutung heute (und anders als noch vor weniger als zwanzig Jahren) niemand mehr ernsthaft bestreitet. Nicht zuletzt öffnet die Gentechnologie neue Produktions- und damit Handlungsmöglichkeiten, deren Auswirkungen heute noch nicht absehbar sind.

(2) Gleichzeitig hat der Zuwachs der Pro-Kopf-Einkommen eine Zunahme der bilateralen Austauschbeziehungen mit sich gebracht - bei fortschreitender Arbeitsteilung durch die technologische Entwicklung und zunehmendem internationalen Handel natürlich in überproportionalem Ausmaß[9] - und damit ein anwachsendes Potential von delikaten gegenseitigen Abhängigkeiten menschlichen Handelns geschaffen.[10]

---

[8] In der grundlegenden Ursachenanalyse divergieren die Ansichten nicht grundlegend. Vgl. z. B. *Koslowski* (1988, 1991), S. 7 - 14, *Homann* (1988b), S. 215 f., *Homann / Hesse et al.* (1988), S. 9 f. Vgl. auch *Mackie* (1983), insbes. S. 152 ff., zu einer ausführlichen Auseinandersetzung mit der These einer wachsenden Brisanz wirtschaftsethischer Probleme.

[9] Bezeichnet Y das Realeinkommen (sc. pro Kopf), A die Anzahl der bilateralen Austauschbeziehungen pro Periode und [1] $a(Y) := A/Y$ als Indikator den Grad der Arbeitsteilung bei einem gegebenen Einkommensniveau, so ist die Behauptung eines überproportionalen Anstiegs äquivalent mit der Aussage $(dA/A)/(dY/Y) > 1$ bzw. [2] $(dA/dY)\cdot(Y/A) > 1$, also einer über 1 liegenden Einkommenselastizität der Austauschbeziehungen. Wegen [1] ist zum einen $A=a\cdot Y$ und zum anderen [3] $dA/dY = (da/dY)\cdot Y + a$. Eine zunehmende Arbeitsteilung impliziert $da/dY > 0$; [3] in [2] eingesetzt ergibt folglich $[(da/dY)\cdot Y + a]/a > 1$.

[10] *Mackie* (1983) betont die politisch und wirtschaftlich weltweit gewachsene Abhängigkeit der Staaten untereinander, die allerdings über die nunmehr in Sekundenbruchteilen über alle Ländergrenzen hinweg mögliche Kommunikation auch die Kenntnisse über Katastrophen usw., also das Potential zu moralischem Handeln im Sinne Mackies, verbessert habe.

(3) Nicht zuletzt bleibt angesichts einer zunehmend beklagten 'sozialen Kälte' in marktwirtschaftlich organisierten Gesellschaften die verstörte Suche der Menschen in Mittel- und Osteuropa nach jenen Idealen der Solidarität und Menschlichkeit virulent,[11] die der Sozialismus in Auseinandersetzung mit dem vermeintlich menschenfeindlichen Kapitalismus nur propagieren, aber nicht verwirklichen konnte. Die sozialistische Alternative zur marktwirtschaftlichen Ordnung hat ihre Ideale, wie wir heute noch deutlicher als zuvor erkennen können, gründlich pervertiert und ist nach siebzig bzw. vierzig Jahren eines gigantischen nationalen und später internationalen Experiments auf Kosten der dort lebenden Menschen gescheitert.[12] Die Sinnfrage oder die Fragen nach humanitären Idealen leichtfertig als vorübergehendes Anpassungsproblem abzutun, hieße jedoch, den Menschen Vorschriften bezüglich ihrer Wünsche oder Präferenzen machen zu wollen, die sich der Ökonom aus guten Gründen versagt: Solange die Menschen weiterhin erhebliche Unzufriedenheit mit dem Bestehenden signalisieren, impliziert das Scheitern der einen Ordnung eben keineswegs das Verschwinden aller wesentlichen Probleme der im Vergleich überlegenen Alternative![13] Außerdem können nach dem Erfolg dieser Ordnung die zuvor im ideologischen Systemwettstreit gebundenen Kräfte zu ihrer systematischen, erfolgreichen Weiterentwicklung eingesetzt werden.[14]

Auf der Suche nach Lösungsvorschlägen zu den hier skizzierten Problemen ist stets die Frage der ethischen und moralischen Rechtfertigung einer

---

[11] Vgl. für Ostdeutschland den aktuellen Überblicksartikel von *Maaz* (1991).

[12] Aus evolutorischer Sicht hat diese Gesellschaftsform also tatsächlich den Überlebenstest der Geschichte nicht bestanden, wie es herausragende Ökonomen - allen voran Friedrich August von Hayek, der wesentliche Entwicklungen des historischen Umbruchs nicht mehr bewußt miterleben konnte - immer wieder vorhergesagt haben.

[13] Ohnehin können mit zunehmender zeitlicher Distanz zu den erfreulichen Umwälzungen in Mittel- und Osteuropa die bitteren Erfahrungen in den Hintergrund und die auch in der marktwirtschaftlichen Ordnung unbestritten verbleibenden Probleme stärker in den Vordergrund treten; auch der vermeintlich gangbare „dritte Weg" erfährt vielleicht schon bald eine unerwartete Renaissance in den Köpfen vieler Menschen. Vgl. zu einer psychologischen Interpretation *Maaz* (1991) m. w. N.

[14] Dies impliziert auch einen Ansatz zur Beantwortung der Frage, ob eine Kernaussage der ökonomischen Logik hier eine paradoxe Anwendung finden wird: die Prognose, daß der Wegfall eines Konkurrenten und die Entwicklung einer Monopolstellung auf allen Märkten - und damit auch auf politischen - die Wahrscheinlichkeit unerwünschter Folgen erhöht. Der Verfasser schlägt in einem ersten Zugriff vor, die unterschiedlichen Ebenen des Wettbewerbs zu beachten. Dies könnte zu der optimistischen Arbeitshypothese führen, daß der Wegfall des ideologischen „Wettbewerbs der Systeme" bisher dort gebundene produktive Kräfte für einen unverkrampften marktwirtschaftlichen Wettbewerb *innerhalb* des Systems - in bisher kaum erahntem Maße zum Vorteil der Menschen - freisetzen kann. Dies ist jedoch nicht das Thema der vorliegenden Arbeit.

Wirtschaftsordnung *in toto* von der *systemimmanenten* Frage der ethischen und moralischen Anforderungen an politisches wie privates Handeln *innerhalb* der vorhandenen Ordnung strikt zu trennen - was in der Diskussion leider häufig genug nicht geschieht.

Die - erste - Frage nach der Rechtfertigung der (sozialen) Marktwirtschaft *an sich* ist zwar nicht per se obsolet geworden, im theoretischen und empirischen Vergleich mit realistischen Alternativen aber - und nur um die kann es sinnvollerweise gehen - offenbar überzeugend beantwortet worden.[15]

Es verbleibt jedoch die - zweite - Frage, ob angesichts der eben skizzierten Folgeprobleme innerhalb des „kapitalistischen", primär auf die gesamtgesellschaftliche Produktivität des Eigennutzes setzenden Wirtschaftssystems besondere Anforderungen an die Einhaltung moralischer Normen durch den einzelnen Akteur gestellt werden sollen (und können), um die Überlebensfähigkeit des gesamten Systems zu sichern. Dies ist durchaus wörtlich zu verstehen: Wenn unter sozialistischer Flagge die natürlichen Lebensgrundlagen mit einer höheren Rate zerstört worden sind als in den sogenannten westlichen Ländern, so ist dies nur ein schwacher Trost, wenn auch hier beispielsweise, wie zahlreiche ernstzunehmende Naturwissenschaftler mit Nachdruck warnen, bereits irreversible Zerstörungsprozesse in unserer natürlichen Umwelt eingesetzt haben, die sogar das Überleben der Menschheit überhaupt gefährden. Das natürliche Ökosystem wird eben in jedem Fall ein neues Gleichgewicht erreichen - im Zweifel auch ohne die Spezies Mensch, wenn dessen „künstliches Ökosystem" Wirtschaft kollabiert.[16]

Dies läßt - Larmoyanz hin, Ethiktrend her - verständlich werden, daß der Wunsch nach ethischen Reflexionen vermehrt geäußert und gefragt wird, welche Antworten die Ökonomik als empirische (traditionell wertfreie?) Wissenschaft hier zu geben hat, zumal in der Tat unmittelbar ein Ausweg erkenn-

---

[15] Zu einer modernen, weil sehr differenzierten und naiv-liberalistische Rechtfertigungsmuster hinter sich lassenden *theoretischen* Erörterung der moralischen Akzeptanz der Marktwirtschaft sind zuallererst die Arbeiten von Hesse und Homann zu nennen; hier vor allem *Hesse / Homann* (1992), aber auch z. B. *Hesse* (1987), *Homann* (1989c), ders. (1990b). Als einer der hinlänglich bekannten *empirischen* Befunde sei stellvertretend angeführt, daß tatsächlich in den sozialistischen Ländern katastrophale Umweltschäden in einem Ausmaß entstanden sind, das offenbar auch die schlimmsten bekanntgewordenen Fälle in marktwirtschaftlich organisierten Gesellschaften kraß übersteigt.

[16] Vgl. in diesem Sinne z. B. *Bonus* (1983). In diesem Falle wäre die Überlegenheit des marktwirtschaftlich strukturierten Systems nicht qualitativer, sondern nur marginaler Natur - ein zwar denkbares Ergebnis, aber eines, mit dem sich niemand ernsthaft zufrieden geben kann.

bar zu sein scheint: Die Intuition besagt, daß ein Mensch, der nicht nur seinen eigenen Vorteil verfolgt, sondern auch die Nebenfolgen seines Handelns im Auge behält, die Verbreitung der genannten Gefahren zu vermeiden oder vermindern hilft. Da deren Ursachen offenbar im weitesten Sinne im Bereich der Wirtschaft gesucht werden, ist es zunächst verständlich, die Frage der moralischen Verantwortung wieder an die dort verantwortlich Handelnden zurückzuverweisen, und dies sind auch und vor allem Unternehmer und Manager: Der Ruf nach einer wie immer gearteten „Unternehmensethik" wird laut, und die rasch angestiegene Nachfrage nach einschlägigen Seminaren für Führungskräfte[17] belegt nachhaltig die entstandene Unruhe in großen Wirtschaftsunternehmen. Längst haben moralisch sensible Unternehmer sich dieser Fragen angenommen; es wird offenbar, daß mit großem Ernst um eine angemessene Antwort auf die Fragen der Zukunft gerungen wird.[18]

2. Die klassische und die neoklassische Antwort

In den soeben kursorisch erfaßten *praktisch-lebensweltlichen* Problementwicklungen in modernen Ökonomien spiegeln sich die *theoretischen* der modernen Ökonomik:

Die alte und lange Zeit unbeirrt propagierte Parole der Ökonomik lautete seit Adam Smiths berühmtestem Zitat, das hier nicht weiter strapaziert werden soll[19]: Es ist letztlich immer wieder der sich frei entfaltende Eigennutz des einzelnen - und gerade nicht die Sorge um das Wohlergehen der Mitmenschen -, der den Wohlstand aller fördert[20], und die Abkehr von dieser normativen Richtschnur birgt weitaus stärkere negative Folgen in sich, als sie positive haben könnte.

Abgesehen von dem gelegentlich immer noch vorzufindenden, hier nicht zu erörternden Mißverständnis, (ausgerechnet der Moralphilosoph!) Smith habe damit gar die Überflüssigkeit jedweder moralischer Normen im marktwirtschaftlichen Leben gemeint[21], konnte sich die Ökonomik in der Folgezeit

---

[17] Vgl. z. B. *Werner* (1992), S. 12.

[18] Siehe z. B. *Arbeitsgemeinschaft selbständiger Unternehmer* (1991).

[19] Vgl. jedoch *Smith* (1776, 1974), S. 17.

[20] Und: „Wir wenden uns nicht an ihre Menschen-, sondern an ihre Eigenliebe", ebenda.

[21] Eine durchaus differenzierte Sicht findet sich in folgender Passage der „Theory of Moral Sentiments": „(M)ag auch zwischen den verschiedenen Gliedern der Gesellschaft keine wech-

von jeglichen präskriptiven, allgemein wertbezogenen oder gar moralphilosophischen Erwägungen emanzipieren und als Neoklassik zu einer außerordentlich erfolgreichen Formalwissenschaft weiterentwickeln.

Aufgrund der schlichten Striktheit ihres Erklärungsschemas hat sie dabei gerade nicht nur formalwissenschaftliche (entscheidungslogische), sondern auch enorme explanatorische und prognostische (empirische) Erfolge erzielt - nicht trotz, sondern gerade wegen der betont eindimensionalen Ausrichtung auf das Gewinnziel im Bereich der Theorie der Unternehmung.

Seit einiger Zeit schickt man sich sogar an, unter dem programmatischen Schlagwort der „imperialistischen Ökonomik“[22] gleich *alle* Bereiche des

---

selseitige Liebe und Zuneigung herrschen, so wird die Gesellschaft zwar weniger glücklich und harmonisch sein, wird sich aber deshalb doch nicht auflösen müssen. Die Gesellschaft kann zwischen einer Anzahl von Menschen - wie eine Gesellschaft unter mehreren Kaufleuten - auch aus einem Gefühl ihrer Nützlichkeit heraus, ohne gegenseitige Liebe und Zuneigung bestehen bleiben ... Indessen kann eine Gesellschaft zwischen solchen Menschen nicht bestehen, die jederzeit bereit sind, einander wechselseitig zu verletzen und zu beleidigen ... Wenn es eine Gesellschaft zwischen Räubern und Mördern gibt, dann müssen sie ... sich wenigstens des Raubens und Mordens untereinander enthalten. Wohlwollen und Wohltätigkeit ist darum für das Bestehen der Gesellschaft weniger wesentlich als Gerechtigkeit.“ *Smith* (1757, 1926) Bd. 1, S. 127 f.

Damit ist die sogenannte Adam-Smith-Kontroverse angesprochen, die sich um die offenkundigen Widersprüche zwischen den beiden Hauptwerken Smiths - des „Wealth of Nations“ (WN, erstmals 1776) und der „Theory of Moral Sentiments“ (TMS, erstmals 1757) rankt und vor allem auf seine Einstellung zu Eigennutz und Nächstenliebe fokussiert ist. Sie wurde frühzeitig - siehe etwa *Oncken* (1897) - und im Zusammenhang mit der anläßlich des Bizentenniums des WN erschienenen Recktenwald-Ausgabe - *Smith* (1776, 1974) - besonders heftig geführt (vgl. z. B. *Recktenwald* [Hrsg.] 1985) und schien anläßlich des nahenden 200. Todestages des Autors neu aufzuleben; vgl. etwa *Meyer-Faje / Ulrich* (Hrsg.) (1991) m. w. N. Vgl. allerdings zu einer extremen Auslegung - mit dem Versuch, bei Smith sogar grundlegende Übereinstimmungen mit Kant zu rekonstruieren - *Ulrich* (1991a), insbes. S. 158 ff; zuvor: *Koslowski* (1982), S. 185 ff. Bemerkenswerterweise erschien die 1. Auflage der TMS deutlich vor der 1. Auflage des WN, doch lösten sich anschließend mehrere Auflagen ab, und die letzte zu Smiths Lebzeiten erschienene Auflage kam nach der entsprechenden Neuauflage des WN heraus. Vgl. auch *Coase* (1976) und soeben *Raphael* (1991) sowie die dort angeführte Literatur.

[22] Zum Begriff und zum Selbstverständnis der Ökonomen, die diesen Ansatz vertreten, siehe z. B. *McKenzie / Tullock* (1978, 1984) sowie den Sammelband *Radnitzky / Bernholz* (eds.) (1987) mit den dort abgedruckten Aufsätzen, v. a. *De Alessi* (1987), den ebenfalls sehr lesenswerten Sammelband *Schäfer / Wehrt* (1989) und den Überblicksartikel *Hirshleifer* (1985). *Phelps* (1975), S. 3, spricht - kritisch - von einem akademischen Imperialismus der Ökonomik; zu einer ebenfalls kritischen Position vgl. etwa *Hirschman* (1981), insbes. S. 298 ff. Hier ist selbstverständlich zu unterscheiden von der etwa von Jonas verwendeten umgangssprachlichen Konnotation, der unter diesem Begriff einen (vermeintlich) ausbeuterischen ‘Imperialismus der Wirtschaft der Industrienationen’ diskutiert; siehe etwa *Jonas* (1986), S. 320. Das Phelpssche Schlagwort erscheint daher angemessener, weil unmißverständlich; da sich zum einen jedoch die Wendung vom ‘ökonomischen Imperialismus’ bereits durchzusetzen scheint und zum ande-

menschlichen Lebens aus einem einzigen theoretischen Entwurf heraus - eben dem ökonomischen - zu erklären *und* die wissenschaftlichen Rivalen zu dominieren. Ob der einzelne Ökonom sich zu diesem sehr weitgehenden Selbstverständnis offen bekennt (wie z. B. - als unbestrittener Protagonist - Gary S. Becker[23]) oder gerade nicht (wie z. B. Karl Homann[24]): Unbestritten ist, daß die Ökonomik längst den ihr ursprünglich anvertrauten Gegenstands- „Bereich der Wirtschaft" verlassen und zum Beispiel - als ökonomische Theorie der Politik - bereits die Politikwissenschaft revolutioniert hat[25]; in der Soziologie deutet sich nach einer langen Zeit der wissenschaftlichen Grabenkämpfe zwischen den methodologischen Überzeugungen Ähnliches an.

Ausgerechnet die ökonomische Theorie[26] hat aber mit den ihr eigenen Mitteln in den letzten Jahrzehnten - zunächst zum Stichwort „externe Effekte" - Verfahren entwickelt, die analytisch rekonstruieren, daß eben auch in marktwirtschaftlich verfaßten Grundordnungen das Verfolgen des eigenen Interesses - selbst wenn es nicht als rüder Egoismus fehlinterpretiert wird - in einigen (immer zahlreicher werdenden?) Situationen zu einem Akt kollektiver Selbstschädigung (Jöhr) führt; das dramatische Ansteigen der Zahl von Veröffentlichungen, die die offenkundige Allgegenwart von „Gefangenendilemmata"[27] auch in Marktwirtschaften rekonstruieren und illustrieren, verdeutlicht

---

ren auch der (eben nicht nur akademische) Anspruch auf ein gewichtigeres Wort in allen Lebenslagen erhoben wird, soll diese Bezeichnung auch in der vorliegenden Arbeit beibehalten werden.

[23] Vgl. grundlegend: *Becker* (1982a), S. 1 ff.

[24] Vgl. mit ausführlicher Begründung *Homann* (1985), *Homann / Suchanek* (1989), die den Begriff zwar verwenden - siehe z. B. dort, S. 83 -, ihn aber in einem eingeschränkten Sinne interpretieren, da sie ihn nach eigener Aussage nicht mit einem „wissenschaftlichen Herrschaftsanspruch" verbinden, sondern die Abhängigkeit jeglicher Forschung von der *Problemstellung* betonen und damit auch die mögliche Rolle anderer Disziplinen, die ggf. zu anderen Problemstellungen bessere Antworten finden als die Ökonomik: Sie wollen gegenüber anderen Wissenschaften also nicht auch noch eine Dominanz der eigenen Fragestellung postulieren. Wenn aber derartige Einschränkungen ernst gemeint sind, erscheint der Begriff 'imperialistisch' irreführend. Vgl. im übrigen auch *Becker* (1982a), S. 15 mit einer (bekundeten) Einschränkung dieses Anspruchs.

[25] Vgl. z. B. *Kirchgässner* (1988b), S. 132.

[26] Der Begriff der „Theorie" findet hier im allgemein üblichen Sinne Verwendung, wenn und solange Verwechslungen zur Terminologie Imre Lakatos', dessen Arbeiten im folgenden noch eine Rolle spielen werden, nicht zu befürchten sind. Vgl. aber, durchaus im Sinne Lakatos', auch *Kuhn* (1962, 1976), S. 194.

[27] Die Parabel vom in den Sozialwissenschaften offenbar schon sprichwörtlich werdenden „Gefangenendilemma" (GD) erfaßt paradigmatisch strategische Entscheidungssituationen, deren Ergebnisse - weil selbstschädigend - keiner der Beteiligten „eigentlich" gewollt hat; nicht ohne Grund wird sie daher unten, in Abschnitt C, einen von zwei strategischen Ausgangspunk-

dies: Pathetisch formuliert, ist es der *homo oeconomicus*, der scheinbar an seiner eigenen, kühl berechnenden „Hyperrationalität" zu scheitern droht (und zwar kurioserweise, trotz des inhaltlich völlig unterschiedlichen Status, in der theoretischen wie in der praktischen Auseinandersetzung).

3. Aktuelle Probleme der Umsetzung

Damit ist die Problemstellung dieser Arbeit angesprochen: Unter welchen Bedingungen sind Moral und unternehmerischer Gewinn in einer modernen, im Gegensatz zu der des 18. Jahrhunderts durch tief gestaffelte Arbeitsteilung geprägten marktwirtschaftlichen Ordnung kompatibel? Und die - entscheidende - Anschlußfrage: Mit welchen institutionellen Vorkehrungen läßt sich gegebenenfalls eine solche Kompatibilität herstellen?

Statt einer Antwort ist eine Gegenfrage naheliegend: Wie kann ausgerechnet ein *situativ* auf den unmittelbaren und auch mittelbaren persönlichen Vorteil verzichtendes Handeln - und nur so wird moralisches Handeln allgemein verstanden - in einer Marktwirtschaft ohne logische Inkonsistenzen oder Widersprüche verwirklicht und in der ihr gewidmeten Wissenschaft rekonstruiert werden, die ihren Erfolg gerade auf die nüchterne Logik *situativ* auftretender individueller Vorteile gründet?

Der niederländische Soziologe Siegwart Lindenberg, der für seine Disziplin seit langem die Übernahme des 'ökonomischen' Rational-choice-Ansatzes propagiert, sah vor einigen Jahren einerseits keinen seriösen sozialwissenschaftlichen Ansatz, der die Berücksichtigung 'moralischer Verpflichtungen' - was immer damit im einzelnen gemeint sein mag - in ökonomischen Theorien für überflüssig erklärte, andererseits aber auch keinen, dem es gelungen wäre, eine solche Integration erfolgreich - und das heißt vor allem: widerspruchsfrei - vorzunehmen.[28] Die oben schon angesprochene stürmische wissen-

---

ten der folgenden Untersuchungen einnehmen. Siehe dort auch die Nachweise zur Entstehungsgeschichte und Namensgebung. Schon hier sei jedoch angemerkt, daß das GD lange Zeit innerhalb der ökonomischen Forschergemeinschaft - auch, aber nicht nur von seinen „Erfindern" - als „merkwürdiger Sonderfall" und „Ausnahmeerscheinung" behandelt worden war! Vgl. hierzu etwa *Buchanan* (1962).

[28] Lindenberg bezieht sich in dem angesprochenen Zitat auf die „new political economy" (so auch der Titel des Aufsatzes); diese sei „characterized, among other things, by its willingness to venture into areas that have been avoided by neoclassical economists ... these efforts will be considerably limited if one simultaneously avoids to deal with the issue of moral obligations. Sofar, I have seen no serious attempt to either show that the issue can be neglected or show how

schaftliche Entwicklung in den achtziger Jahren hat diese Aussage glücklicherweise zumindest stark relativiert. Zahlreiche Arbeiten, u. a. von Lindenberg selbst, sind in Zusammenhang mit der Begründung bzw. Rechtfertigung moralischer Normen *aus dem individuellen Nutzenkalkül heraus*, also mit den Mitteln des ökonomischen Ansatzes, bereits sehr erfolgreich gewesen. Auch die positiven Theorien der Entstehung und allgemeinen Geltung moralischer Normen sind, zum Teil auf den normativen Theorien aufbauend, überwiegend aber als Teil der Forschungsanstrengungen zur allgemeinen Erklärung der Entstehung gesellschaftlicher Institutionen i. w. S. entstanden.[29]

So trivial es zunächst klingen mag: Aus der allgemeinen Anerkennung einer Norm auf die tatsächliche individuelle Normenbefolgung zu schließen, hieße einem funktionalistischen Fehlschluß zu erliegen. Anders gesagt: Die permanente Verletzung einer Norm, also die dauerhaft nicht gesicherte individuelle Befolgung läßt zwar trivialerweise die Norm selbst auf Dauer erodieren - sie führt sie gewissermaßen ad absurdum -, aber sie muß keineswegs zwingend ihre allgemeine Geltung in Frage stellen.[30]

Das Feld wird derzeit in vielfältigen Forschungsanstrengungen intensiv bearbeitet, und an den hier skizzierten Fragen der individuellen Normbefolgung hat sich ein heftiger Disput entzündet; die Entwicklung ist weit davon entfernt, eine disziplinäre Einheit zu signalisieren oder gar Übereinstimmung zwischen den einzelnen Forschern.[31] Die Ökonomik und andere Sozialwissenschaften ringen offenbar um einen einheitlichen, konsistenten Ansatz zur Erfassung individueller Normenbefolgung *und* zur Erklärung der konventionellen sozialwissenschaftlichen Phänomene 'aus einem Guß'.

Derzeit sind im Bereich der (i. w. S.) 'Unternehmensethik' vor allem zwei Forschungsrichtungen zu beobachten, die naturgemäß noch eng mit den Namen ihrer Exponenten verbunden sind: Karl Homann, Peter Koslowski, Horst

---

it can be incorporated into utility theory (i.e. the model of self-interested rational choice, D.A.)". *Lindenberg* (1983), S. 46.

[29] *Vanberg* (1988) hat in bezug auf die Problemstellungen, die die ökonomische Literatur in den vorangehenden Jahren stark beschäftigt hatten, die Erkenntnisse, hier recht weit gehend, bereits als banal qualifiziert.

[30] Als jahrtausendealter Klassiker einer allgemein geltenden und doch wenig wirksamen moralischen Norm darf das Verbot der Prostitution gelten, deren Sittenwidrigkeit soeben in einem Urteil des Bundesverfassungsgerichts bekräftigt wurde. Auf eine beachtliche Tradition bringt es auch das Verbot des Drogenhandels.

[31] Vgl. hierzu etwa *Weller* (1988), S. 389, *Homann / Suchanek* (1989); soeben: *Homann / Blome-Drees* (1992).

Steinmann, Peter Ulrich. Der erstgenannte setzt auf die angesprochene widerspruchsfreie Umsetzung im Rational-choice-Modell, die anderen gerade auf die Überwindung des ökonomischen Paradigmas[32] sowie das Geltendmachen einer einheitlichen Vernunft (auch) im wirtschaftlichen Handeln.

Ein erhebliches Problem des zweiten Ansatzes liegt offenbar in der praktischen Umsetzung der Forderung. Der erste Ansatz stößt dagegen auf die erwähnten konzeptionellen Probleme: Einerseits ist die Erkenntnis von zentraler Bedeutung, daß moralische Normen in einer modernen Industriegesellschaft nicht gegen, sondern nur durch die Wirtschaft geltend gemacht werden können.[33] Andererseits sind die Anforderungen an die menschliche Vernunft in ökonomischen Theorien der Moral so schwach, die Annahmen über den menschlichen Egoismus so stark, daß eben angesichts vielfältiger anonymer Interdependenzen die Befolgung einer Norm im Einzelfall nicht mehr konsistent erklärt werden kann; man könnte wie folgt formulieren: Die starke Eigennutz- und schwache Vernunftannahme hat eine funktionierende Rechtsordnung so sehr nötig gemacht, daß diese nicht mehr möglich zu sein scheint. Anders ausgedrückt: der Rational-choice-Ansatz muß - in normativer Theorie - eine Handlungsweise fordern, deren Irrationalität er selbst - in positiver Theorie - offengelegt hat. Es liegt daher nahe, hier von einem *theoretischen Spagat* der ökonomischen Theorie zu sprechen.

4. Das Programm dieser Arbeit

Zwar steckt die Entwicklung zum aktuellen Thema, wie erwähnt, noch in ihren Kinderschuhen.[34]

Wie der (Unter-) Titel andeutet, soll diese Arbeit jedoch das enorme heuristische Potential[35] der Neuen Institutionenökonomik für die Auseinanderset-

---

[32] Der Paradigmenwechsel wird vor allem von Peter Koslowski und Peter Ulrich ausdrücklich angemahnt. Vgl. hierzu programmatisch *Koslowski* (1988, 1991), *Ulrich* (1987b).

[33] Dieses Programm hat mit großem Nachdruck Karl Homann verfolgt. Vgl. programmatisch: *Homann* (1990b).

[34] Vgl. etwa *Buchanan* (1992), S. 45.

[35] Der Begriff wurde von Lakatos entliehen, der diesen Terminus gewählt hatte, „um die Fähigkeit des Forschungsprogramms zur Antizipation theoretisch neuartiger Tatsachen im Verlauf seines Wachstums zu charakterisieren. Natürlich könnte ich ebensogut den Ausdruck *'explanatorisches Potential'* verwenden." *Lakatos* (1974, 1982), S. 150, Fn. 239. Herv. i. Orig.

zung mit diesen Fragestellungen systematisch untersuchen. Dabei stehen ausdrücklich *nicht* etwa bestimmte moralische Normen oder ihr Inhalt zur Debatte; sie werden vielmehr vorausgesetzt: Es geht um ihre *Implementation und Durchsetzung* in unternehmerischem Handeln.

Die folgende Studie ist somit als Rekonstruktion einer modernen institutionenökonomischen Auseinandersetzung mit moralischen Normen - kurz: einer institutionenorientierten Moralökonomik - angelegt.[36]

Das Programm wird in vier Schritten abgearbeitet.

In einem ersten Schritt wird das in Frage gestellte Paradigma der positiven Ökonomik analysiert: Der ökonomische Ansatz wird in dieser Arbeit als Referenz verstanden. Es gilt, seine heuristische Leistungsfähigkeit zu entfalten und sich mit den Vorwürfen bezüglich seiner beschränkten Anwendbarkeit (etwa wegen des Rationalitätspostulats oder des Eigennutzaxioms) auseinanderzusetzen. In einem zweiten Schritt wird das besondere heuristische Potential der Neuen (positiven wie normativen) Institutionenökonomik für die Entwicklung einer modernen Moralökonomik erarbeitet. In einem dritten Schritt werden die abgeleiteten Überlegungen auf die Problemstellung i. e. S. angewandt: auf das Verhältnis von Moral und unternehmerischem Gewinn und seine Analyse in den derzeit dominierenden unternehmensethischen Konzeptionen. In einem abschließenden vierten Schritt wird ein eigener, institutionenökonomisch fundierter Entwurf zur Umsetzung des Programms verbesserter Normendurchsetzung in individuellem Handeln in seinen Grundzügen entwickelt und vorgestellt.

In diesem *ersten Kapitel* wird dazu nach einer Auseinandersetzung mit den zugrundeliegenden, in der ökonomischen Fachliteratur z. T. weniger geläufigen Begriffen[37] das angegriffene Paradigma der Ökonomik explizit untersucht,[38] genauer: Es wird die forschungsstrategische Bedeutung - oder die

---

[36] Andere ökonomische Ansätze sind, weitergehend, als Wirtschafts- und Unternehmens*ethik* angelegt; sie beschäftigen sich daher auch intensiv mit der *Rechtfertigung* moralischer Normen aus individuellen Klugheitserwägungen; dies wird aus später zu erörternden Gründen hier nicht thematisiert.

[37] Die Notwendigkeit einleitender begrifflicher Klärungen ergibt sich aus der Tatsache, daß nicht wenige Diskussionen zum Thema auf Mißverständnissen beruhten; das soeben in Neuauflage erschienene Lehrbuch *Pieper* (1991) ist zu mehr als der Hälfte Definitionen und inhaltlichen Klärungen gewidmet.

[38] Stellvertretend sei die folgende Passage zitiert: „We are now in the middle of a paradigmatic struggle. Challenged is the entrenched utilitarian, rationalistic-individualistic, neoclassi-

vermeintliche Austauschbarkeit - derjenigen Grundaxiome untersucht, die in der wirtschaftsethischen Debatte besonders umstritten sind. Das Kapitel schließt folgerichtig mit der - aus naheliegenden Gründen! - wieder aufgelebten Debatte um die Realitätsnähe von Annahmen.

Im *zweiten Kapitel* wird das Forschungsprogramm der Neuen Institutionenökonomik aus der Perspektive einer Anwendbarkeit auf die Analyse moralischer Normen untersucht. Das in dieser Studie vertretene Programm ist normativ angelegt und damit potentiell dem Vorwurf mangelnder Wissenschaftlichkeit ausgesetzt: Daher erfolgt einleitend eine Auseinandersetzung mit den normativen Möglichkeiten einer 'wertfreien' Wissenschaft. Es wird eine Revitalisierung und Weiterentwicklung der Thesen Max Webers gleichermaßen angestrebt.

Das Forschungsinteresse der meisten Exponenten der Neuen Institutionenökonomik ist bisher, wenn überhaupt, nur mittelbar auf die hier untersuchten Probleme gerichtet; daher ist eine umfassende Darstellung der bisher vorgelegten Arbeiten ausdrücklich nicht beabsichtigt. Dennoch gilt es, in einer dezidierten Auseinandersetzung mit ihren leitenden Ideen die außerordentliche Fruchtbarkeit der verwendeten heuristischen Ansätze für die Umsetzung und Anwendung auf die Fragestellung dieser Arbeit nachzuweisen. Eine Ausnahme hinsichtlich des Forschungsinteresses für moralische Fragen bildet innerhalb der Neuen Institutionenökonomik James M. Buchanan als dominierender Vertreter der vor allem Regelbindungen analysierenden Konstitutionellen Ökonomik. Dieser Forschungszweig steht deshalb auch im Mittelpunkt der Überlegungen des zweiten Kapitels; wie zu zeigen sein wird, gelingt es Buchanan allerdings nicht, sein eigentliches Programm auf die hier interessierende Fragestellung umzusetzen, da moralische Normen für ihn *substitutiv* und konkurrierend zu den ihn vor allem interessierenden rechtlich bindenden Regeln gesehen werden müssen. In Verbindung mit den beiden anderen dominanten Forschungsrichtungen innerhalb der Neuen Institutionenökonomik (dem Transaktionskostenansatz der Governance-Richtung und dem noch jungen Mechanism-Design-Ansatz) wird nachzuweisen sein, inwiefern gleichwohl die *Komplementarität* moralischer und formeller Normen zumindest grundsätzlich theoretisch erfaßt werden kann.

---

cal paradigm which is applied not merely to the economy but also, increasingly, to the full array of social relations, from crime to family." *Etzioni* (1988), S. ix.

Die Frage der spezifischen Umsetzung und Durchsetzung von Normen in unternehmerischem Handeln steht im Mittelpunkt des *dritten Kapitels.* Es beschäftigt sich mit den neuerdings unter dem Rubrum Unternehmensethik vertretenen Positionen, die den Anspruch eines umfassenden konzeptionellen Entwurfs für die aktuelle Unternehmenstheorie und -praxis gleichermaßen erheben. Dabei wird es nicht das Ziel der vorliegenden Untersuchung sein, darüber hinaus eine Auseinandersetzung mit den überaus vielfältigen, in der Literatur jedoch bereits hinlänglich diskutierten älteren Ansätzen zu führen, die die Grundlagen für die aktuelle Diskussion gelegt haben. Da einige ihrer wesentlichen Erkenntnisse als Input - explizit ausgewiesen oder nachweislich implizit - in die aktuellen Konzeptionen eingegangen sind, finden sie allerdings insofern wieder Berücksichtigung. Gemeint sind hier vor allem die großen Entwürfe von Amartya K. Sen[39] ebenso wie zum Beispiel die vielbeachteten Arbeiten von Albert O. Hirschman[40], Howard Margolis[41] oder Bernard Williams.[42] Auch die einstufig angelegten restriktionenorientierten Ansätze, die allerdings indirekt auf die Möglichkeit einer institutionellen Verankerung sogenannter unternehmensethischer Konzepte in ein wirtschaftsethisches Modell angelegt sind, werden hier bewußt nur im Zusammenhang mit den oben erwähnten Programmen erörtert.[43] Für beide Gruppen sei ausdrücklich darauf hingewiesen, daß eine entsprechende Beschränkung ausschließlich aus Zweckmäßigkeitserwägungen erfolgt, insbesondere unter dem dieser Untersuchung vorgegebenen Ziel einer Verdeutlichung des heuristischen Potentials, das dem institutionenökonomischen Ansatz zuzurechnen ist.[44]

Aufgrund der Zielsetzung dieser Studie liegt dabei der Schwerpunkt auf den Arbeiten von Karl Homann, die - in einem Versuch - in einen größeren

---

[39] Vgl. z. B. *Sen* (1977), ders. (1987a), ders. (1991).

[40] Vgl. z. B. *Hirschman* (1981), ders. (1984).

[41] Vgl. z. B. *Margolis* (1981), ders. (1982).

[42] Vgl. auch aktuell z. B. *Williams* (1990), auch den bemerkenswerten Sammelband *Sen / Williams* (1984).

[43] Vgl. *Vanberg* (1988), aber auch *Schelling* (1978a), ders. (1984b), ders. (1984c), ders. (1984d), *Elster* (1987), ders. (1989a), *Gäfgen* (1988), auch: *Harsanyi* (1976), ders. (1982).

[44] Es werden damit insbesondere keine Zweifel an den zum Teil sehr hohen theoretischen Standards der erwähnten Arbeiten zum Ausdruck gebracht. Eine weitere Gruppe von Arbeiten wurde entgegen einem ursprünglichen Plan ebenfalls nicht berücksichtigt: die Texte zur vor allem im amerikanischen Raum verbreiteten sogenannten Business-Ethics-Literatur. Siehe hierzu, statt vieler, z. B. *DeGeorge* (1987, 1991), ders. (1990). Diese fast ausschließlich fallstudienorientierten Untersuchungen erwiesen sich als erstaunlich theoriearm; sie wurden aus der Betrachtung gänzlich ausgeklammert.

Zusammenhang eingeordnet werden, der nach Ansicht des Verfassers die außergewöhnliche Tragweite dieses ökonomischen Programms zur Analyse moralischer Normen verdeutlicht.

Andererseits wird nachzuweisen sein, daß in den beiden zentralen Annahmen des derzeit propagierten ökonomischen Ansatzes Zweifel angebracht sind: in der Rekonstruktion des Problems über das Gefangenendilemma und in der Interpretation der Moral als öffentliches Gut. Die Konsequenzen aus diesen Überlegungen münden in einen abschließenden konzeptionellen Vorschlag, dessen Grundlinien im *vierten Kapitel* entwickelt werden.

B. Der ökonomische Denkansatz als theoretische Referenz

Die Behauptung, daß die Ökonomik als - dem verbreiteten Selbstverständnis nach - traditionell 'wertfreie' Wissenschaft tatsächlich einen kompetenten, substantiellen Beitrag zur Auseinandersetzung mit anderen als im engeren Sinne wirtschaftlichen oder gar mit moralischen (d. h. per se: wertenden) Fragen leisten kann, ist fraglos auch innerhalb der Fachdisziplin selbst umstritten; unter Nichtökonomen scheint es sogar eine ausgemachte Sache zu sein, daß dies nicht der Fall ist.[45]

Zur grundlegenden Klärung ist es aufgrund zahlreicher Mißverständnisse nötig, 'die ökonomische Sicht' einleitend in ihren spezifischen Charakteristika zu identifizieren; in diesem Abschnitt B wird damit gewissermaßen das Handwerkszeug expliziert, mit dem in der interdisziplinären Forschung die wirtschaftsethisch relevanten Fragestellungen angegangen werden können. Die Erörterungen werden Ansatzpunkte aufweisen, die die Behauptung eines originären und substantiellen Beitrags der Ökonomik in gewisser Hinsicht relativieren; es wird jedoch deutlich zu machen sein, daß zumindest die fundamentalen Kritikpunkte zu Unrecht angeführt werden, die etwa in der im folgenden zusammengefaßten Behauptung kulminieren können:

Skeptische Vermutung 1: „Die Ökonomie vertritt ein extrem egoistisches und damit ein verzerrtes Menschenbild. In der wirtschaftsethischen Diskussion geht es aber gerade um die zumindest in vielen Teilbereichen nötige, ver-

---

[45] Die Belege sind zahllos. Gleichermaßen akzentuiert wie vernichtend fällt das Urteil von Jürgen Mittelstraß aus, der die Entwicklung zur modernen '*economic science*' als „Verlustgeschichte aus der Perspektive der Ethik" bezeichnet. Vgl. *Mittelstraß* (1985), S. 21; ähnlich: ders. (1990). Vgl. auch *Prisching* (1983).

nunftgeleitete *Überwindung* des Egoismus und seiner zum Teil verheerenden Folgen. Schon deshalb kann die Ökonomie keinen sinnvollen Beitrag zur wirtschaftsethischen Diskussion leisten; dies wäre ein Widerspruch in sich."

1. Begriffliche Grundlagen

Die vorliegende Arbeit ist an der 'Schnittstelle' zwischen Ethik und Ökonomik angesiedelt. Da an solchen Schnittstellen mit Friktionen in Form begrifflicher Verwirrungen und Mißverständnisse - kurz: mit Transaktionskosten - zu rechnen ist[46], erscheint es zweckmäßig, den Untersuchungsschritten einige grundlegende Definitionen voranzustellen, um auf dieser Basis eine rationale Auseinandersetzung zu erleichtern.[47]

Diese Definitionen können zwar nicht in den Kategorien 'wahr' und 'falsch' erfaßt werden, wohl aber in denen ihrer Zweckmäßigkeit: Hier geht es darum, (1) für die vorliegende Arbeit einen einheitlichen Sprachgebrauch festzulegen und (2) im hier notwendigen Ausmaß für unterschiedliche Sachverhalte auch verschiedene Begriffe bereitzustellen.[48] In beiden Fällen liegt das Ziel vor allem in der Verminderung der eben angesprochenen Friktionen.

Definitionen sind immer am Untersuchungszweck ausgerichtet und damit an den die Forschungsanstrengungen leitenden kühnen Hypothesen im Sinne Poppers; auch sie sind daher immer schon von einer (rudimentären) Theorie „imprägniert"[49]. Deshalb und weil zur Analyse moralischer Normen und ihrer Befolgung zur Zeit sehr stark divergierende Ansätze vorliegen, werden die folgenden Definitionen in einem ersten Schritt möglichst weit gefaßt; die An-

---

[46] Vgl. *Williamson* (1985a), S. 1. Die kritische Durchsicht der vorhandenen Literatur verstärkt außerdem den fatalen Eindruck, daß die jüngere Geschichte der Wirtschafts- und Unternehmensethik zu einem großen Teil die Geschichte begrifflicher und inhaltlicher Mißverständnisse ist; dies gilt auch für die soeben zitierte 'Skeptische Vermutung 1'.

[47] Ein Blick in die einschlägige Literatur zeigt außerdem, daß im Vergleich zu anderen Forschungsgebieten eine erstaunliche Anzahl von Auseinandersetzungen durch die einfache Klärung begrifflicher Fragen augenblicklich gegenstandslos geworden wären - die Streitenden haben auf unterschiedlichen Ebenen diskutiert. Belege folgen.

[48] „Definitionen sind Dogmen, nur die Deduktionen aus ihnen sind Erkenntnisse", so Carl Menger, zitiert bei *Popper* (1935, 1976), S. 27, Fn. 2. Siehe zur Kategorienbildung auch das besonders um Systematisierung bemühte Positionspapier der Mitglieder des Ausschusses für Wirtschaftsethik im Verein für Socialpolitik: *Homann / Hesse et al.* (1988).

[49] *Popper* (1975), S. 79 zur „Theorieimprägniertheit" von *Beobachtungen*.

wendung einer genuin ökonomischen Terminologie erfolgt bewußt erst anschließend.[50]

Gegenläufige Argumente können einander bereits durch eine Verwechslung *theoretischer* mit *empirischen* Begriffen verfehlen.[51] Ein weniger dramatisches Beispiel zeigt sich bereits in der oben formulierten Skeptischen Vermutung 1: Sofern der Vorwurf eines verzerrten Menschenbildes gegen die Ökonomik *als Wissenschaft* richtet, läßt er sich leicht argumentativ entkräften (dies soll anschließend geschehen); wendet er sich jedoch gegen die handelnden Akteure *in der Wirtschaft*, so wäre diese Behauptung zu präzisieren und ggf. empirisch zu überprüfen; dies sind jedoch zwei völlig verschiedene Problemaufrisse.[52]

a) Ökonomie und Ökonomik

Die angesprochene Unterscheidung dient also keineswegs dem Erfüllen eines Selbstzwecks (etwa als *l'art pour l'art*): Empirische Aussagen können prinzipiell intersubjektiv *überprüft* werden, theoretische Annahmen dagegen werden aus heuristischen Gründen *gewählt*.

Wissenschaftstheoretisch umstritten ist nun die Frage, ob auch die letztgenannten - die 'Annahmen' einer Theorie - dem Kriterium der empirischen

---

[50] Wie noch zu zeigen sein wird, bergen Beschreibungen 'aus ökonomischer Sicht', z. B. des 'öffentlichen Gutes Moral', stets die Gefahr einer quasidefinitorischen Vorab-Entscheidung über theoretisch erst noch zu ermittelnde und ggf. zu verteidigende Zusammenhänge in sich, und dies bedeutete, den zweiten Schritt vor dem ersten zu tun. (In diesem Falle: Die Moral als ein Gut aufzufassen, ist für den Ökonomen unproblematisch; ob sie aber tatsächlich als öffentliches Gut theoretisch rekonstruiert werden kann, ist erst noch zu analysieren und darf nicht als quasi selbstverständlich angesehen werden - 'quasi', weil dies wohl nicht absichtsvoll geschieht.) Im Verlauf der Untersuchung ist noch zu zeigen, inwiefern durch eine unzweckmäßig starke Theorieimprägnierung von Definitionen der Zugang zu möglichen Erkenntnissen systematisch verstellt und unnötige Mißverständnisse provoziert werden können.

[51] Vgl. in diesem Sinne z. B. *Hoerster* (1976, 1991), S. 9, *Pieper* (1991), S. 81; die ersten ca. hundert Seiten dieses Lehrbuches sind fast ausschließlich offenbar notwendigen begrifflichen Klärungen gewidmet.

[52] Siehe zu den verheerenden Folgen einer Argumentation auf unterschiedlichen Ebenen für das Diskussionsergebnis - weil paradigmatisch: statt anderer - die Trilogie *Koslowski* (1989a), *Weikard* (1990), insbes. S. 274, und *Koslowski* (1990), insbes. S. 278. Weikard wirft Koslowski u. a. eine nicht nur begrifflich, sondern auch inhaltlich fehlende Differenzierung zentraler theoretischer und/oder empirischer Konzepte wie 'Ökonomie', 'ethisch' oder 'moralisch' vor; entsprechend heftig fällt die Replik aus.

Überprüfung unterworfen werden sollen;[53] wenn jedoch bereits unklar ist, welcher Kategorie eine Aussage zuzuordnen ist, wird eine rationale Diskussion überhaupt unmöglich. Zur Vermeidung von „Kategorienfehlern“[54] werden daher Ethik und Ökonomik der Ebene der wissenschaftlichen Reflexion zugeordnet, während Ethos, Moral und Ökonomie als empirische Begriffe Verwendung finden.[55] Daß sich diese Unterscheidung auch etymologisch in (nahezu) vollem Umfang klären und nachvollziehen läßt, kann darüber hinaus im folgenden erläutert werden.[56] Es wird auch deutlich, daß die Begriffe Mikro- und Makroökonomik nur vermeintlich ohne Gehaltsverlust als (zwei der zahlreichen) Amerikanismen aus *(Micro-/ Macro-) Economics* abgeleitet und als ansonsten vermeintlich synonym zu den Begriffen Mikro- und Makroökonomie verwendet werden könnten.

Die Begriffe Ökonomik und Ökonomie sind aus den Wortstämmen *oíkos [οἶκος]*[57], - griechisch: das Haus - und *némo [νέμω]* - verwalten, zuteilen, ursprünglich: die Herde weiden! - abgeleitet. Unter *oikonomía*[58] *[οἰκονομία]* verstand man also in der griechischen Antike nichts anderes als die Verwaltung oder Bewirtschaftung des Hauses; mit der Entwicklung von der Hauswirtschaft zur arbeitsteilig entwickelten Volkswirtschaft findet sich in der Ökonomie allgemein das im Bereich des praktischen Lebensvollzugs beobachtbare Wirtschaften (Wert-Schaffen!): *Ökonomie ist Wirtschaft*, ein auf der *empirischen* Ebene angesiedelter Begriff.

---

[53] Vgl. hierzu die ausführliche Diskussion im folgenden 3. Teilabschnitt.

[54] *Homann* (1985b), S. 143.

[55] Dieses Vorgehen scheint sich in der Literatur durchzusetzen. Vgl. grundlegend bereits *Hoerster* (1976, 1991), S. 9 ff., in der aktuellen wirtschaftsethischen Diskussion vor allem *Homann* (1988b), ders. (1988c) sowie das Positionspapier *Homann / Hesse et al.* (1988). Peter Koslowski, ebenfalls Mitglied des Ausschusses und Mitunterzeichner dieses Papiers, dissentiert (auch) in dieser Hinsicht und verzichtet - offenbar bewußt - zumindest auf eine begriffliche Trennung; siehe die vorstehend erwähnte Kontroverse Koslowski vs. Weikard (Fußnote 52).

[56] Die Möglichkeit einer begrifflichen Unterscheidung von Ethik und Ethos oder Ethik und Moral läßt sich keineswegs nur auf die ‘zweisprachige’ (griechische und römische) Wurzel unserer Kultur zurückführen, die uns etwa jeweils ‘eigentlich’ inhaltsgleiche Begriffe zur Verfügung gestellt hätte, wie u. a. *Lorenzen* (1991), S. 37 vermutet. Einem ähnlichen Irrtum unterliegt erstaunlicherweise auch *Koslowski* (1982, 1991), S. 29, der dort ‘oikonomia’ und ‘Ökonomik’ etymologisch gleichsetzt.

[57] Altgriechische Wörter werden im laufenden Text stets im Transskript erscheinen und die altgriechischen Schriftzeichen - gleiches gilt für Fußnoten mit ausschließlich etymologischen Hinweisen - ausnahmslos in eckige Klammern verlegt. Sie können somit leichter überlesen werden, stehen dem Interessierten aber dennoch zur kritischen Überprüfung zur Verfügung.

[58] Es liegt eine Mutation des Stammes von *nem- [νεμ]* zu *nom- [νομ]* durch e-o-Ablaut vor.

'Ökonomik' ist unmittelbar dem substantivierten Adjektiv *oikonomiké̱*[59] *[οἰκονομική]* - 'die (Haus-) Wirtschaft betreffend'[60] - entlehnt. Es handelt sich um eine elliptische Begriffsbildung; der ausgefallene und hier wohl zu ergänzende Begriff wäre *téchne̱* oder *epistḗme̱* *[τέχνη* bzw. *ἐπιστήμη]* - Kunst bzw. Wissenschaft -, und so bezeichnete die Ökonomik etwa als *oikonomiké̱ téchne̱ (epistḗme̱)* ursprünglich die Kunst (Wissenschaft) von der klugen Haushaltsführung[61]: Ökonomik ist die Lehre vom Wirtschaften, ein auf der *theoretischen* Ebene angesiedelter Begriff.[62]

b) Ethos und Ethik, Moralität und Moral

Für das Begriffspaar Ethos und Ethik gilt - im Prinzip - Analoges. *E̱thos [ἦθος]* bezeichnete ursprünglich den Weideplatz eines Tieres, dann allgemeiner den gewöhnlichen Aufenthaltsort einer Person; im übertragenen Sinne war später, weitgehend dem heutigen umgangssprachlichen Verständnis entsprechend, die sittliche Gesinnung oder der Charakter eines Individuums gemeint.[63]

Außerdem ist - aus ökonomischer Sicht von besonderer Bedeutung - hinsichtlich der Gesamtheit der betrachteten Akteure zu unterscheiden, in der Terminologie der Ökonomik: zwischen der Mikro- und der Makroebene: Während der Begriff des *e̱thos [ἦθος]* offenkundig auf der Mikroebene angesiedelt

---

[59] Der Buchstabe 'e̱' mit Subskript steht für das griechische *E*ta *[ἦτα* bzw. *η]*, lautlich qua Konvention eher dem 'ä' entsprechend. In dieser Arbeit indiziert grundsätzlich in Transskripten der Akzent die betonten Silben, das Subskript die Vokallängen.

[60] Im Griechischen werden eine Zugehörigkeit ausdrückende Adjektive u. a. durch Anhängen des Suffixes *-kos [κος]* oder, je nach Genus, *-ke̱, -kon [κη, κον]* an den Wortstamm des Substantivs gebildet: Es handelt sich also bei der *oikonomiké̱ epistḗme̱* wörtlich um die *die (Haus-) Wirtschaft betreffende Wissenschaft*. Ganz analog bezeichnet z. B. *katallaktiké̱ [καταλλακτική]* - die Hayeksche Katallaktik - als Ellipse für *katallaktiké̱ epistḗme̱ [καταλλακτική ἐπιστήμη]* die den Tausch betreffende Wissenschaft, während mit der *katallaxía [καταλλαξία]* - Katallaxie - der Tausch selbst gemeint ist.

[61] Sc. zum Zwecke der 'Vermehrung des Reichtums'. Die Fundstellen zu wirtschaftlichen Sachverhalten sind in den überlieferten Schriften dünn gesät. Siehe jedoch als eine der ältesten Monographien zum Thema Xenophons „Oikonomikos"; zur antiken Verortung der Ökonomik vgl. ebenda, I, 2. Zu Fundstellen bei Aristoteles vgl. die aktuelle Monographie *Priddat* (1991).

[62] Der Begriff wird im folgenden 2. Teilabschnitt ergänzend auf eine breitere Basis gestellt.

[63] Auch dies ist letztlich jedoch eine rein *definitorische* Frage. Kluxen z. B. nennt den „Inbegriff der Normen, die in einer gegebenen menschlichen *Gruppe* als gültig angesehen werden, ... das Ethos". *Kluxen* (1974), S. 22, Herv. d. d. Verf. Vgl. auch ders. (1965/66). Eine teilweise etymologisch fundierte Redeweise wählt dagegen *Pieper* (1991), S. 24 ff.

ist, steht ihm auf der Makroebene der des *ethos [ἔθος]* gegenüber, vom Vorgenannten zunächst nur durch die Länge des Eingangsvokals zu unterscheiden![64] *Ethos [ἔθος]* ist mit 'Sitte' oder (seltener) 'Brauch' treffend übersetzt: Das im allgemeinen Sprachgebrauch sehr viel geläufigere lateinische Synonym ist die *Moral* (zu *mos*, Gen. *moris*).[65] Der letztgenannte Begriff soll daher auch im folgenden Verwendung finden; dies trotz einer gewissen sprachlichen Unschärfe[66].

Da sich weitgehend die erste Übersetzung - Sitte - durchgesetzt hat, sind in einem ersten Zugriff unter *Moral die in einer Gesellschaft allgemein geltenden sittlichen Normen zu verstehen, die dem einzelnen ein bestimmtes Verhalten informell, aber verbindlich vorschreiben.*[67] Das qualifizierende Attribut 'informell' grenzt den Begriff ab von (formaljuristisch implementierten) rechtlichen bzw. gesetzlichen Normen, deren Mißachtung prinzipiell mit über ein staatliches Gewaltmonopol abgesicherten Sanktionen bewehrt ist; 'sittlich' qualifiziert die Normen als grundlegend und andere gesellschaftliche Normen dominierend[68]; 'verbindlich' meint die gelegentlich in der ökonomischen Diskussion vernachlässigte Tatsache, daß dem einzelnen nicht zugestanden wird, situationsabhängig von einer entsprechenden Norm abzuweichen (!): Dies macht, wenn man so will, die Moral zur Moral und grenzt sie von der bloßen Empfehlung ab; moralische Normen sind also immer 'deontologisch'[69]. Eine andere, 'weichere' Definition unter Verzicht auf die Eigenschaft der Verbindlichkeit (zumindest bezogen auf eine singuläre Handlung) erscheint

---

[64] Die Griechen der Antike waren offenbar feinsinnige Menschen. Es ist vielleicht als Ironie der Sprachgeschichte aufzufassen, daß dieser geringe sprachliche Unterschied sehr weitreichende Probleme impliziert; sie werden im folgenden zu erörtern sein.

[65] Vgl. *Pieper* (1991), S. 25 f., z. T. abweichend.

[66] 'Moral' ist etymologisch präzise dem Adjektiv *moralis*, 'die Moral betreffend', zuzuordnen - und damit sprachgeschichtlich der Ethik.

[67] Eine problembezogene Präzisierung erfolgt später; vgl. hierzu Abschnitt C.2. des zweiten. Kapitels.

[68] Insofern ist eine Abgrenzung etwa gegenüber der 'Etikette' zu beachten: Es mag - noch oder wieder? - 'unschicklich' sein, zur Opernpremiere in geflickten Jeans zu erscheinen (die Empörung der übrigen Besucher kann respektable Ausmaße annehmen, wie der eine oder andere aus persönlicher Erfahrung zu berichten weiß). Ein moralisches Problem wird jedoch in der hier vorgesehenen Definition nicht darin gesehen. Vgl. z. B. *Patzig* (1971), S. 7 ff. Vgl. zur Problematik einer Abgrenzung der Moral von Gewohnheiten und Bräuchen, z. T. in problematischer Weise, z. B. *Hoerster* (1976, 1991), insbes. S. 17 ff.

[69] Dieser Begriff in Anführung, da er gewöhnlich nicht für die Norm selbst verwendet wird, sondern für die Qualifizierung einer Normenrechtfertigungsstrategie im Unterschied zu teleologischen Strategien besetzt ist. Vgl. in diesem Sinne auch *Homann* (1988a), S. 253, ders. (1988b), S. 234.

schlechterdings nicht angezeigt, wenn eine wissenschaftliche Auseinandersetzung mit moralischen Normen nicht offenkundigen Unsinn hervorbringen soll.[70] 'Allgemein' schließlich bedeutet, daß eine solche Norm nicht wirklich von allen Betroffenen akzeptiert sein muß, um zu 'gelten'[71].

Man beachte außerdem, daß moralische Normen hier negativ definiert werden - dadurch, wie sie *nicht* sanktioniert werden (nämlich formell) -, nicht etwa, positiv, als solche Normen, die ausdrücklich durch Geringschätzung, Mißachtung o. ä. sanktioniert bzw. konstituiert würden; dadurch, daß nur bestimmte Sanktionsarten ausgegrenzt werden, ist die Definition also bewußt weit gehalten.[72] Die in der Literatur häufig anzutreffende Anwendung der engeren Eingrenzung generiert, wie noch zu zeigen sein wird, bereits schwer überwindbare, jedoch nachweisbar auch aus der Sicht der genannten Autoren unnötige theoretische Probleme: Dann ist nämlich der Kreis der Sanktionsmechanismen quasidefinitorisch - und, wie zu zeigen sein wird, unnötig - vorab festgelegt, ohne daß dies zur Verwirklichung einer moralisch verpflichteten Gesellschaftsordnung, wie sie offenbar den genannten Autoren selbst vorschwebt, nötig wäre.

Da die individuelle Gesinnung für den Ökonomen besonders delikate Probleme aufwirft - der Bereich individueller 'Präferenzen' ist angesprochen -, ist auf der Ebene des Individuums ein weiterer Begriff einzuführen, der aus forschungssystematischen Gründen weiter gefaßt ist als der des $\underline{E}$thos[73]: Im folgenden wird unter Moralität eine prinzipiell intersubjektiv überprüfbare Verhaltens- oder Handlungsweise subsumiert, die sich zumindest so rekonstruieren läßt, *als ob* ein Individuum sittliche Normen für sich persönlich als gültig anerkennte: Ethos bezieht sich auf die innere Einstellung eines Menschen, Moralität auf (prinzipiell beobachtbare) Handlungsmuster.[74]

---

[70] Es sei bereits an dieser Stelle konzediert, daß dies die schwerwiegendste Hypothek jedes ökonomischen Zugangs zur Problemstellung angibt, die es jedoch rational abzuarbeiten gilt.

[71] Vgl. für ein instruktives Beispiel - allerdings der allgemeinen Normen*befolgung* - *Homann* (1988a), S. 249 f.

[72] Siehe dagegen zur - in der außerökonomischen, vor allem der philosophischen und soziologischen Literatur häufig anzutreffenden - engen Definition etwa *Tugendhat* (1984), S. 154, z. T. in Auseinandersetzung mit und Anlehnung an Ursula Wolf. Siehe auch *Tugendhat* (1992a) und (1992b).

[73] Vgl. zur Bedeutung des Subskripts die Hinweise zur Schreibweise, oben in Fußnote 59.

[74] Damit wird eine zugrundeliegende Gesinnung natürlich empirisch nicht ausgeschlossen, nicht einmal notwendigerweise (im nonkognitivistischen Sinne) ihre Erkennbarkeit; sie wird nur von der - Handlungswissenschaft - Ökonomik meistens als nicht interessierender Untersu-

Die *Ethik* - synonym: die Moralphilosophie - kann allgemein als *Wissenschaft vom sittlich guten Handeln* verstanden werden; im Anschluß an Kant kann als allgemeine Leitfrage der Ethik die Überlegung abgeleitet werden: „Was soll ich tun?"[75] Dabei versucht nach allgemein üblicher (allerdings nicht übereinstimmender[76]) Abgrenzung die *Individualethik* Normen zu formulieren, die sich unmittelbar an den einzelnen Menschen richten; die *Ordnungs- oder Sozialethik*[77] dagegen ist auf die Entwicklung sittlicher Standards für die Gestaltung gesellschaftlicher Strukturen (Institutionen) gerichtet.[78] Dabei befaßt sich die normative Ethik mit der Entwicklung jener Normen, die beachtet werden sollen, die positive oder deskriptive Ethik mit jenen, die tatsächlich gelten; 'Ethik' ohne qualifizierendes Attribut wird hier stets als normative Ethik verstanden.[79]

Metaethik als vorgelagerte 'Wissenschaft von der Ethik' schließlich befaßt sich mit den geeigneten wissenschaftlichen Verfahren oder Grundregeln, nach denen moralische Normen oder Regeln ihrerseits abgeleitet werden oder werden sollen. Hier geht es etwa um die Frage, ob - im Sinne Max Webers - das 'sittlich Gute' eines Handelns grundsätzlich an der handlungsleitenden Gesinnung des Handelnden oder aber an den Folgen der Handlung beurteilt wird bzw. werden soll oder ob - traditionell - göttliches Wollen als Maßstab dient bzw. dienen soll.[80]

---

chungsgegenstand ausgeklammert. Dem Nichtökonomen und Kognitivisten, der sich damit nicht zufrieden geben mag, sei dennoch zunächst die Rede von denjenigen Formen sittlicher Gesinnung zugestanden, die im individuellen Handeln eines Menschen intersubjektiv überprüfbar, d.h. in nachvollziehbarer Weise, zu identifizieren sind. Wir werden an zentraler Stelle auf diesen Punkt zurückkommen.

Entgegen ihrem eigenen Ansinnen - siehe z. B. *Pieper* (1991), S. 27 - verwendet Annemarie Pieper die Begriffe 'Moral' und 'Moralität' später als Synonymata: siehe ebenda, S. 261 (Anm. 1).

[75] *Kant* (1781, 1974), S. 677. Hier geht es um den allen Ethikansätzen gemeinsamen Grundkonsens, der zum allgemeinen Einstieg in die Problematik völlig ausreicht. Auf den grundlegenden Dissens über die wesentlichen Antworten auf diese Frage - auf die Frage etwa, worin genau sich das sittlich Gute erfüllt - ist später etwas genauer einzugehen.

[76] Vgl. abweichend etwa *Rich* (1985), S. 57 ff.

[77] Vgl. zum erstgenannten Begriff *Clapham* (1989) sowie *Homann* (1990b), S. 41.

[78] Genau genommen müßte die Ordnungsethik als Teil der Sozialethik rekonstruiert werden. Für die hier vorliegende Problemstellung ist diese Unterscheidung jedoch nicht notwendig.

[79] Außerdem wird das Attribut 'ethisch' im folgenden grundsätzlich nicht von 'Ethos', sondern von 'Ethik' abgeleitet.

[80] Vgl. zur Gesinnungs- vs. Verantwortungsethik *Weber* (1921, 1988), S. 505 ff., insbes. S. 551. Vgl. zur Metaethik z. B. *Höffe* (1986). Genau genommen befaßt sich also ein nicht geringer Teil dieser Arbeit mit der ökonomischen Analyse metaethischer Probleme. Pointiert

Wir fassen die wichtigsten der hier gewählten Begriffsabgrenzungen tabellarisch zusammen (vgl. Abbildung B.1).

	A	B	C
1	Aggregations-niveau / Argumen-tationsebene	Individuum	Gesellschaft
2	Erkenntnismethode (Wissenschaft)[81]	Individualethik —— Mikroökonomik	Sozialethik —— Makroökonomik
3	Erkenntnis-gegenstand (Empirie)	E̲thos[82] —— Mikroökonomie	Moral = Ethos —— Makroökonomie

Abb. B.1: Die Wissenschaften Ethik und Ökonomik und ihre Erkenntnisgegenstände: Begriffsabgrenzungen

Im populär werdenden Begriff der Wirtschaftsethik wird hier konsequent[83] der erste Wortteil als *genitivus obiectivus* aufgefaßt: *Wirtschaftsethik* ist jener Teil der Ethik, der sich mit sittlichen Fragestellungen für den Bereich der (sc.

könnte man formulieren: Die Ethik befaßt sich mit moralischen Regeln menschlichen Handelns, die Metaethik mit moralischen Metaregeln - mit der Ableitung, Analyse und Rechtfertigung der moralischen Normen. Während also die (sc. normative) Ethik z. B. ein bestimmtes Handeln zu rechtfertigen oder verwerfen trachtet, fragt die Methaethik etwa nach der Rechtfertigung eines solchen moralischen/ethischen Urteils oder ihrer logischen Konsistenz. Vgl. *Hoerster* (1976, 1991), S. 10. Genau genommen ist natürlich dann auch eine Meta-Metaethik denkbar, usw.

[81] Mit Ethik und Ökonomik als Oberbegriffen.

[82] Da aufgrund der Verwendung des Begriffes 'Moral' für die gesellschaftliche Ebene eine Verwechslung zwischen Ethos und E̲thos ausgeschlossen ist, wird das die Vokallänge indizierende Subskript im folgenden weggelassen.

[83] Vgl. auch die Ausführungen zur Differenzierung zwischen Ökonomik und Wirtschaftswissenschaften, S. 41 f.

modernen, marktwirtschaftlich verfaßten) Wirtschaft befaßt. Die Erfassung des Begriffs der 'Unternehmensethik' soll dagegen aus pragmatischen Gründen erst zum Ende der Untersuchung erfolgen: Der Ansatz der vorliegenden Arbeit ist konsequent individualistisch auf den unternehmerisch Handelnden bezogen, unabhängig von seiner Funktion als Eigentümerunternehmer oder angestellter Manager. Damit ist gleichzeitig eine weitere Abgrenzung vollzogen: Diese Arbeit möchte nicht der populären Vorstellung Vorschub leisten, (ausschließlich) unternehmerisches Handeln könne moralisch fragwürdige Dimensionen annehmen; vielmehr werden andere Themenkreise, etwa die der Arbeits- oder Berufsethik, hier nur ausgeklammert: Auf dem 'Prüfstein' dieser Untersuchung steht die ökonomische Theorie der Unternehmung und damit die der Unternehmensführung.

Dies ist zum einen für eine sinnvolle Heuristik notwendig: Nur Menschen können ein Ethos haben, nur Personen können Normen befolgen. Die scheinbare Verengung des Ansatzes ist jedoch schon deshalb vertretbar, weil die spezifischen Probleme, die sich zusätzlich aus der Trennung von Eigentum und Management ergeben, an den grundlegenden Fragestellungen qualitativ nichts ändern: Interpretiert man das Verhältnis von Eigentümer und Manager, der Literatur folgend, über Märkte, auf denen Managementfunktionen und Eigenkapital gehandelt werden, so zeigt sich, daß hier vergleichbare ethische und/oder moralische Ansprüche an die handelnden Akteure gestellt werden wie in allen anderen Fragen auch; die personale Trennung kann zwar das in der Einleitung angesprochene Verantwortungsproblem verschärfen - es handelt sich um einen weiteren Aspekt der moralischen Folgen wachsender Arbeitsteilung -, jedoch nicht qualitativ ändern.[84]

---

[84] *Locus classicus* für den grundlegenden Problemkomplex ist *Berle / Means* (1932) mit der daran anschließenden, umfangreichen organisationstheoretischen Literatur. In Abb. B.1 könnte im übrigen zwischen Spalte B und C eine weitere Spalte mit der Überschrift (Feldzeile 1) 'Gruppe' bzw. 'Unternehmen' zwischen 'Individuum' und 'Gesellschaft' eingefügt werden, die wie folgt auszufüllen wäre: (Feldzeile 2) Unternehmensethik/Mesoökonomik - (Feldzeile 3) Unternehmensethos/Mesoökonomie. Was aber ist das Ethos eines Unternehmens, also einer im Zweifelsfall nicht selten nur juristischen 'Person'? Da sich hier zunächst unüberwindliche forschungsstrategische Probleme ergeben, wird dieser Aspekt zunächst zurückgestellt. Es sei jedoch angemerkt, daß die Ökonomik nicht ohne Grund die Theorie der Unternehmung traditionell nicht einer 'Mesoökonomik', sondern der Mikroökonomik zuordnet.

2. Homo oeconomicus oder: Der ökonomische Denkansatz zur Erklärung individuellen menschlichen Handelns

Nicht nur traditionell - wie die vorstehende etymologische Betrachtung verdeutlicht hat -, sondern auch in vielen modernen Lehrbüchern wird die Ökonomik noch von ihrem ursprünglichen Gegenstandsbereich, der Wirtschaft, her definiert.[85]

Dem steht die frühe These Max Webers gegenüber, daß sich Einzelwissenschaften grundsätzlich nicht über ihren (vermeintlich) spezifischen Gegenstand definieren lassen: „Nicht die *'sachlichen'* Zusammenhänge der 'Dinge', sondern die *gedanklichen* Zusammenhänge der *Probleme* liegen den Arbeitsgebieten der Wissenschaften zugrunde: wo mit neuer Methode einem neuen Problem nachgegangen wird und dadurch Wahrheiten entdeckt werden, welche neue bedeutsame Gesichtspunkte eröffnen, da entsteht eine neue 'Wissenschaft'."[86]

Tatsächlich hat insbesondere die Ökonomik die Grenzen ihres Anwendungsbereiches in den letzten Jahrzehnten mit großem Erfolg nach außen verschoben.[87]

Die vorliegende Arbeit folgt diesem erweiterten Selbstverständnis von Einzelwissenschaften, das wohl auf Lionel Robbins zurückgeht: „Economics is the science which studies human behaviour as a relationship between ends and scarce means which have alternative uses."[88] Hier wird die Ökonomik also von ihrer allgemeinen Problemstellung und ihrer Methode her gedacht: Universale Knappheit als Problem und als Methode das Prinzip, bei der Analyse der Knappheitsfolgen zwischen Zielen und Nebenbedingungen menschlichen

---

[85] Stellvertretend sei hier auf die Nachweise in *Weise et al.* (1991) verwiesen. Das dort im Titel verwendete Attribut 'neu' bezieht sich entgegen dem üblichen Sprachgebrauch ausdrücklich auf nichttraditionelle Anwendungsgebiete der Mikroökonomik (und nicht auf Aspekte der Informations- und Ungewißheitsökonomik; vgl. hierzu z. B. *Schumann* [1978]; den im Titel verwendeten Begriff 'Mikroökonomie' variieren die Verfasser auf S. 3 zu 'Mikroökonomik'.

[86] *Weber* (1922, 1988), S. 166. Herv. i. Orig.

[87] Vgl. die Hinweise oben, in Abschnitt A.

[88] *Robbins* (1932, 1952), S. 16. Vgl. jedoch z. B. die forschungshistorischen Hinweise in *Biervert / Wieland* (1990), S. 17 f.

Handelns zu unterscheiden, prägen dieses offenkundig viel weiterreichende Selbstverständnis, das sich derzeit durchzusetzen scheint.[89]

Da zudem in ökonomischer Terminologie 'Knappheit' im Unterschied zur umgangssprachlichen Bedeutung lediglich die nicht unendliche Verfügbarkeit vorhandener Ressourcen meint, dürfte der Versuch auf Akzeptanz stoßen, die Ökonomik wegen dieser grundlegenden - und zunächst sehr abstrakten - Problemstellung allgemein auf jedes menschliche Handeln und nicht nur das 'im Bereich der Wirtschaft' oder 'den Umgang mit materiellen Gütern' anzuwenden. Dennoch dürften angesichts des postmodernen Diktums von der 'Überflußgesellschaft' durch den umgangssprachlich eindeutig besetzten Begriff der Knappheit bereits unnötige Irrtümer entstanden sein.

Nicht zuletzt deshalb findet sich in ökonomischen Texten häufig eine Definition, die exakt auf die Knappheitsfolgen abstellt und die Ökonomik als Wissenschaft von den Kosten umschreibt.[90]

Dies ist die 'leitende Idee' der Ökonomik: Wenn eine Problemstellung vorliegt, zielt die erste Frage des Ökonomen auf die Identifikation der immer unterstellten Entscheidungszwänge und verfügbaren Alternativen, kurz: auf die Kosten.[91] Die vorliegende Arbeit folgt - selbstverständlich - dieser leitenden Idee in vollem Umfang. Hier wird jedoch aus pragmatischen Gründen - und nur deshalb[92] - die folgende Einstiegsdefinition gewählt:[93]

---

[89] Vor einigen Jahren hat George Stigler noch bedauernd angemerkt, daß bis dahin keinem Vertreter dieses erweiterten Selbstverständnisses die Ehre des Vorsitzes der American Economic Association (AEA) zuteil geworden sei; vgl. *Stigler* (1984). Insgesamt fanden die Vertreter einer von der Methode her definierten Ökonomik bis weit in die achtziger Jahre hinein auch innerhalb der Profession wenig Rückhalt. Offenbar ist hier mittlerweile Bewegung eingetreten; im übrigen wurde Stigler selbst, aber z. B. auch James M. Buchanan und soeben auch Gary S. Becker der Nobelpreis verliehen - drei Exponenten von Forschungsrichtungen, die das Erkenntnisobjekt der Ökonomik systematisch und z. T. sehr weit über ihr traditionelles Gebiet hinaus ausgedehnt haben. Dennoch mag zu den von Stigler erwähnten Rezeptionsschwierigkeiten durch andere Wissenschaftler die Tatsache beigetragen haben, daß nicht wenige - Stigler und Becker gelten als Protagonisten - der Ökonomik sogar das erwähnte, in jedem Fall interpretationsbedürftige Attribut 'imperialistisch' beifügen möchten; siehe - programmatisch -: *Stigler / Becker* (1977). Nach der hier vertretenen Ansicht ist jedoch das Bemühen um ein erweitertes Selbstverständnis der Ökonomik streng von 'imperialistischen' Ansätzen zu trennen.

[90] Vgl. zentral und sein gesamtes bisheriges Werk programmatisch illustrierend: *Homann* (1980), insbes. S. 165 ff., ders. (1988a).

[91] Dies ist eine Annahme mit universalem Realitätsanspruch, bedenkt man nur die jeder Entscheidung zumindest implizit zugrunde liegende Zeitrestriktion.

[92] D. h. zur 'Verminderung von Verständigungskosten'.

Ökonomik ist die Wissenschaft vom Handeln unter Entscheidungszwang.

Dies geschieht wegen naheliegender Mißverständnisse - etwa: einer voreiligen Identifikation mit monetären Kosten im Bereich der Wirtschaft[94] - und der Betonung zweier weiterer , unten noch zu benennender Kernelemente des ökonomischen Ansatzes.[95] Mit dieser Formulierung wird allerdings überhaupt nichts über die zentrale Frage ausgesagt, *wie* die notwendigen Entscheidungen zustande kommen: Erklärungen könnten auf überlieferte Traditionen, also auf Gewohnheiten oder auf das Pflichtgefühl, abstellen, ohne in Widerspruch zu der oben angeführten Definition zu geraten. Wir übernehmen daher die Kritik, die auf Gary S. Becker zurückgeht,[96] und präzisieren die Definition:

Ökonomik ist die Wissenschaft vom Handeln unter Entscheidungszwang. Sie beschäftigt sich mit der Ermittlung der relevanten Alternativen sowie ihrer zielgerichteten Wahl durch rational und eigeninteressiert handelnde Individuen.[97]

Andere Vorschläge zur Identifikation des ökonomischen Ansatzes betonen besonders die zentrale Rolle des Tausches als konstituierendes Moment für ökonomische Analysen menschlichen Handelns, insbesondere in Abgrenzung von anderen Verhaltensweisen wie etwa Drohungen.[98] Dies wird in der hier vertretenen Sicht als unzweckmäßig abgelehnt, da zum einen auch Nicht-Tausch-Verhaltensweisen sich als rationale Strategien rekonstruieren lassen - als Beispiel können gerade Drohstrategien dienen, die in der Spieltheorie systematisch erforscht werden - und sich zum anderen im Tauschparadigma

---

[93] Es gibt noch einen zweiten, forschungssystematischen Grund für den Verzicht auf den Begriff 'Kosten': Diese werden in der Betriebswirtschaftslehre gewöhnlich als *bewerteter* Ressourcenverzehr definiert; aus später noch zu erörternden Gründen plädieren wir hier für eine strikte, auch sprachliche Trennung der Ermittlung von der Bewertung von 'Kosten' (i. S. v. 'Knappheitsfolgen' oder 'Alternativen').

[94] Dieses Problem wird z. B. von *Homann* (1988a), S. 52 ausdrücklich erwähnt.

[95] Dies sind die Annahme eigennütziger Rationalität und das Prinzip des methodologischen Individualismus. Vgl. hierzu unten, S. 45 ff.

[96] Vgl. *Becker* (1982a), S. 3.

[97] Damit wird hier und im folgenden die Wirtschaftswissenschaft als (Wissenschaft von der Wirtschaft und damit als) Teilwissenschaft der Ökonomik aufgefaßt; ökonomische Analysen können demnach auch begrifflich von (genuin) wirtschaftswissenschaftlichen getrennt werden. Zur Vermeidung von Mißverständnissen - und nur deshalb - wird ferner als Adjektiv zu 'Ökonomie' oder 'Wirtschaft' der Begriff 'wirtschaftlich' verwendet und 'ökonomisch' auf 'Ökonomik', also eine wissenschaftliche Kategorie, beschränkt.

[98] Vgl. z. B. *Boulding* (1986).

als einer von verschiedenen Möglichkeiten eher eine *Anwendung* ökonomischen Denkens zeigt: im Nachweis des enormen dynamischen Potentials einer auf das Prinzip der Katallaxie (Hayek) setzenden, marktwirtschaftlich ausgerichteten Wirtschaftsordnung als Ergebnis der Analyse, nicht als Input von Theorien.[99]

Um genau diese 'Theorieinputs' geht es aber hier: Um die der eigentlichen Analyse vorgelagerten Axiome, deren Anwendbarkeit aus Gründen der forschungsstrategischen Zweckmäßigkeit bewußt vom Forscher nicht in Frage gestellt wird, um mit einem möglichst einfach strukturierten, präempirischen Schema[100] die eigentlich interessierenden Fragestellungen systematisch identifizieren und bearbeiten zu können.

Diese Frage- oder Problemstellungen sind vorrangig erklärender Natur: Es geht zunächst darum, menschliches Handeln in systematisch rekonstruierbarer Weise zu erklären und ggf. Vorhersagen zu treffen.

Für die Problemstellung dieser Arbeit lassen sich genau drei dieser Analyseinstrumente oder axiomatischer Kategorien erfassen, die in der obenstehenden Definition enthalten sind, die also nach dem hier vertretenen Verständnis - als *conditiones sine quibus non* - die spezifisch ökonomische Methode ausmachen, die im Wettbewerb mit anderen sozialwissenschaftlichen Erklärungsansätzen steht; gleichzeitig markieren sie den umstrittenen Ausgangspunkt für jede Auseinandersetzung mit moralischen Fragen 'aus ökonomischer Sicht':[101]

---

[99] Ähnliches gilt für eine Art 'Freiwilligkeitsaxiom' als vermeintlich paradigmatisches Element der Ökonomik. Auch hier geht es vielmehr um eine situationsbedingte Analyse: kaum jemand würde z. B. in der Dyopoltheorie ohne grundlegende Widersprüche das Handeln des Vertragspartners eines Optionsfixierers (der Preis und Menge diktiert) als - im Sinne der Problemstellung, nicht der theoretischen Axiomatik - 'freiwillig' bezeichnen, ausgenommen *Weise et al.* (1991), S. 2 (die dort ironisierend auf eine Implikation des Alternativkostenkonzepts aufmerksam machen).

[100] So vermutlich erstmals *Sombart* (1929), S. 259. Der Begriff des präempirischen Schemas wird heute vor allem von Karl Homann verwendet. Vgl. mit entsprechenden Hinweisen z. B. *Homann / Suchanek* (1989), S. 74 ff. Vgl. zum Synonym 'Paradigma' zentral: *Kuhn* (1976).

[101] Die Frage, was eigentlich 'den ökonomischen Ansatz' im Unterschied zu anderen sozialwissenschaftlichen Paradigmata ausmache, hat die Forschung in den letzten Jahren aus naheliegenden Gründen - nämlich der konkurrierenden Beschäftigung verschiedener Wissenschaften mit denselben Erkenntnisgegenständen - wieder vermehrt beschäftigt; vgl. aus der kaum noch überschaubaren Literatur grundlegend etwa die früheren Monographien *Gäfgen* (1963, 1974), insbes. S. 18 - 43, auch *Hartfiel* (1968) sowie die in den 50er und 60er Jahren erschienenen Aufsätze von Fritz Machlup, zusammengefaßt in der persönlichen Aufsatzsammlung *Machlup* (1978a) - dort v. a. Teil IV, insbes. *Machlup* (1978b) und ders. (1978c). Das wohl meistzitierte

1. Die erwähnte Allgegenwart von *Entscheidungszwängen* und ihrem Korrelat, den Kosten in Form von Verzicht auf entgangene Alternativen.

2. Die unterstellte, unbedingte (!) *Rationalität und Eigeninteressiertheit* menschlichen Handelns.

3. Das Prinzip des *methodologischen Individualismus.*

Entsprechend diesem Selbstverständnis sind sie stets Input, nicht Output der Theorie: Die angeführten Axiome können nicht Ergebnis von ökonomischen Forschungsanstrengungen sein; als Ergebnisse werden Erklärungen und Vorhersagen spezifischer Handlungsmuster angestrebt. Dennoch werden der methodologische Status und die Implikationen dieser Axiome in unterschiedlichem Maße in Frage gestellt. Sie sind daher im einzelnen zu diskutieren.

a) Entscheidungskonflikte und Verzichtskosten

Ökonomische Knappheit, definiert als Abwesenheit von unendlichem Überfluß[102], ist eine notwendige Bedingung für die Existenz von Alternativen[103]: Kosten im ökonomischen Sinne sind, ganz analog, definiert durch den Verzicht auf die nicht realisierten Alternativen: Kosten sind immer Verzichts-

---

Lehrbuch ist *Blaug* (1980); vgl. zur 'imperialistischen' Variante: *Becker* (1976, 1982), soeben: *Pies* (1993); vgl. aktuell z. B. *Kirchgässner* (1988b) sowie die soeben erschienene Monographie ders. (1991) - insbes. Kap. 2, S. 12 ff. - mit den dort jeweils aufgeführten Literaturhinweisen, außerdem *Tietzel* (1981a), ders. (1981c), *Frey* (1980), ders. (1989), in einer Anwendung soeben: *E. Wessling*. (1991). Die Autoren kommen in dem Bemühen um eine Definition 'des' ökonomischen Ansatzes aufgrund unterschiedlicher Forschungsschwerpunkte erwartungsgemäß zu im Detail unterschiedlichen, sich jedoch nicht im Grundsatz widersprechenden Ergebnissen. *Frey* (1989) nennt z. B. fünf Kriterien zur Identifizierung des ökonomischen Ansatzes, *E. Wessling* (1991) vier; ein bedeutsamer Unterschied besteht allerdings hinsichtlich des Rationalitätsaxioms. Zumindest für die in dieser Arbeit in Rede stehenden Fragen ist bei beiden außerdem eine gewisse Redundanz festzustellen; die hier verwendeten drei Kriterien werden zur Abgrenzung des ökonomischen Ansatzes als völlig hinreichend sowie hinsichtlich des Rationalitätsaxioms als fruchtbarer angesehen.

[102] Nicht einmal zu dieser denkbar schwachen Annahme ist Konsens selbstverständlich: Der Glaube an die eines Tages mögliche Überwindung der Entscheidungszwänge (oder wohlverstandenen Knappheit) war für das Verständnis sozialistischer (genauer: kommunistischer) Utopien ohne Zweifel zentral.

[103] Die genaue Zahl der Handlungsmöglichkeiten ist damit nicht festgelegt! Es wird vielmehr eine kleine sprachliche Unschärfe akzeptiert, da das lateinische Wort *alter* stets eine *bi*polare Situation abbildet. Eine Alternative ist also streng genommen immer eine von genau zwei Möglichkeiten, während die Ökonomik erst in einem zweiten Schritt individuelles Handeln auf zwei relevante Möglichkeiten - die gewählte sowie die beste aller entgangenen - reduziert.

kosten (geläufige Synonymata sind 'Alternativkosten' und 'Opportunitätskosten'), die als spezifische Anreize auf das Entscheidungsverhalten des einzelnen wirken; sie haben (abgesehen von Ausnahmen) keine Markt-, sondern nur nicht beobachtbare Schattenpreise in Höhe des durch die jeweilige Restriktion hervorgerufenen marginalen Nutzenentgangs.[104]

Die subjektive Interpretation des Kostenbegriffs wurde als Spiegelbild der subjektiven Wertlehre und des modernen (Grenz-) Nutzenkonzepts erstmals von der jüngeren Österreichischen Schule und später, ungefähr in den zwanziger und dreißiger Jahren dieses Jahrhunderts, an der London School of Economics (eine Verbindung ergibt sich über den aus Österreich stammenden Friedrich A. von Hayek) entwickelt und propagiert.[105] Dieser Ansatz hat nicht nur volks- und betriebswirtschaftliche Lösungsansätze befruchtet; er ermöglicht es durch die Überwindung rein monetärer Kostenkonzepte auch, den Anspruch der Ökonomik auf eine Ausweitung des eigenen Gegenstandsbereiches auf nicht i. e. S. 'wirtschaftliche' Problembereiche zu verwirklichen.

Da die Opportunität definitionsgemäß (sie wird nicht realisiert) in ihrem Wert nicht unmittelbar erfaßbar ist, gab und gibt es jedoch bereits in wirtschaftswissenschaftlichen Kontexten heftige Auseinandersetzungen über den nutzentheoretisch erweiterten Alternativkostenbegriff.[106] Nach der hier vertretenen Auffassung bedeutet es jedoch einen Irrtum zu glauben, die Beschränkung auf am Markt erfaßbare Kosten vermeide dieses Problem - so ist Schneider wohl zu verstehen -: Da alle Entscheidungen aus logischen Gründen auf die Zukunft gerichtet sind, müssen ihnen u. a. auch Erwartungen bezüglich zukünftiger Ereignisse zugrundeliegen. Diese aber sind im Augenblick der Entscheidung und damit in der entscheidungsrelevanten Situation ebenfalls (noch) nicht auf dem Markt realisierte Größen und damit dem Grundsatz nach nicht weniger subjektiv oder schwer erfaßbar als die hier propagierten Alter-

---

[104] Schattenpreise reflektieren den Nutzenentgang, der durch eine Verengung der Restriktion um eine Einheit hervorgerufen wird: sie sind gewissermaßen, so kann das Bild auch verstanden werden, der 'Schatten, den die Restriktion auf die Zielfunktion wirft' (Bonus).

[105] Vgl. grundlegend *Buchanan* (1969); zum im vorigen Jahrhundert entwickelten (Grenz-) Nutzenkonzept der subjektiven Wertlehre umfassend: *Schumann* (1984). Es ist zu beachten, daß im Vergleich zur letztgenannten Konzeption der Alternativkostenansatz 'subjektivistisch' ist: es fehlt die Möglichkeit, wie im Konzept der subjektiven Wertlehre in Verbindung mit der Gleichgewichtstheorie mit Marktpreisen als effizientem Surrogat für die nicht beobachtbaren Alternativkosten zu arbeiten. Vgl. *Buchanan* (1969), S. 29.

[106] Ein besonders heftiger Kritiker dieses Konzepts ist Dieter Schneider. Siehe z. B. *Schneider* (1987), S. 474 ff., ders. (1991).

nativkosten, so daß darin kein spezifischer oder systematischer Nachteil des Opportunitätskostenkonzepts gesehen werden kann.

Von dieser Auseinandersetzung abgesehen, wird jedoch der Ansatz, menschliches Handeln grundsätzlich aus dem Blickwinkel allgegenwärtiger Entscheidungskonflikte oder -zwänge zu betrachten, als relativ unumstrittenes Spezifikum der Ökonomik akzeptiert sein. Wesentlich umstrittener ist die Analysetechnik, mit der die Antwort des Menschen auf derartige Entscheidungskonflikte grundsätzlich rekonstruiert wird:

b) Rationalität und Eigeninteressiertheit

'Rationalität'[107] impliziert zunächst nichts weiter als geordnete (konsistente) Präferenzen des Individuums und ein Handeln gemäß dieser Ordnung:[108] Der einzelne kann aus den zur Verfügung stehenden Alternativen die von ihm bevorzugte ermitteln;[109] er handelt dann auch diesen Bedürfnissen entsprechend. Die unterstellte Kenntnis der eigenen Präferenzen impliziert im übrigen die zentrale Annahme, daß das Individuum in der Lage ist, seine so verstandenen Ziele von den zu ihrer Erreichung notwendigen Mitteln bzw. seinen Handlungsspielraum definierenden Nebenbedingungen oder Restriktionen strikt zu unterscheiden;[110] rational zu handeln, bedeutet dann auch, auf Veränderungen in den Knappheitsrelationen - auf veränderte Anreize - in vorhersagbarer Weise zu reagieren: Ändern sich die Knappheitsrelationen (also die relativen Erträge oder die relativen Kosten von Aktivitäten), so ändern sich die Aktivitäten; diejenigen, deren Alternativkosten sich erhöhen (verringern), werden zurückgenommen (ausgedehnt).

---

[107] Vgl. zur Auseinandersetzung mit verschiedenen Rationalitätsbegriffen *Homann* (1988a), S. 66ff., ders. (1985b).

[108] Konsistenz ist gewährleistet bei Reflexivität, Transitivität und Vollständigkeit der Präferenzordnung.

[109] Gegebenenfalls stellt er die Gleichrangigkeit mehrerer Alternativen fest.

[110] *Tietzel* (1985), S. 24 will die Unterscheidung von Zielen und Restriktionen von der Rationalitätshypothese getrennt sehen; vgl. ähnlich *Witt* (1986), S. 148. Nach der hier vertretenen Auffassung ist dies unnötig, wenn nicht sogar aus logischen Gründen irreführend: Die Kenntnis der Ziele und ihrer Rangordnung de-finiert sie bereits im wörtlichen Sinne und legt damit die inhaltliche Abgrenzung bzw. Trennung von den zusätzlich aufzuführenden Nebenbedingungen fest: Diejenigen Gegebenheiten, die nicht im Kanon der Ziele enthalten sind, gehören zwingend zu den Nebenbedingungen.

Der Ansatz kann - so ein unter Kritikern populärer Vorwurf - als immanent hedonistisch angesehen werden, ohne Verlust an Allgemeinheit aber auch einfach als eudaimonistisch.[111] Sogar bei Platon heißt es:

> „(Z)um Schlechten entschließt sich niemand aus freien Stücken und auch nicht zu dem, was er für schlecht hält, und es entspricht offenbar auch nicht der Natur des Menschen, sich - statt für das Gute - für das zu entschließen, was er für schlecht hält. Und wenn sich jemand gezwungen sieht, zwischen zwei Übeln zu entscheiden, wird er niemals das größere vorziehen, wenn er auch das kleinere wählen kann."[112]

Ökonomische Theorien setzen aufgrund der problematischen Erfassung des aus individueller Sicht 'Guten', i.e. der Erfassung von Präferenzen, in ihren Erklärungsansätzen bevorzugt bei den Nebenbedingungen an - also aus Erwägungen der Zweckmäßigkeit, nicht um eines wie immer gearteten Wahrheitsanspruchs willen. Da es i. d. R. außerdem um die Erklärung oder Prognose von Verhaltensänderungen geht, wird vorrangig nach *Veränderungen* in den Restriktionen gesucht, so daß dem Forscher weder die Präferenzen noch alle Restriktionen bekannt sein müssen: es genügt, veränderte Größen zu identifizieren. Der Ökonom wendet insofern das Rationalitätsprinzip auf seine eigenen Anstrengungen an - es wird versucht, Probleme mit möglichst einfachen Mitteln, also effizient zu lösen.

Der in ökonomischen Theorien auftretende Akteur handelt stets rational in diesem Sinne; jedoch verbergen sich hinter diesem Begriff sehr unterschiedliche Auffassungen, nämlich eine schwach restriktive und eine stark restriktive Rationalitätsvariante; beide Varianten unterstellen stets dem einzelnen Akteur ein Verhalten bzw. Handeln, *als ob* er bewußt kalkulierte; die stark restriktive Variante in der oben gewählten Definition konstruiert Erklärungen und Prognosen zusätzlich so, als ob der Akteur streng eigeninteressiert wäre; sie wird auch als Eigennutzaxiom thematisiert.[113]

Beide Ausprägungen des Rationalitätsaxioms rekonstruieren den Menschen traditionell als nutzenmaximierendes Subjekt, dessen Wohlergehen

---

[111] Es sei ausdrücklich und erneut darauf hingewiesen, daß es sich dabei um analytische, nicht um eine normative Aussage handelt (etwa: der einzelne 'solle' in der beschriebenen Form handeln).

[112] Platon, Protagoras 358c. Es ist natürlich sehr fraglich, ob (der dort durch seinen Lehrer Sokrates sprechende) Philosoph dies wirklich ernst gemeint hat. Die Vorstellung von einer (nunmehr naheliegenden) 'Saldierung' von Lust und Schmerz hat Platon an anderer Stelle - im Phaidon 68c ff. sowie 83b ff. - jedenfalls heftig bekämpft. Vgl. hierzu auch *Gigon* (1974), Bd. VIII, S. 192.

[113] Sofern vom 'Eigennutzaxiom' oder von 'Eigeninteressiertheit' die Rede ist, muß also die Rationalitätsannahme jeweils mitgedacht werden.

(Nutzen) von der Menge der konsumierten, am Markt zu erwerbenden Güter $X = (x_1, \ldots, x_n)$ abhängig ist; die Art dieser Zusammenhänge spiegelt seine individuellen Präferenzen wider.[114]

Das Rationalitätsaxiom besagt nun zunächst nichts weiter, als daß der einzelne in der Lage ist, alle denkbaren Güterkombinationen in der Reihenfolge ihrer individuellen Wünschbarkeit (oder ggf. Gleichwertigkeit) zu ordnen; formal bedeutet dies lediglich: die Nutzenfunktion muß vollständig bzw. konsistent und transitiv sein.

Außerdem hat der einzelne - hier ganz im Sinne von Robbins' Definition - eine Reihe von nicht individuell beeinflußbaren Nebenbedingungen seines Handelns zu beachten, im einfachsten Fall die Preise dieser Güter p_i ($i = 1, \ldots n$) und sein Arbeitseinkommen c; genauer: die Konsumausgaben pro Periode dürfen das Periodeneinkommen nicht übersteigen.[115] Diese Tatsache konfrontiert ihn mit dem Problem der Knappheit im ökonomischen Sinne: mit dem Zwang, sich für ein begrenztes Güterbündel entscheiden zu müssen. Dieses mag, abhängig von der Höhe des individuellen Einkommens, sehr groß oder sehr klein (im umgangssprachlichen Sinne knapp) sein, in jedem Falle aber nicht unendlich groß.

An dieser Stelle ist eine Fallunterscheidung durchzuführen, die das Rationalitätsaxiom der Ökonomik auf entscheidende Art und Weise qualifiziert und auch innerhalb dieser wissenschaftlichen Disziplin umstritten ist:

(1) Meist zeigt sich (implizit, in der oben gewählten Definition durch den Zusatz 'eigeninteressiert' expliziert) der umstrittene *homo oeconomicus*, ein kühl rechnender und handelnder, stets auf seinen eigenen Vorteil bedachter, seelenloser Automat - kurz: ein *homunculus*[116] -, nicht selten aber auch (2) ein ganz normales Wesen *(homo totus)*, das stets verstandesorientiert handelt, aber ansonsten mit (fast) allen Vorzügen und Nachteilen eines normalen Menschen

---

[114] Nutzenmaximierung ist als spezifisch-methodische Ausprägung des Rationalitätsaxioms zu sehen; beide Begriffe dürfen jedoch nicht miteinander verwechselt werden. Vgl. *Hardin* (1992), S. 192, sowie *Arrow* (1987) zu einer theoriekritischen Auseinandersetzung.

[115] Ersparnisse spielen im einfachsten denkbaren Modell ebenso wie in den hier interessierenden Fragen keine systematische Rolle.

[116] Vgl. *Machlup* (1978c), S. 298 u. ö. in (1978a).

ausgestattet ist, insbesondere der für die vorliegende Fragestellung zentralen Fähigkeit, altruistisch zu denken und zu handeln[117].

(Ad 1) Der *homo oeconomicus* konsumiert am liebsten selbst. In diesem Falle wird in der vorliegenden Arbeit vom Rationalitätsaxiom im engeren Sinne, kurz: vom Eigennutzaxiom, gesprochen. Formal bedeutet dies eine Maximierung des Nutzens U unter Nebenbedingungen in der folgenden Form, wobei der Index a das beobachtete Individuum[118] indiziert und die partiellen Ableitungen der Nutzenfunktion positiv, die zweiten Ableitungen negativ seien ($\partial U_a/\partial x_{ia} > 0$, $\partial U_a/\partial x_{ia}^2 < 0$ f. a. i[119]):

$$U_a\,(x_{1a}, \ldots x_{ia}, \ldots x_{na}) = \max.!$$

$$\text{u. d. N.:}\quad p_1x_{1a} + \ldots + p_ix_{ia} + \ldots + p_nx_{na} = c.$$

Als Argumente in die Nutzenfunktion gehen also nur die selbst konsumierten Güter ein. Moralische Normen, das Wohlergehen anderer oder gar irgendeine Form von Skrupeln spielen hier keine Rolle. Im Gegenteil: der *homo oeconomicus* betrachtet die bestehende Rechtsordnung - zynisch? - als 'Preisliste' oder „Speisekarte"[120], aus der er die vorteilhafteste Handlungsweise lediglich unter Beachtung der 'Preise' (in Form von zu erwartenden Sanktionen) auswählt.[121]

(Ad 2) Als Antwort auf kritische Einwände gegenüber diesem 'verzerrten Menschenbild' wird nun häufig darauf hingewiesen, die erwähnte Nutzenfunktion sei 'offen' in dem Sinne, daß durchaus etwa Altruismus oder moralische Empfindungen berücksichtigt werden könnten: In diesem Fall wäre - paradigmatisch - der Konsum einzelner oder aller Güter (im Beispiel: das i-te Gut) durch eine fremde Person b in die Nutzenfunktion einzubeziehen :

---

117 Für diesen Weg plädieren v. a. *Sen* (1977), ders. (1987a), ders. (1987b), ders. (1991) und *Hirschman* (1981), ders. (1984). Vgl. zum *Homo-oeconomicus*-Konzept auch die Sammelbände *Holler* (Hrsg.) (1983) und ders. (Hrsg.) (1984), aktuell: *Kirchgässner* (1991).

118 Genau genommen ist es in der Konsumtheorie ein bezüglich der handelnden Personen nicht näher definierter Haushalt; vgl. etwa *Schumann* (1992), S. 4 ff., S. 43 ff.

119 Somit impliziert also das Rationalitätsaxiom auch das sog. Nichtsättigungsaxiom: jede zusätzliche Gütereinheit stifte einen - wenn auch abnehmenden - zusätzlichen Nutzen; dies stellt formal außerdem eine hinreichende Bedingung für das Erreichen eines Nutzenmaximums statt eines Minimums dar.

120 *Alchian* (1978), S. 144.

121 Andererseits ist er auch frei von Emotionen wie Neid oder Mißgunst.

$$U_a (x_{1a}, \dots x_{ia}, x_{ib}, \dots x_{na}) = \max.!$$

$$\text{u. d. N. } p_1 x_{1a} + \dots + p_i x_{ia} + p_i x_{ib} + \dots + p_n x_{na} = c.$$

In diesem Beispiel steigt der Nutzen des Individuums a dadurch, daß es quasi als Mäzen die Teilhabe des Individuums b an einem der Güter finanziert, so daß mit einem sehr einfachen 'Kunstgriff' aus dem *homo oeconomicus* ein *homo totus* werden kann.

Beide Rationalitätsmodelle unterscheiden also systematisch zwischen den individuellen Zielen und den Nebenbedingungen oder Restriktionen individuellen Handelns. Beide Individuen handeln also zweckrational im Sinne Max Webers,[122] nur der *homo oeconomicus* unterwirft alle Entscheidungen explizit *seinem* persönlichen Interessenkalkül. Es wird unmittelbar deutlich, daß dagegen mit dem Ansatz einer offenen Nutzenfunktion, der hier als präferenzökonomisch bezeichnet wird, tatsächlich die unmittelbare Einbeziehung eines im Sinne ethischer Überlegungen vernunftbetonten, moralischen Verhaltens möglich wird.[123]

Dennoch wird dieser Ansatz hier zunächst nicht weiterverfolgt: Die Ökonomik hat ihren großen explanatorischen Erfolg bei ihrer Ausbreitung auf 'fremde' Erkenntnisgegenstände gerade mit dem *homo oeconomicus* erzielt - auch in der erfolgreichen ökonomischen Theorie der Demokratie oder der Bürokratie ist gerade nicht der Politiker oder Bürokrat denkbar, dessen Handeln von Wohlwollen für seine Mitmenschen geprägt ist. Genau dieses an eigennütziger Rationalität orientierte methodische Vorgehen hat sich im Vergleich mit anderen sozialwissenschaftlichen Ansätzen bei der Analyse moralischer Normen, insbesondere ihrer Begründung, allgemeinen Geltung und Wirksamkeit zu messen.[124]

---

[122] „Zweckrational handelt, wer sein Handeln nach Zweck, Mitteln und Nebenfolgen orientiert und dabei sowohl die Mittel gegen die Zwecke, wie die Zwecke gegen die Nebenfolgen, wie endlich auch die verschiedenen möglichen Zwecke gegeneinander rational abwägt: also jedenfalls *weder* affektuell (und insbesondere nicht emotional), *noch* traditional handelt." *Weber* (1922, 1972), S. 13, Herv. i. O.

[123] Vgl. *Tietzel* (1985).

[124] Die Arbeiten derjeniger Ökonomen, die sich aus heuristischen Gründen einer 'Öffnung' der Nutzenfunktion zugunsten 'realitätsnäherer' Annahmen versagen, lassen sich besonders gut in den von Imre Lakatos geprägten Termini des harten Kerns ('*hard core*') und eines ergänzend aufgebauten Schutzgürtels ('*protective belt*') eines Forschungsprogramms (i.e. einer Reihe von Theorien) interpretieren; die Annahme der eigennützigen Rationalität ist hier dem nicht hinterfragten harten Kern des Forschungsprogramms zugeordnet.

Es erscheint jedoch sogar zweckmäßig, bezüglich der Präferenzen noch einen Schritt weiter zu gehen: Es wird nicht nur das Eigennutzaxiom formuliert, sondern die Präferenzen werden darüber hinaus als im Zeitablauf unveränderlich (!) und bei allen Menschen gleich (!!) angenommen.[125] Dies läßt sich wie folgt rekonstruieren:

Die Individuen maximieren ihre Nutzenfunktion nicht bezüglich marktgängiger Güter (bei Becker: 'market goods'), sondern bezüglich gewisser, unveränderlicher Elementargüter ('commodities'[126]), die sie unter Einsatz von Zeit und marktgängigen Gütern selbst produzieren.

Auch dies ist ein rein heuristisches Konzept: Es ermöglicht, die Präferenzen für Marktgüter zu instrumentalisieren und damit einer systematischen Untersuchung zuzuführen; der Verzicht auf eine Analyse der Präferenzen verhindert einen vorzeitigen Ausstieg aus der Erklärung einer Verhaltensänderung aus veränderten Restriktionen. Keineswegs bedeutet dies, daß ein Ökonom jemals behauptet hätte, *in Wirklichkeit* änderten sich menschliche Vorlieben nicht oder seien gar alle Menschen gleich: Es wird vielmehr menschliches Verhalten so analysiert, *als ob* dies der Fall wäre; dies sichert eine systematische Perspektive für das Erkennen möglicher extrapersonaler (u.d.h. prinzipiell beobacht- und beeinflußbarer) Parameter:[127] Dies ist leicht damit zu begründen, daß es der Ökonomik nicht um das Verhalten bestimmter Individuen geht, sondern um Handlungssituationen - um Makro-, nicht um Mikro-Phänomene.[128]

---

[125] Vgl. grundlegend *Stigler / Becker* (1977). Dieses Verständnis stellt also die Begründung des *de gustibus non est disputandum* geradewegs auf den Kopf (oder, je nach Lesart, vom Kopf auf die Füße).

[126] Wir übernehmen die Übersetzung von Monika und Viktor Vanberg aus *Becker* (1976, 1982).

[127] Vgl. grundlegend *Becker* (1982a). Ein ohne Zweifel empirisch zu beobachtendes verändertes Umweltbewußtsein wird dann nicht einfach durch einen 'Wertewandel' erklärt, sondern dieser seinerseits rational zu erklären versucht: über veränderte Knappheitsrelationen, d. h. dadurch, daß nunmehr jeder einzelne stärker als zuvor die Umweltbelastung spürt, etwa durch verschlechterte Luftqualität, Atembeschwerden, (in ähnlichem Maße) bisher unbekannte (Haut-) Krankheiten der Kinder wie Pseudo-Krupp oder Neurodermitis, usw. Bei Becker heißt es hierzu z. B.: „Die ökonomische Literatur ist voll von Beispielen dafür, daß Veränderungen der Präferenzstruktur ad hoc unterstellt werden, um unverständliches Verhalten ohne Schwierigkeiten zu erklären. Man sagt, daß Erziehung die Präferenzen ... ändert, statt die Auswirkungen auf das Realeinkommen oder auf die relativen Kosten verschiedener Handlungsalternativen zu untersuchen." ebenda, S. 12 f.

[128] Vgl. *Zintl* (1989), S. 64.

Gegenüber der hier explizierten starken Eigennutzannahme - es erscheint weder sinnvoll noch notwendig, die zentrale Bedeutung dieser Annahme zu leugnen - gehen verschiedene Vorwürfe gegenüber diesem paradigmatisch formulierten Forschungsansatz aus leicht zu erläuternden Gründen fehl. Drei von ihnen seien kurz diskutiert.[129]

(1) Der angedeutete Hedonismus-Vorwurf gipfelt gelegentlich in der Vorstellung, ökonomische Theorien könnten nur das Erstreben materieller Güter, die ausschließliche Befriedigung physischer Begierden oder das Streben nach rein pekuniären Zielen erklären. Insofern jedoch ist die Nutzenfunktion tatsächlich 'offen', sie läßt im Prinzip beliebige Argumente zu, sofern sie nur dem (in einem engen Sinne zu verstehenden!) Eigennutzaxiom genügen.[130] Daß bisher noch keine ausgearbeitete ökonomische Theorie der Präferenzen oder der Motivationsbildung vorliegt, mag als eine Schwäche des Ansatzes angesehen werden.[131] Andererseits wird die empirische Tatsache unterschiedlicher Motivationen nicht geleugnet.[132] Dies wird jedoch für die Fragestellungen der Ökonomik mit der oben erwähnten Begründung als irrelevant angesehen: Den Ökonomen interessieren, anders als etwa den Psychologen, „nur“ allgemeine Handlungsmuster im Sinne Poppers oder Hayeks und ihre Vorhersage. Auch deshalb erweist es sich als zweckmäßig, die Eigenschaften der untersuchten Akteure extrem zu stilisieren, zumal deren tatsächliche Eigenschaften, Vorlieben usw. nur unter immensen Kosten zu ermitteln wären. Insofern ist in der vermeintlichen Schwäche des Ansatzes also eher eine Stärke zu sehen.

Daher betont dieser Ansatz mit den objektiven Restriktionen die in jedem Fall leichter beobachtbaren Größen;[133] da sich auch diese jedoch hinsichtlich ihrer Beobachtbarkeit und Quantifizierbarkeit unterscheiden, ist die Gefahr einer gewissen Verzerrung zugunsten monetär erfaßbarer Kategorien nicht

---

[129] Vgl. z. B. *Machlup* (1978b), S. 284 ff.

[130] Ergänzend sei auf den an Elementargütern ausgerichteten Ansatz Beckers verwiesen.

[131] Vgl. z. B. *Frey* (1989), S. 90 ff. mit einem Überblick über Forschungsansätze auf diesem Gebiet.

[132] „The fact that the whole set of 'noneconomic' motivations are more difficult to model than the 'economic' should not lead us to deny their existence.“ *Brennan / Buchanan* (1984), S. 386.

[133] Vgl. zu diesem Argument als neuere Arbeit v. a. *Zintl* (1989), außerdem *Zintl* (1986) sowie *Frey* (1980), *Kirchgässner* (1980).

von der Hand zu weisen.[134] Dies ist jedoch kein systematischer Fehler des Ansatzes, sondern wäre im Einzelfall zu überprüfen.

(2) Demgegenüber wird häufig unterstellt, der *homo oeconomicus* sei ein Supermensch, dem keine Fehler unterliefen. Dies ist eine durchaus unnötige Übertreibung, da hier Rationalität mit Allwissenheit verwechselt wird, so daß schon das Verfehlen eines gesetzten Ziels als 'irrational' (ab-) qualifiziert werden müßte.[135] Ein solches Konzept wäre offenkundig nicht in der Lage, empirisch gehaltvolle Erklärungen und Prognosen vorzubereiten. Tatsächlich ist das Rationalitätspostulat subjektiv und damit auf die Berücksichtigung von Unsicherheit angelegt: Der *homo oeconomicus* maximiert seinen (sc. ex ante) *erwarteten* Nutzen, was aufgrund seiner nur begrenzten Kapazität zur Erfassung von Informationen nicht unbedingt auch im Lichte des ex post vorhandenen Wissens zu einer *tatsächlichen* Nutzenmaximierung führt.[136] In diesem Sinne - und nur in diesem - ist dieser Rationalitätsansatz 'vollständig': Er bezieht sich auch auf Kosten der Wissenserweiterung oder Informationsbeschaffung, die dem gleichen Grenznutzen- und Grenzkostenkalkül unterliegen wie alle anderen Aktivitäten. Das modellierte Individuum setzt also i. d. R. einen Teil seiner Kräfte ein, um die für ihn entscheidungsrelevanten Informationen zu erhalten;[137] hier ist es findig, wendig und abwägend, es ist REMM:

---

[134] Mittelstraß erwähnt als Beispiel die Bemühungen um die Ermittlung sogenannter sozialer Indikatoren zur Überwindung der Defizite der reinen Sozialproduktsmessung als Wohlfahrtsindikator (wie etwa Lebenserwartung, Dichte der ärztlichen Versorgung). Mittelstraß insistiert, im Ansatz zu Recht, daß damit nicht gesagt ist, moralisch von den Menschen als höchst relevant angesehene Aspekte des (im ethischen Sinne so genannten) guten Lebens wie 'Humanität vs. Minutenmedizin' fänden Berücksichtigung. Vgl. *Mittelstraß* (1985), S. 30. Dieses Problem der Quantifizierung und Monetisierung wird aufgrund seiner tiefgreifenden Bedeutung später wieder aufgenommen.

[135] So etwa bei Philippa Foot: „Irrational actions are those in which a man in some way defeats his own purposes“. *Foot* (1972), S. 310.

[136] Vgl. zur Unterscheidung von subjektiver und objektiver Rationalität grundlegend z. B. den (wiederentdeckten) Aufsatz *Schumpeter* (1984).

[137] Vgl. grundlegend bereits *Knight* (1921, 1965), insbes. jedoch *Stigler* (1961); dort wird „nicht nur von der Existenz eines unbestimmten Wissens über die Umweltzustände ausgegangen, sondern zudem von einer möglichen *Veränderung* dieses Wissens durch Aktivitäten der Individuen am Markt. Damit ist die Unbestimmtheit des Wissens eines Individuums über die Umweltzustände nicht mehr exogen vorgegeben, sondern wird über dessen Verhalten im Modell beeinflußbar und damit endogenisiert.“ *E. Wessling* (1991), S. 89, Herv. d. d. Verf. E. Wessling betont - nicht zuletzt - deshalb die terminologisch sinnvolle Unterscheidung zwischen der Bestandsgröße Wissen und der Stromgröße Information, definiert als Veränderung des Wissens. Vgl. zu diesem Ansatz der 'Neuen Mikroökonomik' oder 'Informationsökonomik' *Schumann* (1992), S. 109 ff.; auf S. 426 f. der Nachweis, daß es sich dabei in systematischem Sinne keineswegs, etwa aufgrund nicht-markträumender Preise, um eine (so der populäre Be-

Resourceful, Evaluative, Maximizing Man[138], ein 'lokaler' und nicht jener globale Supermaximierer (Elster), den die traditionelle Neoklassik im Zuge ihrer Formalisierung zunächst hervorgebracht hatte[139] - aber auch nicht „der normale Mensch“[140]. Kurz: Die hier als repräsentativ vorgestellte Modellfigur ist jener *homo oeconomicus der jüngsten Generation*, der mittlerweile seinen älteren Vorgänger abgelöst hat: die Modifikation hat sich offenbar als zweckmäßig und fruchtbar erwiesen.

Dies bedeutet jedoch keineswegs, daß nun etwa, gewissermaßen im nachhinein, jedes beobachtbare Handeln qua unterstellte Informationsmängel 'nachrationalisiert' werden könnte: Als Rationalitätskriterium kann vielmehr die Frage gelten - so wird hier in Anlehnung an Furubotn als Interpretationsansatz vorgeschlagen -, ob nicht mindestens ein Akteur innerhalb eines beobachteten Systems einen höheren Zielerreichungsgrad hätte erzielen können.[141]

(3) Außerdem findet sich häufig die Unterstellung, mit diesem Ansatz werde versucht, die Verbreitung eines philosophischen Egoismus hoffähig zu machen.[142] Dieser Vorwurf muß in der interdisziplinären Diskussion und für unsere Fragestellung als besonders schwerwiegend eingestuft werden, und er wird in der vorliegenden Untersuchung mehrfach zu überprüfen sein. Aus den vorstehenden Überlegungen dürfte jedoch deutlich sein, daß der Vorwurf zumindest in diesem Zusammenhang nicht trifft, weil der Ansatz heuristisch und in keiner Weise normativ angelegt ist. Unabhängig davon, ob die genannten Axiome auch 'realistisch' sind, ob ihre Aussagen also im Sinne der einführenden Begriffsabgrenzungen auch auf die (empirische) Ebene der tatsächlich beobachteten Phänomene bezogen sind, wird damit nicht behauptet, jemand 'solle' in diesem Sinne rational handeln. Mit anderen Worten: Analytische Aussagen sind gedanklich strikt von wertenden zu unterscheiden.[143]

---

griff) 'Ungleichgewichtstheorie' handelt. Vgl. zur denkbaren Vielzahl von Gleichgewichtsdefinitionen z. B. *Meyer* (1983).

[138] Begriff und Abkürzung gehen zurück auf *Meckling* (1976), insbes. S. 548 f.

[139] Diese heuristische Figur könnte in einer konsistenten Terminologie also präzise, aber sehr umständlich als *homo oeconomicus novoclassicus traditionalis* bezeichnet werden.

[140] Dies in ausdrücklicher Abgrenzung zu *Kirchgässner* (1991), S. 16, Fn. 13, der sich dort eine Formel des (ebenfalls das Rational-choice-Modell der Ökonomik vertretenden) Soziologen Homans zu eigen macht.

[141] Vgl. *Furubotn* (1986), S. 42.

[142] Vgl. zur Auseinandersetzung mit diesem Vorwurf grundlegend *Homann* (1985b), ders. (1988b).

[143] Vgl. die ausführliche Diskussion in Abschnitt C.

c) Methodologischer Individualismus

Das Erkenntnisziel jeder sozialwissenschaftlichen Forschung, und damit auch der ökonomischen, richtet sich letztlich - anders als etwa in der Psychologie - stets auf gesellschaftliche Phänomene, und zwar auch in den vermeintlich einzelwirtschaftlichen Kontexten der Mikroökonomik: Auch hier

> „sind die einzelwirtschaftlichen Theorien des Haushalts und der Unternehmung stets nur Unterbau oder Vorstufe für das Vordringen zum Problem der marktwirtschaftlichen Koordination. Die Mikroökonomik zielt letztlich stets auf die analytische Erklärung und die ordnungspolitische Gestaltung der gesamten Volkswirtschaft."[144]

Dennoch - oder gerade deshalb - ist ein prägendes Merkmal ökonomischer Ansätze, sich mit Erklärungen sozialer und wirtschaftlicher Phänomene grundsätzlich und ohne Ausnahme erst dann zufrieden zu geben, wenn diese Erklärungen auf das Handeln der kleinsten denkbaren Einheit, des Individuums nämlich, zurückgeführt wurden[145], nach dem Grundsatz, daß Kollektive nicht als solche handeln können: Im Zweifel handeln *Menschen in* Kollektiven oder für Kollektive. Dies ist das Prinzip des methodologischen Individualismus oder der Mikro-Fundierung von Makro-Phänomenen.[146]

Dieses Prinzip tritt als Konkurrent zu sogenannten holistischen oder kollektivistischen Erklärungsansätzen an, wie sie von der kontinentalen Soziologie zumindest bisher mehrheitlich vertreten wurden. Dort wurde (resp. wird) das Prinzip des methodologischen Individualismus für die Analyse kollektiver Phänomene als völlig ungeeignet angesehen, etwa nach dem Leitsatz, kollektive Phänomene könnten nur kollektiv erklärt werden.[147] Wie kursorische Hinweise auf den außerordentlichen Erfolg der Neuen Politischen Ökonomik - deren Erkenntnisgegenstand ja gerade politisches, also im ursprünglichen Sinne kollektives Handeln ist - bereits gezeigt haben, erwies sich ein solcher Widerspruch zwischen kollektivem Phänomen und individuellem Erklärungsansatz als im Ergebnis nicht existent. Holistische, d. h. bei ihren Erklärungen

---

[144] *Schumann* (1992), S. 3.

[145] Vgl. *Popper* (1963, 1969), S. 107 ff.

[146] Vgl. *Popper* (1944/45, 1969), *Albert* (1967), *Blaug* (1980), S. 46 ff., *Homann* (1980), S. 71, S. 74; dort auch zur sich unmittelbar ergebenden Problematik der 'Ziele kollektiven Handelns'.

[147] Siehe zu einem systematischen Vergleich beider methodologischer Positionen in der Soziologie bereits *Vanberg* (1975), aktuell den Sammelband *Lindenberg / Coleman / Nowak* (eds.) (1986).

an Gesamtheiten oder Gruppen ansetzende Methoden konnten hier keine vergleichbaren Erfolge erzielen.[148]

Das Prinzip des methodologischen Individualismus erweist sich im übrigen als logisches Komplement zur Homo-oeconomicus-Fiktion: Diese schließt ja gerade systematisch aus, daß Kollektive etwa systematisch eigene Ziele verfolgen könnten, da stets unterstellt wird, daß jedwede Gruppeninteressen oder -ziele selbst dann, wenn sie 'offiziell' formuliert würden, von einem *homo oeconomicus* 'bei Bedarf und Gelegenheit' unterlaufen werden.[149]

Zwei Ergänzungen sind an dieser Stelle vorzunehmen:

(1) Ohne Zweifel weist ein solch nüchterner, interessenorientierter Ansatz zur Erklärung gesellschaftlicher und wirtschaftlicher Phänomene erstaunliche Ähnlichkeiten zu marxistischen Argumentationsmustern auf. Tatsächlich werden diese auf den ersten Blick frappierenden Parallelen gelegentlich betont[150]; tatsächlich aber blieb die Marxsche Analyse, die nur Klasseninteressen kannte, vielleicht nicht zuletzt aufgrund dieses heuristischen Defekts in ihrer Erklärungs- und Prognosekraft letztlich weit hinter den selbstgesteckten Erwartungen zurück.

(2) Das methodologische Prinzip ist streng zu trennen vom normativen Prinzip eines ethischen oder politischen (oder eben: normativen) Individualismus[151]: Ein solcher normativer Individualismus, Maxime des politischen Liberalismus, stellt den einzelnen Menschen als Wertmaßstab jedes politischen Handelns in den Mittelpunkt normativer Anstrengungen: Politisches

---

[148] Als 'Erfinder' des Begriffes 'methodologischer Individualismus' gilt - diesen Hinweis gibt *Machlup* (1978d), S. 472, Fn. 50 - *Schumpeter* (1908, S. 94), der das Konzept später, jedoch Jahrzehnte vor *Downs* (1957), für eine „andere Theorie der Demokratie" angewendet hat; vgl. *Schumpeter* (1942, 1980), S. 427 ff. (22. Kap.).

[149] Wie oben schon mehrfach angedeutet, arbeitet die mikroökonomische Theorie aus heuristischen Gründen in der Regel *de facto* bereits mit 'kleinen Aggregaten' als letzten Handlungseinheiten: mit (als jeweils weitgehend identisch unterstellten) Unternehmungen und Haushalten. Erst der sogenannte Property-Rights-Ansatz stellte insofern mikroökonomisches Denken auf ein konsequent individualistisches Erklärungsfundament - und war so erstmals in der Lage, empirisch beobachtbare, bis dahin kontraintuitive Handlungsweisen von Unternehmen mit Hilfe der spezifischen Handlungsanreize der handelnden Manager, Kapitalgeber und Arbeitnehmer zu analysieren. Die sogenannte Agency-Theorie hat diese Überlegungen etwa ab Anfang der 70er Jahre aufgegriffen.

[150] „I conjecture that Karl Marx was the first social scientist to have a theory of property rights". *Pejovich* (1982), S. 383.

[151] „Methodological individualism should not be confused with 'individualism' as a norm for organizing social activity." *Buchanan / Tullock* (1962), S. vii.

Handeln gilt erst dann als legitimiert, wenn es sich mit Recht auf die Bedürfnisse und das Wollen der betroffenen Individuen berufen kann. Es ergibt sich nur insofern eine große Affinität (bis vor wenigen Jahren hätte klärend hinzugefügt werden müssen: 'bürgerlicher') ökonomischer Theorieansätze zu diesem Politikverständnis.

Gleichzeitig wird die logische Unabhängigkeit der Konzepte deutlich: Gemäß dem methodologischen Individualismus gilt politisches Handeln erst dann als *erklärt*, wenn es auf das Handeln und die Interessen der betroffenen Individuen zurückgeführt werden kann. Gemäß dem ethischen Individualismus gilt es erst dann als *gerechtfertigt*, wenn es sich in Übereinstimmung mit den Interessen aller Betroffenen befindet. Ein ethischer Individualist kann - darauf verweist *Schumpeter* (1908) - in wissenschaftlichen Analysen daher durchaus mit einer holistischen Methode vorgehen, während ein ausgewiesener ethischer Kollektivist durchaus mit dem individualistischen Erklärungsansatz argumentieren kann. Solche Fälle mögen zwar empirisch selten zu beobachten sein, eine systematische, sich quasi selbst erklärende Beziehung zwischen beiden Konzepten gibt es allerdings nicht.[152]

3. Das Problem der Realitätsnähe von Annahmen

Mit der Diskussion um einen ökonomischen Beitrag zur Wirtschaftsethik ist - Stichwort: ökonomischer Imperialismus - ein als erledigt geltendes wissenschaftstheoretisches Problem mit aller Schärfe virulent geworden: das der, je nach Position, geforderten oder strikt abgelehnten Realitätsnähe der Annahmen, da nunmehr mit dem 'Eigennutz' oder 'Egoismus' ein Aspekt problemrelevant wird, der bisher im Theoriekern (Stegmüller) der Annahmen - im harten Kern des ökonomischen Forschungsprogramms (Lakatos) - verborgen bleiben konnte.

Der typische Denkansatz ökonomischer Theorien ist also durch die Begriffe: Entscheidungszwänge, eigeninteressierte Rationalität und methodologischer Individualismus nach der hier vertretenen Auffassung hinreichend von

---

[152] „There is no logical link between methodological individualism and ethical or political individualism, but there are psychological associations between them." *Machlup* (1960, 1963). Der heute in der Literatur wohl geläufigste Begriff des „normativen Individualismus" wurde offenbar von *Homann* (1980), S. 222 f. eingeführt; vgl. zum Begriff des „politischen Individualismus" *Machlup* (1978d), S. 472.

anderen, konkurrierenden Ansätzen abgegrenzt.[153] Es handelt sich demnach keineswegs um 'empirische' Aussagen; dies hieße, den Input einer Theorie mit ihrem Output zu verwechseln. Die Realitätsferne zentraler Annahmen wird nicht nur akzeptiert, sondern als notwendiger Bestandteil einer aussagefähigen Theorie anerkannt.

Auch hier wird die vermeintliche Schwäche des ökonomischen Ansatzes letztlich von seinen Vertretern gerade als Stärke angesehen,[154] da es der Ökonomik gelungen ist, ein gleichermaßen formalisiertes wie stringentes Instrumentarium zur Analyse hochkomplexer Entitäten zu entfalten, zumal, wie erwähnt, der Erkenntnisgegenstand der Ökonomik weniger die handelnden Individuen sind als vielmehr Situationstypen und aggregierte Größen, die stark idealisierte Annahmen zulassen.[155]

Andererseits könnten offenbar durchaus - etwa bei der Gegenüberstellung des *homo oeconomicus* der jüngsten Generation - REMM - mit dem älteren zumindest implizit Argumente einer 'größeren Realitätsnähe' eingeflossen sein; dem Axiom von der Allgegenwart von Entscheidungszwängen, also dem (wohlverstandenen) Knappheitsaxiom, wird in der Form einer 'Allgegenwart von Knappheit' offenkundig ein empirischer Rang zumindest nicht explizit abgesprochen.[156] So ist es nicht verwunderlich, daß der methodologische Status der angeführten 'Annahmen' (besser: Axiome) tatsächlich auch innerhalb der Ökonomik umstritten ist.

Vielmehr betonen einige Ökonomen sogar die Realitätsnähe der Annahmen als relevantes Kriterium in der Beurteilung von Theorien und behaupten konsequenterweise, daß der Erfolg des ökonomischen Ansatzes gerade in der größeren Realitätsnähe seiner Axiome im Vergleich zu konkurrierenden

---

[153] In der Regel wird die Gleichgewichtsannahme - dies sei hier konzediert: mit gutem Grund - ebenfalls diesem 'harten Kern' von nicht hinterfragten Annahmen zugerechnet. In der hier vertretenen Interpretation ist diese jedoch unmittelbar erst dem neoklassischen Ansatz zuzuordnen, für den das Gleichgewichtsaxiom in Analogie zur physikalischen Mechanik sowie in Verbindung mit Stabilitätsanalysen bei Abweichungen von diesem Gleichgewicht ein integrales Element, ja, eine notwendige Bedingung zur fruchtbaren Anwendung mathematischer Formalisierungen darstellt.

[154] Die exponiertesten Anhänger sind ohne Zweifel die Vertreter des bereits erwähnten ökonomischen Imperialismus; vgl. hierzu *Becker* (1982a), S. 3 ff.

[155] „Zu klären ist ... nicht, wofür man den Menschen hält, sondern wofür man eine bestimmte Situation hält." *Zintl* (1989), S. 64.

[156] Vgl. zum Realitätsbezug des Knappheitsaxioms als Vertreter eines strengen Annahmeninstrumentalismus, der grundsätzlich den (nur) heuristischen Status der Axiome betont, z. B. Homann (1988a), S. 48 ff.

Theorien zu sehen sei, hier vor allem soziologischen und politologischen: „[D]as in der Ökonomik unterstellte Menschenbild ist so unrealistisch nicht. Und zur Analyse tatsächlichen Verhaltens dürfte es besser sein, ein realistisches Menschenbild zugrunde zu legen als ein optimistisches Wunschbild."[157]

Kirchgässner schwankt also offenbar in der Einschätzung des *hominis oeconomici* zwischen einem 'nicht so unrealistischen' und einem 'realistischen' Menschenbild[158]; in jedem Fall aber wird die Argumentation auf der empirischen Ebene - eben als Menschenbild - ausdrücklich an- und aufgenommen und nicht auf die theoretische Ebene fiktiver Hilfskonstrukte verwiesen. Dies impliziert jedoch mindestens zwei katastrophale Folgen für den wirtschaftsethischen Diskurs.

a) Es nimmt nicht wunder, daß eine solche Verteidigungslinie gegenüber Angriffen ins Wanken gerät, wie sie in der Skeptischen Vermutung 1 exemplarisch verdichtet wurden[159]: Es steht für den unbefangenen Beobachter offenbar außer jedem Zweifel, daß der *homo oeconomicus* keineswegs als (auch nur relativ) gutes Abbild der Wirklichkeit durchgehen kann: Tatsächlich sind die Beispiele für die Merkwürdigkeiten im Verhalten eines solchen *homunculus* derart zahlreich, daß sich Zitate erübrigen; diese Figur erweist sich immer wieder als (bestenfalls) eine Karikatur, als eine 'Schießbudenfigur', die dann auch ein beliebtes Ziel für eher unsachliche Kritik bietet.[160]

b) Geht man von der relativierten Aussage aus, das 'ökonomische Menschenbild' sei 'weniger unrealistisch' als das anderer Theorieansätze, erkennt man also ausdrücklich die Realitätsnähe einer Annahme als wissenschaftliches Kriterium an, so muß sich doch die Frage anschließen, warum dann nicht ein noch realitätsnäheres Abbild der Wirklichkeit zur Grundlage genommen werden soll.

---

[157] *Kirchgässner* (1991), S. 47. Vgl. bereits *Kirchgässner* (1988a), ders. (1988b); *Frey* (1989), ders. (1990), S. 6.

[158] Die Abgrenzung erfolgt dort lediglich zu dem 'älteren' *homo oeconomicus*, der vor allem durch das Allwissenheitsaxiom geprägt war; vgl. *Kirchgässner* (1991), S. 28.

[159] Vgl. oben, S. 31.

[160] Vgl. z. B. *DeAlessi* (1983), S. 71. Sen spricht von 'rationalen Idioten'. Vgl. den programmatischen Titel von *Sen* (1977). Kirchgässner geht, an anderer Stelle und in einer Fußnote, auf entsprechende Kritik von Karl Homann ein und konzediert, daß es sich hier um eine theoretisches Konstrukt handele; dafür seien „erhebliche Abstraktionen von der Realität notwendig". *Kirchgässner* (1991), S. 62, Fn. 121.

Die Beschäftigung mit der nunmehr explizit angesprochenen Auseinandersetzung um die Realitätsnähe von Annahmen in den Sozialwissenschaften ist nicht eben originell[161], andererseits aber offenbar noch nicht abschließend diskutiert[162] und vor allem in der ökonomischen Auseinandersetzung mit ethischen Fragen von großer Brisanz[163]. Daher ist sie hier zunächst nur skizzenhaft zu explizieren, dann aber sorgfältig zu verarbeiten und in einer modernen institutionenökonomischen Sichtweise neu, oder besser: in leicht modifizierter Form, zu verorten.

Die Debatte schließt sich an einen aufsehenerregenden Aufsatz von Milton Friedman[164] an,[165] dessen Thesen im folgenden Zitat kulminieren:

(1) „[T]he more significant the theory, the more unrealistic the assumptions."[166]

Dieser Friedman-Dreh („Friedman-Twist")[167] oder F-Dreh („F-Twist"[168]) wurde anschließend, aus durchaus naheliegenden Gründen, im Sinne eines 'Assumptions don't matter!' verstanden.

Speziell auf die in ihren Annahmen sehr rigide neoklassische Ökonomik (oder die von Samuelson direkt ins Visier genommene Chicago-Variante) schien diese Aussage zugeschnitten zu sein. Immerhin konnte daraus abgeleitet werden, daß zwischen den Inputs einer Theorie und ihren abgeleiteten Hypothesen ein eher arbiträres, ja willkürliches Verhältnis bestehe[169] und der

---

[161] Vgl. die sich an *Friedman* (1953) anschließende Kontroverse, insbes. *Samuelson* (1963), ders. (1964), ders. (1965), *Nagel* (1963) sowie *Machlup* (1955, 1978e). Vgl. zu einer kompakten Darstellung (und einer eigenen Interpretation) v. a. *Tietzel* (1981c) und *Pagenstecher* (1987), jew. m. w. N.

[162] Siehe stellvertretend *Arni* (1989). Statt einer ergänzenden Dokumentation des Fortgangs der Debatte sei auf dessen ausführliche und aktuelle Bibliographie verwiesen: ebenda, S. 294 ff.

[163] Siehe z. B. *Mittelstraß* (1985), kürzlich *Biervert / Wieland* (1990). Die Skeptische Vermutung 1 - vgl. oben, S. 31 - soll diese kritische Stimmung in verdichteter Form wiedergeben.

[164] *Friedman* (1953).

[165] Blaug leitet seinen 1975 erschienenen Aufsatz wie folgt ein: „In the 1950's and 1960's economists learned their methodology from Popper. Not that many of them read Popper. Instead, they read Friedman, and perhaps few of them realized that Friedman is simply Popper-with-a-twist applied to economics." *Blaug* (1975), S. 399.

[166] *Friedman* (1953), S. 14.

[167] *Samuelson* (1963), S. 231.

[168] *Samuelson* (1963), S. 232, „avoiding his name because this may be, and I hope it is, a misinterpretation of his intention" (S. 232). Hier wird diese Auffassung Samuelsons in der Tat als Fehlinterpretation eingeschätzt.

[169] Natürlich ist damit nicht gemeint, daß wiederum der Erfolg einer Theorie sich an einzelnen Ergebnissen, insofern also 'zufällig' messen ließe; nur ein systematischer, d. h. prinzipiell

Wissenschaftler entsprechend willkürlich seine Annahmen auswählen könne: Widerspruch folgte.[170]

Die Kritik an Friedman fußt jedoch offenbar auf einem fundamentalen Mißverständnis; hierzu wird im folgenden ein Interpretationsvorschlag entwickelt, der allerdings in der Konsequenz - nur an anderer Stelle - ebenfalls Widerspruch gegenüber Friedman anmeldet.

Eine genauere Lektüre seines Artikels zeigt, daß Friedman - jedenfalls in der Lesart des Verfassers - mit dem eben angeführten Zitat (1) keineswegs ein methodologisches Ideal (eine normative Aussage) der Art formuliert hat: 'Je unrealistischer die Annahmen, desto besser!' In der zugehörigen Fußnote zu Zitat (1) heißt es vielmehr vorsorglich: „The converse of the proposition does not of course hold: assumptions that are unrealistic ... do not guarantee a significant theory."[171]

Friedman beschreibt zunächst das Entstehen einer Theorie und betont dabei die kreative Aufgabe des Forschers bei der Sammlung von Daten - und der Formulierung von Annahmen. Da eine 'gute' Theorie aber notwendig von der Wirklichkeit abstrahieren müsse - sonst sei sie eben nicht mehr als ein photographisches Abbild der Wirklichkeit[172] -, liege das methodologische Ideal darin, „much by little"[173] zu erklären: Es lautet - selbstverständlich - auch für Friedman die normative Vorgabe für den Forscher, die unendlich vielen denkbaren 'realistischen' (!) Annahmen (= Sätze über in der Realität beobachtete 'Umstände') nach den für die Problemstellung relevanten (wesentlichen) und

---

reproduzierbarer Erfolg kann gemeint sein. Auf das besondere Problem der Reproduzierbarkeit wird allerdings noch einzugehen sein. Vgl. jedoch aktuell z. B. den programmatischen Titel von *Hausman* (1992), insbes. S. 205 - 226 (Kap. 12).

[170] Vgl. insbes., als Teil der vornehmlich in der American Economic Association ausgetragenen Debatte (abgedruckt im American Economic Review 1963, P. & P.) *Nagel* (1963), *Samuelson* (1963); außerdem *Samuelson* (1964), ders. (1965) sowie, für Friedman Stellung nehmend, *Machlup* (1955, 1978e), ders. (1965). Für einen instruktiven Überblick über die Kontroverse vgl. insbes. *Boland* (1979) m. w. N., *Tietzel* (1981c) und *Caldwell* (1982), S. 173 ff. mit einer je eigenen Interpretation; vgl. auch *Arni* (1989). Caldwell weist auf eine Besonderheit der Ereignisse hin: „Never before has one short article on methodology been able to generate so much controversy. It has been reviewed often, usually negatively. Yet ironically, the methodological prescriptions advanced in his essay have become widely accepted among many working economists. And this has happened without Friedman ever having directly responded to his critics!" *Caldwell* (1982), S. 173, der diese Tatsache dann auch als „Friedman's Marketing Masterpiece" - ebenda - bezeichnet.

[171] *Friedman* (1953), S. 14, Fn. 12.

[172] Vgl. *Friedman* (1953), S. 35.

[173] *Friedman* (1953), S. 14.

irrelevanten (unwesentlichen) Annahmen zu unterscheiden, erstere für die Entwicklung fruchtbarer Aussagen auszuwählen und letztere, d.h. alle realiter beobachtbaren, aber weniger wichtigen wegzulassen:

> (2) „A hypothesis is important ... if it abstracts the common and crucial elements from the mass of complex circumstances surrounding the phenomena to be explained".[174]

Um Erkenntnisfortschritt zu gewinnen, muß eine Theorie also - und damit auch die ökonomische Modellbildung - systematisch von der Wirklichkeit abstrahieren; diese Abstraktionen erweisen sich häufig gerade dann als besonders fruchtbar, wenn sie 'tautologisch', also nicht widerlegbar formuliert sind.

In dieser Art von 'Irrealismus', oder besser: in diesem Abstraktionsvorgang, liegt das methodologische Ideal (auch) nach Friedman, das bei „Ultra-Empirizisten"[175] offenbar auf Widerstand stößt. Daraus folgt[176]:

> (3) „Truly important and significant hypotheses will be found to have 'assumptions' that are widely inaccurate descriptive representations of reality, and, in general, the more significant the theory, the more unrealistic the assumptions (in this sense). ... To be important, a hypothesis must be descriptively false in its assumptions".[177]

Damit ist endgültig deutlich, daß Samuelsons Kritik ihr Ziel verfehlen mußte: Die Friedmansche Position weicht bis hierher keineswegs von der herrschenden ab, die auch in den aktuellen Lehrbüchern zu finden ist und bereits von Max Weber für die (sc. traditionelle neoklassische) Volkswirtschaftslehre in bestechender Klarheit formuliert wurde.[178] Damit wird nur dem

---

[174] *Friedman* (1953), S. 14, Herv. d. d. Verf. Bereits bei Max Weber heißt es: „Um die wirklichen Kausalzusammenhänge zu durchschauen, konzentrieren wir uns auf unwirkliche". *Weber* (1922, 1988), S. 287.

[175] *Machlup* (1955, 1978e), S. 143 ff.

[176] Hier erscheint also Zitat (1) im Kontext und nicht aus dem inhaltlichen Zusammenhang gerissen.

[177] *Friedman* (1953), S. 14. Man beachte, daß begrifflich 'assumptions' stets für den Input, 'hyptheses' für den Output einer Theorie verwendet werden.

[178] Das folgende, etwas längere Zitat gibt Webers Überlegung im Zusammenhang wieder: „Wir haben in der abstrakten Wirtschaftstheorie ein Beispiel jener Synthesen vor uns, welche man als 'Ideen' historischer Erscheinungen zu bezeichnen pflegt. Sie bieten uns ein Idealbild der Vorgänge auf dem Gütermarkt bei tauschwirtschaftlicher Gesellschaftsorganisation, freier Konkurrenz und streng rationalem Handeln. Dieses Gedankenbild vereinigt bestimmte Beziehungen und Vorgänge des historischen Lebens zu einem in sich widerspruchslosen Kosmos *gedachter* Zusammenhänge. Inhaltlich trägt diese Konstruktion den Charakter einer *Utopie* an sich, die durch *gedankliche* Steigerung bestimmter Elemente der Wirklichkeit gewonnen ist. Ihr Verhältnis zu den empirisch gegebenen Tatsachen des Lebens besteht lediglich darin, daß da, wo Zusammenhänge der in jener Konstruktion abstrakt dargestellten Art ... in der Wirklichkeit als in irgend einem Grade wirksam *festgestellt* oder *vermutet* werden, wir uns die *Eigenart* dieses Zusammenhangs an einem *Idealtypus* pragmatisch *veranschaulichen* und verständlich

Antezedens und dem Explanandum ein empirisch überprüfbarer Status zugewiesen, dem Explanans aber - zumindest in empirischen Theorien sogar notwendigerweise - nur ein heuristischer.

Der Anspruch der empirischen Überprüfbarkeit der abgeleiteten Hypothesen (im Bereich des Explanandums) impliziert eben gerade keinen empirischen Anspruch bezüglich der Annahmen, wie z. B. *Biervert / Wieland* (1990) zumindest gegenüber einigen Autoren nachzuweisen glauben.[179]

Abbildung B.2. veranschaulicht die kategorialen Zusammenhänge idealisierter und beobachtbarer Bedingungen (vgl. die nachfolgende Seite).

Friedmans Position zur 'Realitätsnähe von Annahmen' ist somit sicher weit weniger umstritten, als die isoliert betrachtete Provokation des unter (1) bezeichneten Zitats vermuten läßt. Friedman geht jedoch zwei Schritte weiter, von denen der erste nicht expliziert wird und der zweite eine - nach Ansicht des Verfassers - fragwürdige Folgerung enthält.

Ein weiteres methodologisches Ideal müßte nun konsequenterweise lauten - so der erste, von Friedman nicht explizierte Schritt[180] -, bei der Überprüfung

---

machen ... Für die *Forschung* will der idealtypische Begriff das Zurechnungsurteil schulen: er ist keine 'Hypothese', aber er will der Hypothesenbildung die Richtung weisen. Er ist nicht eine *Darstellung* des Wirklichen, aber er will der Darstellung eindeutige Ausdrucksmittel verleihen." *Weber* (1922, 1988), S. 190, Herv. i. Orig. Der (aufgrund normativer Konnotationen heute wohl irreführende) Begriff der 'Idee' oder des 'Idealbildes' (statt durchgehend 'Abstraktion') findet sich u. a. auch bei *Machlup* (1978a).

[179] „Ebenso wie Becker gehen sie [andere Vertreter des ökonomischen Denkansatzes, D. A.] davon aus, daß es möglich ist, aus einer universalistischen Rationalitätsannahme heraus soziale Ereignisse zu prognostizieren, die dann den approach entweder verifizieren oder falsifizieren [sic]". *Biervert / Wieland* (1990), S. 20, im Orig. z. T. kursiv. Daraus folgern sie unmittelbar: „Damit ist die Verhaltensannahme zur empirischen Behauptung umformuliert" Ebenda. Ein ähnlich paradigmatischer Kategorienfehler bezüglich empirischer und theoretischer Aussagen aufgrund einer Verwechslung von Input und Output der Theorie zeigt sich bei *Vossenkuhl* (1985).

[180] Vgl. jedoch insbes. die Passage in *Friedman* (1953), S. 16 ff., in der im Vergleich mit physikalischen Theorien u. a. darauf hingewiesen wird, daß sich unrealistische Annahmen in manchen Fällen als irrelevant (Vakuum bei der Ableitung des Fallgesetzes für feste Körper), in anderen aber als hochgradig relevant erweisen (die gleiche Annahme für eine Feder). Interessanterweise wird der uralte - und hiermit erneut strapazierte - Inselwitz offenbar Friedman zugeschrieben (vgl. *Tietzel* (1981a), S. 115): Drei Menschen werden nach einem Schiffsunglück auf eine einsame Insel verschlagen; als Proviant haben sie Konservendosen gerettet, aber keinen Öffner. Der erste, ein Handwerker, nimmt eine Dose, geht ein paar Schritte ins Landesinnere, wo er einen Felsbrocken findet, und öffnet die Dose, indem er sie gegen diesen Brocken schmettert. Der Physiker berechnet zunächst eine ballistische Kurve und unternimmt dann das gleiche wie der Handwerker; seine Dose zerschellt so, daß ihr Inhalt appetitlich freigelegt wird. Als sie zurückkommen, treffen sie auf den Ökonomen, der, eine verschlossene Dose in der

einer Theorie, d.h. ihrer Hypothesen, die Auswahl der alternativen Annahmen (nicht auf ihren Realitätsbezug, sondern) auf eben diese Relevanz für die Problemstellung hin kritisch zu überprüfen, soweit sie das Explanans substantiell beeinflussen.

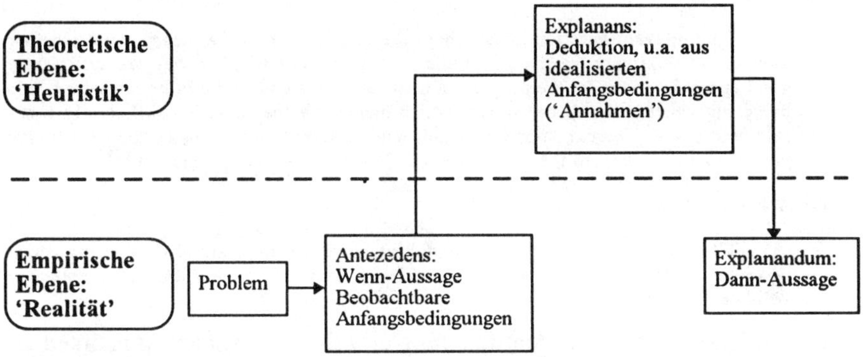

Abb. B.2: Ökonomische Theorien und Realitätsbezug

Um bei der Theorienkritik die *relevanten* und die *irrelevanten* Annahmen jeweils als solche identifizieren zu können, müßte als Beurteilungskriterium der Relevanz ohne Zweifel wohl die empirische Validität der abgeleiteten Hypothesen herangezogen werden. Das ist jedoch unmöglich, müßte doch der Forscher bereits über Kenntnisse verfügen, die die Theorie überhaupt erst generieren soll! Mit diesem Problem ist der Forscher selbst ebenso konfrontiert wie ein potentieller Kritiker.

Der zweite, aus der hier vertetetenen Sicht fragwürdige gedankliche Schritt folgt nun: Unter diesen Umständen, so kann Friedman wohl nur verstanden werden, müsse die Relevanz der Annahmen (und ihre Auswahl) im Status einer regulativen Idee verharren und könne sie nicht Beurteilungskriterium für die Güte einer Theorie sein.[181] M. a. W.: Die Realitätsnähe der *Gesamtheit* der

Hand, mit glasig-verklärtem Blick auf zahlreiche Formeln vor sich im Sand deutet und erklärt: „Ich habe die Lösung! Angenommen, wir hätten einen Dosenöffner...".

[181] Man muß sich demzufolge (bei der Konstruktion einer Theorie) an einer Idee orientieren, die später (bei der Überprüfung einer Theorie) als kritische Instanz nicht mehr zur Verfügung steht.

Annahmen ist irrelevant, die Relevanz *einzelner* Annahmen aber nicht in der Realität überprüfbar.

Das heißt: Die Tests (der Bewährung) der abgeleiteten Hypothesen, des Theorie-Outputs also, sollen von ihren Annahmen vollständig entkoppelt, also ausschließlich auf ihren explanatorischen und/oder prognostischen Erfolg konzentriert werden:

> (4) „[T]he relevant question to ask about the 'assumptions' of a theory is not whether they are descriptively 'realistic', for they never are, but whether they are sufficiently good approximations for the purpose in hand. And this question *can be answered only* by seeing whether the theory works, which means whether it yields sufficiently accurate predictions. The two supposedly independent tests [concerning a), their predictive power, b), the realism of their assumptions, D. A.] thus reduce to one test."[182]

Dieser Test lautet:

> (5) „[T]heory is to be judged by its predictive power for the class of phenomena which it is intended to 'explain'. Only factual evidence can show whether it is ... 'accepted' as valid or 'rejected'."[183]

Das bedeutet: Weil eine Identifizierung einzelner relevanter Annahmen einer Theorie (zwar ggf. wünschenswert wäre, aber) unmöglich ist, bleibe nichts anderes, als sich an die Ergebnisse, die Erklärungen und Vorhersagen einer Theorie zu halten, genauer: an ihren Beitrag zur Lösung des gestellten Problems.[184]

Dieser letzte Schluß vermag kaum zu überzeugen: Wenn es nach Friedman selbst *für den einzelnen Forscher* sehr wohl darum geht, die kritischen Annahmen *(crucial assumptions)* von den unwichtigen zu trennen, so ist nicht einzusehen, warum diese Auswahl nicht von den Forschenden selbst oder von Kritikern offengelegt und rationaler Kritik unterzogen werden kann. Anders als Friedmans Formulierung *('can be answered only')* möglicherweise suggeriert, gibt es hier keine logische Notwendigkeit: So wie der Forscher bei der Theorienkonstruktion die Annahmen offenbar nicht willkürlich auswählt, sondern Alternativen abwägt, kann bei der Theorienprüfung etwa eine Veränderung einzelner Annahmen durchaus in ihren hypothetischen Auswirkungen auf die (Aussagekraft der) Modellergebnisse diskutiert werden. Von den Hypothesen (dem Output einer Theorie) kann also die Spur zu ihren kritischen

---

[182] *Friedman* (1953), S. 15, Herv. d. d. Verf. 'Can (not)' beschreibt ein physisches (Un-) Vermögen, ein (Nicht-) Können, anders als etwa 'may (not)', das ein (Nicht-) Sollen anzeigt.

[183] *Friedman* (1953), S. 8.

[184] Insofern rückt bereits das Kriterium der Theorienbeurteilung anhand der 'Wahrheit' ihrer abgeleiteten Hypothesen - aus kritischer Perspektive - in den Blick.

Annahmen (dem Input) zurückverfolgt werden.[185] Dies wird in den empirischen *Sozialwissenschaften* in der Regel (nur) anhand von Plausibilitätsüberprüfungen geschehen; so kann als Indikator z. B. ermittelt werden, ob sich eine Theorie als robust bezüglich einer bestimmten 'unrealistischen' Annahme erweist. Annahmenrobust in diesem Sinne sei eine Theorie, wenn eine leicht veränderte Ausprägung der - unrealistischen - Annahme das Ergebnis nicht signifikant verändert.[186]

Es ist jedoch zu beachten, daß der Erfolg von Theorien sich offenbar in den Naturwissenschaften durch kontrollierte Experimente (immer noch) leichter messen läßt.[187] Selbst wenn man die Friedmansche Grundposition abstrakter Annahmen als methodologisches Ideal also grundsätzlich unterstützt,[188] ergeben sich somit in den Konsequenzen nicht unerhebliche Unterschiede.

---

[185] Friedmans Beispiel aus der Physik lautet: „The important problem in connection with the hypothesis is to specify the circumstances under which the formula [das Fallgesetz $s=(1/2)gt^2$, D. A.] works or, more precisely, the general magnitude of the error in its predictions under various circumstances. Indeed ... such a specification is not one thing and the hypothesis another. The specification is itself an essential part of the hypothesis, and it is a part that is peculiarly likely to be revised and extended as experience accumulates." *Friedman* (1953), S. 18.

[186] Als Illustration diene die spezifische Situation des Inselwitzes. Hier ist das Ergebnis der 'Theorie': „Unser Nahrungsproblem ist durch Aufschneiden der Konservendosen mit einem handelsüblichen Öffner zu lösen" offenbar nicht annahmenrobust bezüglich der idealisierten Anfangsbedingung „Wir besitzen einen Dosenöffner". Eine Modifikation der Annahme - „Wir besitzen keinen Dosenöffner" - stellt die Modellaussage sogar geradewegs auf den Kopf. Für die implizite, ebenso unrealistische Annahme des Physikers (Existenz eines Vakuums, das als Schwerkraftkomponente in die Berechnung der ballistischen Kurve eingeht) gilt das offenbar nicht. Daraus ergibt sich bereits ein Kriterium: Ein Element der Wenn-Aussage darf offenbar nicht logisch mit einer ihr widersprechenden idealisierten Anfangsbedingung im Explanans verknüpft sein („Wenn eine Dose geöffnet werden soll *und* ein Dosenöffner vorhanden ist").

[187] Vielleicht auch deshalb sieht soeben etwa Hausman hier nach wie vor den signifikanten Unterschied zwischen natur- und gesellschaftswissenschaftlichen Theorien schlechthin; vgl. insbes. *Hausman* (1992), S. 226, S. 305 f. So verwundert es nicht, daß Friedmans beeindruckendste Illustrationen aus dem Bereich der Physik und der Biologie stammen.

[188] Einige Forscher vertreten allerdings die Ansicht, daß idealisierte (also realitätsferne) Annahmen keineswegs als methodologisches Ideal anzustreben seien. Solche Annahmen sollten vielmehr stets als vorläufige Hilfskonstrukte zu Modellen bzw. Theorien mit - eben nur noch nicht erreichbaren - realitätsnäheren Annahmen angesehen werden. Siehe in diesem Sinne etwa *Tietzel* (1986a), S. 320, Fn. 28. Dahinter steckt offenbar die Befürchtung, die Proklamation bewußt realitätsferner Annahmen als eines sogar gezielt anzustrebenden Ideals könnte für eine gezielte Immunisierungsstrategie empirischer Hypothesen mißbraucht werden und damit zu einer systematischen Gehaltsentleerung von Theorien führen. Vgl. hierzu v. a. *Tietzel* (1981c). Dies implizierte also eine Maxime der Form, die Annahmen 'so realitätsnah wie möglich, so realitätsfern wie nötig' zu gestalten. Nun ist das Kriterium der Realitätsnähe von Annahmen aus der in dieser Arbeit vertreteten, gemäßigt instrumentalistischen Sicht stets im Kontext mit der unterstellten Relevanz von Annahmen zu sehen: Einerseits ist es wohl unsinnig, vom Forscher die Implementation solcher 'realitätsnaher' Annahmen zu fordern, die offenkundig für den

Gleichgültig, ob man eher der Friedmanschen Position folgt - 'Nur der Erfolg zählt' - oder der hier vertretenen eines modifizierten Annahmeninstrumentalismus - 'Auch eine rationale Diskussion über Annahmen ist möglich' -, für die hier interessierenden wirtschafts- und unternehmensethischen Fragestellungen bleibt dem ersten Anschein nach ein unbefriedigendes Zwischenergebnis festzuhalten:

Selbst wenn Kritiker vom Vorwurf eines verzerrtes „Menschenbildes" abrücken, bleibt die Überlegung, daß eine Theorie nur solche Ergebnisse erzielen könne, die in ihrer Konstruktion bereits angelegt seien.[189] Abgesehen von der immanent angelegten Gefahr eines erkenntnistheoretischen Mißverständnisses bleibt festzuhalten, daß man tatsächlich allein „durch entscheidungslogische Transformationen ... axiomatisch eingeführter Begriffskategorien und Verhaltensannahmen keine empirisch gehaltvollen Verhaltenstheorien gewinnen kann"[190]: Wenn also aus forschungsstrategischen Gründen an der Fiktion des *homo oeconomicus* festgehalten wird - und die vorliegende Untersuchung folgt diesem Ziel ebenso wie Vertreter des ökonomischen Imperialismus -, so erscheint die Anwendung des *Rational-choice*-Ansatzes auf wirtschaftsethische Probleme nach wie vor wie ein Versuch, den Teufel mit Beelzebub austreiben zu wollen: als Widerspruch in sich. Beide 'ökonomischen' Antworten erscheinen unbefriedigend:

(a) Unterstützt man die Friedmansche Konzeption auch in der Konsequenz des Zitates (5) - dies geschieht explizit in der Konzeption des ökonomischen Imperialismus[191] - so kann folgender Vorwurf nicht ausbleiben: Die Verteidigung des ökonomischen Ansatzes laufe darauf hinaus, er sei erfolgreich, weil er erfolgreich sei - eine Leerformel, die besonders im Lichte der genuin wertbehafteten ethischen Diskussion in der Tat unbefriedigend bleibt: der Erfolg für das anstehende, virulente Problem kann nunmehr angezweifelt werden, ohne die in der Vergangenheit erzielten Erfolge des imperialistischen Ansatzes grundlegend in Frage zu stellen (was in der Regel allerdings geschieht).

---

fraglichen Zusammenhang irrelevant sind; andererseits liegt darin unbestreitbar ein Anreiz, jene Annahmen mit der (i. d. R. impliziten) Begründung ihrer Irrelevanz für die Fragestellung systematisch zu vernachlässigen, die sich aber gerade als ausschlaggebend *('crucial')* für die Aussagefähigkeit der abgeleiteten Hypothesen erweisen.

[189] Engelhardt spricht hier unter Berufung auf Neurath davon, daß man „auch aus einer noch so sorgsam gebratenen Gans nur die Äpfel herausholen [kann], die man vorher in sie hineingesteckt hat." *Engelhardt* (1989), S. 38.

[190] *Engelhardt* (1989), S. 38. Herv. d. d. Verf.

[191] Vgl. grundlegend *Stigler / Becker* (1977).

Tatsächlich kann ja aus der Position des ökonomischen Imperialismus heraus nicht erklärt werden, warum denn der Ansatz so erfolgreich war: die Verweigerung einer *Ad-hoc*-Ausstiegsoption ist ja nicht typisch für diesen Ansatz, sondern wurde auch von anderen, im Ergebnis allerdings weniger erfolgreichen, gewählt.[192] Dies kann also zur Verteidigung des Ansatzes kaum ausreichen bzw. führt direkt in die Beliebigkeit einer Auswechslung gegen andere Axiome, die formal die gleiche 'Prinzipientreue' aufweisen, sich inhaltlich aber deutlich von dem hier vertretenen Ansatz unterscheiden.

(b) Wenn aber, zum Beispiel unter Anwendung der oben vorgetragenen Argumente, eine Diskussion der Annahmen und ihrer Relevanz für zulässig erklärt wird[193], dann ist der *homo oeconomicus* in wirtschaftsethischen Fragen der allererste Kandidat für eine solche Auseinandersetzung: Wenn das Eigennutzaxiom als (offenbar) für die Problemstellung relevant angesehen wird, so ist zunächst einmal schwer zu vermitteln, wie ausgerechnet ein solcher Ansatz Hilfestellung zur Verwirklichung moralischer Normen (als dessen probates Mittel vielfach immer noch die Überwindung des Eigennutzes gilt) liefern kann: Es könnte 'zweckmäßiger' erscheinen, die 'problemrelevante' Verhaltensweise von Unternehmern nicht mehr so darzustellen, als ob sie jene kühl kalkulierenden, seelenlosen Wesen wären - die sie offensichtlich nicht sind -, sondern mit ihren wirklichen Vorzügen und Nachteilen, eben realistischer.

Nun ist der *homo oeconomicus* keineswegs als 'worst case' zu betrachten: Der modellierte Akteur ist weder Chaot noch blinder Überzeugungstäter; er kalkuliert vielmehr kühl und abwägend seinen persönlichen Vorteil und entscheidet dann nach bestem Wissen, aber ohne Gewissen in spezifischen, wiederkehrenden Situationen.[194] Dies ändert jedoch offenbar nichts an der

---

[192] Man denke an die traditionelle Soziologie, die über kollektivistisch rekonstruierte Kausal- (statt Rational-) Zusammenhänge argumentierte und so in einen endlosen, nicht mehr fruchtbaren Erklärungs- (besser: Beschreibungs-) Regreß von Kausalketten mündete; vgl. z. B. *Lindenberg* (1985), ders. (1986). Um im Bilde zu bleiben, könnte man argumentieren, daß die Implementation einer forschungsstrategischen Zwangsschleife nicht ausschließt, daß daraus eine Endlosschleife wird: Das Kriterium bleibt ja immer der zukünftige Erfolg. In diesem Sinne ist auch der Ansatz des ökonomischen Imperialismus latent gefährdet; es sei konzediert, daß dies einen Anhänger des letztgenannten Ansatzes - gerade aufgrund seines Selbstverständnisses in Friedmanscher Tradition - nicht im mindesten beunruhigen dürfte. Hier geht es jedoch nicht um Überzeugungsarbeit unter Ökonomen, sondern um die Akzeptanz des ökonomischen Beitrags in der interdisziplinären Forschung sowie in der politischen Praxis.

[193] „Annahmen können weder richtig noch falsch sein; sie erweisen sich vielmehr in einem bestimmten Forschungszusammenhang als wenig zweckmäßig bzw. differenzierungsbedürftig." *Homann* (1988c), S. 118.

[194] Vgl. die Ausführungen oben.

grundlegenden Kritisierbarkeit des Konstrukts. Der Begriff der Situationsanalyse bleibt überdies zunächst ambivalent. Hier wird daher die Auffassung vertreten, daß das vermeintliche Paradoxon einer 'Situationsrelevanz' der Annahmen erst in einem institutionenökonomischen Ansatz überwunden werden kann, der daher im folgenden Abschnitt C als Paradigma vorgestellt und weiterentwickelt wird.

In der Literatur wird das 'Überzeugungsproblem' (des Ökonomen, seinen eigenständigen Beitrag zur wirtschaftsethischen Diskussion als gleichberechtigter Partner in die interdisziplinäre Forschung einzubringen) gelegentlich bewältigt, indem aus dem in dieser Arbeit so bezeichneten axiomatischen Dreieck aus Knappheit oder Entscheidungszwängen, eigeninteressierter Rationalität und methodologischem Individualismus ausdrücklich auf die Knappheit und damit die Ermittlung handlungsrelevanter Alternativen abgestellt und damit die (hier nicht in Frage gestellte) Vorstellung einer einheitlichen Rationalität für alle Wissenschaften unterstrichen wird.[195]

Damit wird nach der hier vertretenen Auffassung jedoch vorschnell eine Übereinstimmung mit anderen Wissenschaften angestrebt, die den Anschein erwecken könnte, als reiche die Integrationsfähigkeit qua einheitliche Rationalität bis in die Theorienkonstruktion hinein. Genau das ist aber gerade nach dem (hier voll unterstützten) Ansinnen Homanns nicht der Fall: Es steht außer Frage, daß das Eigennutzaxiom ebenso konstituierendes Element der hier in Rede stehenden und kritisierten (i. e. S.) ökonomischen Beiträge ist wie der Knappheitsaspekt.[196] Insofern erscheint es angezeigt, diesen denkbaren Reibungspunkt stets deutlich hervorzuheben und, soweit gerechtfertigt, seine Irrelevanz für die jeweilige Problemstellung herauszustellen. In den vorstehenden Erläuterungen konnte nur der Ansatz dazu vorgestellt werden: die ausdrückliche Akzeptanz einer offenen Annahmendiskussion, die von Vertretern des ökonomischen Imperialismus als verfehlt abgelehnt wird.

---

[195] Vgl. etwa *Homann* (1988a), außerdem - später geschrieben, aber eher veröffentlicht - ders. (1985b) sowie (1988c); auch die entsprechende Passage in *Homann / Suchanek* (1989), S. 84 ff; ein aktuelles Beispiel für das Bemühen um eine Konstruktion verschiedener Rationalitätstypen bieten *Biervert / Wieland* (1990).

[196] Es sei noch einmal darauf hingewiesen, daß der Begriff der 'Rationalität i. e. S.' oder 'ökonomischen Rationalität' hier aus heuristischen Gründen mit 'dem' ökonomischen Ansatz identifiziert wird, während die anderen (in der Umgangssprache nicht weniger 'ökonomischen') Beiträge hier bewußt mit ergänzenden Prädikaten versehen werden (wie 'präferenzökonomisch', 'Rationalität i. w. S.').

Die vorliegende Arbeit geht daher einen anderen Weg. Die in den Abschnitten C und D folgenden Gedankenschritte dienen zur Verdeutlichung von Optionen, das Problem in zentralen Aspekten realitätsferner Annahmen (Eigennutz! Rationalität!) durch eine systematische Verankerung (nunmehr:) institutionenökonomischen Denkens konstruktiv im Sinne der Fragestellung abzuarbeiten. Dies zielt im Kern auf eine Verlagerung der relevanten Probleme auf die einschlägigen Regeln und organisatorischen Vorkehrungen. Es soll - erstens - dem Ansinnen all der Menschen in vollem Umfange gerecht werden, die um die Verwirklichung moralischer Werte in unserer Gesellschaft besorgt sind. Dabei sind - zweitens - die Bedingungen unserer modernen Wettbewerbswirtschaft zu berücksichtigen.[197] Es geht darum, die voll akzeptierte Relevanz von Annahmen systematisch dort zu verorten, wo sie eigentlich immer schon zu suchen war: bei dem zu bewältigenden Problem.

---

[197] Vgl. aktuell z. B. *Homann / Blome-Drees* (1992). Eine 'Instrumentalisierung' (das 'In-Dienst-Stellen') wettbewerblicher Strukturen ist natürlich so zu verstehen, daß der Wettbewerb letztlich immer in bezug auf das (vorab noch unbestimmte) Wohl der Menschen gedacht wird, ggf. also auch in bezug auf grundlegende Wertentscheidungen und Werturteile. Vgl. z. B. zur aktuellen Debatte um die vermeintliche Notwendigkeit von Regulierungsmaßnahmen in ausgewählten Branchen den Tagungsband *Aufderheide* (Hrsg.) (1990).

Economics comes closer to being
a 'science of contract' than
a 'science of choice'.

James McGill Buchanan

Zweites Kapitel
Das Konzept einer institutionenorientierten Moralökonomik

Mit den im vorangegangenen Kapitel angestellten Überlegungen ist das Selbstverständnis der positiven Ökonomik hinreichend expliziert und die Referenz für eine seriöse, positiv-analytische Auseinandersetzung mit moralischen Normen gegeben, die auf den erörterten strategischen Axiomen aufbaut.

Damit ist das analytische Potential der *positiven* Ökonomik abgesteckt. Eine fruchtbare Umsetzung in bezug auf die dieser Untersuchung zugrundeliegenden Fragen erfordert jedoch offensichtlich einen deutlich umfassenderen Ansatz. Dieser ist Gegenstand des *zweiten Kapitels*: Es geht um eine systematische, *normative* Rekonstruktion der sich entwickelnden ökonomischen Theorie der Moral, die im folgenden als eine normative, institutionenorientierte Moralökonomik interpretiert und weiterentwickelt wird.

Der Zugriff erfolgt in zwei Schritten: In *Abschnitt C* wird der Versuch unternommen, das Potential der - überwiegend auf 'traditionelle' Erkenntnisgegenstände ausgerichteten - Forschungsarbeiten der normativen und positiven Institutionenökonomik für eine fruchtbare Anwendung auf die vorliegende Problemstellung zu verdeutlichen. In *Abschnitt D* erfolgt die Umsetzung der Erkenntnisse in eine auf die anstehenden Fragen zugeschnittene, allgemein anwendbare Analysestruktur, die als Prinzip der zweistufigen Mikrofundierung des Makro-Phänomens Moral bezeichnet wird.

C. Normen und Neue Institutionenökonomik: Grundlegung

Das damit vorgelegte Programm greift offenbar wesentlich weiter als die im ersten Kapitel thematisierte positive Ökonomik: Hier werden gesellschaftliche Grundwerte oder Formalziele in direktem oder indirektem Bezug zum Erkenntnisgegenstand gemacht, und diese Ziele - Freiheit, Gerechtigkeit, Gleichheit, Sicherheit, Solidarität, Wohlstand, um, in alphabetischer Reihenfolge, die wichtigsten zu nennen - geraten in der Diskussion um moralische Normen notwendig in ein Spannungsverhältnis zueinander. Vor allem aber scheint es in der Diskussion aus der Sicht von Nichtökonomen immer wieder um die Solidiarität des einzelnen auch gegen sein individuelles Vorteilsstreben zu gehen - und damit um einen Ansatz, den die positive Ökonomik bewußt aus ihrem Forschungsprogramm ausgeklammert hat.[1]

Es mag daher intuitiv fraglich erscheinen, ob der Ökonomik, genauer: einer normativen Ökonomik, in derart substantiell wertbehafteten Fragen *überhaupt* ohne Einbuße an wissenschaftlicher Seriosität ein Mitspracherecht eingeräumt werden soll oder kann. Damit ist das sogenannte 'Wertfreiheitspostulat' Max Webers angesprochen.

Es steht daher am Anfang des Abschnitts C. In Auseinandersetzung mit Weber wird im *1.Teilabschnitt* die These entwickelt, daß seinem - 'tatsächlichen'- Anliegen wie dem Aufklärungsbedarf moderner, marktwirtschaftlich verfaßter Demokratien durch eine gedankliche Zerlegung des Prozesses politischer Beratung in drei Stufen adäquat Rechnung getragen werden kann. Auf dieser Grundlage wird eine systematische Trennung von normativen und positiven Aussagen möglich, die in den folgenden Abschnitten angewendet wird.

Im *2. Teilabschnitt* geht es um die positive wie die normative Komponente einer ökonomischen Analyse moralischer Normen; deren ökonomische Eigenschaften und Implikationen werden, im Kern der einschlägigen ökonomischen Literatur folgend, dargestellt.[2]

Dies bietet die Grundlage für die angesprochene Auseinandersetzung mit dem normativen und positiven Forschungsprogramm der Neuen Institutio-

---

[1] Vgl. hierzu oben, mit detaillierter Begründung, Teilabschnitt B.2.

[2] Eine relativ grundlegende Modifikation, auf die an dieser Stelle bereits hinzuweisen ist, wird aus heuristischen Gründen erst im vierten Kapitel vorgenommen.

nenökonomik, dessen außerordentliche Fruchtbarkeit für die in Frage stehenden Probleme im *3. Teilabschnitt* nachgewiesen wird.

Der Ansatzpunkt dazu ist naheliegend: Dieses Forschungsprogramm versteht Institutionen als Regeln und organisatorische Vorkehrungen zur effizienten Gestaltung von marktwirtschaftlichen Interaktionsmustern und sucht nach Möglichkeiten zu einer Verbesserung bzw. verbesserten Durchsetzung von Regeln und Vereinbarungen. Genau hier kann nach der in dieser Untersuchung vertretenen Auffassung der ökonomische Beitrag zur besseren Umsetzung moralischer Ansinnen in einer modernen Marktwirtschaft angesetzt werden: nicht in einer 'Verbesserung' der Handlungsmotive im Sinne eines Handelns wider das persönliche Interesse, aber in einer 'Verbesserung' der (ebenfalls) handlungsleitenden 'Umstände', die stets als situative Anreize rekonstruiert werden; es wird damit einem in der aktuellen Literatur vor allem in grundlegenden Arbeiten von K. Homann entwickelten Ziel einer widerspruchsfreien Integration ökonomischer und moralischer Anliegen gefolgt.

In einem weiteren Schritt ist die Besonderheit moralischer, hier als institutionenökonomisch rekonstruierter Fragestellungen zu explizieren,[3] die in der bisher veröffentlichten Literatur offenkundig vernachlässigt wird: Die neuartige Auseinandersetzung mit Regeln und Organisationen macht es notwendig, die traditionelle Aufgabe der Ökonomik - die positive Fundierung normativer Fragestellungen - auf eine erweiterte Basis zu stellen.

In *Abschnitt D* werden deshalb die Überlegungen zu einem ebenfalls auf K. Homann zurückgehenden Konzept der zweistufigen Mikrofundierung des traditionellen Makro-Phänomens 'Moral' zusammengeführt und weiterentwickelt, einem Konzept, das den Anspruch erhebt, im Unterschied zu den traditionellen, einstufigen Techniken die angestrebte 'werturteilsfreie' Analyse moralischer Normen mit den Möglichkeiten einer normativen Ökonomik zu verbinden.

---

[3] Vgl. zur Zweistufigkeit des institutionenökonomischen Denkens aktuell auch *Homann / Pies* (1991a), *Pies* (1993).

1. Normen, Werturteile und normative Ökonomik

Die Auseinandersetzung mit moralischen Normen führt zwangsläufig an die Grenzen einer Erfahrungswissenschaft: Das sogenannte Wertfreiheitspostulat Max Webers ist angesprochen.

Vorab sei darauf hingewiesen, daß es in diesem Zusammenhang trotz der vermeintlich 'zweckrationalen' Ausrichtung ökonomischen Denkens keineswegs erheblich ist, wie im einzelnen die in Frage stehenden Werte zu konzipieren sind - und daher überhaupt kein Anlaß besteht, einen substantiellen Beitrag der Ökonomik auf diesem Felde *a priori* für verfehlt zu erklären. Vielmehr ist es für die hier vorgelegte Argumentation ohne Verlust an Konsistenz gleichermaßen möglich, sie eher traditionell als letzte Ziele menschlichen Handelns aufzufassen, wie dies in der kontinentaleuropäischen Philosophie geschieht,[4] oder eher instrumentalistisch, wie es aus heuristischen Gründen die ökonomische Sicht nahelegt: Gemeinsam ist beiden Konzeptionen die Möglichkeit, die Verwirklichung dieser Werte als Ziel, den (individuell, aber stets auch) politisch zu gestaltenden Weg dorthin als Mittel zu interpretieren - und damit die Problematik zumindest analog zu, vielleicht aber identisch mit der bekannten Frage der Möglichkeiten wissenschaftlicher Politikberatung zu sehen.[5]

Wenn Werte 'instrumentalistisch' erfaßt werden, so bedeutet dies, sie gerade nicht als letzte Ziele menschlicher Bedürfnisse zu konzipieren[6], sondern als 'geronnene Erfahrung menschlichen Wollens' (Albert), als standardisierte, auf Erfahrung beruhende Problemlösungsstrategien. Sie geben dann einen

---

[4] Etwa: „Wert ... ist ein von den Menschen gefühlsmäßig als übergeordnet Anerkanntes, zu dem man sich anschauend, anerkennend, verehrend, strebend, verhalten kann ... eine ... Wesenheit, zugleich die Bedingung für das Wertvollsein der Objekte." *Schischkoff* (Hrsg.) (1982), S. 746 f., nach dessen Angaben z. T. in Anlehnung an Menzer. Vgl. auch *Höffe* (Hrsg.) (1986), S. 277 f. Vgl. zum Versuch einer inhaltlichen Wertbestimmung grundlegend z. B. *Scheler* (1966), zum potentiellen Beitrag der Ökonomik zur Wertforschung *Fleischmann* (1981).

[5] Tatsächlich bildet die Auseinandersetzung mit der Frage der Wissenschaftlichkeit der Ethik den Ausgangspunkt der Argumentation. Vgl. hierzu z. B. zentral: *Weber* (1922, 1988), S. 501 ff. u. ö. (unmittelbar anschließend folgt die eindeutigste Fundstelle zu seiner Auffassung vom Prinzip der Wertfreiheit); *Albert* (1966, 1979), S. 239 ff., ders. (1991), S. 66 ff. Vgl. hierzu und zum Folgenden aktuell auch die luziden Ausführungen bei *Keuth* (1989) und *Pies* (1993).

[6] Vgl. hierzu grundsätzlich z. B. *Höffe* (Hrsg.) (1986), S. 278.

Orientierungsrahmen zur Erreichung der situativ 'eigentlich' angestrebten Güter.[7]

Eine solche, den ökonomischen Ansatz und damit die Rolle der intersubjektiv überprüfbaren Nebenbedingungen betonende theoretische Sicht könnte im übrigen sogar den strengeren, in dieser Arbeit nicht vertretenen 'Realismustest' der Annahmen bestehen, wie ihn manche fordern, da sich diese Sicht als durchaus kompatibel mit empirischen Forschungsergebnissen in anderen Wissenschaften erweist. Psychologische Feldstudien ergaben beispielsweise, daß in verschiedenen Ländern individuelle Werte (oder, etwas archaisch, 'Tugenden'; bei Platon die Kardinaltugenden Gerechtigkeit, Tapferkeit, Besonnenheit, Klugheit) unterschiedlich hoch geschätzt wurden. Dabei konnte eine deutliche Korrelation zwischen besonders angesehenen immateriellen Werten und den beobachtbaren äußeren (sozialen, materiellen) Bedingungen in diesen Gesellschaften ermittelt werden. In ständig von Krieg bedrohten Gesellschaften wurde z. B. die Zivilcourage (oder ihr archaisches Pendant, die Tapferkeit) besonders hoch geschätzt.[8]

Wenn nun menschliche Grundbedürfnisse etwa in der elementaren Nutzenfunktion nach Becker konzipiert werden, wie dies oben vorgestellt wurde, so widerspricht diese Sicht nicht grundsätzlich den in der modernen Philosophie vertretenen Positionen. In einem vom Moralphilosophen Otfried Höffe herausgegebenen Lexikon zur Ethik heißt es beispielsweise unter dem Stichwort Wert unter anderem: „Dem Menschen erscheint etwas wertvoll, weil er als Bedürfniswesen bestimmter Güter bedarf, um zu überleben“[9]. Diese Formulierung könnte ohne substantielle Änderung in jedes Lehrbuch zur mikroökonomischen Theorie Eingang finden[10].[11]

---

[7] Die Argumentation erfolgt insofern transaktionskostentheoretisch: die Existenz solcher standardisierter Güter erleichtert dem einzelnen die situative Orientierung, da sie zu geringen Informationskosten eine allgemeine Entscheidungshilfe liefern. Sofern es sich hier um soziale Werte handelt, deren Anstreben dem individuellen Interesse im Einzelfall zumindest scheinbar widerstrebt, sind moralische Werte angesprochen, die auf den zentralen Aspekt dieser Arbeit hindeuten.

[8] Vgl. etwa die Arbeit des Psychologen *Kagan* (1984).

[9] *Höffe* (Hrsg.) (1986), S. 277 f.

[10] Vgl. etwa die folgende Passage: „Die Menschen haben *Bedürfnisse*, die sie befriedigen möchten, d. h. sie empfinden subjektiv einen Mangel und haben den Wunsch, diesen zu beseitigen. Die Bedürfnisse sind nicht nur durch die körperliche Existenz des Menschen und seinen Drang bestimmt, sich zu erhalten, sondern auch durch seine Lebensumstände und sein soziales Umfeld.“ *Schumann* (1992), S. 4, Herv. i. Orig.

Als *Heuristik* ist dieser Ansatz außerordentlich fruchtbar: Werte können nun als Bündel abstrakter Elementargüter verstanden werden, die es erlauben, die unendlich vielen denkbaren Bedürfnisse zu strukturieren, indem einzelne Bedürfnisse Wertkategorien zugeordnet und damit hinsichtlich ihrer Wünschbarkeit in eine Ordnung gebracht werden. Dann läge die - heuristische und damit nicht dogmatische - Alternative z. B. darin, etwa die Freiheit entweder als 'letzten' Wert oder letztlich wieder als Mittel zur Erreichung von Grundbedürfnissen zu rekonstruieren (etwa: Frieden als Mittel zur Sicherung des physischen Überlebens, dann allgemeiner, etwa: Zufriedenheit).[12] Für die anschließenden Überlegungen ist der den Werten innewohnende 'Bündelungseffekt' entscheidend: Normen, insbesondere moralische Normen, können dann konzipiert werden als an die Menschen gerichtete Handlungsanweisungen zur Erreichung dieser Bündel von Elementargütern.[13] Es dürfte jedoch deutlich geworden sein, daß eine rationale Normendiskussion durch dissentierende Haltungen in dieser Frage nicht gefährdet wird.

a) Das Problem der Werturteilsfreiheit

Ein normatives Programm wie das in dieser Arbeit vorgestellte Untersuchungsprogramm einer institutionellen Moralökonomik könnte nun unter Ökonomen auf einen latenten Vorwurf der Unwissenschaftlichkeit stoßen[14] - gestützt auf das von Max Weber formulierte 'Wertfreiheitsprinzip'[15], der die vielzitierte Überzeugung äußert,

---

[11] Beachtet man im übrigen konsequent den systematischen Unterschied zwischen individuellen und gesellschaftlichen Werten, so läßt sich ohne inneren Widerspruch sogar das Nebeneinander von individuellem Wertpluralismus (nicht: Wertrelativismus) und einem zeitlosen Kanon 'immer schon' gültiger sozialer Werte denken.

[12] Hier zeigt sich bei genauerer Betrachtung allerdings, daß diese Grundbedürfnisse auch als 'Werte' interpretiert werden können, so daß sich qua Instrumentalisierung von Werten letztlich eine *Werthierarchie* ergibt.

[13] Vgl. in diesem Zusammenhang z. B. *Ginters* (1982), S. 207, der eher die erste Variante - Werte als letzte Ziele -, sowie *Homann* (1980), der eher die zweite Variante - Werte als Instrumente - bevorzugt.

[14] Diese begründete Befürchtung äußert auch *Tietzel* (1986b), S. 113, dem insofern - allerdings nicht in seinen heuristischen Konsequenzen - beizupflichten ist.

[15] Max Weber hat seine Thesen in den folgenden Aufsätzen niedergelegt und verteidigt: „Die 'Objektivität' sozialwissenschaftlicher und sozialpolitischer Erkenntnis" (erstmals 1904), „Der Sinn der 'Wertfreiheit' der soziologischen und ökonomischen Wissenschaften" (erstmals 1917/18), „Wissenschaft als Beruf" (erstmals 1919), alle erschienen in und im folgenden zitiert nach *Weber* (1922, 1988), in der o. a. Reihenfolge: S. 146 - 214, 489 - 540, 582 - 613.

> „daß es niemals Aufgabe einer Erfahrungswissenschaft sein kann, bindende Normen und Ideale zu ermitteln, um daraus für die Praxis Rezepte ableiten zu können."[16]

Die Bedenken lassen sich nach diesen Vorüberlegungen wie folgt zusammenfassen:

Skeptische Vermutung 2: „Die Ökonomik hat als traditionell wertfreie Wissenschaft ihre großen Erfolge erzielt. Wenn - und nur wenn - ihr offen ausgewiesene gesamtwirtschaftliche oder -gesellschaftliche Ziele vorgegeben werden, ist sie in der Lage, zur optimalen Erreichung dieser Ziele wirtschaftspolitische Empfehlungen auszusprechen."[17]

Somit wird die Aufgabe der Ökonomik offenbar überwiegend darin gesehen, zu wirtschaftlichen Fragen (nur) intersubjektiv überprüfbare Aussagen zu formulieren, mit denen individuelles (wirtschaftliches) Handeln erklärt oder prognostiziert werden kann, nicht aber Wertvorstellungen oder Ziele vorzugeben. Mit anderen Worten: Die Wissenschaft gebe sich mit der Aufgabe zufrieden, die Wirklichkeit in ihren vielfältigen Strukturen und Zusammenhängen zu erklären.

Hans Albert bemerkt dennoch kritisch-ironisch eine lange währende, fragwürdige Vermengung von Wertungen und Tatsachenaussagen in der Wissenschaft: [18] Die Wirklichkeit der wissenschaftlichen Arbeit ist offenbar von

---

[16] *Weber* (1922, 1988), S. 149. Die Arbeiten Max Webers wurden im deutschen Sprachraum unbestritten vor allem von Hans Albert umfassend rezipiert, interpretiert und kritisch weitergedacht; vgl. *Albert* (1991), S. 66 - 95 (III. Kap.), für den kritischen Rationalismus (in seiner deutschsprachigen Interpretation) wohl der - erstmals 1968, aber soeben in Neuauflage erschienene - *locus classicus;* zuvor jedoch bereits *Albert* (1963b), ders. (1972) und ders. (1966, 1979), dazu der gesamte Sammelband: *Albert / Topitsch* (1979). Die folgenden Ausführungen stützen sich vor allem auf Alberts Arbeiten - oder genauer: wiederum eine subjektive Interpretation derselben; vgl. zum Folgenden jedoch auch den Systematisierungsansatz von *Stegmüller* (1973, 1979); bezüglich der konzeptionellen Einordnung folgt die Erörterung *Homann* (1980), S. 19 - 27, insbes. S. 21 ff., S. 68 - 100 sowie S. 102 - 107. Für eine umfassende Einbettung der Problematik in eine systematische Rekonstruktion von insgesamt fünf Konzeptionen des Ziel-Mittel-Problems vgl. insgesamt *Homann* (1980), Erster Teil, S. 1 - 141 m. w. N.; vgl. neuerdings auch: *Keuth* (1989). Vgl. zu den folgenden Ausführungen soeben ausführlich und mit zahlreichen Literaturhinweisen: *Pies* (1993), der allerdings zu einer von der hier vertretenen Position abweichenden Interpretation gelangt.

[17] Vgl. für eine ausführliche Darstellung einer solchen kritischen Position z. B. *Homann* (1980), S. 68 - 100, mit ausführlichen Literaturnachweisen.

[18] Albert kritisiert auch in der Neuauflage seines 'Traktats über kritische Vernunft', daß der Auseinandersetzung um die Wertproblematik lange Zeit ein geringer Stellenwert beigemessen worden sei, „... weil der natürliche Wertplatonismus der alltäglichen Weltorientierung das Entscheidungsproblem durch sprachliche Fusion von Werten und Tatsachen auf die Erkenntnisebene zu transportieren pflegt, und zwar auf so unmerkliche Weise, daß die Fragwürdigkeit

kryptonormativen Aussagen (Myrdal) geprägt und weicht von der idealisierten Vorstellung von Wertfreiheit recht grundlegend ab.[19] Dennoch - oder gerade deshalb - scheint die Weber-Rezeption die systematische Entwicklung einer normativen Ökonomik - der Weberschen Intention paradoxerweise sogar diametral zuwiderlaufend - deutlich behindert zu haben: Wie sich im folgenden leicht belegen läßt, war es gerade ein zentrales Anliegen Webers, die vielfältigen Wert- und Wertungsprobleme seiner Zeit mit Hilfe eines - eben: wohlverstandenen - wissenschaftlichen Beistandes besser zu bewältigen.[20]

Die Möglichkeit einer von einem gemeinsamen, vorgegebenen Zweck ausgehenden 'reinen' Mitteldiskussion wird dagegen von Weber selbst vielmehr als so offenkundig banal eingestuft, daß sie ihm nicht der Rede wert ist:

> „Denn daß man von einem bestimmten Zweck als gemeinsam gewollt ausgehen und nur die Mittel, ihn zu erreichen, diskutieren *kann* und daß dies dann eine rein empirisch zu erledigende Diskussion ergeben *kann*, - das ist wohl noch nie jemandem zu bestreiten eingefallen. Aber gerade um die Wahl der Zwecke (und nicht: der 'Mittel' bei fest gegebenem Zweck), gerade darum also, in welchem Sinn die Wertung, die der Einzelne zugrunde legt, eben *nicht* als 'Tatsache' hingenommen, sondern zum Gegenstand einer wissenschaftlichen *Kritik* gemacht werden könne, dreht sich ja die ganze Erörterung."[21]

Faßt man die Überlegungen Webers zusammen, so lassen sich vielmehr die folgenden Punkte anführen, die deutlich machen, wie weit Weber von der in der Skeptischen Vermutung 2 oben angeführten 'dezisionistischen' oder 'instrumentalistischen' Position entfernt ist und vielmehr die Wissenschaft über die reine Diskussion von Mitteln hinaus öffnen wollte für einen substantiellen, aber eben: 'auf rechtschaffene Weise'[22] zustande kommenden Beitrag in der Zieldiskussion.[23]

---

dieser Operation nicht auffällt." *Albert* (1991), S. 66. Der genauere Zeitbezug bleibt dabei (bewußt?) offen.

[19] Im übrigen müßte das normative Prinzip der Wertfreiheit, würde man ihm tatsächlich unbeschränkte Geltung beimessen, „unter sein eigenes Verdikt fallen und daher zu einem Selbstwiderspruch führen"! *Albert* (1991), S. 75.

[20] Vgl. z. B. *Weber* (1922, 1988), S. 147, S. 510 f. Vgl. *Albert* (1966, 1979), S. 204. Weber ging es eben gerade *nicht* darum, wie *Löhr* (1991) soeben behauptet, „die Einbeziehung von Sollens-Sätzen als 'unwissenschaftlich' zu brandmarken"; ebenda, S. 78.

[21] *Weber* (1922, 1988), S. 500 f., Herv. i. Orig.

[22] Vgl. *Weber* (1922, 1988), S. 491, der hier - in der Erziehung zur intellektuellen Rechtschaffenheit - die einzige erzieherische Aufgabe des akademischen Lehrers identifiziert; grundlegend: S. 582 - 613 („Wissenschaft als Beruf", erstmals 1919), hier S. 601.

[23] Vgl. zum Folgenden *Albert* (1966, 1979), insbes. S. 214 ff., ders. (1991), S. 74 ff., *Stegmüller* (1973, 1979), S. 178 f.

Versteht man in Anlehnung an Albert zunächst unter einem Werturteil einen Satz, der einen Standard oder eine Verhaltensmaxime als gültig unterstellt und dabei deutlich macht, daß vom Adressaten des Satzes die gleiche Einstellung erwartet wird, so wird offenbar, daß solche Werturteile in dreierlei Hinsicht auftreten können:[24] zunächst bei der Auswahl der zu behandelnden Probleme (nach Albert: in der Frage der 'Wertbasis'); ferner als Gegenstand einer empirischen-deskriptiven Analyse - indem analysiert wird, welche Werte von einzelnen Personen oder in einer Gesellschaft vertreten werden; schließlich dahingehend, daß in Aussagen über empirische Sachverhalte persönliche Wertungen des Forschers einfließen. Die ersten beiden Fälle hat Weber selbst als unproblematisch eingestuft[25], für den dritten aber das Wertfreiheitspostulat formuliert. Die Argumentation kann in ihrem Kern etwa wie folgt nachgezeichnet werden.

(1) Die Ebenen des Seins und des Sollens sind strikt voneinander getrennt; dies gilt daher auch für Seins- und Sollensaussagen. Deshalb gibt es keine logische Verbindung zwischen kognitiven Feststellungen über Tatsachen und wertenden Aussagen: Hier wendet sich Weber gegen den Naturalismus.[26]

(2) Daraus folgt: Es gibt keinen Weg, Werturteile aus Tatsachenfeststellungen abzuleiten. Damit kann es auch keine wissenschaftliche Begründung der Moral geben (!).[27]

(3) Trotz dieser unüberbrückbaren Kluft zwischen Werten und Tatsachen gibt es eine Reihe von Ansätzen für eine rationale Wertdiskussion, die sich an den folgenden programmatischen Satz anschließen:

> „Eine empirische Wissenschaft vermag niemanden zu lehren, was er *soll*, sondern nur, was er *kann* und - unter Umständen - was er *will*."[28]

Nicht aus dem ersten Stichwort - dem Sollen -, aber aus den beiden Letztgenannten - dem Können und dem Wollen - ergeben sich, genau genommen,

---

[24] Vgl. *Albert* (1966, 1979), S. 216.

[25] Vgl. *Weber* (1922, 1988), S. 147, S. 511.

[26] Vgl. *Weber* (1922, 1988), S. 500, *Albert* (1991), S. 66 ff.

[27] Weber „bestreite[t] nachdrücklich: daß eine 'realistische Wissenschaft vom Ethischen, d. h. die Aufzeigung der faktischen Einflüsse, welche die jeweilig in einer Gruppe von Menschen vorwiegenden ethischen Überzeugungen durch deren sonstige Lebensbedingungen erfahren und umgekehrt wieder auf diese geübt haben, ihrerseits eine 'Ethik' ergebe, welche jemals über das Gelten*sollende* etwas aussagen könne." *Weber* (1922, 1988), S. 502, Herv. i. Orig.

[28] *Weber* (1922, 1988), S. 151, Herv. i. Orig.

folgende Möglichkeiten - „[d]ie Kritik macht vor den Werturteilen nicht halt“[29] - einer rationalen Mittel- und Wertdiskussion:[30]

(a_1) Die bereits erwähnte und als vergleichsweise unproblematisch angesehene Diskussion der Mittel steht außer Frage, insbesondere ihre Verfügbarkeit und Geeignetheit zum Erreichen des gegebenen Ziels.[31]

(a_2) *Alle* verfügbaren Mittel können ungeeignet sein, d. h. es kann ermittelt werden, ob das gesetzte Ziel überhaupt erreichbar ist, in der Sprache Alberts: „Sollen impliziert Können!“[32]

(b) Die Offenlegung der ‘letzten’ individuellen Werte, die hinter den einander widersprechenden Meinungen in politischen Diskussionen stehen, ist möglich: „Nicht nur über die der Gegner, auch über die eigenen täuscht man sich oft genug.“ (S. 510). Diese können in einem aufsteigenden, iterativen Verfahren, von ‘unmittelbaren Zwecken’ ausgehend, ermittelt werden.[33]

(c) Möglich ist ferner die Ermittlung der *Folgen*, wenn eine beabsichtigte Handlung ausgeführt wird (in Abhängigkeit von den *jeweils* [!] gewählten oder ggf. zwingend gebotenen Mitteln!) - und insbesondere der *Nebeneffekte*, „welche der Betrachter des betreffenden praktischen Postulats nicht in Betracht gezogen hatte, so daß seine Wertentscheidung zwischen Zweck, Mittel und Nebenerfolg ihm selbst zu einem neuen Problem wird und an zwingender Gewalt auf andere einbüßt.“[34] Hier zeigt sich ökonomisches Denken in Reinkultur:

> „Wir bieten alsdann dem Handelnden die Möglichkeit der Abwägung dieser ungewollten gegen die gewollten Folgen seines Handelns und damit die Antwort auf die Frage: was ‘kostet’ die Erreichung des gewollten Zweckes in Gestalt der vorausichtlich eintretenden Verletzung *anderer* Werte?“[35]

(d) Schließlich kann die wissenschaftliche Analyse neue Wege weisen, die der interessierten Öffentlichkeit (resp. dem Entscheidungsträger) noch gar

---

[29] *Weber* (1922, 1988), S. 149.

[30] Vgl. insbes. *Weber* (1922, 1988), S. 149 ff. und S. 510 ff.

[31] Vgl. *Weber* (1922, 1988), S. 151 f.

[32] *Albert* (1966, 1979), S. 219, mit Verweis auf die schottische Moralphilosophie und im Sinne eines *ultra posse nemo obligatur*, also: Sollen setzt Können voraus, nicht etwa ‘Wer soll, der kann’; vgl. auch *ders.* (1991), S. 91.

[33] *Weber* (1922, 1988), S. 149, S. 151, S. 510, auch: S. 499 f.

[34] *Weber* (1922, 1988), S. 511.

[35] *Weber* (1922, 1988), S. 150 f., Herv. i. Orig.

nicht bewußt waren: Es „können dabei ... *neue* Wertaxiome und daraus zu folgernde Postulate vertreten werden, welche der Vertreter eines praktischen Postulates nicht beachtet ... hatte, obwohl die Durchführung seines eigenen Postulates mit jenen anderer entweder 1. prinzipiell oder 2. infolge der praktischen Konsequenzen ... kollidiert.“[36]

(c) und (d) konstituieren also eine Analyse der Beziehungen von (bekannten und 'unbekannten') Zielen (und damit von gesellschaftlichen Werten): sinnvollerweise Substitutivität, Komplementarität, Neutralität. An dieser Stelle kann entscheidend die Leistungsfähigkeit des ökonomischen Denkmodells in Ansatz gebracht werden: in der Analyse und Ermittlung von Zielen, deren Umsetzung in Handlungsfolgen mündet, soweit diese in standardisierbaren Handlungssituationen rekonstruiert werden können.

Erst vor der Diskussion der letzten Werthaltungen bricht Weber ab - dort aber rigoros: Wer dennoch seine Weltanschauung in wissenschaftliche Arbeit einbringe, müsse dies jedenfalls offen ausweisen.[37]

Bei Weber ist in dieser Beziehung allerdings eine interessante Besonderheit zu vermerken, da er offenbar gesellschaftliche *Oberziele* und individuelle *letzte Gründe* unterscheidet: Über erstere könne Einigkeit herrschen, wenn sie sich dennoch auf Unterschiede bei den letzteren gründeten.[38]

Wenn jedoch vorgegebene soziale Ziele auf die jeweils ihnen zugrundeliegenden Absichten zurückgeführt werden können und dies auch nach Webers Ansicht in einem rekursiven Verfahren geschehen soll - vgl. die oben angeführten Fundstellen -, so ist in der Tat zu fragen, warum nunmehr an einer letztlich willkürlich bestimmten Stelle der Diskurs 'von vornherein' abgebrochen werden soll: Hier ist eindeutig Albert zu folgen, dessen Arbeiten vor allem darauf zielten, diese von Weber noch vermutete Grenze wissenschaftlicher Diskussion weiter zu verschieben: Es

> „läßt sich kein Punkt angeben, an dem ein Begründungsregreß abgebrochen werden müßte. Man kann also höchstens sagen, daß jemand, der in einer Wertdiskussion der

[36] *Weber* (1922, 1988), S. 511, Herv. i. Orig.

[37] Vgl. *Weber* (1922, 1988), S. 157, S. 490.

[38] „In fast *jedem* Falle einer allgemeiner formulierten Absicht ... wird man ... die Erfahrung machen: daß bei der Diskussion der Mittel nicht nur sich zeigt, daß die Einzelnen unter jenem vermeintlich eindeutigen Zweck ganz Verschiedenes verstanden haben. Sondern insbesondere kann sich ergeben: daß der genau *gleiche* Zweck aus sehr verschiedenen letzten Gründen gewollt wird und daß dies auf die Diskussion der Mittel von Einfluß ist.“ *Weber* (1922, 1988), S. 500, Herv. i. Orig.

von Max Weber angeführten Art irgendwelche der von ihm gemachten Aussagen als 'letzte' Voraussetzungen deklariert, *nicht bereit ist*, darüber in diesem Zusammenhang zu diskutieren."[39]

In der Tat ist es angezeigt, die Beteiligten eines Dialogs selbst die Grenzen bestimmen zu lassen, an denen für sie nicht mehr hinterfragbare Wertpositionen erreicht sind. Sofern einer der Beteiligten diese Grenze als erreicht erklärt, bleibt dem wissenschaftlichen Gesprächspartner zwar nur die Möglichkeit, diese Entscheidung zu respektieren; sein Recht allerdings muß es bleiben, auch hier ist Albert zu unterstützen, die angesprochenen Weberschen Kriterien anzuwenden und beharrlich die Folgen und Nebenfolgen der nicht mehr hinterfragten Haltungen aufzudecken: Entscheidend ist, daß es im Endeffekt dem Vertreter der eben skizzierten Grundhaltung sozusagen im erneuten Gegenzug überlassen bleibt, auf entsprechende Hinweise *einzugehen oder nicht*.[40]

Nach der hier vertretenen Überzeugung ist es genau in diesem eingeschränkten Sinne möglich und nötig, über Webers Position hinauszugehen - aufbauend auf der Grundüberzeugung (ganz im Sinne Poppers), daß sich die (bei Weber offenbar noch am Wahrheitsbegriff orientierte[41]) 'Objektivität' der Wissenschaft auf ihr Verfahren, das der kritischen Überprüfung, gründet und damit die Einstellung zu überwinden sucht, „'letzte' Überzeugungen seien Glaubenssache und damit bestenfalls dem Verstehen, aber nicht mehr der Kritik zugänglich."[42]

Gleichzeitig werden explizit die grundlegenden Wertvorstellungen respektiert; gerade um ihrer Verwirklichung willen ist es offenbar immer wieder erforderlich, die Zusammenhänge (nicht die Werte selbst!) einer sachlichen, kognitiven Analyse zu unterziehen.[43] Beispielhaft sei hier das soziale Ziel 'Solidarität' genannt, zu dessen Verwirklichung es offenbar sehr unterschiedliche Strategien gibt und auf die im dritten und vierten Kapitel ausführlich einzugehen sein wird.

---

[39] *Albert* (1991), S. 86, Herv. i. Orig. Vgl. auch ebenda, S. 84.

[40] Gerade dies wird von Albert nicht nachdrücklich betont.

[41] Vgl. *Weber* (1922, 1988), S. 147.

[42] *Albert* (1966, 1979), S. 231; vgl. ebenda, S. 228 ff., ders. (1991), S. 85 ff.

[43] Vgl. etwa das dieser Arbeit vorangestellte Zitat: *Albert* (1963b), S. 235. Und: „Wenn es darauf ankommt, ethische Aussagen und Systeme nicht als *Dogmen*, sondern als *Hypothesen* zu behandeln, dann muß es grundsätzlich zulässig sein, *Alternativen* in Erwägung zu ziehen". *Albert* (1991), S. 90, Herv. i. Orig. In der dazugehörigen Fußnote heißt es erläuternd: „'Hypothese' bedeutet in diesem Zusammenhang natürlich nicht mehr als prinzipiell kritisierbare Annahme." Ebenda, S. 90, Fn. 2.

Es ist in diesem Zusammenhang erneut darauf hinzuweisen, daß es ja das eigentliche Ziel Webers war: gerade nicht die wissenschaftliche Arbeit auf eine Mitteldiskussion zu beschränken, sondern für eine Zieldiskussion auf 'rechtschaffene Weise'[44] zu öffnen und so dem eigentlichen Problem, nämlich dem der politischen Entscheidungsfindung, eine rational fundierte Hilfestellung zu gewähren.

Überdies war es ein ebenso offenkundiges wie zentrales Anliegen Webers, durch das Prinzip der Wertfreiheit wissenschaftliche Qualitätsstandards zu sichern und die Forschung von erkentnisfremden Einflüssen freizuhalten; eine entsprechende Passage kulminiert in dem folgenden Zitat:

> „Ich erbiete mich, an den Werken unserer Historiker den Nachweis zu führen, daß wo immer der Mann der Wissenschaft mit seinem eigenen Werturteil kommt, das volle Verstehen der Tatsachen *aufhört*."[45]

b) Zum systematischen Stellenwert einer normativen Institutionenökonomik: Ein Vorschlag

Die folgenden Ausführungen (in diesem Abschnitt C und dem folgenden Abschnitt D) sollen belegen, daß eine systematische Fortentwicklung des institutionenökonomischen Forschungsprogramms Perspektiven zu einer Weiterentwicklung des von Weber vorgeschlagenen Programms eröffnet.

Zur Trennung normativer von positiven Aussagen wird in der modernen Ökonomik gewöhnlich eine Zweiteilung vorgenommen, bei der unterschieden wird in Techniken (1) zur Folgenermittlung sowie (2) zur Folgenbewertung menschlicher Handlungen.[46]

Vor dem Hintergrund der soeben geführten Diskussion erweist sich diese zweistufige Differenzierung als zu kurz greifend.

Daher wird hier vorgeschlagen, statt der üblichen Unterscheidung von Ermittlung und Bewertung von Handlungsfolgen eine kleine Modifikation vorzunehmen, um dem Weberschen Anliegen wie der hier angestrebten Weiterentwicklung gleichermaßen gerecht zu werden.

---

[44] Vgl. *Weber* (1922, 1988), S. 491, S. 157.

[45] *Weber* (1922, 1988), S. 602, Herv. i. Orig.

[46] Vgl. z. B. *Gäfgen* (1980), aktuell: *Pies* (1993).

Dazu ist es erforderlich, auf der Stufe der Bewertung eine Entkoppelung der letzten individuellen Werte einerseits und der rationalen Wertdiskussion im Sinne Webers und Alberts andererseits vorzunehmen. Gedanklich entsteht damit eine insgesamt *dreigliedrige* Unterteilung, und zwar in die Stufen der

(1) Folgenermittlung,

(2) Folgen-Teilkalkulation (Folgenbewertung I) und

(3) Folgenentscheidung (Folgenbewertung II).

Dabei sind die ersten beiden Stufen dem rationalen wissenschaftlichen Diskurs der Politikberatung zuzuordnen, während für die dritte Stufe ausdrücklich die letzte Entscheidung dem einzelnen faktisch Betroffenen bzw. dem politischen Entscheidungsprozeß zugewiesen wird.

Nota bene: Die zweite Stufe schließt die Ziel- oder Wertediskussion ausdrücklich ein. Wenn man so will, bedeutet die ausdrückliche Akzeptanz der politischen *Folgenentscheidung* nicht etwa einen Verzicht auf die antizipierende Teilkalkulation von *Entscheidungsfolgen.*

Eine solche Konzeption impliziert keineswegs einen inneren Widerspruch, da eben mit dem Begriff der *Teil*kalkulation nunmehr systematisch die in aller Regel nur begrenzten Möglichkeiten einer ökonomischen Erfassung und Bewertung (sc. anhand intersubjektiv übereinstimmender Kriterien) der für die Entscheidungsträger relevanten Werte und Ziele offen ausgewiesen wird.

Die Überlegungen lassen sich wie folgt zusammenfassen. Aufgabe der ökonomischen Theorie ist es, in einem ersten Schritt die (übliche) *Folgenermittlung* vorzunehmen. Hier geht es um die rein positiv abzuarbeitende Erfassung und reale Quantifizierung einer hypothetischen Alternative (Welche Folgen sind zu erwarten, welches reale oder sachliche Ausmaß wird prognostiziert?).

In einem zweiten Schritt kann eine ökonomische *Folgen-Teilkalkulation* erfolgen; zum Beispiel durch eine Erfassung aller monetären Größen und eine Monetisierung der nichtmonetären. Damit sind die 'typischen', dem Ökonomen zur Verfügung stehenden Bewertungskriterien angesprochen.

Solange diese Bewertungskriterien der rationalen Kritik unterzogen werden können und überindividuell 'objektive' Aggregationsmechanismen zu einer eindimensionalen Bewertungsgröße für alle politisch entscheidungsrelevanten Größen nicht verfügbar sind, bleibt die ökonomische Kalkulation notwendigerweise eine Teilkalkulation. Diese kann hypothetisch - aber eben nur hypothetisch - den potentiell Betroffenen zur Entscheidungsfindung vorgelegt werden, während empirisch die politischen Entscheidungsprozesse das entscheidende Kriterium zur faktischen Umsetzung der ökonomischen Vorschläge darstellen.

In einem dritten Schritt - nunmehr nicht wissenschaftlicher Stellungnahme, sondern ausdrücklich wissenschaftlichem Urteil entzogen - ist daher die *empirisch* relevante Folgenbewertung in Form der politischen *Folgenentscheidung* anzusiedeln, in der die verbliebenen individuellen Bewertungsmöglichkeiten und die ggf. weiter mit ökonomischen Beratungsansätzen konkurrierenden Vorschläge aus anderen wissenschaftlichen Disziplinen zur Geltung kommen können, soweit sie in der ökonomischen Analyse nicht bereits berücksichtigt wurden.

Der Vorteil einer solchen Dreistufigkeit liegt darin, daß die ökonomische Analyse auf der zweiten Stufe für die Übersetzung 'nichtwirtschaftswissenschaftlicher' Aspekte in ökonomische Termini durchaus geöffnet werden und zugleich durch die ausgewiesene Akzeptanz der dritten Stufe *von unbegründeten Dogmatismusvorwürfen entlastet* werden kann. Dabei kann sich auf der zweiten Stufe die eigentliche Leistungsfähigkeit des ökonomischen Paradigmas: die Vergleichbarkeit scheinbar unvergleichbarer Größen herzustellen, voll entfalten.[47]

Eine Selbstbeschränkung der Ökonomik[48] dagegen - auf vermeintlich wertfreie, 'reine' Effizienzüberlegungen im Sinne der Maximierung des Sozialprodukts[49] oder einer modifizierten Form dessen - wendet sich paradoxer-

---

[47] Ein Anwendungsbeispiel wird in Abschnitt D im Kontext zu entfalten sein, das sich auf ein von Ökonomen erstelltes Gutachten zu den monetären *und nichtmonetären* ('nichtwirtschaftlichen') Folgen eines denkbaren Kernkraftwerksunglücks stützt. Vgl. hierzu *Ewers / Rennings* (1991), zuvor bereits: *Ewers* (1986a) und (1986b).

[48] Zu einer solchen, als 'Dezisionismus' oder - bei Homann - 'Instrumentalismus' bezeichneten Position vgl. *Homann* (1980), S. 21, S. 68. Homann unterscheidet insgesamt fünf Konzepte; diese werden als Naturalismus, Dogmatismus, Dezisionismus, Instrumentalismus und Interdependenzkonzept(e) bezeichnet; vgl. ebenda, S. 19 - 27. Das eingeklammerte Plural-e deutet an, daß Homann den Anspruch stellt, einen auf dem ökonomischen Kostenkonzept beruhenden und zugleich einen umfassenden Rationalitätsansatz einschließenden eigenen Interdependenzansatz vorzulegen. Vgl. hierzu ebenda, Zweiter Teil, S. 143 - 302.

[49] Diese hypothetische Zielvorgabe könnte als zugrundeliegendes Werturteil der (damit definierten) 'volkswirtschaftlichen Sicht' angesehen werden. Vgl. hierzu bereits *Pagenstecher* (1963), hier: S. 155.

weise offensichtlich gegen ihre Vertreter:[50] Gerade weil die Politikberatung 'aus ökonomischer Sicht' oder 'aus wirtschaftswissenschaftlicher Sicht' gedacht wird, kann ihr aufgrund ihrer - vermeintlichen! - Einseitigkeit die Akzeptanz in der politischen Auseinandersetzung abgesprochen werden. Dies im Vergleich zu vermeintlich 'ausgewogenen', 'sozialverträglichen' Maßnahmen, die ihrerseits der Anwendung ökonomischer Logik vermeintlich entbehren können, weil in der Politikberatung anscheinend eine strikte 'Arbeitsteilung' zwischen Ökonomen und Nichtökonomen vorliegt und erst im letzten Augenblick der politischen Entscheidung ein Versuch der Vermengung verschiedener, dann aber vielleicht inkompatibler Konzepte vorgenommen wird. [51]

Die Ökonomik als angewandte Gesellschaftswissenschaft ist jedoch unter den diskutierten Einschränkungen auch bei kritischer Prüfung im Sinne des 'Wertfreiheitspostulats' in der Lage, in ihrem Beitrag zur politischen Diskussion den Hiatus zum nichtökonomischen Vorverständnis zu überwinden; sie kann dann auch scheinbar 'unökonomische' Bedürfnisse aufnehmen, rational verarbeiten und in ihren Konsequenzen recht umfassend offenlegen.[52]

Der Versuch einer Anwendung nunmehr normativer Ökonomik soll für die Auseinandersetzung um die Verwirklichung moralischer Normen in unternehmerischem Handeln in Angriff genommen werden. Dazu ist zunächst das bekannte Instrumentarium zur ökonomischen Umsetzung des zugrundeliegenden Problems anzuwenden - 2. Teilabschnitt - und dann das Konzept einer normativen Institutionenökonomik vorzustellen (im 3. Teilabschnitt).

In *Abschnitt D* werden dann beide Teilergebnisse zur Rekonstruktion einer institutionenorientierten Moralökonomik zusammengeführt.

---

[50] Erinnert sei an die Äußerung des damaligen Bundesministers für Wirtschaft im Jahre 1991, für den Aufbau in Ostdeutschland gehe es nunmehr um 'realistische, pragmatische' Konzepte und nicht um die 'Anwendung von Theorien'.

[51] Die verschiedenen Etappen der Modifikationen von Regulierungsmaßnahmen im Gesundheitswesen, in der Presse als Gesundheitsreform bezeichnet, können als Illustration angeführt werden.

[52] Wenn dies nicht gelingt, werden Wirtschaftswissenschaftler in die Lage des Ökonomen gedrängt, den der oben bereits erwähnte Inselwitz beschreibt.

2. Die ökonomische Logik moralischer Normen

Die Anwendbarkeit des oben rekonstruierten ökonomischen Denkmodells setzt die signifikante Relevanz der prinzipiell intersubjektiv überprüfbaren Restriktionen gegenüber z. B. den tatsächlichen, aber schwer beobachtbaren individuellen Motiven voraus - also standardisierbare Handlungsmuster, in denen von den situativen Anreizen dominante handlungsleitende Wirkungen ausgehen.[53]

Diese Problematik kann jedoch gerade für anonyme, arbeitsteilige Gesellschaften angenommen werden: daß das handlungsleitende Motiv nicht ausreicht, um das beabsichtigte Ergebnis zu erzielen, sondern daß vielmehr paradoxe, nämlich genau intentionswidrige soziale Ergebnisse die Folge individueller Motive sein können.

Daß dies auch und gerade bei moralischen Erwägungen der Fall sein kann, läßt sich programmatisch erläutern:[54]

Einerseits zeigte die Analyse Adam Smiths, daß bei entsprechender Gestaltung der Restriktionen - Markt und Wettbewerb nämlich - individuelle Handlungsintentionen und soziale Handlungsergebnisse entkoppelt werden können und auch ein völlig eigennütziges Verhalten der einzelnen so kanalisiert werden kann, daß im Ergebnis ein für alle befriedigenderes Ergebnis erzielt wird, als wenn man vom einzelnen unmittelbar Wohlwollen oder Sympathie forderte.[55]

Andererseits kann man - die Zeiten des Kalten Krieges sind vorbei - den Vordenkern und Anführern sozialistischer Revolutionen - von Marx und En-

---

[53] Vgl. hierzu aktuell *Zintl* (1989), zuvor z. B. *Kliemt* (1986b) und soeben: ders. (1992), der solche Situationen als 'Hochkostensituationen' bezeichnet und von 'Kleinkostensituationen' abgegrenzt wissen will, in denen das ökonomische Modell besonders anfällig ist (z. B. Wahlbeteiligung trotz geringem zu erwartenden Nutzen).

[54] In der deutschsprachigen Literatur ist dieses Programm vor allem von dem habilitierten Philosophen und Ökonomen K. Homann nachhaltig vorangetrieben worden, dessen Entwurf einer einheitlichen Rationalität für alle Wissenschaften durch seine grundlegenden Arbeiten bereits für eine systematische Neuorientierung der interdisziplinären Arbeit zwischen (Moral-) Philosophie und Ökonomik gesorgt hat; vgl. hierzu und zum Folgenden aus der Vielzahl der Veröffentlichungen v. a. *Homann* (1985b), ders. (1988b), ders. (1988c), ders. (1989b), ders. (1990a), *Hesse / Homann et al.* (1988), *Homann / Suchanek* (1989), dies. (1987).

[55] Vgl. die einschlägige Stelle in *Smith* (1776, 1974), S. 17.

gels bis Lenin - und auch Castro? - sinnvollerweise nicht unterstellen, ihr ganzes Handeln habe etwa auf die Unterdrückung ihrer Völker abgezielt.[56]

So wenig es allerdings sinnvoll ist, von den katastrophalen Ergebnissen sozialistischer Wirtschaftsordnungen auf schlechte Motive ihrer 'Konstrukteure' zu schließen, so wenig ist es angezeigt, aufgrund der Erfolge der Marktwirtschaft auch in Zukunft vergleichbare Erfolge für selbstverständlich zu halten.

Die Frage ist vielmehr, wie nunmehr auf offensichtliche Defekte der demokratisch und marktwirtschaftlich angelegten Wirschaftsordnung zu reagieren ist und wie insbesondere die moralischen Wertvorstellungen der Menschen besser verwirklicht werden können. Diese Bedürfnisse und Wertvorstellungen werden damit, im oben diskutierten Weberschen Sinne, in dieser Analyse als Input vorausgesetzt und nicht in Frage gestellt: Es geht vielmehr um die Frage der klugen Umsetzung dieser Ziele in unternehmerischem Handeln und um das Aufdecken möglicherweise nicht intendierter Nebenfolgen der verschiedenen Wege, die dazu beschritten werden können.

Dieses Problem kann - ebenso wie seine Bewältigung - mit Hilfe ökonomischen Instrumentariums anhand zweier in anderen Zusammenhängen entwickelter Analysetechniken evaluiert werden: einer gütertheoretischen und einer spieltheoretischen. Aus heuristischen Gründen wird dabei zunächst die in der ökonomischen Literatur zu moralischen Fragen bisher übliche Vorgehensweise angewendet, da sie den besonderen Vorzug der Einfachheit trägt und zugleich für die folgende Diskussion zunächst völlig hinreichend ist. Eine recht weitgehende Modifikation wird allerdings im vierten und letzten Kapitel der Arbeit zu *beiden* Konzepten vorzustellen sein.[57]

a) Moral als öffentliches Kapitalgut

Eine gütertheoretische Analyse moralischer Normen blieb unter dem traditionellen Paradigma funktionierender Märkte zunächst ambivalent; für Solidaritätsnormen bedeutet dies zuallererst, daß sie der gleichen Logik unterwor-

---

[56] Immerhin sollte die (vermutete) 'Ausbeutung des Menschen durch den Menschen' ein Ende finden. Es waren offenbar die Irrtümer bezüglich der *Mittel*, die zu völlig paradoxen Ergebnissen führten: nämlich in der Tat einer endlosen Kausalkette von Handlungsbeschränkungen, Bespitzelungen und Unterdrückungen.

[57] Vgl. hierzu unten: Abschnitt G im vierten Kapitel.

fen sind wie alle anderen Güter auch, und so lautet die erste Antwort auf eine entsprechende Frage, etwa „What Does The Economist Economize?"[58], schlicht: Der Ökonom ökonomisiert die Nächstenliebe - weil sie knapp ist.

Trotz (oder wegen) dieser nach wie vor geltenden Grundregel[59] - zumal für die angesprochene Nächstenliebe oder, formal, die Solidarität - hat die Literatur mittlerweile allerdings auch das ungeheure Produktivitätspotential moralischer Normen beschäftigt: Wenn moralische Normen - aus welchen Gründen auch immer - in einer Gesellschaft allgemein eingehalten werden (paradigmatisch im wirtschaftlichen Bereich: die Vertragstreue oder, allgemeiner, die traditionellen Regeln eines ehrbaren Kaufmanns), so bedeutet dies zum einen natürlich die Verwirklichung höchster Werte menschlichen Zusammenlebens[60]; aber auch, übersetzt in ökonomische Terminologie, eine ungeheure Transaktionskosteneinsparung aufgrund stabilisierter gegenseitiger Verhaltenserwartungen.[61]

Im öffentlichen Bereich kann der personale wie sachliche Aufwand im Bereich des kodifizierten Rechts, also in Legislative, Jurisdiktion und Exekutive, verringert werden, im privaten Bereich spielen Opportunisten keine Rolle: Die Ausgestaltung von Verträgen kann auf ein Minimum reduziert werden, wenn *Goodwill* - im deutschen Recht: der Grundsatz von Treu und Glauben - das Verhalten der Beteiligten auch bei unvorhergesehenen Anpassungsproblemen bestimmt. Kurz: Moral ist - im Prinzip noch vor dem kodifizierten Recht - potentiell ein produktives *Kapitalgut* allererster Ordnung.

Das Gut 'Moral' ist nach übereinstimmender Meinung in der Literatur[62] jedoch in beiden als problemrelevant identifizierten Aspekten der Nichtausschließbarkeit und der Nichtrivalität ein öffentliches Gut[63]: Weder läßt sich

[58] So der Titel von *Robertson* (1956).

[59] Natürlich ist aus ökonomischer Sicht auch die '(Re-) Produktion' von Moral schon deshalb nicht 'kostenlos', da vergleichsweise immense Kosten für die Erziehung der Kinder in diesem Sinne aufgewandt werden.

[60] Vgl. die kurze Wertediskussion zu Anfang dieses Abschnitts C.

[61] Vgl. z. B. *Buchanan* (1975, 1984), S. 152 - 185 (7. Kap.); *Gäfgen* (1988), S. 92 ff., *Homann* (1988b), S. 226, *Hesse / Homann et al.* (1988), *Homann* (1989a), S. 48, ders. (1990b), S. 42 f., ders. (1992d), S. 78 u. ö.; mit einer eigenen Terminologie *Gauthier* (1986), S. 1 - 20 (Kap. I), S. 157 - 189 (Kap. VI), ders. (1990).

[62] Vgl. grundlegend die in der vorangegangenen Fußnote angegebenen Fundstellen.

[63] Wenn hier von einem öffentlichen Gut die Rede ist, so ist damit also seine *ökonomische Eigenschaft* gemeint. In vielen Fällen entsteht die tatsächliche 'Öffentlichkeit' von Gütern jedoch erst durch entsprechende institutionelle Rahmenbedingungen - den expliziten Verzicht auf die Implementation privater Verfügungsrechte -, also immer dann, wenn das Ausschluß-

ein einzelner zu wirtschaftlich vertretbaren Kosten von der Nutzung ausschließen noch ist dies nötig, weil das Gut von allen potentiell Betroffenen in gleichem Maße genutzt werden kann[64]. Von destruktiver Wirkung ist jedoch die Nichtausschließbarkeit, die in der Literatur, grundsätzlich zu Recht, betont wird: Wie andere öffentliche Güter zeichnet sich die Moral durch die Eigenschaft aus, von allen ohne individuelles 'Entgelt' genutzt werden zu können - mit einer spektakulären Tendenz zur Unterversorgung mit eben diesem Gut. Die verheerenden Folgen der Nichtausschließbarkeit für die Anreizeffizienz einer auf spontane Selbstorganisation setzenden Marktwirtschaft sind bekannt.

Der potentiell destruktive Aspekt liegt also, genau genommen, in der besonderen Eigenschaft der Nichtausschließbarkeit: Sogenannte *free riders* können eine lukrative Außenseiterposition einnehmen und eine bestehende moralische Ordnung ausnutzen, indem sie die Einhaltung der Normen durch andere in Anspruch nehmen, selbst aber gegen die Normen verstoßen: Sie empfangen positive externe Effekte, senden aber negative aus.

Bei formaljuristisch erfaßten, wirksam sanktionierten Normen wird der Nutzen des normorientierten Handelns dagegen zumindest zum Teil internalisiert, da eine Abweichung von der Norm mit intersubjektiv überprüfbaren Kosten in Form einer erwarteten Bestrafung versehen ist; zudem besteht die Möglichkeit einer wirksameren Sanktionierung (Internalisierung) durch verbesserte Aufklärungsarbeit und/oder höhere Strafen.[65] Wenn man nun öffentliche Güter als besondere Form externer Effekte interpetiert - es gilt die gleiche Logik -, zeigt sich im Extremfall einer völlig fehlenden Sanktion sogar, daß die Einhaltung moralischer Normen *ausschließlich* externe und keinerlei pri-

---

prinzip zwar *anwendbar* ist, aber *nicht angewendet wird.* Es ist ein Verdienst der Property-Rights-Theorie, darauf hingewiesen zu haben; vgl. grundlegend: *Demsetz* (1964). Für besonders plastische Beispiele anhand theoretisch genuin privater Güter vgl. *Bonus* (1978), auch ders. (1980c). *Grossekettler* (1984), ders. (1985) u.ö. schlägt deshalb vor, für die Argumentation auf der theoretischen Ebene - vgl. die Analogie zu Abb. B.2 in dieser Arbeit - den Begriff 'Kollektivgut' oder 'polares öffentliches Gut' zu verwenden und nur auf der empirischen Ebene von 'öffentlichen' Gütern zu sprechen. Da im folgenden stets mit den ökonomischen Gütereigenschaften argumentiert wird, soll die geläufigere Bezeichnung 'öffentliches Gut' hier dennoch beibehalten bleiben.

[64] Dies ist die klassische Definition von *Samuelson* (1955), S. 350, bzw. (1954), S. 387. Die präzisere Unterscheidung nach Nichtausschließbarkeit und Nichtrivalität im Konsum stammt von *Musgrave* (1959); vgl. *Musgrave / Musgrave / Kullmer* (1978), S. 55.

[65] Die Internalisierung erfolgt ggf. nur 'zum Teil', weil das Ergebnis von der Höhe (etwa: Zahlung von Geldstrafen 'aus der Portokasse') und Wahrscheinlichkeit einer Bestrafung abhängt. Auch hierzu liegt ein 'ökonomischer' Ansatz vor, der vor allem auf eine verbesserte Strafverfolgung abzielt: vgl. z. B. *Becker / Stigler* (1974).

vate positive Effekte hervorbringen kann. Buchanan beschreibt dies anhand des allgemein bekannten Leuchtturmbeispiels, in dem derjenige, der den Leuchturm errichtet, immerhin seinen ('anteiligen') persönlichen Vorteil aus der Bereitstellung dieses öffentlichen Gutes zieht; im Falle der Bereitstellung des öffentlichen Gutes 'Befolgung moralischer Normen' geht der einzelne im Extremfall völlig leer aus.[66] Aus den genannten Gründen werden daher in dieser Arbeit bewußt nur jene moralischen Normen unter diesem Begriff auch erfaßt, für die nicht gleichzeitig eine formelle Sanktion verfügbar ist[67]: Diejenigen moralischen Normen, die sich ohnehin in der Rechtsordnung *und* in wirksamen Sanktionen (Restriktionen) niedergeschlagen haben, bleiben, weil weniger problematisch, außer Betracht.

Wenn es nun nicht gelingt, so die Logik der Kollektivgütertheorie, entweder eine allgemeine Zwangsfinanzierung des Gutes 'Moral' sicherzustellen oder aber eine Kopplung mit privaten Gütern über selektive Anreize (Olson) vorzunehmen, so ist mit einer extremen Unterversorgung mit diesem Gut zu rechnen. Die theoretische Erklärung scheint sich mit dem empirischen Befund zu decken.

Die vorgenommene Begriffsdefinition für moralische Normen ist auch damit zu begründen, daß in der aktuellen Diskussion gerade diejenigen Fragen als besonders brennend angesehen werden, in denen weniger die Legalität als die moralische Legitimität des Handelns in Frage gestellt wird (etwa: bei - legalen! - Waffenexporten in Krisengebiete, bei der legalen Einleitung von Schadstoffen in Luft und Gewässer, bei der legalen Freisetzung von Fluorchlorkohlenwasserstoffen [FCKW]); darüber hinaus in den Fällen, in denen es noch keine bindenden Gesetze gibt (Beispiel: Biotechnologie). Der Problembereich der *illegalen* Aktivitäten, deren Sanktionierung aufgrund prohi-

---

[66] Vgl. *Buchanan* (1975, 1984), S. 154. Man denke an einen fliegenden Händler in einer der zahlreichen *tourist traps*, der einen industriell gefertigten Teppich auch offen als solchen verkauft und nicht als 'garantiert von der eigenen Großmutter in wochenlanger Heimarbeit gewebt'; im Extremfall bleibt ihm nicht einmal der positive externe Effekt der 'guten Tat', sondern nur der Undank seiner potentiellen Kunden, wenn diese nämlich bei seinem Konkurrenten zu einem deutlich höheren Preis ein garantiert von dessen eigener Großmutter in wochenlanger Heimarbeit gewebtes Exemplar erstehen.

[67] Vgl. die Definitionen oben, Abschnitt B. Es ist insofern schwer verständlich, warum auch in der ökonomischen Literatur z. B. ausdrücklich, in Anlehnung an Tugendhat, die Definition moralischer Normen über 'Internalisierungseffekte' (z. B. ein schlechtes Gewissen) vorgenommen wird; siehe hierzu *Homann* (1988b), S. 222. Vgl. hierzu auch die im oben 1. Kapitel vorgeschlagene Definition.

bitiv hoher Transaktionskosten nicht gelingt[68], ist selbstverständlich mit berücksichtigt.

Grundsätzlich wird (nur) aus Gründen der Vereinfachung und der besseren theoretischen Erfaßbarkeit das empirisch ohne Zweifel vorhandene Kontinuum bipolar abgebildet: durch die Trennung prinzipiell 'formell sanktionierter' rechtlicher von prinzipiell 'nicht formell sanktionierten' moralischen Normen (im engeren Sinne, der Zusatz wird nunmehr fortgelassen). Es geht hier nicht um die Betrachtung spezieller Probleme. Es sollte jedoch deutlich geworden sein, daß eine 'realistischere', d. h. differenzierte Betrachtung ohne Verlust an Stringenz der Argumentation möglich ist: Im jeweiligen Einzelfall ist dann die moralische Dimension des Problems größer oder kleiner als in den hier theoretisch erörterten 'reinen' Fällen.

Wenn man die Überlegungen in die einzelwirtschaftliche ökonomische Partialanalyse einer singulären Entscheidungssituation überführt, ergibt sich illustrativ die folgende Überlegung: Es wird das Entscheidungsproblem rekonstruiert, ob eine als unmoralisch angesehene Aktivität ausgeführt (ein Gut über das akzeptierte Maß hinaus konsumiert) wird oder nicht; moralische Normen werden zu potentiellen Restriktionen, die den individuellen Handlungsbereich zusätzlich einschränken können. In der üblichen nutzentheoretischen Darstellung kann dies, im vereinfachten Zwei-Güter-Fall (x und y), wie in der nachstehenden Abbildung C.1 dargestellt werden, wenn das Gut x als das 'moralisch bedenkliche' und die moralische Norm als Beschränkung des Konsums interpretiert wird.[69]

Hier deutet sich eines der oben angesprochenen konzeptionellen Probleme der neoklassischen Wohlfahrtsökonomik an: Wenn moralische Normen potentiell restringierend auf den einzelnen wirken, ergibt sich hier das analytische Problem einer am einzelnen Handlungsergebnis ansetzenden normativen Effizienzbetrachtung. In der traditionellen Darstellung einer 'gesamtwirtschaftlichen Wohlfahrtsfunktion' (auf die hier verzichtet wird) können die effizienzfördernden Wirkungen moralischer Normen durch eine nach außen

---

[68] Beispielsweise wurden einige Tage nach dem Brand in einem Baseler Chemieunternehmen ('Sandoz-Fall') viele Kilometer rheinabwärts höhere statt der durch 'Verdünnung' zu erwartenden niedrigeren Schadstoffwerte gemessen, so daß ohne Zweifel ein oder mehrere *free riders* tätig geworden sein und die eigenen Schotten geöffnet haben müssen.

[69] Die Darstellung ist als Illustration zu verstehen: Innerhalb eines konsistenten Modells müßte die Verwendung des nunmehr nicht für Güterkäufe eingesetzten Teils des Budgets berücksichtigt oder aber eines der Güter als 'moralisches Gut' modelliert werden; dies brächte jedoch über nunmehr veränderte Preisrelationen vergleichbare konstruktive Probleme mit sich.

verschobene Produktionsmöglichkeitenkurve abgebildet werden; dieser Effekt geht jedoch im einzelwirtschaftlichen Spiegelbild der nutzentheoretischen Darstellung nicht nur unter, sondern verkehrt sich ggf. sogar in sein Gegenteil:

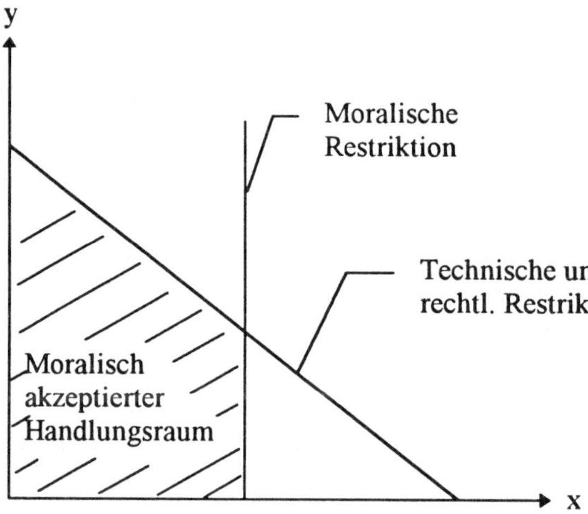

Abb.C.1: Die individuelle Entscheidungssituation in idealisierter nutzentheoretischer Darstellung

Je nach Verlauf der (hier nicht eingezeichneten) Indifferenzkurve muß die moralische Norm als (potentiell) zusätzlich restringierender Faktor abgebildet werden, was jedoch offensichtlich zu paradoxen Ergebnissen führen müßte: [70] Einerseits ist die Moral ein öffentliches Gut und damit nutzenstiftend, andererseits - situativ - potentiell nutzenmindernd.[71]

---

[70] Die moralische Norm ist also im doppelten Sinne nur potentiell zusätzlich wirksam: Sie kann natürlich auch in dem Sinne eine nicht bindende Restriktion sein, daß sie ggf. die sonst getroffene Entscheidung ohnehin nicht beeinflußt - formal: aufgrund der Lage der Tangente von höchster erreichbarer Indifferenzkurve und traditioneller Restriktion 'links' von der moralischen Restriktion.

[71] Es sei denn, es würde eine 'moralische Präferenz' modelliert, was wiederum mit erheblichen Problemen behaftet wäre.

Sowohl diese strategischen Anreize als auch ihre institutionenökonomischen Implikationen lassen sich nun mit Hilfe einer populären spieltheoretischen Rekonstruktion besonders anschaulich darstellen. Sie ermöglicht es insbesondere, die Verhaltensweise anderer Akteure nicht mehr nur in den Restriktionen abzubilden, sondern die vorhandenen strategischen Interdependenzen zwischen den Akteuren selbst zum Untersuchungsgegenstand zu machen.

b) Spieltheoretische Illustration: Das Gefangenendilemma

Die Parabel vom sogenannten Gefangenendilemma (GD) gilt in der spieltheoretisch ausgerichteten Literatur für die Untersuchung paradoxer sozialer Effekte von individuellen Handlungsintentionen als das grundlegende Analysekonstrukt schlechthin.[72] Auch die nicht spieltheoretisch ausgerichtete Literatur beherrscht es mittlerweile[73], und tatsächlich kann es auch für wirtschaftsethische Fragestellungen äußerst fruchtbar genutzt werden.[74] Da später auch eine Non-Dilemma-Situation vergleichend dargestellt werden wird, soll das Gefangenendilemma in seiner ursprünglichen Form auch an dieser Stelle kurz diskutiert werden.

Zwei Personen werden eines gemeinsam begangenen Kapitalverbrechens bezichtigt. Der Haftrichter läßt beide in getrennte Zellen bringen und konfrontiert jeden von ihnen mit den folgenden Alternativen: Gestehen beide, so werden sie beide zu acht Jahren Zuchthaus verurteilt; das Geständnis wird

---

[72] Es gibt höchstwahrscheinlich kein aktuelles Lehrbuch zur Spieltheorie, in dem es fehlt. Das neuerdings erschienene Werk *Holler / Illing* (1991) nimmt es z. B. zum Ausgangspunkt aller folgenden Darstellungen; vgl. dort, S. 1 ff. *Straffin jr.* (1980) ist vermutlich die erste veröffentlichte Fundstelle des zuvor unveröffentlichten Originalmanuskripts, das von Albert W. Tucker stammt. Straffin jr. berichtet unter Berufung auf Tucker, daß dieser die Gefangenendilemma-Matrix erstmals in Form einer Notiz bei seinen Kollegen Dresher und Flood gesehen habe. Für einen Vortrag über Spieltheorie an der Psychologischen Fakultät in Stanford habe er sich dann um eine instruktive 'Story' zur Illustration bemüht. Die mittlerweile in zahlreichen Variationen erzählte Geschichte war das Ergebnis; vgl. ebenda, S. 102 f. Die 'klassische', weil wahrscheinlich meistzitierte Fundstelle ist *Luce / Raiffa* (1957), S. 94 ff.; die ausführlichste Variante könnte jedoch *Bonus* (1979/80) sein.

[73] Die folgende, sehr weitgehende Formulierung Straffins sei hier stellvertretend zitiert: „Any modern discussion of the meaning of rationality in social behavior must come to terms with the prisoner's dilemma." *Straffin jr.* (1980), S. 103. Vgl. für die deutschsprachige ökonomische Literatur etwa *Bonus* (1979/80), ders. (1980b), ders. (1983).

[74] Eine frühe spezifische Anwendung auf das Moralproblem findet sich in *Buchanan* (1965a).

ihnen dann strafmildernd angerechnet. Leugnen beide, so kann man ihnen nur eine kleinere Straftat nachweisen, sie erhalten dann beide zwei Jahre Haft. Jetzt kommt das eigentliche Angebot: Für denjenigen, der gesteht, wird die Kronzeugenregelung angewendet, er kommt sofort frei; der andere wird zur Höchststrafe von zwölf Jahren verurteilt.

Beide Gefangenen haben nun keinerlei Gelegenheit, miteinander zu kommunizieren oder bindende Absprachen zu treffen.[75] Dies sind die 'Spielregeln' für beide, die sich in Matrix- bzw. Normalform wie folgt abbilden lassen (vgl. die Abbildung auf der nächsten Seite); zusätzlich zur Haftzeit in Jahren ist die Rangfolge aus der individuellen Sicht der Spieler angegeben.[76]

Die Anreizsituation ist für beide fatal. Beide werden sich, falls sie die Tat begangen haben, vor der Ausübung fest zugesichert haben, nicht zu 'singen'[77]. Das Vertrauen auf die 'Ganovenehre' wird jedoch aufgrund der raffinierten Vorgabe durch das Gericht nachhaltig erschüttert, wie die folgende Betrachtung der Anreizsituation des A zeigt (die Situation für B gilt spiegelbildlich):

Leugnet B, so erhält A, wenn er auch leugnet, 2 Jahre Strafe. Aber er selbst kann noch besser davon kommen, wenn er in diesem Fall gesteht: Die Kronzeugenregelung wird auf ihn angewandt, er wird sofort freigelassen. Das Zwischenergebnis lautet also: Wenn B leugnet, lohnt es sich, zu gestehen.

Gesteht B jedoch und er selbst, A, leugnet, so kommt B frei, aber ihn selbst trifft die volle Härte der Höchststrafe von 12 Jahren. Auch in diesem Fall ist es besser, zu gestehen: Dann kommt er immerhin mit 8 Jahren davon. Das Zwischenergebnis lautet: Auch wenn B gesteht, lohnt es sich für A, ebenfalls zu gestehen.

Damit sind die beiden zentralen Eigenschaften von Gefangenendilemma-Situationen expliziert:

1. Gleichgültig, wie sich der andere verhält - es lohnt sich immer, ein Geständnis abzulegen: Gestehen ist, in der Sprache der Spieltheorie, eine eindeutig dominante Strategie.

---

[75] In der Sprache der Spieltheorie handelt es sich um ein nicht-kooperatives Spiel.

[76] Für Spieler A heißt dies z. B.: $a_1 > a_2 > a_3 > a_4$, wobei '>' bedeutet: 'wird vorgezogen'. Der erste Wert gibt jeweils, wie üblich, Ergebnis und Bewertung durch den 'Zeilenspieler' A an, der zweite jeweils den für den 'Spaltenspieler' B mit $b_1 > b_2 > b_3 > b_4$.

[77] Diese Terminologie verwendet z. B. *Schüßler* (1988), ders. (1990).

2. Das Ergebnis bleibt für die Betroffenen 'unbefriedigend', denn ein Pareto-Optimum wird verfehlt: Hätten sie sich beide an die zuvor gegenseitig und ausdrücklich zugesicherte Vereinbarung gehalten, so wären sie wesentlich günstiger davongekommen.

		B	
		Leugnen	Gestehen
A	Leugnen	I (2, 2) (a_2,b_2)	IV (12, 0) (a_4,b_1)
	Gestehen	II (0, 12) (a_1,b_4)	III (8, 8) (a_3,b_3)

Abb.C.2: Darstellung des Gefangenendilemmas in strategischer Form (Matrixform), Gefängniszeit in Jahren

Eine dritte Implikation, die für die folgenden institutionenökonomischen Überlegungen von ausschlaggebender Bedeutung ist, kommt in der Gefangenendilemma-Parabel geradezu paradigmatisch in den Blick: „Natürlich wäre es für alle das beste, wenn sie sämtlich leugneten“[78]. Für alle? In der Tat ist das Ergebnis eben lediglich in bezug auf den 'Mikro-Kosmos' der beiden Ganoven offenkundig Pareto-inferior.[79] Aus der Sicht des Gerichts dagegen (der Allgemeinheit?) ist es offenbar hochgradig rational und effizient, die Betroffenen zu separieren.

Mit den herkömmlichen Mitteln der normativen Wohlfahrtsökonomik ergeben sich also auch in dieser Perspektive Probleme, da der Effizienzbegriff positiv und zugleich normativ besetzt ist. Das Gefangenendilemma jedoch ist

[78] *Bonus* (1979/80), S. 78.

[79] In der ökonomischen Literatur zum Moralproblem wird nicht immer darauf hingewiesen, wenn das moralische Problem eines Menschen in der Realität unmittelbar mit dem des Ganoven in der Parabel verglichen wird.

ein rein positiv-analytisches Konstrukt. Es stellt fest, daß ein Handlungsergebnis in einzelwirtschaftlicher Perspektive ineffizient ist; zur ausschlaggebenden normativen Beurteilung kommt es dagegen in einem davon zu trennenden Schritt bei der Entscheidung für die zugrundeliegenden 'Spielregeln', die hier in der Auszahlungsmatrix resp. der erfolgreich unterbundenen Kommunikation zum Ausdruck kommen. Die Kriterien der Existenz eines Gefangenendilemmas müssen also strikt von denen seiner Bewertung getrennt werden.

Darauf, daß die Gefangenendilemma-Matrix ein rein positives Analysekonstrukt ist und diese Logik, je nach Kontext, zu höchst unterschiedlichen Bewertungen führen kann, haben Buchanan in einem frühen Aufsatz und in jüngerer Zeit Bonus hingewiesen:[80] Eine marktwirtschaftliche Ordnung ist sogar so konstruiert, daß der wirtschaftliche Wettbewerb letztlich im Interesse aller die einzelnen 'Spieler'- hier: die Anbieter - *gezielt ins Gefangenendilemma versetzt*.[81]

Überträgt man diese Überlegungen nun, gewissermaßen spiegelverkehrt, in moralische Dilemmasituationen, in denen nicht die Etablierung, sondern die Überwindung des Gefangenendilemmas angestrebt wird, so ergibt sich unmittelbar die Frage, welche Aussichten bestehen, daß sich entsprechende Strukturen spontan entwickeln.[82] An dieser Stelle ist es daher angezeigt, eine weitere Unterscheidung einzuführen, um die besondere Problematik *moralischer* Normen zu verdeutlichen: die zwischen Koordinations- und Konfliktregeln.[83]

Die erstgenannten zeichnen sich dadurch aus, daß sie, einmal eingerichtet, keinen Anlaß zu Außenseiterverhalten geben: Es ist für alle vorteilhaft, a) sich auf eine Norm zu einigen und b) diese Norm dann auch situativ einzuhalten. Dies ist die Kategorie von Normen, die sich *im Prinzip* auch durch eine spon-

---

[80] Vgl. *Buchanan* (1965a), insbes. S. 8 ff; vgl. zu einer systematisch aus dem Gefangenendilemma entwickelten Darstellung der Logik einer modernen Sozialen Marktwirtschaft vor allem *Bonus* (1983); soeben auch: *Pies* (1993).

[81] „In the organization of markets ... explicit attempts are made to place buyers and sellers in the large-number dilemma, ... and institutional reforms are aimed directly at extending group size.“ *Buchanan* (1965a), S. 10. Die Tatsache, daß die unmittelbar Betroffenen, etwa Kartellmitglieder, dies anders sehen könnten, sei hier zunächst nur erwähnt.

[82] *Bonus* (1983) erwähnt die gewissermaßen modellinterne Lösung, die etwa die Mafia offenbar gefunden hat, indem sie nach der Freilassung dafür sorgt, daß 'Verräter' ihres Lebens nicht mehr froh werden.

[83] Wir folgen hier vor allem *Ullmann-Margalit* (1977), S. 77 ff., *Vanberg* (1986), S. 76 ff.

tane marktliche Koordination entwickeln und selbst stabiliseren, sich also als '*self-enforcing*' herausstellen können.[84]

Als eines der klassischen Beispiele sei hier das des Rechts- (resp. Links-) Fahrgebotes auf den Straßen herangezogen. Es ist für alle Beteiligten offenkundig sinnvoll,

- sich auf eine Fahrspur zu einigen (rechts oder links) und
- sich auch stets an die einmal vereinbarte Norm zu halten, wenn eine solche Einigung erst einmal stattgefunden hat.

Auch hier gibt es zunächst keine eindeutige Lösung, solange nämlich lediglich klar ist, daß eine Einigung auf *irgendein* Gebot (Rechts- oder Linksfahren) anzustreben ist, aber nicht, welches von den beiden möglichen dies sein soll. Wenn diese Frage jedoch erst einmal geklärt ist, so unterscheidet sich die individuelle Anreizsituation dramatisch von der im Gefangenendilemma anzutreffenden.

Anhand der nachstehend abgebildeten Matrix soll dies verdeutlicht werden (vgl. Abbildung C.3 auf der nachfolgenden Seite).[85] Dort wird lediglich unterstellt - dies ist die exogene Setzung -, daß eine der Optionen zufällig leicht präferiert wird; zum Beispiel sind die in ein nichtmotorisiertes Land erstmals importierten Fahrzeuge mit Linkssteuerung ausgerüstet, was wegen des besseren Überblicks ein Fahren auf der rechten Seite angenehmer macht.

Fassen wir zusammen, so lassen sich vier relativ schwache Annahmen identifizieren, unter denen eine spontane Organisation und - im Gegensatz zum Gefangenendilemma - eine Selbststabilisierung der geltenden Regeln in einer Form zu erwarten sein wird, die in der Matrix ablesbar ist.[86] Erstens, die Vorzüge verschiedener Alternativen sind in etwa gleichverteilt, es gibt grundsätzlich keine speziellen Vorlieben für eine bestimmte Option. Zweitens,

---

[84] Koordinationsregeln (oder Standards) können aufgrund hoher Transaktionskosten dann problematisch werden, wenn ein *Wechsel* der Regel selbst erstrebenswert ist. Vgl. in diesem Sinne auch *Vanberg / Buchanan* (1988), Fn. 16. (Ein aktuelles Beispiel ist die sogenannte QWERTZ-Tastatur, die für Schreibmaschinen mit Tipphebeln das Risiko eines Verhakens minimierte, aber - bei elektronischer Zeichenübertragung - empirischen Untersuchungen zufolge jedenfalls bei englischsprachigen Texten 'langsamer' ist als neu entwickelte Tastaturbilder).

[85] Es werden nunmehr ausschließlich die ordinalen Nutzenwerte angegeben, erneut in der Reihenfolge $a_1 > a_2 > a_3$ bzw. $b_1 > b_2 > b_3$, mit '>' für 'wird vorgezogen'. Da zwei der vier möglichen Ergebnisse gleich eingestuft werden, fehlt eine vierte Präferenz.

[86] Vgl. *Vanberg* (1986), S. 92. Die folgenden Annahmen sind hinreichend, aber nicht notwendig für die abgeleitete Lösung einer Selbststabilisierung.

durch einen Zufall wird eine der Optionen von allen Beteiligten leicht präferiert. Drittens, je häufiger eine Alternative im Vergleich zu anderen gewählt wird, desto stärker sind die allgemeinen Anreize für den einzelnen, sich ebenfalls so zu verhalten, so daß schließlich eine der Alternativen zumindest im allgemeinen praktiziert wird. Viertens, hat sich dadurch erst eine feste Regel entwickelt, so fehlen für den einzelnen Anreize, von dieser Norm abzuweichen.

		B	
		Rechts fahren	Links fahren
A	Links fahren	I (a_1,b_1)	IV (a_3,b_3)
	Rechts fahren	II (a_3,b_3)	III (a_2,b_2)

Abb.C.3: Koordinationsregeln: Das Rechtsfahrgebot als Beispiel[87]

Offenbar gibt es zahlreiche Beispiele für solche Normen: Industriestandards wie etwa die Deutsche Industrienorm (DIN) sind von besonderer Bedeutung.[88]

---

[87] Vgl. *Vanberg* (1986), S. 92, dort mit Kardinalskala. Die Kleinbuchstaben geben die ordinalen Nutzenwerte wieder, mit a>b>c.

[88] Schwieriger wird die Entscheidung bereits, wenn die zweite Bedingung nicht erfüllt ist, im Beispiel also Spieler A etwa das Linksfahren präferiert, Spieler B aber das Rechtsfahren. Unter diesen Voraussetzungen kann sich auch eine *Normenblockade* entwickeln. Dies scheint derzeit beim Streit um die zukünftige internationale digitale Fernsehnorm auch empirisch zu beobachten zu sein. Auch hier gilt jedoch der selbststabilisierende Effekt, sobald die Norm einmal etabliert ist.

Bei moralischen Normen dagegen muß offenbar zwischen den zwei Ebenen unterschieden werden: der ersten Ebene ihrer allgemeinen, aus individuellen Interessen abgeleiteten (!) Wünschbarkeit ihrer Existenz und der zweiten Ebene ihrer tatsächlichen Umsetzung und situativen Befolgung in den einzelnen Handlungen. Die Neue Institutionenökonomik modelliert menschliches Handeln in exakt dieser Weise, nämlich zweistufig nach Regeln und organisatorischen Vorkehrungen - eben Institutionen - einerseits und singulären Handlungen andererseits unterscheidend. Ihr darauf gründendes heuristisches Potential für die Analyse moralischer Normen wird daher anschließend genauer zu explizieren sein.

Schon jetzt dürfte jedoch deutlich sein: Das Problem liegt darin, daß in anonymen Großgesellschaften unter moralischen Gefangenendilemma-Situationen nicht einfach die Spielregeln in Richtung 'Kommunikation' geändert werden können: Dem 2-Personen-Dilemma ohne Kommunikation im einfachen Modell entspricht offenbar das in der Realität zu beobachtende „large-number dilemma"[89].

Als Besonderheit für die gesamtwirtschaftliche Perspektive bleibt nun einerseits festzuhalten, daß eine totale Regelbefolgung nicht nötig ist: Es reicht, wenn etwa moralische Normen 'überwiegend' oder 'fast durchweg' eingehalten werden. Eine anfängliche Nichtbefolgung durch einzelne jedoch führt letztlich zur Erosion der Moral, weil diejenigen sich plötzlich als 'die Dummen' fühlen müssen, die sich an die Norm halten.

Nun könnte man zu Recht einwenden, daß zumindest auf Dauer eine Rechtsnorm nicht im Widerspruch zu den geltenden Moralvorstellungen bleiben kann, so daß moralische Normen (in der hier verwendeten Definition) auf Dauer tendenziell ihren Niederschlag in gesetzlichen Normen finden und so den einzelnen aus dem angesprochenen Dilemma entlassen.[90] Nur verbleiben dennoch alle die Fälle, in denen das Problem nicht in der Existenz eines Gesetzes, sondern in seiner Durchsetzung zu sehen ist: Auch hier ist deutlich zwischen den oben erörterten Argumentationsebenen zu unterscheiden.[91]

---

[89] *Buchanan* (1965a), S. 8.

[90] Übergänge sind bei ein und derselben Norm offenbar in verschiedenen Richtungen denkbar, etwa von einem Verbot zur Freigabe und zurück: Man denke an die Auseinandersetzung um die Straffreiheit des Schwangerschaftsabbruchs. Die Diskussion um 'Drogen auf Krankenschein' könnte einen ähnlichen Stellenwert einnehmen.

[91] Darauf wird im folgenden Abschnitt zurückzukommen sein.

Aufgrund der soeben angestellten Überlegungen wird somit deutlich, daß die allgemeine Entstehung von Normen relativ leicht erklärt werden kann, daß aber ihre Durchsetzung in den einzelnen Handlungen das eigentliche 'Moralproblem' darstellt - und daher den Gegenstand der vorliegenden Untersuchung bildet.[92]

Die allgemeine Definition zu Anfang der Arbeit (moralische Normen sind die in einer Gesellschaft allgemein geltenden sittlichen Normen, die dem einzelnen ein bestimmtes Verhalten informell, aber verbindlich vorschreiben) kann nunmehr direkt in eine ökonomische Terminologie überführt werden, die die kritischen Eigenschaften (verbindlich und informell) inkorporiert und zentral auf das ökonomisch rekonstruierte Konfliktpotential zwischen allgemeiner Regelzustimmung und individueller Regelbefolgung zuschneidet. Es geht also um die Eigenschaft von Konfliktnormen, im Unterschied zu Koordinationsnormen nach ihrer Etablierung weiterhin Anreize zu Außenseiterverhalten zu geben:

Moralische Normen sind Konfliktnormen ohne formell wirksame Sanktion.[93]

3. Denkansätze in der Neuen Institutionenökonomik

a) Überblick

Das im ersten Kapitel diskutierte ökonomische Denkmodell - der nicht in Frage gestellte harte Kern ('hard core') des ökonomischen Forschungsprogramms in der Sprache Lakatos' - wird, allerdings um weitere Annahmen

[92] Zum Entstehen von Normen ist die ökonomische Forschung sehr weit gediehen; es müßte vor allem der sehr weitreichende Entwurf Hayeks genannt werden, dessen heuristischer Schwerpunkt allerdings offenbar in der Analyse von Koordinationsregeln lag. Vgl. hierzu auch *Vanberg* (1986). Zur Normenentstehung vgl. *Ullmann-Margalit* (1977), *Schotter* (1981), *Kliemt* (1985), *Voss* (1985), *Schüßler* (1988); auch: *Axelrod* (1984, 1991); vgl. auch die Literaturhinweise in den Arbeiten von Kliemt, Voss und Schüßler. Zur Entstehung *moralischer* Normen v. a. *Gauthier* (1986), *Vanberg* (1986), ders. (1988), *Vanberg / Buchanan* (1988).

[93] Es sei ausdrücklich darauf hingewiesen, daß mit 'formell wirksam' durchgesetztes staatliches Recht gemeint ist. Unter diese Definition fallen als 'nicht formell wirksam' demzufolge auch jene staatlichen Normen, die zwar ein Ge- oder Verbot beinhalten, aber auf seine Durchsetzung verzichten oder verzichten müssen. Als Beispiel diene eine nicht überprüfte Steuerpflicht auf Einkommen (in zahlreichen Ländern gibt es auch auf Arbeitseinkommen nicht das bei uns übliche Abführungsverfahren bei der Lohnsteuer, die ja eine Quellensteuer ist).

ergänzt - in der Literatur auch mit der Neoklassik identifiziert.[94] Für die Erkenntnisziele der vorliegenden Analyse erscheint es jedoch angezeigt, hier eine engere Definition zugrundezulegen, um den genuin institutionenökonomischen Ansatz sorgfältig eingrenzen zu können; denn sowohl die moderne Neoklassik als auch die Neue Institutionenökonomik, die in vielfältiger Hinsicht als Erweiterung und Ergänzung der ersten anzusehen ist, teilen den sogenannten 'harten Kern' jedenfalls in der im ersten Kapitel vorgestellten Definition.

Der Unterschied zwischen beiden Programmen ist vor allem in einem deutlich eigenständigen Problemaufriß zu sehen: Die traditionelle[95] analysiert ebenso wie die moderne Neoklassik individuelles Handeln und individuelle Entscheidungen innerhalb eines vorgegebenen und nicht weiter hinterfragten Koordinationsrahmens, des Euckenschen 'Datenkranzes' einer prinzipiell friktionsfrei und nach *einem bestimmten* Schema funktionierenden marktwirtschaftlichen Ordnung, innerhalb derer Tauschhandlungen individuell optimiert werden.[96]

In einer frühen, (mit großer Verspätung rezipierten und dann) berühmt gewordenen Untersuchung wies Ronald H. Coase im Jahre 1937 nach, daß der Markt mit dem Paradigma einer Vielzahl isolierter Tauschhandlungen keineswegs als 'die' Koordinationsform marktwirtschaftlich verfaßter Gesellschaften anzusehen ist:[97] Vielmehr hatten die Menschen längst in spontaner Selbstorganisation und -koordination eigene „Subordnungen" gebildet, in denen systematisch der freiwillige Tausch durch Anordnungen ersetzt wurde: Unternehmungen, in denen an die Stelle singulärer Verträge über bestimmte Leistungen (in der Sprache der Rechtswissenschaft: Werkverträge) ein Netzwerk allgemein gehaltener, nicht selten nur die Entlohnung und eine bestimmte Arbeitszeit festlegender Kontrakte tritt (Arbeitsverträge in juristischer

---

[94] Vgl. zum erstgenannten Aspekt zentral *Lakatos* (1974, 1982), zum zweitgenannten z. B. *Grossekettler* (1980), *Neumann* (1984).

[95] In der Terminologie dieser Arbeit ist dies die Neoklassik der transaktionskostenfreien 'Arrow-Debreu-Walras-Welt' und des allwissenden *homo oeconomicus*.

[96] Später wurden die Annahmen modifiziert, etwa durch die Aufgabe vollständig spezifizierter Rechte innerhalb der Theorie öffentlicher Güter bzw., allgemeiner, durch die Analyse positiver und negativer externer Effekte (diese Darstellung ist allerdings bereits in der Sprache des institutionenökonomisch ausgerichteten Property-Rights-Ansatzes formuliert); innerhalb solcher Untersuchungen wurden entsprechende institutionelle Rahmenbedingungen jedoch erneut konstant gehalten und nicht der Untersuchung unterworfen.

[97] Vgl. *Coase* (1937). Vgl. zu den verschiedenen Koordinationsformen grundlegend: *Schumann* (1992), S. 433 - 470 (Kap. VI.D. und Kap. VI.E.), hier insbes.: S. 434 ff.

Terminologie), um damit Transaktionskosten zu sparen, also jene Kosten, die i. w. S. bei der Abwicklung ökonomischer Interaktion an der 'Schnittstelle zwischen zwei Stufen ökonomischer Aktivitäten'[98] anfallen und die komplementär zu Produktions- oder Transformationskosten zu sehen sind. Gemäß der Logik der Neoklassik wären, nunmehr aus dem revolutionären Coaseschen Blickwinkel betrachtet, Unternehmungen dagegen völlig überflüssig, da sich bei Abwesenheit von Transaktionskosten alle Interaktionen über den Markt steuern ließen. Mit anderen Worten: Der traditionelle neoklassische Ansatz hat in einer fundamentalen Hinsicht prognostisch wie explikativ keinen Erfolg gehabt, während eine Interpretation individueller Aktivitäten als Bestrebungen zur Minimierumg *der Summe* aus Transaktions- und Produktionskosten faszinierende neue Einblicke in die Funktionsweise von Marktwirtschaften ermöglichte; dies war die Geburtsstunde des Transaktionskostenansatzes.

Was Neoklassik und Neue Institutionenökonmik unterscheidet, ist jedoch in systematischer Perspektive nicht unbedingt die Berücksichtigung von Transaktionskosten. Neoklassische Modelle können durchaus Kosten analysieren, die nicht 'Produktionskosten' im traditionellen Sinne sind, etwa solche der Informationsgewinnung oder -verarbeitung, und diese systematisch inkorporieren;[99] Jene älteren Ansätze der allgemeinen Gleichgewichtstheorie, die dies nicht konnten und in denen der 'ältere' *homo oeconomicus* qua Allwissenheitsaxiom (qua Axiom 'perfekter Rationalität') agierte, werden hier vielmehr unter dem Begriff der traditionellen Neoklassik subsumiert, die aber offenbar nach weitgehend übereinstimmender Meinung zumindest in erfahrungswissenschaftlich ausgerichteten Arbeiten - und nur um die kann es unter der dieser Untersuchung vorgegebenen Fragestellung gehen - keine substantielle Rolle mehr spielt.

Der wesentliche Unterschied der Neuen Institutionenökonomik auch gegenüber der modernen Neoklassik liegt neben einer erneut abgeschwächten Rationalitätsannahme darin, daß die Aktivitäten zur Errichtung solcher Koordinationsformen explizit der Untersuchung unterworfen werden und daß diese systematisch von den Aktivitäten im neoklasischen Sinne unterschieden werden: Sie haben allesamt *Bindungswirkung* für individuelle Aktivitäten und

---

[98] Vgl. *Williamson* (1985a), S. 1.

[99] Ähnliches gilt für die Berücksichtigung nicht-marktfähiger Güter, die der traditionellen Neoklassik fremd war. Vgl. hierzu die bereits erwähnten Weiterentwicklungen vor allem durch Becker, die der Neoklassik zuzuordnen sind. Vgl. zur Informationsökonomik grundlegend *Stigler* (1961).

sind ihnen daher vor- bzw. *übergeordnet.* Darauf sind sie sogar gezielt angelegt, und zwar im Unterschied zu den jeweils voneinander isoliert zu sehenden Tauschbeziehungen der Neoklassik, für die nach der tabellarischen Aufstellung von Macneil gilt: 'Sharp in by clear agreement; sharp out by clear performance'[100]. Die Bindungswirkung zeigt sich beispielsweise dann, wenn ein Unternehmer gegenüber einem Anbieter von Arbeitskraft gezielt seinen eigenen Handlungsspielraum einengt - sich bindet -, wenn er statt jeweils bei Bedarf vereinbarter Werkverträge nunmehr langfristige Arbeitsverträge abschließt, ohne den während der Vertragslaufzeit anfallenden Bedarf an Arbeitsleistung bereits zu kennen: Er erwartet dann *per saldo* offenbar höhere Erträge trotz unübersehbar verminderter eigener Freiheitsgrade.

Wahl bedeutet jetzt Auswahl, an die Stelle der (technischen) Restriktion tritt die Sanktion, aus einer Wahl innerhalb von Restriktionen wird eine Auswahl der Restriktionen selbst[101].

Die heuristische Modifikation bewirkt weitreichende Folgen für die Analyse und Bewertung institutioneller Arrangements, die ja stets als Restriktionen auf den einzelnen Akteur und seine Entscheidungen einwirken: In traditionellen Theorien wird individuelles Handeln innerhalb vorgegebener Restriktionen analysiert; je enger die Restriktion, desto enger der individuelle Handlungsspielraum, desto höher die Schattenpreise, desto geringer der erreichbare Zielerreichungs- (Nutzenmaximierungs-) Grad für den einzelnen Akteur; kurz: Restriktionen wirken in der traditionellen Sicht notwendig *nutzenbeschränkend.*

Alle institutionenökonomischen Ansätze können dagegen so interpretiert werden, als ob sie die *nutzenerhöhende* Wirkung von Restriktionen untersuchten, die nun in der Form von Regeln und organisatorischen Vorkehrungen entstehen;[102] aus neoklassischer Sicht ein Paradoxon:

> „To orthodox economists, only the elementary reality of scarcity makes choice necessary; without scarcity there would be no need to choose. And it would appear to be

---

[100] *Macneil* (1974), S. 738.

[101] Buchanan hat dies mehrfach als Verschiebung von einem 'choice within constraints' zu einem 'choice among constraints' bezeichnet. Vgl. z. B. *Brennan / Buchanan* (1985), S. 9, S. 28, sowie den aktuellen programmatischen Artikel *Buchanan* (1990).

[102] Vgl., dort in Auseinandersetzung mit von Hayek, aktuell: *Homann / Pies* (1991a), soeben: *Pies* (1993).

> both methodologically and descriptively absurd to introduce the artificial creation of scarcity as an object for behavioral analysis."[103]

Das Paradoxon löst sich jedoch unmittelbar auf, wenn man bedenkt, *wie* die restringierenden Vereinbarungen zustande kommen. Denkt man sie sich als einen (je nach Forschungsinteresse) bi- oder multilateralen, allgemeinen Vertrag - und dies ist charakteristisch für den Ansatz -, so bedeutet dies, daß hier *Restriktionen getauscht* werden, so daß durch die partielle Einschränkung eigener Handlungsmöglichkeiten eine *nutzenstiftende Erweiterung an anderer Stelle* möglich wird.

Die im ersten Kapitel entwickelte Begriffsbestimmung kann also für die Neue Institutionenökonomik wie folgt ergänzt werden:

> *Ökonomik ist die Wissenschaft vom Handeln unter Entscheidungszwang. Sie beschäftigt sich mit der Ermittlung der relevanten Alternativen sowie ihrer zielgerichteten Wahl durch rational und eigeninteressiert handelnde Individuen.*
>
> *Soweit die Alternativen durch beeinflußbare Regeln oder organisatorische Vorkehrungen - kurz: Institutionen - bestimmt werden, unterliegen diese prinzipiell dem gleichen Kalkül in der Interaktion mehrerer Individuen. Ihr Ziel ist die gegenseitige Bindungswirkung.*

Bei solchen Aktivitäten mit institutioneller Bindungswirkung müssen - hier bleibt die vorliegende Literatur häufig unscharf - zwei Ebenen unterschieden werden: eine öffentliche und eine private. Der Analyse der ersten widmet sich die Konstitutionelle Ökonomik, mit der zweiten Gruppe beschäftigen sich der Governance- (Transaktionskosten-) und der Mechanism-Design-Ansatz. Einen ersten Überblick gibt die nachstehende Abbildung C.4.

Auf der zweiten, privaten Ebene, die offenbar Coase im Sinn hatte, kann *der Markt selbst* die Institutionen generieren: Hier sind vor allem die verschiedensten Unternehmensformen gemeint, aber auch private Vertragsformen. Solche privaten Institutionen können aber nur zustandekommen, wenn sie wiederum in eine entsprechende Ordnung eingebettet sind, die zum Beispiel Vertragsfreiheit gewährt und absichert (oder auch verhindert!).

---

[103] *Buchanan* (1990), S. 3.

Forschungs-programm	**Erkenntnis-gegenstand**	**Beispiel**
Constitutional Economics	Kollektive Institutionen	(Wirtschafts-) Verfassung, HGB, AktG, Haushalts-ordnung usw.
Governance (G)- und Mechanism-Design (MD)-Ansatz	Spontane, private Institutionen der Märkte	Unternehmungen (G), Kooperationen (G), Franchising usw. (G) Outputorientierte Entlohnungsschemata (MD), Pauschalentloh-nungen (MD) usw.
Neoklassik	Einzelne Handlungen	(Ver-) Kauf eines Produktes; Ausführen einer Arbeitsleistung

Abb.C.4: Denkansätze in der Neuen Institutionenökonomik: Graphische Darstellung

Diese Bedingungen kann der Markt aufgrund der spezifischen Anreize der Akteure nicht selbst bereitstellen; sie sind aufgrund der ihnen eigenen Kollektivgut-Logik - auch hinsichtlich unerwünschter Nebenwirkungen - gesondert zu untersuchen, und zwar, wenn man so will, auf einer ersten, öffentlichen Ebene. Diese 'kollektiven' Institutionen oder Regeln sind den privaten also systematisch vorgeordnet, und sie - das ist das Entscheidende - beeinflussen nachhaltig die Wirkungsweise bzw. Effizienz der einzelnen Tauschakte wie der privaten Institutionen. Hier setzt die Konstitutionelle Ökonomik an.[104]

[104] Zusätzlich sind häufig Interdependenzen zwischen diesen (eben nur gedanklich rekonstruierten) Ebenen festzustellen: Beispielsweise halten die allgemeinen (öffentlichen) Regeln des Privatrechts mit dem Erfindungsreichtum (privater) unternehmerischer Innovationen in der

b) Die Implementation von Normen: Konstitutionelle Ökonomik als Basis einer normativen Moralökonomik

Das Programm einer Analyse öffentlicher Institutionen verfolgt vor allem James M. Buchanan in zahlreichen Veröffentlichungen, z. T. zusammen mit Koautoren;[105] die oben skizzierte Steigerung der Selbststeuerungsfähigkeit von Märkten durch Implementation privater Institutionen wird demgegenüber nicht explizit erfaßt (vgl. nachstehende Abbildung).

Buchanan geht es um die Gestaltung der kollektiven Institutionen in einer modernen Demokratie, das Erkenntnisinteresse ist unmittelbar normativ[106], die Leitfrage lautet, „'wie' man zur besseren Gesellschaft gelangt"[107]: Es geht letztlich um die Verbesserung der Selbststeuerungsfähigkeit demokratisch verfaßter Gesellschaften, insbesondere der amerikanischen; dies möglicherweise durch eine „echte Revolution der Verfassungsstruktur"; seine Möglichkeiten als Wissenschaftler sieht er dabei in den Mitteln der Aufklärung.[108]

Dies bedeutet gewissermaßen eine Wiederbelebung der klassischen Sicht, die letztlich um die Gestaltung sozialer Arrangements bemüht war, mit neo-

---

Regel zunächst nicht Schritt und müssen - und können - dann zur Weiterentwicklung der innovativen Unternehmensformen angepaßt werden. Als klassisches Beispiel kann das deutsche Aktienrecht gelten, das in vielfältiger Weise nachträglich die bereits vorgefundenen Strukturen der institutionellen Pionierunternehmer in formales Recht goß und somit für nachstoßende Unternehmen die Möglichkeiten verbesserte, ebenfalls entsprechende Rechts-, d.h. vor allem: Finanzierungsformen zu adaptieren.

[105] Die bekanntesten sind - in jeder Dekade - 'The Calculus of Consent' (1962, mit Gordon Tullock), 'The Limits of Liberty' (1975), 'The Reason of Rules' (1985, mit Geoffrey Brennan). Die offenkundige Affinität Buchanans zu Alliterationen hat ihm bereits eine Rüge durch K. Homann eingetragen, der darauf hinweist, daß Buchanan etwa in der Monographie (1975) keineswegs 'Grenzen', sondern, wie Homann nachweist, *Erweiterungen* der Freiheit konzipiert. Vgl. z. B. *Homann* (1988a), ders. (1988c), S. 229, Fn. 49. Vgl. auch die von Robert Tollison und Viktor Vanberg zusammengestellten Aufsatzsammlungen *Buchanan* (1987a) und ders. (1989) sowie die Überblicksartikel *Buchanan* (1987b) und ders. (1990).

[106] Dies, obwohl Buchanan seine Analysen, durchaus irreführend, als (wörtlich im englischen Text) „wertfrei" bezeichnet hat. *Buchanan / Tullock* (1962), S. VIII. Wir werden hierzu im nachfolgenden Unterabschnitt b) einen eigenen Interpretationsvorschlag unterbreiten. Wenn Buchanan seinen Ansatz auch später als 'nicht normativ', sondern 'explikativ' oder 'weniger normativ als die anderen' bezeichnet - vgl. *Buchanan* (1977), S. 84, ders. (1975, 1984), S. 78 -, so ist damit offenbar gemeint, daß die Menge der involvierten Werturteile minimiert werden soll, er also in der Analyse mit insgesamt schwachen Werturteilen auszukommen sucht.

[107] *Buchanan* (1984), S. XII.

[108] Vgl. zusammenfassend *Buchanan* (1984), S. XII ff.; vgl. ebenda, Kap. 10.

klassischen Instrumenten: Buchanan wendet die Marginalanalyse und die Kollektivgütertheorie an. Dabei lautet der zentrale Ansatzpunkt:

> „If rules influence outcomes and if some outcomes are 'better' than others, it follows that to the extent that rules can be chosen, the study and analysis of comparative rules and institutions become proper objects of our attention."[109]

Unter welchen Umständen genau, so lautet nun die Frage, sind Individuen bereit, freiwillig auf Handlungsrechte zu verzichten und sich einer Regelbindung zu unterwerfen? Genauer: *Warum überhaupt* sind Menschen bereit, die eigenen Handlungsmöglichkeiten einzuschränken - denn das geschieht durch Regeln offenbar?

Forschungs-programm	**Erkenntnis-gegenstand**	**Effizienz-kriterium**
Constitutional Economics	Konstitutionelle Institutionen *(protective state)*	Faktischer Konsens: Effizienz der Regel
	↓	
	Postkonstitutionelle Institutionen *(productive state)*	(Qualifizierter) Mehrheitsentscheid: Effizienz der Regel
	↓	
Traditionelle Ökonomik	Einzelne Handlungen	Ergebnis der einzelnen Handlung

Abb.C.5: Die Domäne der Konstitutionellen Ökonomik im Buchananschen Problemaufriß

---

[109] *Brennan / Buchanan* (1985), S. 2. Vgl. zusammenfassend und programmatisch ebenda, S. 3 ff.

Die oben bereits im allgemeinen Zusammenhang skizzierte Antwort findet Buchanan über die Kollektivgütertheorie, d. h. über die Ermittlung derjenigen Aufgaben, die nicht auf privaten Märkten erfüllt werden können, sondern nur durch öffentliche Instanzen, den Staat, wenn man so will.[110] Die vom Staat bereitzustellenden öffentlichen Güter unterteilt Buchanan nun in zwei Gruppen. Die erste Gruppe stellt der Staat als *protective state* bereit, die zweite als *productive state*. Über die erstgenannten wird auf der konstitutionellen Ebene entschieden, über die an zweiter Stelle genannten auf der postkonstitutionellen Ebene;[111] dies sind die aus der ökonomischen Theorie bekannten, 'traditionellen' öffentlichen Güter. Abbildung C.5 gibt einen Überblick.

Die Bezeichnungen sind Programm: Auf der konstitutionellen Ebene wird über Grundfragen wie die Verfassung, die Grundrechte, die innere und äußere Sicherheit entschieden; Institutionen, die Freiheit und Sicherheit der Individuen vor dem Rückfall in den Hobbesschen Urzustand sichern. Da ihnen überragende Bedeutung zukommt, muß - in diesem Bereich, eine Einschränkung folgt später - Einstimmigkeit herrschen: Buchanan ist ausgewiesener normativer Individualist.[112]

Nunmehr lautet jedoch die zentrale Frage: Wer zähmt den hier von den Individuen selbst gerufenen Leviathan, oder, in Buchanans Redeweise: *„Quis custodiet ipsos custodes?"*[113] Wer wird die 'Wächter' bewachen? Konkret heißt es dann: „Wenn nun ... das Kollektiv ermächtigt ist, Individualrechte durchzusetzen, dann stellt sich die Frage, wie verhindert werden kann, daß es diese Grenzen überschreitet"[114]. Die Antwort liegt in den erwähnten Regeln, die (vor allem) die Staatstätigkeit - den 'Leviathan' - systematisch restringieren. Damit ist das Programm der Zweistufigkeit angelegt: Es geht um die

> „notwendige Unterscheidung zwischen zwei Phasen gesellschaftlicher Interaktion; in der ersten Phase werden die Regeln festgelegt, in der zweiten finden innerhalb der einmal beschlossenen Regeln Handlungen statt."[115,116]

---

[110] Vgl. zum Folgenden *Buchanan* (1975, 1984), S. 50 - 75 sowie S. 76 - 105 (3. und 4. Kap.).

[111] Vgl. zu den ersteren v.a. *Buchanan* (1975, 1984), S. 23 - 49 und S. 76 - 105; zu letzteren S. 50 - 75 und zur Unterscheidung zwischen beiden insbes. S. 41 ff.

[112] Vgl. z. B. *Buchanan* (1975, 1984), S. 3.

[113] *Buchanan* (1975, 1984), S. 17; Herv. i. Orig.

[114] *Buchanan* (1975, 1984), S. 17 f.

[115] *Buchanan* (1975, 1984), S. XIII.

Die entscheidende Besonderheit der ersten Phase der Regelbildung und Regelbindung liegt nun in der ihr eigenen Ausprägung des anzuwendenden Effizienzkriteriums.[117] Das traditionelle neoklassische Effizienzkriterium einer situativ bestimmten Vorteilhaftigkeit führt in diesem Zusammenhang ganz offensichtlich in die Irre: Weil Regeln für eine Mehrzahl oder sogar Vielzahl von einzelnen Handlungen gelten - so sind sie definiert -, kann sich eine Regelbefolgung im Einzelfall für die betroffenen Individuen durchaus als 'ineffizient' herausstellen: Wenn sie die zuvor beschlossene Regel nicht befolgt - beispielhaft: die Kreuzung bei Rot überquert, einen Vertrag einseitig gebrochen - hätten, so hätten sie sich im Einzelfall möglicherweise durchaus besser stellen können. Nur ist dies in diesem Kontext irrelevant, da die Regel systematisch dieser einzelnen Handlung vorgeordnet ist: Wäre man nicht vorab der Überzeugung gewesen, daß die Regel 'per saldo' für alle die beste Lösung ist, so wäre sie nicht eingesetzt worden! Mit anderen Worten: Das Effizienzkriterium an einzelnen Ergebnissen anzusetzen ist irreführend, sobald die zugehörige Regel den alles entscheidenden Effizienztest der allseitigen Zustimmung erfahren hat.[118] Natürlich ist eine Zustimmung von Willkür oder Zufälligkeit weit entfernt: Die individuelle Zustimmung zu einer Regel setzt natürlich einen - ebenfalls individuellen - Vorteilskalkül voraus.

Einen überaus instruktiven Anwendungsfall stellt auch hier die oben diskutierte Parabel des Gefangenendilemmas dar: Nur wenn die beiden Gefangenen die relevante Gruppe darstellen, ist das Ergebnis 'Beide gestehen' tatsächlich 'ineffizient'. Aus Sicht des Gerichts - 'der Allgemeinheit'? -, kurz: Immer dann, wenn der Kreis der unmittelbar Beteiligten und der der mittelbar Betroffenen nicht zur Deckung kommen, kann es hochgradig effizient sein, die beiden Gefangenen zum Geständnis zu zwingen. Wenn sich „die Gesellschaft" einmal entschieden hat, bedeutet es für den einzelnen - hier: die Gefangenen -, individuelle Nachteile in Kauf nehmen zu müssen!

Buchanan nimmt damit ausdrücklich gegen die traditionelle Wohlfahrtsökonomik Stellung, der er vorwirft, sich auf das ergebnisorientierte Ef-

---

[116] Der Leser beachte, daß 'einmal beschlossen' oder 'vorgegeben' gerade nicht als 'bindend' zu identifizieren ist, wenn es sich beispielsweise um nicht wirksam sanktionierte Konfliktregeln handelt.

[117] In normativer Analyse geht es stets um Regel*änderungen*: „The unanimity criterion for changes in the set of rules that govern individual behavior allows a unique, and generally applicable, Pareto 'region' to be defined." *Buchanan* (1962), S. 346.

[118] Vgl. bereits *Buchanan* (1959); auch *Buchanan* (1962). Vgl. *Buchanan* (1984), S. 14 f.

fizienzdenken zu kaprizieren, das für individuelle, aber nicht für kollektive Entscheidungen angemessen sei. Tatsächlich war der wohlfahrtsökonomische Ansatz in eine Sackgasse geraten: Bestehende externe Effekte wurden als Marktversagen rekonstruiert, aus dem aufgrund 'ineffizienter' Marktergebnisse ein Bedarf zu kollektivem Handeln abgeleitet wurde; eine entsprechende 'Empfehlung' zur Korrektur des Marktversagens war an nicht näher bezeichnete Politiker zu richten. Dann stellte sich heraus, daß tatsächliches politisches Handeln deutlich von dem modellhaft erwarteten abwich; konsequenterweise mußte sich eine Theorie des Politik- oder Staatsversagens anschließen. In beiden Bereichen, auf Märkten und in der Politik, wurden also die beobachteten Tatbestände dem jeweils angelegten ergebnisorientierten, normativen Effizienzkriterium nicht gerecht.[119]

Buchanan hatte diese Entwicklung stets kritisch begleitet und sehr frühe Konsequenzen aus Arrows (Un-) Möglichkeitstheorem gezogen; er warf den wohlfahrtsökonomischen Ansätzen frühzeitig vor allem die Unzulässigkeit einer Übertragung der Maximierungsidee auf kollektive Phänomene vor.[120] Auf eine knappe Formel gebracht: *„'The economy' does not maximize."*[121]

Die vorstehenden Überlegungen lassen sich nun wie folgt zusammenfassen:

Kollektive Institutionen sind Koordinationsmechanismen, die sich auf Maximierungsmechanismen gründen, aber nicht mit ihnen identisch sind. Die Konsequenz: Der Effizienztest des gegenseitig vorteilhaften Tauschs (genauer: das Kriterium der Pareto-Superiorität) ist auf die vorgelagerte Ebene der Regeln zu verschieben.[122] Mit anderen Worten:

1. Auf privater Ebene ist eine Entscheidung effizient, wenn das Ergebnis für den Betroffenen im Vergleich das vorteilhafteste ist.

2. Auf der kollektiven Ebene - gleichgültig, ob konstitutionell oder postkonstitutionell - können nur Verfahren festgelegt werden, die eine Vielzahl von (mit dem herkömmlichen Pareto-Kriterium nicht vergleichbaren) Ergebnissen generieren.

---

[119] Vgl. soeben *Pies* (1993).

[120] Vgl. unter den älteren Arbeiten z. B. *Buchanan* (1954), eine frühe Reaktion auf das (Un-)Möglichkeitstheorem von *Arrow* (1951).

[121] *Buchanan* (1975), S. 225. Herv.d. d. Verf.

[122] Vgl. erstmals *Buchanan* (1959), S. 125 ff.

3. Auf kollektiver Ebene ist eine Regel effizient, wenn sie bei den Betroffenen auf Zustimmung trifft.

Die Quintessenz könnte in folgende Formel gegossen werden: Der systematische Ort der gesamtwirtschaftlichen Effizienz in der Marktwirtschaft ist in den geltenden Spielregeln zu suchen, nicht in den einzelnen Spielergebnissen!

Damit ergibt sich im Problemaufriß der Konstitutionellen Ökonomik die Möglichkeit, normative Überlegungen strikt von positiven und Konsens- strikt von traditionellen, ergebnisorientierten Effizienzüberlegungen zu trennen. Für die institutionenökonomische Umsetzung moralischer Normen bzw. Institutionen heißt dies, daß das Zustandekommen einer Norm (qua hypothetischen oder faktischen Konsens) systematisch entkoppelt werden kann von der ergebnisorientierten Effizienzüberlegung auf der Ebene der singulären Handlungen. Im Beispiel des Gefangenendilemmas: *Die Effizienzüberlegungen der unmittelbar Betroffenen können von den vorgelagerten Überlegungen über die Wünschbarkeit der zugrundeliegenden Norm getrennt werden.*[123]

Unter diesen Voraussetzungen werden Entscheidungsregeln unterhalb der Einstimmigkeit entwickelt (vgl. hierzu erneut Abbildung C.5 auf S. 109.): Da auch der Konsens nicht kostenlos ist und extreme Konsensfindungskosten entstehen können, müssen nach Buchanan bereits auf der konstitutionellen Ebene für nachrangige Regelfindungen (sc. über die Bereitstellung öffentlicher Güter) Mehrheitsregeln - also Meta-Regeln - festgelegt werden: eine einfache Mehrheitsregel z. B. für ein allgemeines Leistungsgesetz des Staates rechtfertigt sich dann aus dem zumindest impliziten (sc. einstimmigen) Konsens über eben diese Mehrheitsregel auf der Verfassungsebene.[124]

Dies ist der Gegenstand der frühen Studie *Buchanan / Tullock* (1962). Hier wurde noch angenommen, daß sich alle Betroffenen in der Phase der Aushandlung des konstitutionellen Kontraktes in einer Situation der Ungewißheit

---

[123] Die Fruchtbarkeit anderer Ansätze - z. B. die des Property-Rights-Ansatzes - betont Buchanan ausdrücklich. Gegen sie wendet er jedoch ein, daß sie nach wie vor im traditionellen Effizienzparadigma verhaftet seien, das unzulässigerweise unmittelbar von der einzel- auf die gesamtwirtschaftliche Ebene übertragen werde: Er weist darauf hin, daß die Vertreter des Property-Rights-Ansatzes ihren „Analysen implizit das übliche [sc. einzel-] wirtschaftliche Effizienzkriterium zugrunde legen." *Buchanan* (1975, 1984), S. 31. Vgl. zu der insgesamt positiven Beurteilung *Buchanan* (1975, 1984), S. 30 - 33, insbes. die beispielhafte methodologische Gegenüberstellung S. 31, Fn. 7.

[124] In der deutschsprachigen Literatur hat auf diesen Zusammenhang vor allem *Homann* (1988a) hingewiesen.

befinden und daher auch bestrebt sind, 'faire' und 'effiziente' Entscheidungsregeln herbeizuführen. Die Aufgabe dieser Fiktion bildet ein zentrales Element der Folgestudie (1975, 1984), in der Buchanan ausdrücklich die realiter bestehenden Ungleichheiten zwischen den Menschen in seinen Ansatz integriert[125]; dies bedeutet eine Berücksichtigung der starken Stellung der an der Beibehaltung des Status quo Interessierten. Die damit offenkundig implizierten zusätzlichen Probleme aufgrund strategischer Anreize der Betroffenen in der Ausgangssituation sucht Buchanan durch den Gedanken eines nunmehr umfassenden konstitutionellen Kontrakts zu überwinden, in dem die einzelnen Regeln systematisch innerhalb des bestehenden politischen Kräftefeldes gesehen werden und daher gleichzeitig mit den anderen konstitutionell vereinbarten bzw. zu vereinbarenden Regeln zur Abstimmung stehen:[126] Das Maß an Unsicherheit über die zukünftige eigene Interessenlage steigt unter diesen Voraussetzungen.

Auch tatsächlich akzeptierte Positionsverschlechterungen einzelner Gruppen - d. h. deren Zustimmung zu einer faktischen Schlechterstellung im Vergleich zum *status quo ante* - läßt sich rekonstruieren, und zwar dergestalt, daß diese Gruppen bei Nichteinwilligung mit noch Schlimmerem hätten rechnen müssen, im von Buchanan beispielhaften erwähnten Falle reicher Großgrundbesitzer in Entwicklungsländern mit einer Revolution und Enteignung.[127] Das heißt: Die *entscheidungsrelevante* Alternative ist nicht der *status quo ante*, sondern die Anarchie: In *Buchanan* (1975, 1984) wird dieser Gedanke systematisch über den drohenden Rückfall in die Anarchie mit anschließenden Neuverhandlungen entwickelt.

Die Wandlung in der theoretischen Entwicklung - sozusagen vom fiktiven zum faktischen Konsens - ist gleichermaßen permissiv wie produktiv: Sie ist

---

[125] Vgl. *Buchanan* (1975, 1984), z. B. S. 11, S. 36 f.

[126] Vgl. zu einer allgemeinen Diskussion der früheren Studie bereits *Eschenburg* (1977), S. 156 ff. sowie die in den zitierten Quellen angegebene Literatur; aktuell: *Koller* (1987) m. w. N. Zur Problematik und Aussagekraft der 'ökonomischen' Legitimitätskriterien 'Effizienz' (dort: „Wertschöpfung") und 'Konsens' bzw. 'Zustimmung' (dort: „Wertschätzung") vgl. auch *Fritsch* (1983), zu den Begriffen: S. 38 f.; ders. (1984); vgl. zur Diskussion und Weiterentwicklung der späteren Studie Buchanans vor allem *Homann* (1984) - als Vorstudie - sowie (1985 fertiggestellt) ders. (1988a); dort zudem eine umfassende Bibliographie; ähnlich (weitgehend in *Homann* [1988a] aufgegangen): *Homann* (1985a). Zu einer bemerkenswerten Annäherung an Rawls die (im Titel identische!) modifizierte Fassung von *Homann* (1984): ders. (1990d), insbes. S. 169 f. Vgl. auch, kritisch aus evolutionsökonomischer Sicht, *Bund* (1984) m. w. N.

[127] Vgl. z. B. *Brennan / Buchanan* (1985), S. 141 ff..

permissiv, weil sie 1.a) ausdrücklich das bestehende Kräfteparallelogramm moderner Demokratien akzeptiert, Reformen den potentiellen Reformverlierern regelrecht abgekauft werden müssen und damit 1.b) keine unmittelbaren Perspektiven für eine fundamentale moralische Erneuerung erkennbar werden[128]; sie ist produktiv, weil 2.a) das Prinzip der erwarteten Pareto-Verbesserung nunmehr widerspruchsfrei inkorporiert wird und 2.b) von allen denkbaren Vorschlägen die mit der größten Durchsetzungswahrscheinlichkeit entwickelt werden. Alle Vorschläge sind so angelegt, daß sie den empirischen Konsenstest bestehen und nicht nur eine potentielle Verrechnung und Kompensation wie im wohlfahrtsökonomischen Ansatz.

Buchanans Arbeiten wurden in der Literatur überwiegend als Vertragstheorie der Demokratie in der Tradition von Hobbes, Locke und Rousseau rezipiert.[129] Das ist nicht inkorrekt. In der Rezeption sind jedoch vor allem zwei erhebliche Kritikpunkte an Buchanan herangetragen worden, die ihn mit Vorwürfen konfrontieren, die nach der Überzeugung des Verfassers das offen ausgewiesene Erkenntnisinteresse Buchanans in den hier diskutierten Arbeiten vernachlässigen.

Die Vorwürfe lauten: 1. Seine Demokratietheorie sei in Wirklichkeit undemokratisch, da sie aufgrund der Akzeptanz der ex ante bestehenden Verteilung der Ressourcen ohne Widerspruch in den Dienst einer Sklavenhaltergesellschaft zu stellen sei.[130] Weil Buchanan sich für seine Vorschläge jeweils am *faktischen* Konsens orientiert, nehme er damit kritiklos die Ausbeutung ggf. einer großen Mehrheit durch eine ggf. kleine Minderheit weniger Privilegierter in der Urvertragssituation hin.[131] 2. Außerdem - dies ist die systematische Begründung für die unter 1 angeführte Kritik -, liege ein Kategorienfehler vor, wenn man hypothetische Vorschläge an empirisch beobachtbare Tatbestände - hier: die faktische Zustimmung unter empirisch vorgefundenen Entscheidungsregeln - binden wolle.[132]

---

[128] Es bleibt je nach subjektiver Einschätzung die offene Frage, ob nicht auch darin eine Stärke dieses Denkmodells zu sehen ist. Andererseits ist festzuhalten, daß der Begriff 'Konsens' zumindest im materiellen Sinne irreführend ist, wenn z. B. eine Minderheit die Mehrheit qua Kompensation nahe an oder sogar auf den Ausbeutungspunkt zwingt.

[129] Vgl. etwa *Fritsch* (1983), *Bund* (1984), *Homann* (1988a), *Koller* (1987).

[130] Vgl. z. B. *Bund* (1984), insbes. S. 61 - 75.

[131] Vgl. z. B. ebenda.

[132] Homann, der Buchanans Position grundsätzlich teilt, kritisiert an ihm eine Vermengung theoretischer und empirischer Konzepte an zentraler Stelle, nämlich in der Frage des von Buchanan einerseits theoretisch rekonstruierten, andererseits an der Faktizität der tatsächlichen

Es wird demgegenüber hier folgende Interpretation vorgeschlagen, die sich an den in Buchanans Arbeiten erwähnten Erkenntniszielen orientiert.[133] Hier ist Buchanan zunächst und explizit politischer Ökonom; d. h. er möchte, so die hier vertretene Lesart, keine Gerechtigkeitstheorie entwickeln - hier kritisiert er ausdrücklich Rawls -, sondern Anleitung zur praktischen Politik geben: Buchanan ist in diesen Arbeiten in erster Linie amerikanischer Staatsbürger und - vor allem - Steuerzahler, der die säkulare (Fehl-) Entwicklung des amerikanischen Staatshaushalts und seiner Folgewirkungen mit großer Sorge verfolgt.[134]

Buchanan sucht auf dieser Grundlage - so die weitere Interpretation - eine Theorie zu entwickeln, die *unmittelbar und wirksam* in den politischen Diskurs eingespeist werden kann. Deshalb kann auch nicht ein fiktiver Konsens den Ausgangspunkt der Überlegungen bilden: Welche Durchsetzungskraft sollte er in der tatsächlichen politischen Debatte haben?[135]

In der Konsequenz bedeutet dies, daß in gleicher Weise die *ex ante* gegebene Ausgangsverteilung der Ressourcen respektiert werden muß.[136] Unmit-

---

(empirisch beobachtbaren) Übereinkunft gemessenen Konsenses: „Der Konsens ist ein theoretisches, gleichwohl aber verpflichtendes Beurteilungskriterium - nicht mehr, aber auch nicht weniger. Daher ist es analytisch ein Fehler, aus der theoretischen Rekonstruktion des normativen Prinzips unvermittelt zu Argumentationen überzuwechseln, die nur empirische Tatbestände ... meinen können, wie das bei Buchanan erfolgt." *Homann* (1990d), S. 164. Die angesprochene zentrale Stelle ist *Buchanan* (1984), S. 106 f., die mit „So sieht die Realität aus" - S. 106 - beginnt. Vgl. zur Orientierung an *faktischen* Übereinkünften auch *Fritsch* (1983), S. 155 ff.

[133] Die Eingangs- und Schlußkapitel seiner großen Arbeiten geben hierzu eindeutig Auskunft. Vgl. die Arbeiten *Buchanan* (1975, 1984), S. 1 - 22, insbes. S. 10 f., *Brennan / Buchanan* (1985), zu den Fundstellen im einzelnen die nachfolgend angeführten Zitate.

[134] Vgl. *Buchanan* (1975, 1984), S. 209 - 234 (9. Kap., mit der programmatischen Überschrift: „Die Bedrohung durch Leviathan", S. 209).

[135] Vgl. z. B. *Brennan / Buchanan* (1985), S. 100 - 105. In der Frage der tatsächlichen Umsetzung eines hypothetischen Konsenses heißt es: „It is not clear exactly how a person can be bound by promises he has not made, or how a person can be construed to have agreed to rules simply on the ground that those rules can be presumed to make him better off. - *Tacit*, or *implicit*, consent, however, is another story." *Brennan / Buchanan* (1985), S. 103, Herv. i. Orig.

[136] Man beachte etwa die folgende Passage, in der Buchanan sein Argument offenbar seiner Bedeutung wegen mehrfach variiert: „Die Einmaligkeit des Status quo besteht in der simplen Tatsache seiner Existenz [!]. Die Regeln und Institutionen der sozio-rechtlichen Ordnung, die jeweils gelten, bilden eine Realität. Es gibt keine andere Alternative. ... Sofern sie überhaupt möglich ist, ist die Wahl zwischen verschiedenen Vertragsstrukturen eine Entscheidung zwischen dem, was ist, und dem, was sein könnte. Jeder Änderungsvorschlag schließt den Status quo als notwendigen Ausgangspunkt mit ein. 'Von hier gehen wir aus' und von keiner anderen Stelle." *Buchanan* (1975, 1984), S. 111.

telbar anschließend setzt sich Buchanan explizit mit dem möglichen Vorwurf auseinander, hier eine normative Setzung vorzunehmen:

> „Diese Einsicht ist nicht gleichzusetzen mit einer Verteidigung des Status quo im Sinne irgendeines Werturteiles, wie hin und wieder eingewandt wird. Beinahe jeder von uns würde persönlich eine andere Verfassung bevorzugen, zumindest in einzelnen Punkten.“[137]

Dann heißt es gleichermaßen programmatisch wie pragmatisch:

> „Es ist kein Gerede, wenn wir betonen, daß Verbesserungen faktisch aus dem Status quo entwickelt werden müssen. Wie können wir von ‘hier’ nach ‘dort’ gelangen? Dies ist die richtige Fragestellung, um Vorschläge zur sozio-politischen Änderung zu beurteilen.“[138]

Deutlicher kann man es nicht sagen. Die beiden zentralen Kritikpunkte erweisen sich dann aus dem Blickwinkel der Problemstellung, die Buchanan nach der hier vertretenen Lesart bewältigen will - wo sonst sollte eine Kritik vernünftigerweise ansetzen? -, sogar als irrelevant: 1. Der Vorwurf der Rechtfertigung einer Sklavenhaltergesellschaft - qua Akzeptanz der Ausgangsverteilung - ist zwar insofern richtig, als - Buchanan weist selbst darauf hin - seine Prinzipien auch für eine solche Gesellschaft anwendbar wären. Nur sieht er darin offenbar keineswegs eine Schwäche, sondern eine Stärke seines Ansatzes: *Sogar*, so meine Lesart, unter diesen widrigen Voraussetzungen bietet er Optionen für eine Verbesserung der Lage der Benachteiligten über eine Verbesserung der Regeln, auch hier orientiert am Pareto-Kriterium; anders wäre auch schwer zu verstehen, warum Buchanan die Problematik mit derart entwaffnender Offenheit ansprechen sollte.[139]

2. Zum zweiten, damit verbundenen Vorwurf, Buchanan orientiere sich ausschließlich am *faktischen* Konsens; dies sei permissiv und biete keine tragfähige Grundlage für eine Demokratie, die ja auch und gerade Gerechtigkeitsüberlegungen verwirklichen solle und wolle. Auch hier ‘stimmt’ der Vorwurf, isoliert betrachtet. Nur, hier lautet das gleiche Gegenargument:

---

[137] *Buchanan* (1975, 1984), S. 111 f.

[138] *Buchanan* (1975, 1984), S. 112. Und, bereits wesentlich früher: „This approach requires, of course, that a start be made from an existing set of rules. Meaningful analysis must, however, always ‘start from’ some base or reference position. This does not sanctify the *status quo* or elevate it to any position of special respect.“ *Buchanan* (1962), S. 346, Herv. i. Orig.

[139] Vgl. auch die in Fußnote 131 bereits zitierte Passage in *Brennan / Buchanan* (1985), S. 141 ff. zu Großgrundbesitzern in Entwicklungsländern. Er sieht das Problem einer extremen Ungleichverteilung durchaus und argumentiert hier, wie auch zuvor, mit drohenden Neuverhandlungen auf der Basis der Hobbesschen Anarchie als *entscheidungsrelevanter* Alternative für die ex ante (vor Beginn der anvisierten Verhandlungen) Privilegierten.

Buchanan vertritt eine *komparative* Institutionenökonomik, er sucht Voraussetzungen für *tatsächliche* Verbesserungen unter den *tatsächlichen* Gegebenheiten wissenschaftlich zu ermitteln, im 'Hier' und 'Jetzt', um eine seiner eigenen Formulierungen zu variieren, und nicht in wissenschaftlich-esoterischen Gesprächskreisen ohne Aussicht auf praktische Umsetzung.[140]

Unter Rekurs auf die Ausführungen im ersten Kapitel zur Realitätsnähe von Annahmen ist nunmehr folgende Interpretation möglich. Die Entwicklung von den Arbeiten *Buchanan / Tullock* (1962) über *Buchanan* (1974, 1984) zu *Brennan / Buchanan* (1985) kann so rekonstruiert werden, als ob im Übergang vom 'Calculus of Consent'[141] zu den 'Limits of Liberty'[142] 'unrealistische' Annahmen ('Gleichheit' der Gesellschaftsmitglieder, unbekannte Ausgangsposition) durch 'realistischere' ersetzt worden wären, weil sich die frühere Gleichheitsannahme für die Umsetzung seiner Hypothesen - den Output seiner Theorien - in den politischen Diskurs als nicht handhabbar und sich ihre Modifikation im Rückgriff von den Hypothesen zu den Annahmen als 'relevant' erwiesen hätte.[143] In der Konsequenz wäre also eben diese Relevanz zu diskutieren; Buchanan jedenfalls weist nach - vgl. oben -, daß auch und gerade auf der Basis der nunmehr schwächeren Annahme überzeugende Ergebnisse generiert werden können, die leichter für eine politische Reform nutzbar gemacht werden können.

Die These lautet also: Buchanans hier diskutierte Arbeiten stellen einen unmittelbar an der politischen Praxis orientierten pragmatischen ('praxisnäheren') Ansatz dar.[144] Deshalb ist es auch eher abwegig, Buchanan vorzuwerfen, daß er einen hypothetischen Kontrakt mit einem faktischen Konsens zusammen denkt: Theoretische Arbeiten sind immer 'hypothetisch' - so sind sie definiert -, Buchanan die Berücksichtung eines faktischen Konsenses vorzu-

---

[140] Buchanan berücksichtigt insofern die Ergebnisse der Public-Choice-Theorie (die er selbst mit vorangetrieben hat), wonach in einer modernen Demokratie der destruktive oder konservative Einfluß bestehender Interessengruppen und somit empirisch beobachtete Beharrungstendenzen ('Subventions- Besitzstände') einen Ausgangspunkt der weiteren Analyse bilden. Vgl. etwa den Sammelband *Buchanan / Tollison / Tullock* (1980).

[141] *Buchanan / Tullock* (1962).

[142] *Buchanan* (1975) bzw. ders. (1975, 1984).

[143] Buchanan erwähnt ausdrücklich den Grund für die Modifikation.

[144] Die - in der Begründung ähnlich wie die schon zitierte Arbeit *Bund* (1984) ansetzende - Polemik Peter Ulrichs: Wenn man Buchanans Theorie zur 'Sozialvertragstheorie' erkläre, mache man den „Bock zum Gärtner" (Ulrich [1989b], S. 169), muß deswegen entschieden zurückgewiesen werden.

werfen, hieße, einem Ökonomen überhaupt eine 'realitätsnähere' Annahme 'verbieten' zu wollen. Ausgehend von der Buchananschen Problemstellung - woran sonst kann man eine theoretische Arbeit beurteilen? - läßt sich die Buchanansche Vorgehensweise als vollständig rational rekonstruieren, wenn auch hier offen bleiben muß, ob dies zugleich „die“ korrekte Interpretation seiner tatsächlichen Intentionen darstellt.

In der Quintessenz zeigt sich, daß Buchanan keine Sozialvertrags- oder Gerechtigkeitstheorie der Demokratie entwickelt, sondern letztendlich den Anstoß gegeben hat zu einer umfassenden - und konsistent abgeleiteten, d. h. ökonomisches Wissen konzeptionell verankernden - Vertragstheorie der Demokratie. Diese jedoch wurde erst im Anschluß an Buchanans Arbeiten von K. Homann vorgelegt[145]- der in der Tat den faktischen Konsens durch einen hypothetischen ersetzt hat und auf diesem Wege die Rehabilitierung einer modernen Gerechtigkeitstheorie voranbringen möchte.[146] Dieser Aspekt wird in Zusammenhang mit den wirtschafts- und unternehmensethischen Überlegungen Homanns im dritten Kapitel erneut aufzugreifen sein.

c) Die Implementation und Durchsetzung von Normen: Zur Integration der institutionenökonomischen Ansätze

Betrachtet man nun die bisher einflußreichsten Forschungsrichtungen innerhalb der Neuen Institutionenökonomik im Zusammenhang, so lassen sich die scheinbar disparaten Theorie-Entwürfe in folgender Interpretation zusammenführen:

(a) Im Ansatz der *Constitutional Economics* geben Individuen bewußt eigene Handlungsmöglichkeiten preis; im Gegenzug dafür erhalten sie - in einem konsensuellen Akt kollektiver Entscheidung - Beschränkungen in den Handlungsmöglichkeiten *aller anderen* Individuen, durch die sie bei Abwesenheit einer Vereinbarung potentiell geschädigt werden könnten. Dieser Tauschvorgang, dessen Ergebnis sich in der Konstituierung allgemeingültiger Regeln (Institutionen) zeigt, wird von jedem Betroffenen so weit fortgesetzt, bis der individuelle Grenznutzen des Tauschs von Restriktionen die individuellen Grenzkosten erreicht: *Per saldo* wird dadurch der individuelle Hand-

---

[145] *Homann* (1988a).

[146] Vgl. v. a. *Homann* (1984), ders. (1990d).

lungsmöglichkeitenraum für mindestens einen Beteiligten erweitert und für niemanden geschmälert (dies garantiert die Freiwilligkeit des konstitutionellen Tausches). Dabei geht es ausschließlich um Institutionen mit Kollektivguteigenschaft, also um öffentliche (politische) Institutionen.

(b) Der *Governance*-Ansatz[147] der Transaktionskostenökonomik geht von potentiell ertragreichen Aktivitäten - 'spezifischen Investitionen' - aus, deren Erträge jedoch aufgrund ihrer nur auf einen oder wenige Vertragspartner zugeschnittenen Eigenschaften ebenso potentiell der Ausbeutung durch eben den jeweiligen Vertragspartner ausgesetzt sind: Jede Investition bindet liquides Kapital; je weniger flexibel ihre Anwendungsmöglichkeiten, desto höher die entstehende Quasirente, also die Differenz zwischen dem maximal erzielbaren Erlös und den Alternativkosten: Hier steht die Suche nach einer ex ante vorzunehmenden Einschränkung ausbeuterischer - unmoralischer! - Aktivitäten eines opportunistischen Vertragspartners im Mittelpunkt. Es wird nach Absicherung und Durchsetzung der spezifischen Investitionen durch institutionelle Vorkehrungen gesucht, die in der Regel in spezifische Koordinationsstrukturen[148] *('governance structures')*, d. h.: Unternehmensformen, münden. Es geht also um *private* Institutionen.

(c) Der *Mechanism-Design*-Ansatz der *Agency*-Theorie[149] geht von der potentiell ertragsteigernden Wirkung der Arbeitsteilung aus; da diese mit der personalen Trennung in Auftraggeber (Prinzipal) und Auftragnehmer (Agent) verbunden ist, ergeben sich besondere Anreize *('incentives')* der beteiligten Akteure, die auf einem unterschiedlichen Informations- oder besser: Wissensstand beruhen *('asymmetric information')*: Da solche Verträge und ihre Aus-

---

[147] Vgl. den Überblicksartikel *Williamson* (1989), der seinen Ansatz selbst meist als Transaktionskostenansatz bezeichnet, sowie die vergleichenden Artikel *Williamson* (1985b), ders. (1988) und ders. (1990a). Sein bekanntestes Werk, ders. (1985a), faßt vor allem den Inhalt der bis dahin seit der früheren Arbeit (1975) erschienenen Aufsätze zusammen, hier - vor allem - (1979), ders. (1983), ders. (1984a) und ders. (1984b). Vgl. für eine instruktive Darstellung *Schumann* (1992), S. 436 - 453. Dort auch die - präzisere - Bezeichnung 'Governance-Richtung', die auf Alchian zurückgeht.

[148] Diese Übersetzung - vgl. *Schumann* (1992), S. 449 u. ö. - erweist sich als zugleich eleganter und treffender als die in der deutschen Übersetzung von *Williamson* (1985) gewählte ('Beherrschungs-und Überwachungsstrukturen').

[149] Vgl. v. a. die Überblicksartikel *Hart / Holmström* (1987) und *Holmström / Tirole* (1989). Für diesen jüngeren Ansatz hat sich noch kein einheitlicher Name durchgesetzt (vielfach findet sich die allerdings sehr unpräzise Bezeichnung *'theory of contracts'*); die Forschungsrichtung wird von einer Reihe jüngerer Autoren vertreten. Für die hier verwendete Bezeichnung - *mechanism design* - vgl. z. B. *Myerson* (1989), vermutlich erstmals: *Hurwicz* (1973), auch: *Williamson* (1985), S. 28; soeben: *Holler / Illing* (1991), S. 30 f.

wirkungen aufgrund des Informationsproblems mit Unsicherheit bzw. Risiken verbunden sind, auf die Prinzipal und Agent annahmegemäß i. d. R. unterschiedlich reagieren, könnte dieser Ansatz auch - umständlicher, aber präziser - *incentive design and risk allocation approach* genannt werden. Das Programm ist so angelegt, daß der Prinzipal die Gestaltung einer effizienten Entlohnungsregel (eben den *mechanism design)* anstrebt, die den Informationsvorsprung des Agenten, den dieser 'unmoralisch' auszunutzen sucht, antizipiert: Die Entlohnungsregel ist so zu gestalten, daß sie den seinerseits seinen Nutzen maximierenden Agenten möglichst effizient an die Zielvorgabe des Prinzipals bindet. Dieser wiederum ist nach Vertragsabschluß auf die einmal vereinbarten Auszahlungsmechanismen verpflichtet, wenn die kontrahierte Leistung des Agenten - soweit durch den Prinzipal beobachtbar - erbracht ist. Die Vertreter des Ansatzes setzen auf die Gestaltung marktorientierter Verträge, wo Williamsons Theorie bereits eine Integration prognostiziert, etwa durch die Bindung der Vertragspartner an eine Reputation, die sie in langfristigen Vertragsverhältnissen aufbauen können.[150] Auch hier geht es zentral um Institutionen, die von Privaten eingerichtet werden können.[151]

Dabei ist allerdings die durchaus unterschiedliche Rationalitätskonzeption in den jeweiligen Ansätzen zu beachten (vgl. die nachfolgende Übersicht in Abbildung C.6). Wir unterscheiden dabei die für die traditionelle Neoklassik typische Annahme vollkommenen Wissens (Typ 1), bei der das Eintreten oder Nichteintreten aller zukünftigen Ereignisse mit Sicherheit bekannt ist, von Annahmen der Unsicherheit (Typen 2 bis 4).

Typ 2 beschreibt - in der Terminologie von Knight[152] - Entscheidungen unter Risiko, in denen einem zukünftigen Ereignis eine Wahrscheinlichkeit zugeordnet werden kann. Dies ist typisch für Ansätze der hier so genannten modernen Neoklassik einschließlich der Informationsökonomik, ebenso wie Typ 3 - Unsicherheit nach Knight -, der Typ 2 verwandt ist. Auch hier ist ein Ereignis der Sache nach bekannt, es kann jedoch keine prinzipiell objektivierbare Eintrittswahrscheinlichkeit zugeordnet werden. Bei Unsicherheit vom

---

[150] *Kreps* (1984) ging sogar davon aus, daß in der Bildung einer Reputation, eines Firmenimages, der zentrale Grund für die Gründung von Unternehmen liege! In der revidierten Fassung *Kreps* (1990) wird diese Behauptung allerdings stark abgeschwächt.

[151] Eine Ausnahme bilden einige traditionell wohlfahrtsökonomische Arbeiten zur Theorie der Regulierung; die Maximierungsfunktion des Prinzipals ist dann eine Wohlfahrtsfunktion des Staates.

[152] Vgl. *Knight* (1921, 1965), S. 19 f.

Typ 4 schließlich - beschränkter Rationalität - ist nicht einmal bekannt, welche Ereignisse überhaupt eintreten können.

Typ	**Zukünftiges Ereignis**	**Eintritts-wahrschein-lichkeit p**	**Wissensbegriff**	**Forschungs-programm**
1	bekannt	$p = 1$ oder $p = 0$	vollkommenes Wissen ('perfekte Rationalität')	Traditionelle Neoklassik
2	bekannt	$0 < p < 1$	Risiko	Moderne Neoklassik; z. T. auch: Mechanism-Design-Ansatz
3	bekannt	unbekannt	Unsicherheit	wie oben; auch: Property-Rights-Ansatz
4	unbekannt	entf.	Beschränkte Rationalität	Governance-Ansatz der Transaktions-kostenökonomik, Konstitutionelle Ökonomik

Abb. C.6: Rationalität und Wissen: Eine Typologie[153]

Während Konstitutionelle Ökonomik und Governance-Ansatz implizit übereinstimmend dem Konzept der 'beschränkten Rationalität' nach Simon

[153] Vgl. zur Unterscheidung von Risiko und Unsicherheit sowie zu einer instruktiven Darstellung rationaler Lösungsansätze z. B. *Schumann* (1992), S. 104 ff., insbes. auch zur Risiko-Nutzenfunktion.

folgen (Typ 4), [154] ist in diesem nicht unwesentlichen Punkt der *Mechanism-Design*-Ansatz stark neoklassischem Denken verhaftet: Er unterstellt Unsicherheit (Typ 3): Damit können immerhin *kontingente* Verträge rekonstruiert werden, die zwar kein vollkommenes Wissen implizieren, jedoch in Form von Wenn-dann-Klauseln die möglichen zukünftigen Ereignisse berücksichtigen. Insofern sind Verträge im *Mechanism-Design*-Ansatz (zwar nicht vollkommen, aber) vollständig.

Forschungs-programm	**Erkenntnis-gegenstand**	**Effizienz-konzept**	**Problem**
Constitutional Economics	Kollektive Institutionen	Effizienz der Regel: Zustimmung (Konsens)	Regel-implementation
Governance- und *Mechanism-Design*-Ansatz	Spontane Institutionen der Märkte	Effizienz der Ergebnisse	Regel-durchsetzung
Neoklassik	Einzelne Handlungen	Effizienz der Ergebnisse	keines (Entscheidung und Ergebnis nicht voneinande zu trennen)

Abb.C.7: Neue Institutionenökonomik: Normative und positive Kriterien der mehrstufigen Analyse

Allen institutionenökonomischen Ansätzen geht es gleichwohl um ein genuin ökonomisches Prinzip: die Effizienz, genauer: Effizienzerhöhung durch

[154] Dies unbeachtlich der Tatsache, daß Herbert A. Simon sich bis in die jüngste Zeit gegen eine solche 'Vereinnahmung' seines Konzepts durch den Rational-choice-Ansatz wehrt: vgl. z. B. *H. Simon* (1990).

Produktivitätssteigerung. Buchanan und den Vertretern des Mechanism-Design-Ansatzes geht es um die Produktivität von Regeln, Williamson um die Produktivität von Investitionen; Buchanan analysiert öffentliche Güter, bei Williamson und im Mechanism-Design-Ansatz geht es um private Güter, bei denen die Effizienz einer Entscheidung unmittelbar am individuellen Ergebnis gemessen werden kann. Ersterer bekennt sich daher auch als politischer Ökonom, die anderen verstehen sich (in der Terminologie dieser Arbeit) eindeutig als Wirtschaftswissenschaftler. Ersterer hat eine normative Theorie zur Analyse effizienter sozialer Normen entwickelt, die Vertreter der anderen Richtungen beschäftigen sich mit Techniken ihrer effizienten Durchsetzung. Abbildung C.7 faßt die - diesbezüglichen![155] - Gemeinsamkeiten und Unterschiede zusammen.

Die genannten Ansätze rekonstruieren trotz zum Teil völlig anderer Erkenntnisinteressen geradezu paradigmatisch das in Rede stehende Moralproblem für unternehmerisches Handeln, wenn man die Tatsache berücksichtigt, daß in der Literatur zur Moral- oder Ethik-Diskussion zwei zentrale Probleme gesehen werden:

(1) Die Notwendigkeit, die Entstehung und allgemeine Geltung - also die Implementation - moralischer Normen zu begründen.

(2) Die Notwendigkeit, darüber hinaus auch die tatsächliche individuelle Einhaltung, sprich: Durchsetzung, dieser Normen zu gewährleisten.

Hier hatte die Diskussion um Koordinations- und Konfliktregeln bereits verdeutlicht, daß im Falle von Konfliktregeln mit der Sicherstellung von (1) keineswegs die Umsetzung in (2) gewährleistet ist.

Problem (1) reflektiert das Implementationsproblem oder Regelproblem, das von der Konstitutionellen Ökonomik untersucht wird. Zu Problem (2), dem Durchsetzungsproblem, liefern Governance- und Mechanism-Design-Ansatz überaus interessante Ergebnisse und Vorschläge zur Durchsetzung einmal getroffener Vereinbarungen, bei denen potentielle Anreize zum opportunistischen Unterlaufen eben dieser Vereinbarungen bestehen. Das vorhandene Instrumentarium wird also lediglich unter einem speziellen Blickwinkel, einer speziellen Zielvorgabe (der moralischen eben), angewandt. Die Erkenntnisse aller Ansätze sind somit prinzipiell umsetzbar in moralische Fragestellungen - jedenfalls dann, wenn man die qua institutionelle Absicherung

---

[155] Vgl. demgegenüber z. B. die in Abb. C.6 explizierten Unterschiede.

verringerte Gefahr unmoralischer Handlungen als Verbesserung im Sinne moralischer Ansprüche akzeptiert und nicht darauf insistiert, daß nur eine Änderung auch der Gesinnung das Problem löse.

Ein Beispiel soll diese Überlegungen vorab verdeutlichen: Der Markt kann paradigmatisch als institutionelle Umsetzung einer moralischen Norm aufgefaßt werden.[156] Aufgrund zahlreicher potentieller Marktdefekte (z. B. spezifischer Abhängigkeiten, Informationsasymmetrien) wird angestrebt, innerhalb dieser insgesamt als wünschenswert angesehenen Institution ergänzende Regeln und institutionelle Vorkehrungen zu erforschen, die der verbesserten Verwirklichung moralischer Ziele dienen. Wir werden auf diesen Aspekt, der Ideen des Governance- und des Mechanism-Design-Ansatzes aufgreift, am Ende dieser Untersuchung zurückkommen.

Das Programm lautet also: *Produktivitätserhöhung durch institutionelle Bindung ('commitment')*. Buchanan sucht nach effizienten Regeln, der Governance-Ansatz betont, daß die Regelbindung allein noch nicht ihre Durchsetzung garantiert, sondern einer Absicherung durch *glaubhafte* Bindungen *(credible commitments)* bedarf, der Mechanism-Ansatz zielt auf die Gestaltung effizienter Anreize *(incentives)*. Buchanan denkt Regeln *uno actu* im Zusammenhang mit ihrer Durchsetzung, d. h. unterscheidet bereits bei der Suche nach Regeln *ex ante* nach denjenigen, die durchsetzbar sind, und solchen, für die das nicht gilt. Letztere werden aufgrund dieses Defekts ausdrücklich nicht in die Analyse einbezogen. Dies bedeutet allerdings den *Ausschluß* moralischer Normen aus dem Buchananschen Problemaufriß, in dem in der Tat moralische Normen und kodifizierte gegeneinander ausgespielt werden müssen![157] Der Grund liegt, wie unten im einzelnen nachzuweisen sein wird, offenbar darin, daß Buchanan die eben angesprochenen Bemühungen der anderen Ansätze um private Institutionen zur Absicherung der Regeln nicht berücksichtigt.[158] Gerade in der gegenseitigen Ergänzung der Ansätze ist aber nach der hier vertretenen Auffassung ein enormes explanatorisches Potential zu sehen.

---

[156] Der Moralphilosoph Adam Smith hatte offenbar auch und gerade die moralische Dimension des Marktes im Sinn. Vgl. hierzu neuerdings *Priddat* (1990).

[157] Vgl. programmatisch z. B. *Brennan / Buchanan* (1985), S. ix f.

[158] Vgl. für eine graphische Rekonstruktion erneut Abb. C.5 im Vergleich mit Abbildung C.7 .

D. Moralische Normen und institutionenorientierte Moralökonomik: Bewältigte und unbewältigte Probleme

Aus den Überlegungen in Abschnitt C zu moralischen Normen und zur Institutionenökonomik können nunmehr die beiden konstituierenden Elemente zusammengeführt werden: die operationalisierte Definiton des Problems und ein systematischer Ansatz zu seiner Bewältigung. Die Überlegungen können wie folgt zusammengefaßt werden.

1. Moralische Normen sind, aus ökonomischer Sicht, Konfliktnormen ohne formell wirksame Sanktion: Die Unbedingtheit der Norm impliziert, daß dem einzelnen ein moralkonformes Verhalten *überhaupt nicht* oder *nicht sofort* reziprok, d. h. durch den Nutznießer der Normbefolgung, entgolten wird *(Problemdefinition)*.

2. Daraus kann als Ansatz zur *Problembewältigung* die folgende Fallunterscheidung abgeleitet werden:

   a) Moralisches Verhalten wird nicht reziprok entgolten.

   Gemeint sind die Fälle, in denen die Nutznießer einer moralischen Leistung oder Vorleistung nicht mit ihrerseits moralischem Verhalten antworten (können), sondern die moralische Verhaltensweise im privaten Interaktionskontext einseitig bleiben muß. Hier ist es das Ziel der institutionenorientierten Moralökonomik, nach bisher unbekannten oder ungenutzten informellen Regeln oder organisatorischen Vorkehrungen zu forschen, die in den individuellen Kalkül des potentiellen Regelverletzers als prinzipiell bindende, formellen oder technischen Sanktionen zumindest nahekommende Restriktionen eingehen.

   Hier erbringt das Einhalten der Norm zwar keine Nutzensteigerung, läßt aber doch die Nutzeneinbuße des einzelnen bei Regelverletzung so groß sein, daß die Einhaltung das kleinere Übel darstellt.[159,160] Da per saldo keine *Steigerung* des Nutzens erzielt wird, ist eine privatwirtschaftliche,

---

[159] Die Analyse ist immer komparativ anzulegen: Wenn also kein perfektes Surrogat für formell sanktionierte Normen zur Verfügung steht, ist dies aus ökonomischer Sicht so lange irrelevant, wie unter Abwägung der gewünschten und erwünschten Folgen Konsens darüber herrscht, daß eine *Verbesserung* eingetreten ist.

[160] Vgl. zu Fällen von notwendig einseitig bleibenden moralischen Verhaltensweisen auch *Vanberg / Buchanan* (1988), S. 147 f.

spontane Lösung nicht zu erwarten. Hier kann der Ansatz der Konstitutionellen Ökonomik eingebracht werden, der genau die (klassischen) Fragen nach kollektiven institutionellen Voraussetzungen thematisiert und sie mit modernem (neoklassischem) Analyseinstrumentarium angeht.

b) Moralisches Verhalten kann *später* reziprok entgolten werden.

Hier liegt das Problem darin, daß 'moralische Leistung' und 'moralische Gegenleistung' in der direkten, privatwirtschaftlichen Interaktion zwar prinzipiell möglich sind, aber zeitlich auseinanderfallen. Die Grundidee der soeben konzipierten institutionenorientierten Moralökonomik besagt nun, die Erkenntnisse des Williamsonschen Governance-Ansatzes und des Mechanism-Design-Ansatzes nutzbar zu machen, die, wenn auch mit völlig anderem Forschungsinteresse, die Problematik des zeitlichen Auseinanderfallens von Leistung und Gegenleistung bearbeiten. Das Ziel liegt in diesem Fall darin, nach privaten Institutionen zu forschen, die eine verbesserte Verbindung zwischen der moralischen Aktivität und später möglichen Entlohnungen herstellen.

Da private Institutionen die Existenz geeigneter kollektiver Institutionen voraussetzen, ergibt sich zudem eine Verbindung zwischen beiden theoretischen Ansätzen, allerdings bei einem lexikalischen Vorrang der kollektiven Institutionen.

Die Logik des ökonomischen Denkansatzes gebietet zugleich die Hypothese, daß 'privat' mögliche Institutionen prinzipiell auch 'privat' zustande kommen; es geht hier in erster Linie um die Frage einer kollektiven Stützung privaten Handelns durch Regelbindung.[161]

1. Der heuristische Status des homo oeconomicus in der institutionenorientierten Moralökonomik: Ein Vorschlag

Der hypothetisch handelnde Akteur des hier zu entwickelnden Ansatzes ist grundsätzlich weiterhin der „*homo oeconomicus* der neuesten Generation", wie er in Abschnitt B vorgestellt worden war.

---

[161] Man beachte, daß die Normen in der dieser Arbeit zugrundegelegten Definition nicht die Eigenschaft des Moralischen verlieren, wenn die Institutionen keine *formellen* Sanktionen beinhalten. Sofern jedoch eine wirksame formaljuristische Sanktion implementiert wird, liegt der Kniff gewissermaßen darin, durch eine institutionelle Vorkehrung eine moralische Norm zu einer nichtmoralischen zu machen.

Es wird hiermit allerdings vorgeschlagen, den in Abschnitt B exemplifizierten methodologischen Status des *hominis oeconomici* modifiziert zu definieren, um diese Fiktion von ihrer wertbeladenen Konnotation zu befreien. Die notwendige Modifikation braucht dazu nur geringfügig auszufallen:

Bei genauerer Betrachtung geht es nämlich in der institutionenökonomischen Analyse moralischer Normen darum, (mindestens) zwei in der Realität vorzufindende Verhaltensmuster idealtypisch in einem abzubilden:

A. Im günstigeren Fall ('better case') haben die handelnden Menschen in der Realität ein ausgeprägtes Ethos oder Moralbewußtsein. Mit Hilfe der *Homo-oeconomicus*-Fiktion lassen sich nun Institutionen ermitteln, die es diesen Menschen leichter machen, ihre ethischen oder moralischen Ansprüche in der Wirklichkeit umzusetzen: Die Zahl oder Bedeutung innerer Konflikte soll vermindert werden.

B. Im ungünstigeren Fall, dem 'worse case' aus der an tatsächlichen Motivationen ansetzenden ethischen Sicht, fehlt den Handelnden das ethische oder moralische Empfinden. Für diese Gruppe sucht die institutionelle Moralökonomik nach Restriktionen, die sie enger als bisher an ihre Verantwortung bindet, kooperative Positionen (im Sinne der Spieltheorie) einzunehmen.

In Fällen des Typs A werden die Vorschläge besser als in denen des Typs B wirken; weil jedoch die Wirkungsrichtung die gleiche ist - es geht um eine qualitative Analyse -, kann das verwendete Verhaltensmodell *asymmetrisch* angelegt werden: Es kann aus Vereinfachungsgründen auf die Fallunterscheidung auf der theoretischen Ebene verzichtet und der *homo oeconomicus* als Modellfigur gewählt werden.

Wollte man dies nicht anerkennen, so müßte man auch der Rechtswissenschaft, hier vor allem unseren Strafgesetzen, aber auch zahlreichen Bestimmungen des Privatrechts, 'imperialistische' oder 'verzerrte' Menschenbilder vorwerfen: Bei der Lektüre der Gesetzestexte und der darin verhandelten 'Unterstellungen' müßte man dann auf den Gedanken kommen, die Welt sei voller 'Schurken'. Tatsächlich aber kann die Zielrichtung der einschlägigen Gesetze im Sinne der beiden Fallunterscheidungen interpretiert werden, weil jedenfalls die in Aussicht gestellte Sanktion eine Regelverletzung unwahrscheinlicher macht.

Die hier angestellten Überlegungen erweisen sich im übrigen als kompatibel zu den mit durchaus guten Gründen angestellten Überlegungen, mit dem *homo oeconomicus* den handelnden Akteur in ökonomischen Theorien im

Vergleich zu real existierenden Menschen im 'gewissermaßen zynischen Bereich'[162] anzusiedeln und nicht als 'bestes' Abbild der Wirklichkeit zu modellieren.[163]

Dieser Vorschlag versucht letztlich das Vermittlungs- und Verständigungsproblem ökonomischer Anliegen in der politischen Diskussion mit Nichtökonomen rational zu berücksichtigen, da es genügend Anhaltspunkte dafür gibt, daß sich der nur heuristische Status des *hominis oeconomici* jedenfalls in der bisher in ökonomischen Arbeiten vorzufindenden Interpretation gegenüber Nichtökonomen nur unter der steten Gefahr immer neuer Mißverständnisse vertreten läßt.

Darüber hinaus dürfte zwar außer Zweifel stehen, daß empirisch ein auf bloße moralische Motivation setzendes, aber von ökonomischen Kenntnissen weitgehend freies Konzept zu schlechteren Ergebnissen führen wird als eines, das nur auf externe Sanktionsmechanismen setzt und moralische Motive vernachlässigt. Es dürfte aber ebenso klar sein, daß angesichts vielfältiger Marktunvollkommenheiten (ebenso: empirisch) eine allgemeine moralische Motivation der Akteure in Verbindung mit ökonomischer Aufgeklärtheit auch im individuellen Handeln außerordentlich produktiv ist, da sie zu einer weitergehenden Einhaltung der ökonomisch fundierten Regeln führt.

Daher ist gerade in der empirisch überaus bedeutsamen Frage der Vermittlung moralischer Standards, nicht zuletzt in der Kindererziehung, ein außerordentlich produktiver Beitrag anderer Wissenschaften zur Ethik- und Moraldiskussion ausdrücklich anzuerkennen. Auch aus diesem Grunde wird deutlich, daß sich der hier vertretene Ansatz keineswegs als 'imperialistisch' versteht.[164]

Das Problem dürfte daher vor allem in der Frage liegen, *welche* moralischen Standards vermittelt werden. Hier sind möglicherweise die vielfach interdependenten Wirkungszusammenhänge moderner Gesellschaften von einigen der an der Diskussion Beteiligten noch nicht sehr weitgehend durch-

---

[162] Vgl. hierzu etwa *Brennan / Buchanan* (1985).

[163] Es sei denn, mit dem 'besten' Abbild sei nicht das der *Realität* am nächsten kommende, sondern in einem eher trivialen, weil tautologischen Sinne das für die theoretische Fragestellung *zweckmäßigste* gemeint. Dies in ausdrücklichem Gegensatz zu anderen Rechtfertigungsansätzen in ökonomischen Arbeiten; siehe etwa *Pies* (1993).

[164] Zu den (nicht nur) begrifflichen Merkwürdigkeiten, die sich bei dem Versuch einstellen, eine sogenannte imperialistische Ökonomik 'ohne wissenschaftlichen Machtanspruch' zu vertreten, vgl. bereits die Anmerkungen oben in Abschnitt A, Fußnote 22.

schaut worden. Außerdem bleibt fraglich, ob nicht auch hinsichtlich einer in Verbindung mit ökonomischen Kenntnissen gedachten moralischen Motivation die Gefahr eines funktionalistischen Fehlschlusses virulent bleibt: aus der Wünschbarkeit einer solchen Konstellation bereits ihre Umsetzbarkeit zu folgern. Auch in dieser Beziehung ist der ausschießlich auf Restriktionen setzende Ansatz deutlich weniger gefährdet, da er *sogar* unter den erwähnten erschwerten Bedingungen fehlender moralischer Motivation der Akteure gangbar ist.

2. Das Prinzip der zweistufigen Mikrofundierung

a) Grundlagen

Nach diesen Vorüberlegungen können wir zu dem im vorangegangenen Abschnitt C rekonstruierten Prinzip der institutionellen Zweistufigkeit zurückkehren , der Unterscheidung von Regeln bzw. organisatorischen Vorkehrungen einerseits und singulären Handlungen andererseits.

Übersetzt in die vorangegangenen Überlegungen zu moralischen Dilemmasituationen[165], zeigt sich nun der heuristische Vorteil der zweistufigen Analyse: die institutionellen 'Rahmenbedingungen' - die vorgegebenen Regeln - können hinsichtlich ihrer Zustimmungsfähigkeit untersucht werden; auf Handlungsebene kann - getrennt davon! - analysiert werden, wie die situativ Betroffenen unter der Annahme individuell-eigennützigen Verhaltens jeweils reagieren. Hier kommen die individuellen, ergebnisorientierten Effizienzüberlegungen zum Tragen.

Das hiermit explizierte Programm einer integrierten Neuen Institutionenökonomik erhebt daher den Anspruch, gegenüber traditionellen Ansätzen zwei Forderungen besser einlösen zu können, die die Analyse der Wertfrei-

---

[165] Es ist nicht ausschlaggebend, ob die - einen Spezialfall darstellende - Auszahlungsmatrix des *Gefangenendilemmas* das Problem adäquat abbildet; ausschlaggebend ist, daß es sich überhaupt um eine Dilemmasituation im Sinne einer Konfliktregel handelt, in der ein prinzipielles (Eigen-) Interesse auch eines *hominis oeconomici* an der Implementation, nicht aber an der individuellen Durchsetzung einer Regel besteht. Die Diskussion unten, in Abschnitt G, wird zeigen, daß es Fälle gibt, in denen bei einigen Individuen bereits das Interesse am Zustandekommen der Regel fehlt: Unter diesen Bedingungen muß an die Stelle der Einstimmigkeit eine (qualifizierte) Mehrheitsregel treten; insofern ist hier auch stets ein *Zustimmungstest* angesprochen, der nicht notwendig Einstimmigkeit impliziert.

heitsdiskussion ergab: zum einen, auf der Ebene der einzelnen Handlungen und im Sinne Webers, eine nunmehr realisierte und nicht nur behauptete Beschränkung auf die rein explikative Theorie durch Entkopplung des verwendeten, ergebnisorientierten Effizienzkriteriums von wertenden Konsequenzen, zum anderen, auf der Ebene der Regeln und im Sinne Alberts, die Öffnung der Ökonomik für die Diskussion auch solcher Werturteile, denen Weber noch rigoros die wissenschaftliche Diskursfähigkeit versagen mußte.

Die übliche, am methodologischen Individualismus ausgerichtete Vorgehensweise der Ökonomik im Sinne einer, um eine der geläufigen Redeweisen zu benutzen, Mikro-Fundierung von Makro-Problemen[166], also eines 'Micro-Macro-Link'[167], wird vollständig beibehalten: Das angestrebte Ziel wird daraufhin überprüft, ob es sich - auch - unter der Annahme eigennützig-rational handelnder Individuen verwirklichen läßt; es wird also dem Lackmus-Test der ökonomischen Rationalität[168] unterworfen.[169]

Da die Anwendung auf das jeweilige gesamtwirtschaftliche oder Makro-Problem nunmehr jedoch institutionenorientiert und somit zweistufig erfolgt, wird hier vorgeschlagen, die Mikrofundierung auch zweistufig anzulegen. Die folgende Tabelle gibt einen Überblick in der Art einer Grobgliederung (vgl. nachstehende Abbildung D.1). Anschließend wird ein detaillierter Algorithmus vorgestellt, der die bisher erarbeiteten Problembewältigungsansätze explizit berücksicht (vgl. hierzu unten, Abbildung D.2).

Ausgangspunkt ist die Vorgabe eines moralischen Ideals (im Extremfall in Form eines formalen Oberzieles wie 'Solidarität'). Als offen ausgewiesenes Werturteil wird der Analyse nunmehr der normative Individualismus im oben

[166] Vgl. grundlegend z. B. *Schelling* (1978b), zur begrifflichen Gegenüberstellung von Mikro- und Makro-Theorien ausführlich z. B. *Zintl* (1989).

[167] So der Titel von *Alexander et al.* (eds.) (1987); vgl. dort zum in der Soziologie heftig ausgetragenen Streit um diese Vorgehensweise insbes. *Wippler / Lindenberg* (1987), *Coleman* (1987).

[168] Soeben haben *Homann / Blome-Drees* (1992), S. 95 das bekannte Konzept der ökonomischen Mikrofundierung plastisch als *Homo-oeconomicus*-Test, kurz: H-O-Test, bezeichnet; die Abkürzung könnte allerdings bei Lesern in den neuen Bundesländern wie bei Außenhandelstheoretikern gleichermaßen auf Verwirrung stoßen.

[169] Vgl. aktuell z. B. *Pies* (1993).

interpretierten Sinne zugrundegelegt; es liegt, wenn man so will, eine normative Mikrofundierung des Problems vor.[170]

Normative Problemstellung	Verwirklichung moralischer Idealziele	
Normative Mikrofundierung	Normativer Individualismus ('normativer Konsens')	
Positive Rekonstruktion der Problemstellung	1. Stufe: Normengeltung	2. Stufe: Normenbefolgung
Positive Mikrofundierung durch ...	... Zustimmungstest ('positiver Konsens')	... Durchsetzungstest
Handlungsebene der Mikrofundierung:	Institutionen / Regeln	Singuläre Handlungen
Testkriterium:	Ökonomische Rationalität	Ökonomische Rationalität
Ausprägung des Testkriteriums:	Regelinteressen: Konsens oder Zustimmung wg. erwarteter Vorteile durch Existenz bzw. Geltung der Norm	Handlungsinteressen: Situative Anreize zur Einhaltung der Norm

Abb. D.1: Normative und positive Institutionenökonomik:
Das hypothetische Konzept der zweistufigen Mikrofundierung. Tabellarische Darstellung

[170] Das Ziel ist seinerseits ggf. im Sinne Webers auf ein zugrundeliegendes Oberziel zurückzuführen. Dieser Rechtfertigungsrekurs wird hier jedoch ausdrücklich nicht berücksichtigt.

Nun erfolgt die hypothetische Umsetzung in eine angemessene öffentliche Institution, also eine Regel oder organisatorische Vorkehrung, von der anzunehmen ist, daß sie der Zielerreichung dient. Dies geschieht zweistufig.

Auf der *ersten Stufe* - in Abbildung D.1 ist diese in der mittleren Spalte abgebildet - geht es gewissermaßen im Buchananschen Problemaufriß um die hypothetische Implementation, also die allgemeine Geltung einer Institution (Normengeltung). Mikrotheoretisches Effizienzkriterium ist entweder der faktische oder ein hypothetischer Konsens i.w.S.;[171] wir greifen insofern auf die Ausführungen zur Konstitutionellen Ökonomik in Abschnitt C zurück.

Auf dieser ersten Stufe wird die Analyse zunächst in einem entscheidenden Sinne *ceteris paribus* durchgeführt: Die erfolgreiche *Durchsetzung* der hypothetischen Institution, Regel oder Norm[172] wird, ebenfalls im Buchananschen Sinne, implizit unterstellt.[173] Als mikrotheoretisch fundiertes Kriterium für *gesamtwirtschaftliche* Effizienz dient also die auf die *Regel* bezogene individuelle Zustimmung. Verkürzt gesagt, geht es hier um *Regelinteressen*.[174]

Hier ist der - erneute - Hinweis wichtig, daß es sich bei der zugrundeliegenden Annahme der ökonomischen Rationalität um ein rein heuristisches Konzept handelt: Es geht um eine Zustimmung 'unter erschwerten Bedingungen': solchen, unter denen auch ein *homo oeconomicus* zustimmen würde.

Im zweiten Schritt - in Abbildung D.1 in der rechten Spalte abgebildet - wird die restriktive Annahme der mit einer Regelimplementation bereits sichergestellten Durchsetzung aufgehoben und die normative Vorgabe auf einzelwirtschaftlicher Ebene systematisch auf ihre Durchsetzung hin überprüft. Hier, auf der zweiten Stufe, sind als Teil der Institution die vorgesehenen Sanktionsmechanismen zu untersuchen. Diese können durchaus, etwa im

---

[171] Dies kann, je nach Problemstellung, auch eine Mehrheitsregel sein; die Entscheidung über diese Abstimmungs- oder Meta-Regel selbst ist der vorliegenden Problemstellung vorgelagert: sie ist auf der konstitutionellen Ebene angesiedelt und bei der Implementation einer hier diskutierten postkonstitutionellen Institution als vorgegebener Input in die Theorie einzubringen. Vgl. zur Konzeption des Konsenses jedoch die Diskussion oben in Abschnitt C.

[172] Die Begriffe sind als Synonymata aufzufassen.

[173] Im Unterschied zum Buchananschen Ansatz geschieht dies jedoch explizit und mit dem Ziel, den normativen Kern des Problems von den positiv-empirischen Folgefragen zu entlasten.

[174] Kollektive Phänomene (Regeln) und ökonomische Rationalität (individuelles Interesse) können somit problemlos zusammen gedacht werden: Zum einen kann nur die Regel, aber nicht ein Ergebnis zur Abstimmung gestellt werden. Zum anderen darf die individuelle Zustimmung als auf eine individuelle Vorteilskalkulation gründend rekonstruiert werden.

Sinne Williamsons, auf der *privaten* Ebene angesiedelt sein, wenn sie eine effizientere Absicherung der Normendurchsetzung ermöglichen.

Das Effizienzkriterium ist auf dieser zweiten Stufe ergebnisorientiert; es geht stets und ausschließlich um die situationsbezogene einzelwirtschaftliche Anreizstruktur, kurz: um Handlungsinteressen. Hier zeigt es sich, ob eine allgemein zustimmungsfähige Norm sich auch angesichts der situativen Anreize bewährt und durchsetzt. Die Fragen der Normrechtfertigung und -geltung werden auf diesem Wege von Bedingungen der tatsächlichen Befolgung moralischer Normen durch den einzelnen trennscharf unterschieden.

Bei diesem Verfahren wird das traditionelle, ergebnisbezogene Effizienzkriterium durch systematische Verlagerung auf die zweite Stufe der Analyse entscheidend und ganz im Sinne Webers von normativen Konnotationen entlastet. Es kommt ohne Zweifel erst durch eine solche Trennung in vollem Umfang zur Geltung, da es konsequent auf der Ebene singulärer Handlungen verortet wird und nunmehr erst im Rahmen des Durchsetzungstests in die zweite, lexikalisch nachrangige Stufe der Analyse eingeht.[175]

Die normative Analyse wird - im Gegenzug - auch für eine Anwendung auf bisher vermeintlich der Diskussion entzogene Werturteile fruchtbar geöffnet, da sie ihrerseits nunmehr von fehlgedeuteten Effizienzüberlegungen bezüglich der Einzelergebnisse entlastet ist, die den Beitrag der Ökonomik in einschlägigen Debatten entscheidend schmälern können.[176] Im hier angespro-

---

[175] Hier wird das zentrale Buchanansche Argument übernommen, daß Regeln immer für eine Vielzahl von Handlungen gelten und sich daher immer in isoliert betrachteten Einzelfällen als 'ineffizient', weil z. B. transaktionskostenerhöhend herausstellen können - was aber bei der Einigung auf die Regel bereits antizipiert und somit gezielt in Kauf genommen wurde. Es wird damit eine Paradoxie des unmittelbar ergebnisorientierten Effizienzkriteriums im Property-Rights-Ansatz überwunden, die in einem von *G. Hesse* (1983) erwähnten Beispiel auf amüsante Weise verdeutlicht wird: Ein Vereinsmitglied schlägt seinen Kegelbrüdern vor, die Entscheidungsbefugnis über die alljährlich anstehende Verwendung der Kegelkasse zu privatisieren, weil damit die Transaktions- (hier: Einigungs-) Kosten dramatisch gesenkt würden. Im Lichte des traditionellen Effizienzdenkens ließ sich noch keine konzeptionell befriedigende Bewältigung bewerkstelligen, wie G. Hesses Erklärungsversuch zeigt.

[176] Beispielhaft bedeutet dies, daß der hier vorgeschlagene Weg ein ablehnendes Urteil aus Sicht der Ökonomik aufgrund 'mangelnder Effizienz' immer dann verhindert, wenn bei näherer Betrachtung - nämlich auf der ersten Stufe - eine fehlende politische Zustimmung aufgrund von negativen Umverteilungswirkungen auf betroffene Interessengruppen zu sehen war, deren Ansinnen in der hypothetischen Formulierung der Institution nicht hinreichend berücksichtigt wurde.

chenen Konsens- oder Zustimmungstest wird das schwache Werturteil des normativen Individualismus offen ausgewiesen.

Dieser institutionenökonomische Ansatz widerspricht insofern übrigens auch keinesfalls dem großen Entwurf von Hayeks zu einer Gesellschaftstheorie, die letztlich dazu bestimmt war, für moderne, marktwirtschaftlich verfaßte Gesellschaften Aufklärungsarbeit durch tiefere Einblicke in die Arbeitsweise von Volkswirtschaften zu vermitteln und aufgrund eines nunmehr verbesserten, von Irrtümern befreiten (Selbst-) Verständnisses Hilfestellung zu geben bei der (kritischen Hinterfragung und) Entwicklung von Überzeugungen und Zielen.[177] In den Konsequenzen aus diesen Erkenntnissen allerdings setzt eine moderne Institutionenökonomik auf Möglichkeiten, gesellschaftliche 'Entwicklungsfallen' - so eine Formulierung Witts[178] - zu vermeiden.[179]

b) Ein Algorithmus

Der Prozeß der iterativen ökonomischen Folgenermittlung und Folgen-Teilkalkulation, der in Unterabschnitt C.1.b. grundlegend expliziert worden war, kann nunmehr in den Prozeß der zweistufigen Mikrofundierung eingearbeitet werden; der in der nachstehenden Abbildung D.2 wiedergegebene Algorithmus zeigt dies paradigmatisch in zwölf Einzelschritten.

---

[177] Vgl. soeben *Pies* (1993). von Hayek war vor allem daran gelegen, Vorbehalten und verfestigten Einstellungen gegen eine marktwirtschaftliche verfaßte Ordnung durch Aufklärungsarbeit zu begegnen, denn „[o]b sich eine freie Wettbewerbswirtschaft erhalten ...wird, ... hängt in letzter Linie von der Einstellung der Masse zur Wirtschaftsordnung ab, und die Einstellung hängt ... von den Einsichten und dem Verständnis ab, das jeder in seiner Position erwirbt. Die Wirtschaft sieht nun einmal aus verschiedenen Perspektiven anders aus, und was jedem wichtig scheint, hängt von dem ab, was er tatsächlich erlebt." *von Hayek* (1969a), S. 27 f.

[178] Vgl. *Witt* (1989), S. 140 ff.

[179] Die Problematik war bereits im Zusammenhang mit der Unterscheidung von Koordinations- und Konfliktregeln angesprochen worden, die unterschiedliche Aussicht haben, sich spontan am Markt nicht nur zu entwickeln, sondern dann auch durchzusetzen. In der hier entwickelten Diktion würden also Koordinationsregeln von vornherein, d.h. ohne zusätzlich absichernde Institutionen deutlich bessere Aussichten haben, nicht nur den Zustimmungstest zu bestehen, sondern auch den Durchsetzungstest. Die oben entwickelte Analyse sollte zeigen, daß aus der Sicht einer institutionenorientierten Moralökonomik die moralischen Konfliktregeln durch öffentliche und private Institutionen in ihrem 'Durchsetzbarkeitspotential' erhöht werden können.

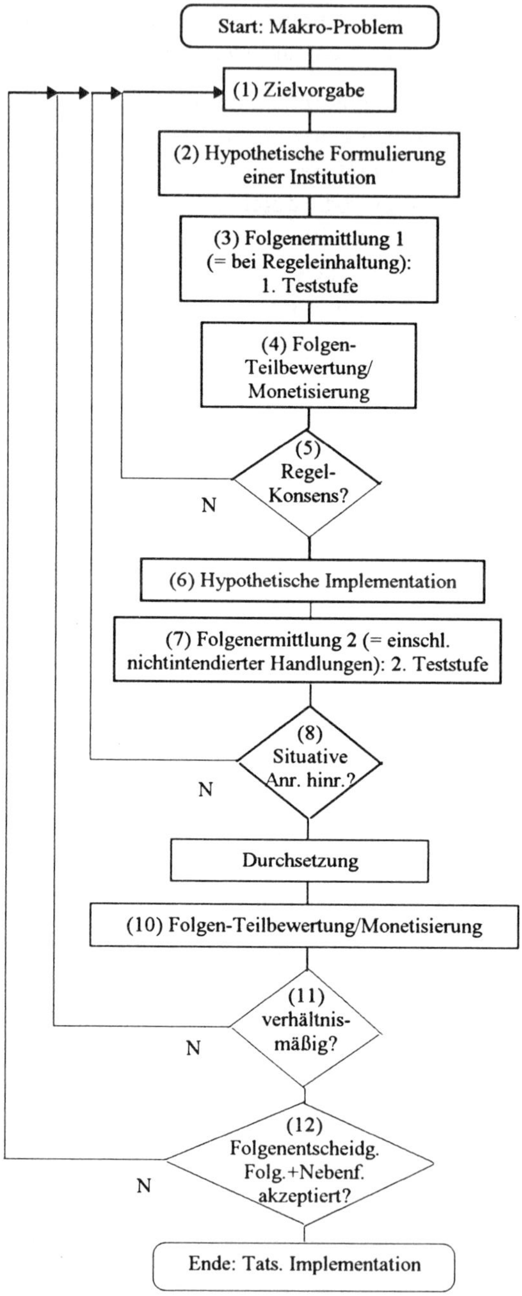

Abb. D.2: Algorithmische Darstellung der zweistufigen Mikrofundierung

Ausgangspunkt bleiben die Zielvorgabe und ihre hypothetischen Umsetzung in eine Institution, wie in den Einzelschritten (1) und (2) abgebildet.

Auf der eben diskutierten 1. Teststufe, in Abbildung D.2 beginnend mit Einzelschritt (3), wird mit der Implementation der Institution zunächst ihre Durchsetzung in den einzelnen Handlungen mitgedacht. *Unter dieser Bedingung* werden - Einzelschritt (4) - die hypothetischen Folgen ermittelt und, z. B. auf dem Weg der Monetisierung, bewertet bzw. teilkalkuliert.[180] So läßt sich anhand der Folgen einer implementierten und durchgesetzten Institution ihre hypothetische Wünschbarkeit ermitteln, die sich in einer hypothetischen Zustimmung oder Ablehnung - einem Regelkonsens oder -dissens zeigt; dieser Test wird in Einzelschritt (5) erfaßt.

Der Grund für die auf der ersten Teststufe vorläufig unterstellte individuelle Durchsetzbarkeit der Institution ist einfach: Wenn nicht einmal unter diesen Bedingungen eine Institution zustimmungsfähig ist, kann der Prüfalgorithmus bereits hier abgebrochen werden, die Institution wird in dieser Form verworfen und zur Modifikation zurückverwiesen in den Programmschritt der Ermittlung möglicher Alternativen. Außerdem werden vorschnelle, die Argumentationsebenen vermengende Zwischenergebnisse wie 'nicht durchsetzbar' o. ä. vermieden.[181]

Hat die hypothetische Institution jedoch diesen Test bestanden, so ist ihre Implementation provisorisch zu unterstellen - Einzelschritt (6) - und auf der zweiten Teststufe erneut eine Folgenermittlung und Folgenkalkulation[182] durchzuführen, diesmal in bezug auf die - bei zahlreichen Institutionen eben durchaus fragliche - *Durchsetzung* der 'an sich' gewünschten Regeln, also unter Berücksichtigung auch der nichtintendierten Nebenfolgen. Dies wird in Abbildung D.2 unter Einzelschritt (7) erfaßt: Es ist zu untersuchen, ob von der hypothetisch implementierten Norm auch hinreichend große situative Anreize ausgehen. Das Verfahren der Folgenermittlung und Folgen-Teilkalkulation (oder Folgen-Teilbewertung) ist somit zweistufig anzuwenden: zunächst auf die Norm selbst und sodann auf ihre Durchsetzung.

---

[180] Es sei noch einmal darauf hingewiesen, daß mit dem Begriff der *Teil*kalkulation die möglicherweise unmögliche Operationalisierbarkeit *aller* entscheidungsrelevanten Größen berücksichtigt wird.

[181] Williamsons Heuristik beispielsweise zeigt, daß sich sogar außerordentlich delikate Abhängigkeiten häufig als absicherbar und vertragliche Vereinbarungen als durchsetzbar erweisen.

[182] Genauer: eine Folgen-Teilkalkulation.

Wenn auf dieser zweiten Stufe - auf der Ebene der einzelnen Handlungen - unerwünschte Ergebnisse der hypothetisch unterstellten Institution prognostiziert bzw. ermittelt werden, weil sich eine Durchsetzung als unwahrscheinlich erweist - Einzelschritt (8) -, so erfolgt ein Rückschluß von den unerwünschten Ergebnissen auf die Regel: Auch dann erfolgt ein Rückverweis an den Beginn der Überprüfung; es ist dann qua modifizierte Zielvorgbe eine alternative Regel zu ermitteln, die ihrerseits das Testverfahren durchläuft. Anderenfalls ist die Durchsetzung der Norm zu konstatieren (Einzelschritt 9).

Am Ende der wissenschaftlichen Analyse ist gegebenenfalls letztlich jener Prüfschritt zu berücksichten, der bei der Diskussion der Konstitutionellen Ökonomik unter dem Stichwort notwendiger Einstimmigkeit in Grundrechtsfragen diskutiert wurde:

Sofern der hypothetische Konsens als fiktive, die tatsächlichen Interessen vernachlässigende Einstimmigkeit konzipiert war, ist der wissenschaftliche Teil des Verfahrens an dieser Stelle beendet und die hypothetische Institution im politischen Prozeß zur faktischen Abstimmung vorzuschlagen.[183]

Wenn jedoch der in der ersten Teststufe geprüfte hypothetische Konsens nur auf der Basis einer einfachen oder qualifizierten Mehrheit, nicht aber der absoluten Einstimmigkeit kalkuliert wurde, ist nunmehr dem Veto-Recht der überstimmten Minderheit in Grundrechtsfragen Rechnung zu tragen: Auch eine implementations- (d. h. mehrheits-) fähige *und* die (sc. von der Mehrheit) beabsichtigten Ergebnisse durchsetzende Institution muß entsprechende Folgen für die überstimmte Minderheit sowie deren Rechte berücksichtigen - Einzelschritt (10) - und den zugehörigen demokratischen Test der Verhältnismäßigkeit (i.e.S.) - wir übernehmen hier einen eingebürgerten juristischen Terminus - bestehen; dieser wird in Einzelschritt (11) abgebildet. Wenn die hypothetische Institution diesen Test nicht besteht, ist das iterative Verfahren fortzusetzen. Wenn sie ihn jedoch besteht, ist die hypothetische Institution nunmehr der tatsächlichen Abstimmung des Politikprozesses zur Entscheidung vorzulegen; dies wird in Einzelschritt (12) abgebildet, ist jedoch dem wissenschaftlichen Einfluß bewußt entzogen: Nach Aufklärung über die hypothetischen Entscheidungsfolgen wird die Folgenentscheidung im demokratischen Entscheidungsprozeß getroffen. Erst wenn auch dieser Test bestanden

---

[183] Eine entsprechende Abfrage wird im abgebildeten Algorithmus aus Vereinfachungsgründen nicht explizit berücksichtigt; die folgenden beiden Einzelschritte 10 und 11 wären im Fall unterstellter Einstimmigkeit bereits in den Einzelschritten 4 bzw. 5 abgearbeitet worden.

ist, führt die hypothetische Zustimmung des wissenschaftlichen Diskurses in eine faktische: in ein Gesetz oder eine Verordnung.

Ziel einer solchen, Entscheidungsfolgen und Folgenentscheidung unterscheidenden Vorgehensweise ist die Vermeidung von Mißverständnissen und ihren inhaltlichen und politischen Konsequenzen, wie dies oben bei der Diskussion des Konzepts von Folgenermittlung, -teilkalulation und -entscheidung dargelegt wurde: Indem die eine Art der 'Bewertung' - die Teilkalkulation oder Monetisierung der Entscheidungsfolgen - vorgenommen wird, die andere Art der 'Bewertung' - die Folgenentscheidung - aber ausdrücklich dem empirischen Zustimmungstest der Betroffenen unterworfen wird, können positive *und* normative Effizienzkriterien ohne den Geruch der pseudowissenschaftlichen Anmaßung endgültiger politischer Wertungen zur Geltung kommen.[184]

Die Probleme der traditionell wohlfahrtsökonomisch ausgerichteten Kosten-Nutzen-Analysen oder (in abgeschwächter Form) Kosten-Wirksamkeits-Analysen werden somit (nicht beseitigt, aber doch in entscheidendem Maße) gemindert, ohne ihr heuristisches Potential deshalb aufgeben zu müssen.

Dies ist besonders dann von ausschlaggebender Wirkung, wenn sogenannte 'außerökonomische' Faktoren (genauer: Faktoren, für die Marktpreise fehlen) eine Rolle spielen, also etwa vor allem Menschenleben auf dem Spiel stehen.[185] Bei näherem Hinsehen zeigt sich, daß sehr wohl in einem erweiterten

---

[184] Es sei noch einmal ausdrücklich darauf hingewiesen, daß Aufklärungsarbeit des ökonomischen Alternativkostenansatzes zum Beispiel auch deutlich machen kann, in wie großem Maße in der Realität ggf. unbewußt Menschenleben gegeneinander - und gegen materielle Werte - aufgewogen werden, etwa durch die Entscheidung für billige Baumaterialien in erdbebengefährdeten Gebieten. Vgl. z. B. *Ewers / Rennings* (1991), S. 13 f.

[185] Vgl. als Beispiele eines modernen ökonomischen Ansatzes der (in der Terminologie dieser Arbeit) Folgen-Teilkalkulation zur Vorbereitung der Folgenentscheidung etwa *Ewers* (1986a), ders. (1986b), *Ewers / Rennings* (1991). Die letztgenannte Arbeit referiert über ein Gutachten zu den zu erwartenden Folgen eines Kernkraftwerksunglücks. Die fehlende Kommensurabilität der vielfältigen zu erwartenden Folgen wird dort nicht hingenommen; da vor allem mit Schäden an Leib und Leben von Menschen zu rechnen wäre, wird vielmehr (erneut in der Terminologie dieser Arbeit) eine Teilkalkulation vorgenommen, die zugleich die Grenzen der ökonomischen (monetären) Bewertungsmöglichkeiten offen ausweist. Die zu erwartenden ethischen Bedenken antizipieren die Autoren im Frage-Antwort-Stil: „Frage ..: Ist es nicht zynisch, den Verlust menschlicher Gesundheit und menschlichen Lebens in Geldeinheiten zu bewerten? Antwort: ... Was .. passiert, wenn die volkswirtschaftliche Bewertung von Krankheit und Tod unterbleibt? Der Wissenschaftler bewertet dann nur noch nicht-menschliche, 'objektive' Schadensgrößen ... Dies waren nach Tschernobyl etwa Ertragseinbußen der Landwirte ... Gerade der Verzicht auf die Bewertung von Menschenopfern führt dann aber zu einem zynischen Ergebnis: nämlich dem, daß der Verlust eines Salatkopfes oder einer Porreestange für die Volkswirtschaft höher zu bewerten ist als der Verlust eines Menschenlebens." *Ewers / Rennings* (1991), S. 12. Vgl. auch ebenda, S. 13 f. und die vorstehende Fußnote.

Sinne Kommensurabilität vermeintlich 'unvergleichbarer' Größen hergestellt werden kann und der ökonomische Beratungsansatz mit seinen hypothetischen Vorschlägen der Folgenentscheidung sehr weitgehend zuarbeiten kann: Wenn die Folgenermittlung ergibt, daß sich die 'außerökonomischen' Faktoren auf der einen Seite der 'Bilanz' aus (i.w.S.) Grenznutzen und Grenzkosten finden, die sogenannten 'ökonomischen' aber auf der anderen Seite, dann kann immerhin ermittelt werden, welche Kosten bei einer bestimmten Entscheidung *mindestens* in Kauf genommen werden müssen: nämlich die monetisierbaren.

Entscheidend bleibt, daß die vom Wissenschaftler eingesetzten Preise, weil mehrfach dependent und zum Teil interdependent, nicht - dies würde Anmaßung bedeuten - als wertfrei angesehen werden: Beispielsweie macht die individuelle Einkommensverteilung qua Kaufkraft die Verwendung bestimmter, stets bezüglich der jeweiligen institutionellen Rahmenbedingungen ermittelter Preise zum willkürlichen Element auch in jeder monetisierenden Analyse. Wenn dies jedoch offen ausgewiesen wird und beispielsweise alternative Bewertungsverfahren vorgestellt werden, bleibt der interessierten Öffentlichkeit oder den delegierten Entscheidungsträgern die Möglichkeit, die Folgenentscheidung nunmehr auf der Basis einer verbesserten Transparenz (!) bezüglich der teil-bewerteten[186] Entscheidungsfolgen zu treffen. [187]

Eine solche positive Prüfung und Rekonstruktion normativer Fragestellungen[188] ermöglicht es letztlich, zurückzukehren zur ursprünglich normativen Fragestellung: Wenn in einem iterativen Prozeß der systematischen Folgenermittlung und Folgen-Teilkalkulation[189] jene moralischen Vorgaben und Forderungen identifiziert sind, die von den Menschen bewußt und in Kenntnis der Folgen ihrer Durchsetzung gewünscht werden, so können Vorschläge abgeleitet werden, wie jene Institutionen gestaltet werden können, die das gewünschte, an moralischen Prinzipien ausgerichtete Handeln begünstigen, und es lassen sich jene identifizieren, die es eher behindern.

---

[186] Eine Verwechslung mit dem betriebswirtschaftlichen Teilwertbegriff sollte ausgeschlossen sein.

[187] In dieser Phase kann der Wissenschaftler nicht in dieser Eigenschaft, sondern, streng im Weberschen Sinne, nur als Bürger 'wie jeder andere auch' auftreten. Vgl. hierzu auch oben, Unterabschnitt C.1.b.

[188] Vgl. sinngemäß *Homann* (1988b), der vom 'Abarbeiten' normativer Fragestellungen spricht.

[189] Vgl. oben, Unterabschnitt C.1.b).

Zur Vermeidung von Mißverständnissen sei darauf hingewiesen, daß die Unterscheidung zwischen Institution und singulärer Handlung nicht gleichgesetzt werden darf mit einer Unterscheidung der Ebenen Gesellschaft und Individuum, also Makro- und Mikro-Ebene: Es geht in institutionenökonomischer Sicht bei der Analyse von Institutionen und singulären Handlungen gleichermaßen stets um Makro-Phänomene, die es zu erklären gilt; beide werden jedoch mikro-fundiert; einmal qua Konsenstest (= Zustimmungstest), einmal qua Anreiztest (= Durchsetzungstest).[190]

Schließlich kann der Begriff Zustimmungstest auch als Test zur Ermittlung der 'kollektiven' Rationalität interpretiert werden, der Begriff Durchsetzungstest als Ermittlung der situativ bedingten 'individuellen' Rationalität; mit 'kollektiver' Rationalität kann dabei allerdings stets nur die Interessenübereinstimmung aus Sicht der Individuen gemeint sein. *Insofern* gilt für eine ökonomische Rekonstruktion des Problems der Grundsatz einer einheitlichen Rationalität.

3. Bewältigte und unbewältigte Probleme

a) Ein bewältigtes Problem. Der Zustimmungstest oder: Die Nützlichkeit einer allgemeinen Normengeltung

Die ökonomische Theorie der individuellen Rationalität einer allgemeinen Geltung moralischer Normen - in der Terminologie dieser Untersuchung: der Zustimmungstest - ist recht weit entwickelt; die Arbeiten wurden dabei herausragend von K. Homann vorangetrieben: [191] Es lohnt sich auch für eigeninteressiert-rational handelnde Individuen, sich auf Regeln zu verständigen, da dadurch Interaktionsmöglichkeiten eröffnet werden, die dem einzelnen sonst verschlossen blieben. Dies ist eine eminent wichtige Erkenntnis, da sich ein scheinbar vorhandenes Paradoxon wie von selbst auflöst: Die bewußte Einschränkung des Handlungsraumes, der bewußte Verzicht auf bestimmte Aktivitäten auf der einen Seite eröffnet auf der anderen Seite Handlungsspielräume, die 'per saldo' allen nutzen. Dies ist exakt das Erklärungsschema, das bereits *Hobbes* (1651, 1991) seiner Theorie des Gesellschaftsvertrages zu-

[190] Vgl. auch hierzu z. B. *Zintl* (1989).

[191] Vgl. zum Folgenden die bereits mehrfach zitierten Fundstellen, hier insbes. *Homann* (1988b) sowie *Homann / Hesse et al.* (1988).

grunde legte[192] und das von Buchanan in eine ökonomische Terminologie umgesetzt wurde.[193] So ist davon auszugehen, daß nach dem derzeitigen Erkenntnisstand die erste Stufe der Folgenermittlung und Folgenteilkalkulation recht schnell durchlaufen wird und ein Regelkonsens unterstellt werden kann. Die hypothetische Implementation in Einzelschritt (6) des Algorithmus[194] darf als sicher angenommen werden.

Fraglich ist vielmehr, ob bzw. wie moralische Normen den Durchsetzungstest des Einzelschrittes (8) bestehen: Es zeigte sich bald, daß bei der soeben skizzierten Argumentation zur Vorteilhaftigkeit moralischer Normen die angesprochenen beiden Ebenen des Zustimmungstests einerseits und des Durchsetzungstests andererseits leicht miteinander vermengt werden:

Zwar *kann* man folgern, daß eine Zustimmung zu einer Norm sich - vernünftigerweise? - auf die Bereitschaft gründet, sie im Einzelfall auch einzuhalten. Aber es gibt eben eine bessere Alternative für den *homo oeconomicus*: Ihm eröffnet sich die Möglichkeit, in der Öffentlichkeit vehement für allgemeine moralische Verhaltensregeln einzutreten und ihre allgemeine Geltung sicherzustellen, um sie selbst bei Bedarf rigoros zu verletzen, wenn dies nämlich im Eigeninteresse opportun erscheint - und damit, da letztlich alle dieser Problematik gewahr sind, zur Erosion der Norm selbst beizutragen. Der Leser erkennt an dieser Stelle möglicherweise die seit biblischen Zeiten bekannten lebensweltlichen Verwandten des *homo oeconomicus* - die Pharisäer: „Denn sie reden nur, tun selbst aber nicht, was sie sagen."[195]

Dies ist die Logik des Gefangenendilemmas: Zwar stimmt es, daß alle im Vergleich zum Hobbesschen Naturzustand profitieren, wenn sie sich *alle* an die Norm halten. Noch besser erscheint es aufgrund der destruktiven situativen Anreize jedoch für den einzelnen, die Norm zu brechen, um damit den kurzfristigen Vorteil und zusätzlich, als unbeobachteter Trittbrettfahrer, den langfristigen einzustreichen, da ja die einzelne Deviation, für sich genommen, die Geltung der sozialen Norm nicht in Frage stellt.

---

[192] K. Homann sieht sein Programm auch als Rehabilitation des Hobbesschen Ansatzes für die hier zentralen Fragen; vgl. z. B. *Homann* (1988b). Er bringt die langfristige Vorteilskalkulation dadurch ins Spiel, daß es eben für den einzelnen rational sein könne, kurzfristige Bedürfnisse zugunsten langfristiger zurückzustellen. Vgl. *Homann* (1985b), S. 145 f.

[193] Vgl. dazu die Ausführungen oben in Abschnitt C.

[194] Vgl. Abbildung D.2.

[195] Mt. 23,3. Zur (sprachlich) familialen Interpretation dieses Themas vgl. vor allem *Tietzel* (1981a), der allerdings seinerseits gewisse Anleihen bei *Machlup* (1978b) genommen hat.

b) Ein unbewältigtes Problem. Der Durchsetzungstest oder: Von der Nützlichkeit einer Norm zur Rationalität ihrer individuellen Befolgung

Für den - entscheidenden - Durchsetzungstest kommen offensichtlich mehrere Erklärungsansätze in Frage, die etwa der Überlegung folgen: Wodurch werden eigennützig handelnde Menschen veranlaßt, informelle Normen zu befolgen?

Im Rational-choice-Ansatz kommen hier offenbar in Frage: Transaktionskostenersparnisse, Prestige und Ansehen (die Reputation), langfristige materielle Vorteile.[196] Es wird moralisches Verhalten im Kern dadurch erklärt, daß es sich im Einzelfall nicht lohne, mögliche Grenzerträge und Grenzkosten einer Deviation auszuloten, so daß es eine rationale - zum Beispiel eine transaktionskostenminimierende - Strategie sein könne, sich (fast) immer an moralische Normen zu halten. Diese *prima facie* möglicherweise einleuchtend erscheinenden, jedoch unmittelbar auf die Ebene individueller Handlungen - die zweite Stufe oder Phase menschlicher Interaktion - zugeschnittenen Konzepte können aus den oben ausführlich diskutierten Gründen nicht überzeugen: Sie genügen nicht dem Kriterium der Verbindlichkeit moralischer Normen[197], es fehlt die systematische Einbettung in das Konzept der Regelbindung, da moralkonformes Verhalten von höchst kontingenten Einflüssen abhängig gemacht wird. Daher erscheint es sinnvoll, diese Aspekte im Zusammenhang mit den umfassenderen, sogenannten unternehmensethischen Konzeptionen in den Abschnitten E und F zu behandeln, die ihrerseits nachweislich die Ergebnisse früherer Studien berücksichtigen und vor allem - im Sinne der methodischen Ausrichtung der vorliegenden Untersuchung - einen (wie immer gearteten) institutionentheoretischen Ansatz wählen.

Weiterhin wurden die Probleme des Ansatzes einer offenen Nutzenfunktion gerade in institutionenökonomischer Perspektive deutlich, da eine solche Modellierung das zu lösende Problem bereits in den Annahmen absorbieren. Auch darauf - und auf mögliche Vorteile eines solchen Ansatzes - wird jedoch, in Abschnitt E, noch einmal näher einzugehen sein.

---

[196] Vgl. für die wohl luzideste Analyse von Transaktionskostenaspekten *Vanberg* (1988), zum Aspekt 'Prestige' soeben z. B. *Gäfgen* (1992), zum Konzept der langfristigen Vorteilhaftigkeit - seinerzeit noch - *Homann* (1988b) sowie die in den zitierten Arbeiten angegebene umfangreiche Literatur.

[197] Vgl. die Definitionen oben.

Ein weitaus populäreres - und auf den ersten Blick institutionenökonomisch fundiertes - Konzept ist nunmehr das einer individuellen Selbstbindung, das scheinbar das 'Absorptionsproblem' überwindet und vor allem von Jon Elster und Thomas C. Schelling entwickelt worden ist.[198] Es sei deshalb bereits an dieser Stelle diskutiert.

Paradigmatisch geht es hier um die Unterscheidung von (sich widersprechenden) langfristigen und kurzfristigen Präferenzen,[199] dargestellt am (von Elster zum Buchtitel gemachten) Fall von 'Odysseus und den Sirenen'; solche Überlegungen zur individuellen Selbstbindung werden offenbar zur Zeit als fruchtbarer Ansatz auch von anderen Autoren als den beiden genannten verfolgt.[200]

Das aus der griechischen Mythologie[201] entlehnte Beispiel ist die Entscheidungssituation des Odysseus, der mit seinen Kameraden die gefürchteten Sirenen passieren muß: Hört er ihnen zu, wird auch er ihrem betörenden Gesang nicht widerstehen können und - im Augenblick der situativen Handlungsanreize - in den Tod gerissen; verstopft er sich dagegen - im Interesse seiner 'langfristigen Präferenzen' - die Ohren, muß er auf eben diesen Genuß verzichten. Der Vielgewandte verbindet das (kurzfristig) Angenehme mit dem (langfristig) Nützlichen, indem er sich an den Schiffsmast fesseln läßt, auf Wachs in den Ohren verzichtet, das er seinen Kameraden natürlich gibt, und diesen befiehlt, ihn im entscheidenden Augenblick - auch bei einem gegenläufigen spontanen Befehl - im Zweifel nur noch fester an den Mast zu binden.

Dieser Ansatz ist offenbar für zahlreiche Entscheidungsprobleme (Stichwort: '*set of inner rules*') außerordentlich fruchtbar, hilft aber hier nicht weiter: Erstens kann, anders als im Odysseus-Fall, eine Entscheidung durch

---

[198] Vgl. das Konzept der 'Egonomics' oder des 'Self-Command' bei *Schelling* (1978a), ders. (1984b), ders. (1984c), ders. (1984d), der strategischen Selbstbindung bei *Elster* (1987), ders. (1989a). Diesen Ansatz verfolgt in der deutschsprachigen wirtschaftsethischen Literatur offenbar z. B. *Gäfgen* (1988), hier insbes. S. 90 f., der etwa unterstützende sozialpädagogische Maßnahmen zur Verankerung solcher Normen erwähnt.

[199] Bei Harsanyi wird zwischen Präferenzen und Meta-Präferenzen unterschieden, wobei letztere in seinem Konzept im Handeln auf kollektiver Ebene Anwendung finden. Vgl. hierzu die Aufsatzsammlung *Harsanyi* (1976) sowie *Harsanyi* (1982).

[200] Vgl. - mit einer kritischen Einschränkung, dennoch in der insgesamt positiven Würdigung aus den im folgenden zu belegenden Gründen eher überraschend - *Homann* (1988b), soeben: *Homann / Blome-Drees* (1992).

[201] Genauer: bei Homer im 12. Gesang der Odyssee.

einen einzelnen natürlich auch durch ihn selbst widerrufen werden;[202] die - nur hier wohl wörtlich zu nehmende! - Bindungswirkung hängt jedenfalls von ihrer spezifischen Ausgestaltung ab. Zweitens, und dies wiegt hier noch schwerer und kann kaum überbetont werden, handelt es sich beim Problem des Odysseus offenkundig keineswegs um ein Konfliktproblem, da dieser - was in der einschlägigen Literatur nach Wissen des Verfassers nicht berücksichtigt wird - auch ex post seinen Nutzen erhöht.[203]

Daher werden in den - in den folgenden Abschnitten E und F - zu diskutierenden Ansätzen zur unternehmensethischen Verwirklichung moralischer Ziele andere bzw. weitergehende Wege verfolgt. Der (i.e.S.) ökonomische Ansatz, der zuallererst durch K. Homann repräsentiert wird[204], setzt auf das Rational-choice-Paradigma einer institutionell orientierten, kollektiven Selbstbindung, die anderen konzipieren die institutionellen Aspekte vorwiegend als Teil eines individualethisches Ansatzes und zielen auf eine *Überwindung* des ökonomischen Paradigmas, das letztlich auf die Eigennutzmaximierung rekurriert.[205]

Die unterschiedlichen Ansatzpunkte können wie in Abbildung D.3 schematisch abgebildet werden. Einerseits ist der Rational-choice-Ansatz in der Lage, sich über die effiziente Lösung von Sachproblemen hinaus für die Analyse moralischer Normen zu öffnen, und zwar nicht nur hinsichtlich ihrer Erklärung, sondern auch in bezug auf ihre Rechtfertigung. Andererseits gerät der Ansatz offenkundig bei der Analyse und Erklärung individueller Normenbefolgung in konzeptionelle Widersprüche. Der sich in der Tradition Kants sehende Vernunftansatz dagegen vermag moralische Ansprüche umfassend gegenüber menschlichem Handeln - auch in den individuellen Motiven - gel-

---

[202] Darauf weist *Homann* (1988b) hin.

[203] Darüber hinaus wäre zu bedenken, ob nicht konsequent die Fiktion verschiedener Präferenzen auf den verschiedenen Handlungsebenen ersetzt werden könnte durch differierende *Restriktionen.* Im Augenblick einer Entscheidung, in der ein Individuum scheinbar abweichende, inkonsistente 'Präferenzen' offenbart, gilt das Knappheitsproblem: Nicht alle relevanten Informationen können verarbeitet werden, und so gibt es (aus der Ex-post-Perspektive) stets einen dominanten Einfluß der kostengünstig verfügbaren 'unmittelbaren' Informationen (im Odysseus-Fall: der schöne Gesang, durch unmittelbare Sinneserfahrung vermittelt) gegenüber den 'mittelbar' verfügbaren (hier: die aus der Überlieferung durch Dritte in Erinnerung zu rufenden tödlichen Folgen).

[204] Vgl. als Fundstellen hierzu und zum Folgenden die in den Abschnitten E und F angeführten Hinweise.

[205] Der ursprüngliche Plan, die im amerikanischen Sprachraum populären 'Business Ethics'-Ansätze in die Untersuchung einzubeziehen, wurden aufgrund ihrer theoriearmen Fallstudienorientierung fallengelassen. Vgl. hierzu auch die Ausführungen oben in Abschnitt A.

tend zu machen, gerät aber andererseits in Schwierigkeiten bei der Erfassung jener besonders heiklen Situationen, in denen die 'ökonomische Sicht' auf besonders delikate (materielle, wenn man so will) Anreize des handelnden Individuums aufmerksam macht.

Konzeption	Rational-choice-Ansatz	Vernunftorientierter Kantianischer Ansatz
Beschreibung	Selbstinteressierte, zweckrational handelnde Individuen	Individuen sehen Moral als eigenen, nicht zweckrational definierten Wert
Erfolg	Nicht nur effiziente Lösung von Sachproblemen, sondern auch Rechtfertigung und Erklärung moralischer Normen	Systematisches Geltendmachen moralischer Ansprüche an individuelles menschliches Handeln
Problem	Widerspruchsfreie Erklärung empirisch beobachtbaren moralischen Handelns von Individuen	Systematische Berücksichtigung der Normendurchsetzung unter destruktiven Anreizstrukturen

Abb. D.3: Vernunft vs. ökonomische Rationalität

Übersetzt in die Terminologie dieser Arbeit, läßt sich die Problematik nun auch anhand der Abbildung D.4 - notwendig stilisiert und stark vereinfachend - darstellen.[206] Der 'zweckrationale' ökonomische Ansatz sieht eine

[206] Die Begriffe „wertrational" und „zweckrational" werden in Anführungsstriche gesetzt, da ihnen in der wirtschaftsethischen Literatur in Anlehnung an Max Weber regelmäßig die Begriffe der Gesinnungs- und der Verantwortungsethik bzw. deontologische vs. teleologische Ethik zugeordnet werden. Dies ist nach nach dem hier vertretenen Verständnis irreführend: Vernunftethische Argumente können ohne weiteres folgenorientiert (d.h. teleologisch oder konsequentialistisch) interpretiert werden; der 'Vernunftethiker' will dann nur die Folgen menschlichen Handelns *anders gewichtet* sehen als der 'Interessenethiker'. In einer deontologischen Normenbegründung des „Du sollst nicht töten" (präziser: „Du sollst nicht morden") kann wiederum die

dauerhaft verwirklichte Normengeltung nur dann gegeben, wenn sie aus den Interessen der einzelnen begründet und (in positiv-analytischer) Theorie erklärt werden kann; dies ist die erste Stufe der Mikrofundierung. Die Normengeltung ihrerseits muß fundiert werden durch spezifische, situativ bedingte Handlungsanreize des einzelnen: Auch die Normenbefolgung muß (zwar nicht in jedem Einzelfall, aber doch grundsätzlich) konsistent aus dem Rationalchoice-Modell heraus rekonstruiert werden; in der Tabelle muß die Zeile a) 'von rechts nach links' gelesen werden.

Der 'wertrationale' Vernunftansatz setzt dagegen auf die Einheit der Vernunft: Hier gilt es, die als zynisch empfundene Logik einer Unterscheidung allgemeiner Regeln und ihrer individuellen Befolgung - es ist die Logik sozialer Dilemmata - durch Erziehung einerseits und modifizierte institutionelle (gesamtwirtschaftliche) Strukturen andererseits zu überwinden.

Erklärungsgegenstand / Heuristischer Ansatz	Normengeltung (Institutionen)		Normenbefolgung (singuläre Handlungen)
a) „zweckrational"	Interessen: Regelkonsens	⇦	Interessen: Situative individuelle Anreize
b) „wertrational"	Einheit der Vernunft		

Abb.D.4: Normengeltung und Normenbefolgung.
Vergleich interessen- und vernunftorientierter Erklärungsansätze

aus Erfahrung geronnene Kurzformel langer ökonomischer Kalkulationen gesehen werden - wenn nämlich die Erfahrung lehrt, daß in allen bisher erkannten Fällen die Folgen als so verheerend angesehen wurden, daß es nicht zweckmäßig erscheint, sich hier noch um eine auf die jeweiligen Folgen abstellende Norm zu bemühen.

In den Worten des Moralphilosophen Mackie zeigt sich diese Problematik sozialer Dilemmata so:

> „Unbeantwortet bleibt die Frage: 'Warum soll ich nicht gleichzeitig aus der Existenz eines moralischen Regelsystems meine Vorteile ziehen, selbst es aber umgehen? Warum soll ich nicht andere dazu aufrufen, moralisch zu sein, und aus der Tatsache, daß sie es sind, Vorteile ziehen, ohne bereit zu sein, auch selbst die moralischen Forderungen zu erfüllen, wenn sie über die Ratschläge eines aufgeklärten Egoismus hinausgehen oder mit ihm kollidieren?' ... Es wird immer wenigsten einige Situationen geben, in denen man sich straflos und ohne entdeckt zu werden in dieser Weise verhalten kann. Warum also nicht?“[207]

[207] *Mackie* (1983), S. 243 f. Mackie entwirft anschließend ein individualethisches Paradigma, das (möglicherweise) den ökonomischen Konsenstest, aber (mit großer Wahrscheinlichkeit) nicht den ökonomischen Durchsetzungstest besteht.

We have already known that heedless self-interest was bad morals: we now know that it is bad economics.

Franklin D. Roosevelt

Drittes Kapitel

Ordnungspolitische und unternehmerische Strategien: Konzeptionen der Unternehmensethik im Vergleich

Im *ersten Kapitel* der Arbeit wurde das Analyseinstrumentarium des ökonomischen Paradigmas in einem problembezogenen Kontext entfaltet und die besondere, insofern 'wieder neue' Rolle einer rationalen Annahmendiskussion nachgewiesen.

Das *zweite Kapitel* zielte, dem vor allem von Karl Homann entwickelten Ansatz folgend, auf die Rekonstruktion einer modernen normativen Moralökonomik ab (bei Homann: Wirtschaftsethik), deren Arbeitsschema in dem hier vorgelegten Entwurf - erstens - widerspruchsfrei mit dem Anspruch einer zugleich empirisch-analytisch ausgerichteten *und* den Wertungsbedarf politischer Diskurse nicht ignorierenden modernen Ökonomik vereinbar ist. Im Kern ging es dabei - zweitens - um den systematischen Nachweis der vorhandenen Bezüge und Schnittstellen zwischen den derzeit vorliegenden, nur scheinbar disparaten Theorieentwürfen.

Die durch die im Anschluß an James M. Buchanan vorgenommene Unterscheidung von (konstitutionellen und postkonstitutionellen) Institutionen einerseits und singulären Handlungen andererseits mögliche Neu-Zuordnung von Effizienzüberlegungen zeigte - drittens - einen Ansatz zur Überwindung des inneren Widerspruchs wohlfahrtsökonomischer Ansätze, zu verwirklichen durch die systematische Entlastung normativer Überlegungen von - sinnvoll immer nur einzelwirtschaftlich rekonstruierbaren - Effizienzkriterien. Diese Überlegungen wurden - viertens - erstmals unter dem Prinzip der zweistufigen Mikrofundierung von Makro-Problemen rekonstruiert.

Aufgrund des enormen explanatorischen Potentials der Neuen Institutionenökonomik konnte schließlich das grundlegende Problem der Implementation und Durchsetzung moralischer Normen neu zugeordnet und mit der in anderen Disziplinen aktuellen Wirtschaftsethik-Diskussion in Gleichschritt gebracht werden: Auf der ersten Stufe der positiven Mikrofundierung wurde die in der Literatur erkannte Produktivität moralischer Normen kritisch reflektiert und zugleich von traditionellen, direkt ergebnisorientierten Erwägungen entlastet.

Das zentrale Problem der Normendurchsetzung in singulären Handlungen - der zweiten Stufe der Mikrofundierung - wurde hier als theoretischer Spagat zwischen normativer und positiver ökonomischer Theorie, zwischen Implementations- und Durchsetzungsparadigma bezeichnet. Dabei wurden Perspektiven deutlich, die das besondere heuristische Potential der Neuen Institutionenökonomik zur Integration moralischer Normen in ökonomisches Denken verdeutlichen und Anhaltspunkte für eine effizientere Bewältigung der anstehenden Probleme liefern.

Mit diesem *dritten Kapitel* schließt sich insofern der Argumentationskreis: Auf der Grundlage der vorhandenen Instrumentarien kann der ökonomische Ansatz einer Integration moralischen Handelns in unternehmerische Tätigkeit diskutiert werden.

Die analytische Tragweite des Ansatzes wird erst vor dem Hintergrund alternativer Theorieentwürfe deutlich, wobei zur Zeit zwei nicht nur fragmentarische Forschungslinien identifiziert werden können: die von Peter Ulrich einerseits und Horst Steinmann/Albert Löhr andererseits; ein weiterer Vorschlag liegt von Peter Koslowski vor, dessen Überlegungen insofern interessant erscheinen, als er wie Homann zugleich Philosoph und Ökonom ist. Allen drei hier genannten Ansätzen ist jedoch gemeinsam, daß sie den spezifisch ökonomischen Denkansatz, wie er im ersten Kapitel vorgestellt wurde, grundlegend in Frage stellen, und damit - mit mehr oder weniger signifikanten Unterschieden - das aus ihrer Sicht überholte (neo-) klassische Paradigma als 'verloren' ansehen. Erst im Vergleich - siehe oben - dürften die Konturen des ökonomischen Ansatzes hinreichend deutlich hervortreten; in dieser grundsätzlichen Perspektive ist auch die Darstellung der Alternativen - wenngleich *bona fide* - angelegt, so daß die jeweilige Beschreibung bewußt holzschnittartig gehalten ist.

E. Unternehmensethik: Zur Beschränkung oder Überwindung der ökonomischen Rationalität. Die Ansätze von Peter Koslowski, Horst Steinmann/Albert Löhr und Peter Ulrich

1. Zur Integration von ethischer und ökonomischer Rationalität: Peter Koslowski

Peter Koslowski[1] hat im vergangenen Jahrzehnt eine Reihe von Arbeiten zu den philosophischen Grundlagen der marktwirtschaftlichen Ordnung mit Privateigentum an Produktionsmitteln (kurz: des 'Kapitalismus') vorgelegt, die in den letzten Jahren in eine grundlegende Auseinandersetzung mit wirtschaftsethischen Fragen mündeten.[2]

Seine Ursachenanalyse setzt im wesentlichen an drei Problemkreisen an. Er nennt zunächst die angewachsene Bedeutung der Externalitäten menschlichen Handelns, „weil die nichtintendierten Nebenwirkungen ... unseres Handelns in Wirtschaft und Technik mit wachsender Handlungsmacht des Menschen zunehmen"[3]. Ferner beobachtet er eine 'Wiederentdeckung des Menschen' in den Wissenschaften: auch die Ökonomik sei eher Geistes- als Naturwissenschaft. Der systematische Bezug (Ursachenanalyse) findet sich im Kontext: Koslowski verweist auf die sozio-ökonomischen Entwicklungen der letzten Jahrzehnte von einer Industrie- zu einer Dienstleistungsgesellschaft, die eine stärkere Beachtung des Menschen in eben seiner Menschlichkeit in der Ökonomik forderten (in der Redeweise Koslowskis: einen wachsenden Anthropomorphismus in der Ökonomik) . Die dritte Ursache sieht Peter Koslowski in der „zunehmenden Ausdifferenzierung moderner Gesellschaften"[4] - hier vor allem in den Folgen der wachsenden Arbeitsteilung - „und der daraus entstehenden Gefahr, daß die moderne Kultur ihren vereinigenden Sinn verliert"[5].

Seine Folgerung - implizit aus dem ersten und aus dem dritten Aspekt abgeleitet - lautet, daß nunmehr die Ausdifferenzierung der Gesellschaft zu einer

---

[1] Peter Koslowski ist Direktor des Forschungsinstituts für Philosophie in Hannover.

[2] Vgl. zu den ersteren grundlegend *Koslowski* (1982, 1991), zu letzteren ders. (1987), ders. (1989a), ders. (1989b) sowie, in der Lesart des Verfassers zusammenfassend, ders. (1988, 1991) und ders. (1991).

[3] *Koslowski* (1988, 1991), S. 7.

[4] *Koslowski* (1988, 1991), S. 11.

[5] *Koslowski* (1988, 1991), S. 11.

Abkoppelung des Subsystems Wirtschaft geführt habe: deren Funktionsbedingungen der Konkurrenz und Marktpreisbildung seien zu den Anforderungen der sozialen Kohäsion und sinnvereinigenden Gemeinschaft inkompatibel geworden.[6]

Im Ergebnis sieht Koslowski das Paradigma einer einheitlichen Rationalität abgelöst von inkompatiblen 'Partialrationalitäten': einer ökonomischen, einer ästhetischen und einer ökologischen Rationalität, die nach seiner Überzeugung zu Ökonomismus, Ästhetizismus und Ökologismus geführt haben;[7] dabei sieht er die Folgen der konstatierten Trennung durchaus interdependent und insofern aus dem ökonomischen Blickwinkel[8]. Diese gilt es nach seiner Überzeugung wieder zusammenzuführen.

In eine solche Konzeption einer sinnhaft wiedervereinigten Rationalität gehen dann auch ökonomische Kategorien ein, wie Koslowski ausdrücklich betont;[9] zumindest in diesem Punkt versteht Koslowski offenbar Rationalität als umfassenden Ansatz zur Bewältigung von Knappheitsproblemen und befindet sich damit im Ansatz in bemerkenswerter Übereinstimmung mit Homann[10]: In der Lesart des Verfassers bedeutet dies, daß Koslowski den ökonomischen Alternativkostenansatz als 'apriorisches' Prinzip vollständig anerkennt, wenn man nur den Begriff der Zweckrationalität überwinde und vielmehr beachte, daß auch immaterielle (bei Koslowski: 'materiale') Werte Zwecke sind, die nach dem ökonomischen Prinzip verfolgt werden können:

---

[6] Insofern erinnert die Analyse an die Luhmanns, die dieser soeben erneut vertreten hat; vgl. *Luhmann* (1991), auch: ders. (1988). Vgl. *Koslowski* (1988, 1991), S. 11. Koslowski verweist in diesem Zusammenhang auf die bemerkenswerte Tatsache, daß die *Anonymität* in traditioneller ökonomischer Logik geradezu eine Voraussetzung für die wohlfahrts*fördernden* Wirkungen des Wettbewerbs sei, zumindest nach dem Leitbild der vollständigen Konkurrenz. In der Tat findet sich hier die paradoxe Logik des Gefangenendilemmas wieder, in das die Anbieter qua Anonymität bewußt versetzt werden; vgl. dazu bereits *Buchanan* (1965a), der auch von Koslowski zitiert wird.

[7] Vgl. soeben *Koslowski* (1992b), S. 87.

[8] Er betont z. B., „daß die Verabsolutierung der ökologischen Rationalität und des Wertes der Naturerhaltung" sich bis zu einem „'Terror der Erhaltung' steigern kann. Es ist ein Terror der Erhaltung denkbar, der keinerlei Steigerungsformen des Lebens ... mehr zuläßt." *Koslowski* (1992b), S. 88.

[9] Vgl. z. B. *Koslowski* (1988, 1991), S. 67.

[10] Vgl. dessen einschlägigen Aufsatz in einem von Koslowski herausgegebenen Sammelband: *Homann* (1985b).

„Verschwendung im ökonomischen Sinn ist nie zu rechtfertigen und immer zu vermeiden.“[11]

Mit anderen Worten: Koslowski verfolgt hier die Idee einer offenen Nutzenfunktion, die die oben genannten Werte bereits berücksichtigt; sein Ansatz ist präferenzökonomisch ausgerichtet. In diesem Sinne - eines werthaften Füllens der zunächst unbestimmten Präferenzen - ist auch die folgende Formulierung zu verstehen: „Effizienz als einziges Maß des Handelns genügt nicht, weil dieses Maß unterbestimmt ist.“[12]

Wie die Präferenzen insbesondere der Unternehmungen auszufüllen sind, führt Koslowski dann in der Tat auch anhand der Parabel vom Gefangenendilemma aus,[13] allerdings in der Analyse mit fundamental abweichenden Ergebnissen: Hier lautet seine Antwort, daß eine ‘Kantische Lösung’ im Sinne des Kategorischen Imperativs das Problem zu überwinden hilft.[14]

Diese Überlegungen gipfeln letztendlich sogar in der ausdrücklichen Forderung nach einer Rehabilitierung des gerechten Preises (!).[15] Begründet werden entsprechende Möglichkeiten der Unternehmensführung mit der Überlegung, daß das theoretische Ideal der vollständigen Konkurrenz in der Realität nicht vorliege. Dadurch ergeben sich nach seiner Überzeugung für die Unternehmungen - auf realiter häufig oligopolistisch strukturierten Märkten - Möglichkeiten, moralisches Handeln aus Mitteln zu finanzieren, die derzeit für Bequemlichkeit oder ‘Gemütlichkeit des Betriebes’“[16] - gemeint sind wohl

---

[11] *Koslowski* (1992b), S. 75. Vgl. auch *Koslowski* (1988, 1991), S. 65 f.

[12] *Koslowski* (1992b), S. 76. In der folgenden Passage behauptet dann auch Koslowski wie einige andere, der *homo oeconomicus* diene der (‘Mainstream’-) Ökonomik als „Gesamtbild des Menschen“ - ebenda, S. 77 - und damit als normative Richtschnur.

[13] Vgl. *Koslowski* (1988, 1991), S. 74 - 82.

[14] „Wie erreicht die Gruppe, deren Koordination nicht durch zentrale Lenkung gesichert werden kann, daß jeder einzelne sich das allgemeine Gesetz und Wohl auch zur Maxime seines individuellen Handelns macht? ... Die kantische Ethik antwortet auf diese Problemlage des Prisoner's Dilemma. ... Die Möglichkeit der Ausrede und Selbstdispension von der Regel ... wird durch den Begriff [sic] der Maxime abgeschwächt“ *Koslowski* (1988, 1991), S. 78 ff. Und schließlich: „Die Lösung des Prisoner's Dilemma in der kantischen Ethik ist der staatlichen Lösung ... durch zentrale Steuerung und Kontrolle überlegen, weil die ethische Lösung keine Kontroll- und Monitoring-Kosten verursacht.“ ebenda, S. 81. Vgl. erneut: *Koslowski* (1991), S. 134 - 137. Vgl. z. B. auch *Koslowski* (1987), S. 12.

[15] Vgl. *Koslowski* (1988, 1991), S. 262 - 302.

[16] *Koslowski* (1988, 1991), S. 114.

organizational slacks etwa im Sinne von Cyert und March - genutzt würden: diese könnten, so wörtlich, „für moralische Aktionen eingetauscht werden."[17]

2. Zur situativen Beschränkung des Gewinnprinzips: Das Konzept einer dialogischen Unternehmensethik bei Horst Steinmann und Albert Löhr

Die Problemdiagnose von Horst Steinmann und Albert Löhr[18] deckt sich weitgehend mit derjenigen der anderen Ökonomen, die sich mit wirtschafts- und unternehmensethischen Fragen beschäftigen: Sie konstatieren Ergebnisse unternehmerischer Entscheidungen, die sich als moralisch offenkundig bedenklich erwiesen haben[19] und den Eindruck erwecken, als setze sich derzeit eine 'Grenzmoral'[20] im wirtschaftlichen Alltag durch.

Die Antwortstrategie setzt jetzt jedoch von der prinzipiellen Anlage her nicht unmittelbar an dem einzelnen unternehmerisch Handelnden an; die Erlanger Wissenschaftler argumentieren vielmehr zweistufig, so daß sich ihre Vorgehensweise prinzipiell vollständig in dem in dieser Arbeit vorgeschlagenen Grundmuster einer Unterscheidung institutionellen Handelns (auf der Ebene der Spielregeln in der Sprache Buchanans) von singulären Handlungen (auf der Ebene der Spielzüge) - rekonstruieren läßt; damit zeigt sich hier eine unmittelbare Überführbarkeit in das oben vorgeschlagene Prüfmuster, das - auf der hypothetischen Basis eigennütziger Rationalität - zwischen einem Zustimmungstest auf der institutionellen und einem Durchsetzungstest auf Handlungsebene unterscheidet:

Steinmann und Mitarbeiter setzen in der Terminologie dieser Arbeit nicht unmittelbar an der einzelnen Unternehmung (auf Handlungsebene), sondern auf Institutionenebene, beim konstitutionellen Zustimmungstest an, dem sich moralische Ansinnen auch nach ihrer Überzeugung zu unterwerfen haben: Sie betonen unter dem Begriff der 'Richtigkeitsvermutung', daß jegliche Moral-

---

[17] *Koslowski* (1988b), S. 114; hier auch die Fundstelle zur vorangegangenen Passage.

[18] Horst Steinmann ist Ordinarius für Allgemeine Betriebswirtschaftslehre und Unternehmensführung an der Universität Erlangen-Nürnberg, Albert Löhr wissenschaftlicher Mitarbeiter an dessen Lehrstuhl.

[19] Vgl. *Steinmann / Löhr* (1991b).

[20] Vgl. *Steinmann / Löhr* (1991b), S. 26; dies offenbar in Anspielung auf Goetz Briefs' kritische Überlegungen, wonach man sich nach der Logik des Wettbewerbs auf die Standards des Anbieters mit den geringsten moralischen Skrupeln - des 'Grenzmoralisten' oder 'moralischen Grenzanbieters' - 'herunterkonkurriere': vgl. *Briefs* (1957).

vorstellungen nicht nur historisch, sondern auch ordnungstheoretisch kontingent, d.h. in eine bestehende Wirtschaftsordnung eingebettet sind.[21] Dies bringt eine eminent wichtige Implikation mit sich, da nunmehr ein zentrales Anliegen marktwirtschaftlichen, ordnungstheoretischen Denkens zur Geltung gebracht wird: Wenn ein Handlungsergebnis als moralisch unerwünscht angesehen wird, ist es auch nach Steinmanns Überzeugung - zunächst - systematisch verfehlt, die 'Schuld' nun unmittelbar bei dem Handelnden selbst zu suchen: es ist vielmehr zu fragen, ob der einzelne sich an die geltenden *Spielregeln* gehalten hat. Wenn dies der Fall ist, kann ihm daraus grundsätzlich kein Vorwurf erwachsen: zu den - derzeit gültigen, so das berechtigte historische Proviso bei Steinmann und Löhr[22] - Spielregeln der marktwirtschaftlichen Ordnung gehört das Gewinnprinzip im Bereich der Unternehmung.

Daß das Gewinnprinzip gute Aussichten hat, den Zustimmungstest auf der konstitutionellen Ebene - in der Terminologie dieser Arbeit: den Konsens- oder Einstimmigkeitstest - zu bestehen, wird, wenn auch kurz, damit begründet, „daß das gewinnorientierte Wirtschaften ein ethisch verteidigbarer Wert ist, da es in einer dezentralisierten Wettbewerbswirtschaft zur effizienten Bedarfsdeckung beiträgt."[23]

Auf dieser konstitutionellen Ebene steht das Gewinnprinzip grundsätzlich zur Disposition des gesellschaftlichen Konsenses: hier liegt für Steinmann und Löhr die - lexikalisch vorrangige - *erste* Stufe der Rechtfertigung unternehmerischen Handelns: Hier, auf „... der Ebene der Wirtschaftsordnung .. ist das Gewinnprinzip zusammen mit seinen vielen Konnex-Instituten (Gesellschaftsrecht, Wettbewerbsrecht, ...) immer wieder auf seine Legitimation hin zu befragen; das wäre eine Aufgabe einer Wirtschaftsethik im allgemeinen (Ethik der Wirtschaftsordnung)."[24]

Jetzt kommt jedoch unmittelbar die entscheidende Einschränkung: „Eine solche Rechtfertigung begründet dann aber für den Fall, daß sie als gelungen bezeichnet werden kann, nicht auch schon eine hinreichende Legitimation jeder einzelnen unternehmerischen Entscheidung, sondern nur eine *Richtigkeitsvermutung*. Diese kann in jedem konkreten Einzelfall widerlegt werden,

---

[21] Vgl. zum Folgenden *Steinmann / Löhr* (1991a), S. 85 - 106 (Kap. VI).

[22] Vgl. *Steinmann / Löhr* (1991a), S. 86.

[23] *Steinmann / Löhr* (1991a), S. 101; vgl. auch ebenda S. 93 ff.

[24] *Steinmann / Löhr* (1991c), S. 8.

nämlich dann, wenn die besonderen Mittel, die zur Gewinnerzielung gewählt werden sollen, auf ethische Bedenken stoßen."[25,26]

Damit kann zunächst festgehalten werden, daß Steinmann und Löhr mit den geltenden Spielregeln ausdrücklich (in der Terminologie dieser Arbeit) kodifiziertes Recht meinen, nicht aber moralische Normen, da hier die Legalität des Gewinnstrebens - eine rechtliche Kategorie - einer moralischen Prüfung unterworfen wird. Die - in der einschlägigen Literatur hinlänglich diskutierten - Möglichkeiten eines Auseinanderklaffens rechtlicher und moralischer Standards werden erwähnt: Time-lags, Adressatenunklarheit ('Wer ist eigentlich verantwortlich?') usw.[27]

Eine Folgerung aus diesen Überlegungen bietet sich an: Es läge zunächst an dem mit dem Ergebnis Unzufriedenen, die Richtigkeitsvermutung situationsbezogen in Frage zu stellen und auf eine Verbesserung der Spielregeln im Sinne einer Anpassung der rechtlichen Bestimmungen z. B. an veränderte technologische Gegebenheiten oder neu festgestellte Umweltschäden (FCKW als Beispiel) zu drängen.

Hier setzen die Arbeiten Steinmanns und seiner Mitarbeiter jedoch gerade nicht an; sie gehen vielmehr unmittelbar auf die Ebene singulärer unternehmerischer Entscheidungen über.

Ihre Aufgabe, die sie im Sinne einer wissenschaftlich fundierten ethischen Unternehmensberatung[28] verstehen, sehen sie nun unmittelbar darin, ethisch und/oder moralisch[29] motivierte (!) unternehmerische Konsequenzen aus den beobachteten Fehlentwicklungen zu ziehen. Unternehmen, so lautet ihre Überzeugung, müssen heute und in Zukunft bereit und in der Lage sein, ihre Tätig-

---

[25] Ebenda, Herv. i. Orig.

[26] Die 'Richtigkeitsvermutung' von Steinmann und Löhr ist allerdings nicht in einen theoretischen Entwurf eingebettet und soll daher hier nicht im Detail diskutiert werden. Vgl. deshalb hierzu die ausführliche Auseinandersetzung im nachfolgenden Kapitel, da mittlerweile eine von Karl Homann vorgelegte, umfassende und vor allem schlüssige Konzeption vorliegt.

[27] Vgl. *Steinmann / Löhr* (1991a), S. 104 f., dies. (1991c), S. 9. Moral wird somit ausdrücklich als Ergänzung zum geltenden Recht verstanden. Vgl. dies. (1991a), S. 92.

[28] Vgl. grundlegend bereits *Steinmann / Oppenrieder* (1985); aktuell: *Steinmann / Löhr* (1991a), dies. (1991b), dies. (1991c) sowie die Dissertation *Löhr* (1991); soeben: *Steinmann / Gerhard* (1992).

[29] Im Falle moralischer Überlegungen handelte es sich um eine Anerkennung der geltenden Standards, im Falle ethischer um eine Verwirklichung aus eigenen Überlegungen abgeleiteter Vorgaben, die durchaus über die geltenden Standards hinausgehen können. Vgl. die im ersten Kapitel getroffene Unterscheidung zwischen Ethik, Ethos und Moral.

keit permanent vor der Öffentlichkeit zu *verantworten*, und dabei möchten sie eine Hilfestellung leisten.

Ihr Konzept ist das einer dialogisch verantworteten Unternehmensführung (bei ihnen: 'Unternehmensethik'), die der Friedens- und Konsensstiftung diene. Sie legen die folgende Definition zugrunde: „Unternehmensethik umfaßt alle durch dialogische Verständigung mit den Betroffenen begründeten bzw. begründbaren materialen und prozessualen Normen, die von einer Unternehmung zum Zwecke der Selbstbindung verbindlich in Kraft gesetzt werden, um die konfliktrelevanten Auswirkungen des Gewinnprinzips bei der Steuerung der konkreten Unternehmensaktivitäten zu begrenzen."[30]

Obwohl zunächst nicht deutlich wird, warum sie die 'dialogische Verständigung' zum definitorischen Merkmal ihres Ansatzes machen, wird ihr Forschungsprogramm dann doch hinreichend abgesteckt:

Die Richtigkeitsvermutung des unternehmerischen Gewinnprinzips ist permanent von der Unternehmensleitung in Frage zu stellen, da jeder legalen Handlung potentiell moralische Bedenken entgegenstehen können. Diese permanente Aufgabe: die sogenannten konfliktrelevanten Tätigkeitsfelder von den unproblematischen zu unterscheiden, können Unternehmen, so die Lesart des Verfassers, angesichts der vielfältigen Interdependenzen der modernen Wirtschaft nur mehr bewältigen, wenn sie sich nach außen wenden: wenn sie den *Dialog* mit ihrer Umwelt suchen.

Um hier ein 'eigenständiges Steuerungspotential' zu entwickeln - in ökonomischer Terminologie: die Kosten der Informationsbeschaffung hinsichtlich moralisch relevanter Aktivitäten zu verringern -, sollen Einrichtungen innerhalb der und im Zusammenhang mit den Unternehmungen dauerhaft implementiert werden, in denen die Einwände potentiell Betroffener zu Wort kommen können. Gedacht ist ausdrücklich an Ethikkommissionen und Gesprächskreise[31], die zu diesem Zweck eingerichtet werden und der interessierten Öffentlichkeit die Möglichkeit geben sollen, ihre Zielvorstellungen einzubringen.

Ferner sind entsprechende Kodizes und interne Handlungsrichtlinien für die Mitarbeiter (z. B. Aufstellung 'schwarzer Listen' mit unzulässigen Verkaufspraktiken) zu erlassen, an denen sich Unternehmensführung und Mitar-

---

[30] *Steinmann / Löhr* (1988), S. 310; dies. (1991c), S. 10.

[31] Vgl. dazu und zu möglichen Implementationsproblemen ausführlich *Steinmann / Löhr* (1991a), S. 117 ff., dies (1991b).

beiter jeweils ausrichten können: allgemeine Leerformeln ('Verantwortung gegenüber dem Kunden, 'gesellschaftliche Verantwortung der Unternehmung') sind damit ausdrücklich nicht gemeint. Kurz, Unternehmensethik (in der Terminologie Steinmanns) soll „als ein Akt der Selbstverpflichtung"[32] verstanden werden.

Insgesamt können solche materiellen Vorkehrungen, übersetzt in ökonomische Terminologie, ebenfalls als transaktionskostensenkendes Instrument verstanden werden, da nunmehr durch Befolgung von Kodizes mögliche 'Reibungsverluste' bereits antizipiert werden. Bemerkenswert ist in diesem Zusammenhang jedoch, daß Steinmann und Mitarbeiter den grundlegenden Widerspruch zwischen moralischen Ansprüchen und unternehmerischem Rentabilitätsdenken betonen: Wenn eine solche verantwortungsvolle unternehmerische Aktivität zugleich den (wenn auch nur langfristigen) Interessen der Unternehmung dient, genügt sie bereits nicht mehr den Kriterien des definitorisch abgesteckten Problemfeldes. Die Autoren betonen die „Implikation ..., daß Unternehmensethik gegen solche Normen abgegrenzt werden muß, die bewußt als ökonomische Mittel zur Beförderung des Gewinnzieles konzipiert werden. Man denke etwa an die vielzitierten 'Führungsgrundsätze' ..., die zwar manchmal mit dem Beiwort 'Ethik' geschmückt werden, jedoch der Absicht nach ausschließlich zur Effizienzsteigerung dienen sollen. In solchen Fällen von Ethik zu sprechen, wäre Etikettenschwindel; denn ethische Absichten kommen ja hier überhaupt nicht zum Zuge."[33]

Dafür, daß die von Steinmann und Löhr erwähnten ethischen Absichten überhaupt in einer marktwirtschaftlich ausgerichteten Wettbewerbswirtschaft zum Zuge kommen *können*, führen sie als hinreichende Voraussetzung Argumente an, die denen Koslowskis ähneln: Sie verweisen darauf, daß der theoretische Zwang des Wettbewerbs - in ihrer Terminologie 'constraint approach'[34] genannt - in der Realität nicht bestehe; sie argumentieren insofern ausdrücklich empirisch. Ferner betonen sie stets eine systematische Überordnung des ethischen über das Gewinnziel.[35]

---

[32] *Steinmann / Löhr* (1991c), S. 14, dies. (1991a), S. 106.

[33] *Steinmann / Löhr* (1991c), S. 13. In dieser Analyse ist Steinmann / Löhr in vollem Umfang zuzustimmen; vgl. oben die Ausführungen zum Verständnis des Verhältnisses von Ethik und Ökonomik. Daß daraus jedoch grundlegend andere *Konsequenzen* gezogen werden können, wird noch zu erörtern sein: vgl. unten das Schlußkapitel dieser Untersuchung.

[34] Vgl. z. B. *Steinmann / Löhr* (1991c), S. 7.

[35] Vgl. *Steinmann / Löhr* (1991a), S. 98 u. ö.

Ihre Vorstellungen von einem friedenstiftenden Dialog richten Steinmann und seine Mitarbeiter ausdrücklich am Habermasschen Konzept der Diskursethik[36] aus (das ja, wie sie selbst betonen, ein Verfahren zur *Normenbegründung*, nicht zur *Normendurchsetzung* darstellt), und betonen dabei in Anlehnung an Habermas den 'zwanglosen Zwang des besseren Arguments'.

Dem zu erwartenden Gegenargument, damit eine Sozialutopie zu verfolgen, begegnen sie mit dem Hinweis darauf, kein 'Alles-oder-Nichts' zu fordern, sondern Idealbedingungen zu formulieren, die gewissermaßen als *regulative Idee* des dann tatsächlich durchzuführenden Diskurses dienen könnten.[37] Als Reaktion auf mögliche Defekte - Zeitrestriktionen, räumliche Distanzen zwischen Unternehmen und Betroffenen, in ökonomischer Terminologie: auf prohibitiv hohe Transaktionskosten - reagieren sie schließlich mit dem Vorschlag, ggf. den faktischen Dialog - hilfsweise - durch einen fiktiven innerhalb der Unternehmensführung zu ersetzen, hier in ausdrücklicher Anlehnung an Apel.[38]

Der oben angedeuteten Überlegung, die einzelne Unternehmung von ihrer unmittelbaren Verantwortung zu entlasten, kommt nach Steinmann und Löhr jedoch nur der Status einer hilfsweise anzustrebenden Lösung in Ausnahmefällen zu, wenn „die Kapazität, ethische Konflikte auf Unternehmensebene (im Alleingang) zu regeln"[39], nicht ausreicht: Dann seien kollektive Maßnahmen wie etwa Verbandsregelungen zur Sicherstellung wettbewerbsneutraler Ergebnisse anzustreben.[40]

---

[36] Vgl. grundlegend *Habermas* (1981, 1987), ders. (1983b), S. 98 ff., insbes. S. 110.

[37] Vgl. *Steinmann / Löhr* (1991a), S. 71.

[38] Dieser wiederum betont, daß „freilich der Konsens der am Diskurs *Beteiligten* niemals mit dem Konsens aller *Betroffenen* gleichgesetzt werden" dürfe; *Apel* (1988, 1990), S. 272, Herv. i. Orig.; vgl. grundlegend ebenda, S. 270 - 305 (Diskursethik als Verantwortungsethik und das Problem der ökonomischen Rationalität), zuvor ders. (1986) mit einer sehr lesenswerten, kompakten Darstellung des diskursethischen Ansatzes. Apel bemüht sich nach wie vor besonders um die Letztbegründung moralischer Normen - die Überwindung des 'Münchhausen-Trilemmas' in der Terminologie Hans Alberts - und strebt hier ein 'deontisches Prinzip der Gerechtigkeit und Solidarität' an, das er jedoch - hier ist eine systematische Weiterentwicklung zu konstatieren - auf die Erkenntnisse klassischer teleologischer Konzeptionen wie die des Regelutilitarismus (!) 'stützen' möchte; vgl. die genannten Arbeiten.

[39] *Steinmann / Löhr* (1991a), S. 97.

[40] Dieses Argument wird im Zusammenhang mit der von Karl Homann vorgeschlagenen Strategie noch systematisch zu erörtern sein.

3. Zur Überwindung der ökonomischen Rationalität: Die regulative Idee einer diskursiven Unternehmensethik bei Peter Ulrich

In den Konsequenzen hat der Ansatz von Peter Ulrich[41] Ähnlichkeiten mit dem von Horst Steinmann und Albert Löhr, auf die insofern Bezug genommen werden kann. Die Begründung unterscheidet sich jedoch fundamental.

Während Steinmann und Löhr eine *situative Beschränkung* des Gewinnprinzips fordern, das sie jedoch grundsätzlich als konsensfähig ansehen, sieht Ulrich einen Ausweg nur in der *systematischen Überwindung* des Gewinnprinzips in traditioneller Interpretation: er will die ökonomische Rationalität zur Vernunft bringen.

Konsequent setzt er sich explizit von den Entwürfen Steinmann/Löhrs und Koslowskis ab, die „Ethik als Korrektiv des Marktversagens"[42] begreifen. Er ist der Überzeugung, daß die Ökonomik - in der Terminologie Luhmanns[43] - ihr Paradigma bereits verloren hat; er will dieses - im ersten Kapitel dieser Arbeit explizierte - Paradigma durch ein neues ersetzen, das er als Praktische Sozialökonomie bezeichnet.[44]

Nach seiner Überzeugung hat die klassische Ordnungskonzeption in der Tradition Adam Smiths ihre Überzeugungskraft angesichts weltweiter Interdependenzen und externer Effekte verloren, „das liberale Grundaxiom der Harmonie zwischen einzelwirtschaftlichen und gesamtgesellschaftlichen Nutzen offensichtlich widerlegt"[45], kurz: „Was als ökonomisch rational gilt, droht

---

[41] Peter Ulrich ist o. Professor für Wirtschaftsethik und Leiter des 1987 geschaffenen Instituts für Wirtschaftsethik an der Hochschule St. Gallen für Wirtschafts-, Rechts- und Sozialwissenschaften.

[42] *Ulrich* (1990b), S. 181; vgl. insbes. S. 219, Fn. 8.; ebenda, S. 181 f.

[43] Vgl. oben, erstes Kapitel, Abschnitt A.

[44] Soeben: „Auf der Ebene der allgemeinen Wirtschaftstheorie steht einer ... grundlagenkritischen 'Einmischung' durch die Wirtschaftsethik freilich die forschungsheuristische Schwierigkeit entgegen, dass sie damit in ethischer Absicht am *paradigmatischen Kern* der reinen Ökonomik ansetzt"; *Ulrich* (1992), S. 185. Herv. i. Orig. Vgl. zuvor zusammenfassend *Ulrich* (1987b), S. 341 - 370; grundlegend bereits *Ulrich* (1981), zur Weiterentwicklung seiner aktuellen unternehmensethischen Position zusammenfassend ders. (1987a), außerdem ders. (1987b), S. 412 ff., ders. (1988b), ders. (1991b), hier in Auseinandersetzung mit Dieter Schneider, auch: ders. (1990c). Zu seiner wirtschaftsethischen Konzeption vgl. grundlegend die überarbeitete Fassung seiner Antrittsrede ders. (1988b), außerdem ders. (1988c), soeben: ders. (1992).

[45] Bereits: *Ulrich* (1981), S. 63.

zunehmend seinen vernünftigen Sinn für unsere Lebenspraxis und Lebensqualität als Ganzes zu verlieren.“[46]

Vor diesem Hintergrund entwickelt er eine ‘Zwei-Welten-Konzeption der betroffenen Wissenschaften, die in der folgenden Abbildung veranschaulicht werden soll. Ausgangspunkt seiner Überlegungen ist dabei eine Brückentheorie, die die seiner Meinung nach entstandene Kluft zwischen den ‘zwei Welten’ der Ethik und Ökonomik, zwischen lebensweltlicher Vernunft und ökonomischer Rationalität zu überwinden helfen soll (vgl. nachstehende Abbildung E.1.).

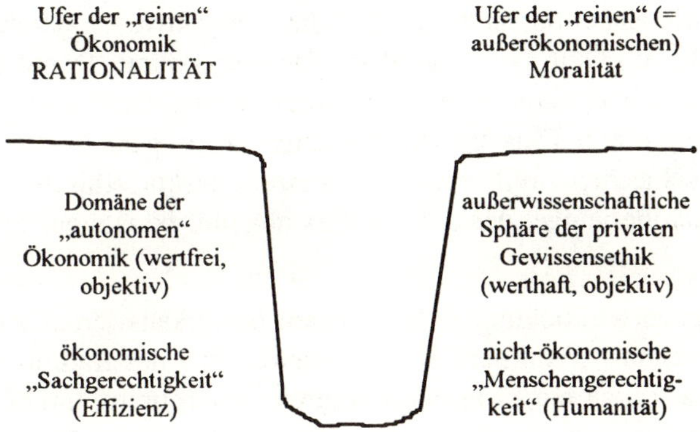

Abb. E.1: Zwei-Welten-Theorie nach P. Ulrich[47]

Letztendliches Ziel ist die Überwindung utilitaristischen, zweckrationalen Denkens durch ein kommunikatives Fundament im Sinne von Habermas: Poiesis soll durch Praxis ersetzt werden.[48] Dabei geht es ihm „nicht um die

---

[46] *Ulrich* (1987a), S. 128 f.

[47] Quelle: *Ulrich* (1987a), S. 123.

[48] Zu *poiesis [ποίησις]* - griech.: Machen, Herstellen von etwas, und *práxis [πρᾶξις]*, griech.: Handeln (sc. um seiner selbst willen). Insofern darf auch der Begriff der Sprachpragmatik nicht mißverstanden werden: Pragmatik hat hier nichts mit der geläufigen, umgangssprachlichen Konnotation zu tun.

moralische *Begrenzung* einer als solche nicht hinterfragten ökonomischen Rationalität von außen her, sondern gerade umgekehrt um ihre philosophisch-ethische *Erweiterung* von innen her."[49]

Peter Ulrich beruft sich dabei auf Kant; bei Hermann Lübbe heißt es im Kontext: „Die Verpflichtung zum moralischen Handeln ohne Absicherung durch die theoretische Gewißheit seines Nutzens - das ist die moraltheoretische Quintessenz der Lehre vom Primat der praktischen Vernunft vor der theoretischen."[50] Hier ansetzend, sucht Ulrich Anschluß an die sprachpragmatische Weiterentwicklung der kantischen Gedanken, wie sie in den oben bereits zitierten diskursethischen Ansätzen niedergelegt und von der (allerdings traditionell neomarxistischen) Frankfurter Schule entwickelt wurden.[51]

Er setzt wie Habermas und Apel auf die - subjektive - *Einsicht* des einzelnen in - objektive - Gültigkeit grundlegender Wertaxiome. Damit unterstellt er nicht, daß nicht *empirisch* auch die fehlende Bereitschaft zum Diskurs bzw. zur Umsetzung dieser Einsicht zu beobachten wäre, jedoch: der Grund kann dann nur in schlechtem Willen liegen; in streng diskursethischer Argumentation beruft sich derjenige, der den Diskurs ablehnt, bereits auf jene allgemeinen Normen.

Zu seiner Verwirklichung sieht er einen bemerkenswerten Ansatz in der Theorie Buchanans[52], von dem er die Überwindung des traditionellen Effizienzparadigmas durch ein Konsensparadigma[53] übernimmt, um es gleichzeitig 'sprachpragmatisch zu transformieren', d.h. in sein vernunftorientiertes Modell einzubetten; in der Buchananschen Konzeption sieht auch er eine „unkritische Konsenseuphorie der ökonomischen Vertragstheorie: Jeder faktische

---

[49] *Ulrich* (1992), S. 185, Herv. i. Orig.; vgl. ders. (1990b), S. 185.

[50] *Lübbe* (1975, 1981), S. 176.

[51] *Apel* (1986) und *Habermas* (1983a) werden ausdrücklich als *maßgebliche Fundstellen* bezeichnet: vgl. *Ulrich* (1992), Fn. 13.

[52] Vgl. zu Buchanan die Ausführungen oben, in Abschnitt C.

[53] Insofern sieht er hier auch eine auf höherer Ebene ansetzende Weiterentwicklung der bekannten Gedanken Smiths: „Auch wenn Smith es noch nicht explizit so formuliert hat, so hat er doch zumindest implizit erkannt, daß sich die Effizienz einer Markttransaktion ... an keinem anderen Kriterium als an der freien Zustimmung (Konsens) der Geschäftspartner zum Tauschvertrag messen läßt." *Ulrich* (1987a), S. 127, i. Orig. z. T. herv.; vgl. ähnlich ders. (1988b).

Konsens gilt Buchanan schon als rationaler Konsens. Damit erliegt er einem empiristischen Kurzschluß"[54].

Durch diese Einbettung vertragstheoretischen Denkens in eine nunmehr transformierte Vernunftkonzeption (eine sozialökonomische Rationalität[55]) hofft Ulrich auf die Verwirklichung einer Drei-Ebenen-Konzeption:[56] Auf der ersten, der Ebene des Gesellschaftsvertrages bzw. kommunikativen Diskurses, sollen die Grundentscheidungen einer 'normativen Sozialintegration' fallen. Hier herrscht nach seiner Vorstellung eine kommunikativ-ethische Rationalität. Der zweiten Ebene - dem ökonomischen System - kommt prinzipiell die Aufgabe einer funktionalen Systemsteuerung zu: sozialtechnologische Rationalität (immer zu verstehen als Teil eines Ganzen, nämlich der sozialökonomischen Rationalität) hat hier ihren Platz. Auf der letzten Ebene schließlich, der des personalen Handelns, kommt für Ulrich das Prinzip des effizienten Ressourceneinsatzes zur Geltung, die hier zugrundeliegende Rationalitätskonzeption wird als 'kalkulatorisch' bezeichnet.[57] „Dabei impliziert das utilitaristische Kalkül keinen reinen Egoismus; es läßt Raum für die effiziente Verfolgung altruistischer Zwecke im Sinne einer personalen Verantwortungsethik"[58].

Zwar will seine Konzeption damit nicht situationsbezogene Handlungsmaximen vorgeben, aber sie will die moralische Entscheidung dennoch in jeder einzelnen Handlung verankert wissen: das Unternehmen sieht er auf jeder der angesprochenen Ebenen aktiv; auf der ersten Ebene geht es in seiner Terminologie um unternehmenspolitische Verständigung, auf der zweiten um strategische Systemsteuerung, auf der dritten, der operativen Ebene, um den effizienten Ressourceneinsatz. Der spezifisch ökonomischen Problematik ist sich Ulrich dabei durchaus bewußt[59]; sein Grundkonzept sieht im Endeffekt eine De-facto-Entlastung der Einzelentscheidung durch die Zuweisung entsprechender Aufgaben an die übergeordneten Management-Ebenen: Er äußert die Überzeugung, „daß eine moderne Managementkonzeption, die der heuti-

---

[54] *Ulrich* (1987a), S. 130. Daß dies in der Lesart des Verfassers eine unbegründete Kritik an den zitierten Arbeiten Buchanans bedeutet, wurde oben in Abschnitt C dargelegt.

[55] Vgl. *Ulrich* (1987a), S. 132, ders. (1987b), S. 432.

[56] Vgl. zum Folgenden *Ulrich* (1987a), S. 132 ff.

[57] Insofern - allerdings auch nur insofern - ist die heftige Kritik von *Priddat* (1989), bei Ulrich handele es sich um eine „Bedürfnisdemokratie unter Auslassung des ökonomischen Prinzips" - S. 153, i. Orig. kursiv - verkürzt angesetzt.

[58] *Ulrich* (1987a), S. 133. Hier zeigen sich Anklänge an die Konzeptionen von Koslowski und Steinmann/Löhr.

[59] Auch hier geht die Kritik von *Priddat* (1989) - insbes. S. 159 - zu weit.

gen Komplexität der Führungsaufgaben angesichts ihrer hochgradigen internen Arbeitsteiligkeit und der Turbulenz ihrer externen (Markt-) Bedingungen Rechnung trägt, unabdingbar ein relativ autonomes Führungssystem benötigt, das ... von permanenten Wert- und Interessenkonflikten um die Funktionsprinzipien des Unternehmens zumindest für bestimmte Perioden entlastet bleibt."[60]

Hier liegt der Schlüssel zum Verständnis zu Ulrichs Managementkonzeption. Fraglich bleibt, ob die geforderte organisatorische Struktur das Problem nicht in modifizierter Form nur innerhalb des Unternehmens verschiebt: auf der vorgelagerten Managementebene müssen letztlich simultan die für den langfristigen Unternehmenserfolg ausschlaggebenden Rahmendaten gesetzt werden, was nun wiederum die strategische Unternehmensführung prinzipiell in das bekannte Dilemma stürzt. Ulrich betont jedoch in der Binnenperspektive des Unternehmens den Strukturwandel in der betrieblichen Leistungserstellung, der den Mitarbeiter 'als ganze Persönlichkeiten' fordere - und damit entsprechende Gegenleistungen der Unternehmensleitung -, in der Außenperspektive seinen Entwurf einer 'republikanischen Ethik', wonach die prinzipielle Beteiligung der interessierten Öffentlichkeit - Unternehmen sind auch in diesem Sinne für Ulrich immer eine 'soziale Veranstaltung' - einen direkten oder indirekten Einfluß durch ständige (korrigierende, beeinflussende) Begleitung unternehmerischen Handelns ausübt.[61]

4. Die systematischen Probleme der Ansätze

Die soeben vorgenommene überblicksartige Darstellung zeigt, daß die dort verfolgten Strategien zur Verwirklichung moralischer Normen in einer Marktwirtschaft z. T. grundlegende Ergebnisse ökonomischen Denkens in Frage stellen.[62]

---

[60] *Ulrich* (1987a), S. 137.

[61] Vgl. aktuell *Ulrich* (1990b), ders. (1990c).

[62] Die Selbstverständlichkeit, mit der hier grundlegende ökonomische Erkenntnisse ignoriert werden oder überwunden werden sollen, kann bei den Rezipienten innerhalb der ('traditionellen'?) Ökonomik auf Ratlosigkeit stoßen. Vielleicht zeigt sich hier ein herausragendes Beispiel für die (Folgen der) 'Inkommensurabilität' von Paradigmata im Sinne Kuhns (verschiedener 'hard cores' im Sinne Lakatos'): Der stillschweigende Konsens über nicht mehr im einzelnen hinterfragte Annahmen - in dieser Arbeit: das 'axiomatische Dreieck' der Ökonomik -, wird in Frage gestellt, wenn auch nur Teile dieses harten Kerns von Vertretern eines anderen Paradigmas ignoriert werden; die von Kuhn konstatierten bzw. prognostizierten fundamentalen Ver-

Die Entwürfe von Koslowski, Steinmann/Löhr und Ulrich zeichnen darüber hinaus in bemerkenswertem Ausmaß Gemeinsamkeiten und Unterschiede in ihrer theoretischen Anlage aus: Ulrich und Steinmann/Löhr verbindet - jedenfalls nach eigenem Bekunden und der jeweils zitierten Ausgangsliteratur - die gleiche diskursethische Konzeption in der Frage der Verwirklichung normativer Ansprüche auf Unternehmensebene - in der Sprache dieser Arbeit: im Durchsetzungsparadigma -, Koslowski und Ulrich wiederum verbindet ihre grundlegende Ablehnung der systematischen Rolle der ökonomischen Rationalität in der Frage der allgemeinen Rechtfertigung und Fundierung der Norm selbst, in der Sprache dieser Arbeit: im Konsens- oder Zustimmungsparadigma. Steinmann und Löhr erkennen dabei den ökonomischen Ansatz durchaus an, während ihn Koslowski und Ulrich überwinden wollen.

Koslowski überwindet das Zustimmungsproblem definitorisch: Wirtschaftsethik bedeutet für ihn die Vereinigung von Ethik und Ökonomik zu einer „umfassenden Theorie rationalen Verhaltens"[63].

Damit erweist sich die hier verfolgte Strategie zu der Koslowskis möglicherweise als inkompatibel.[64] Dennoch erscheint es im Sinne einer produktiven Bewältigung der anstehenden Probleme angezeigt, eine Auseinandersetzung nicht zu meiden: Auch solche Ansätze müssen einer rationalen Kritik zugänglich sein, die hier vor allem am Durchsetzungsparadigma ansetzt; Koslowski realisiert offenbar unausweichliche Kritik: er stellt fest, daß Wirtschaftsethik „nicht in dem abstrakten Gegensatz und der Altklugheit eines moralisierenden Sollens gegenüber ökonomischen Sachargumenten (besteht). Wirtschaftsethik fordert vielmehr, daß mit Blick auf die Gesamtheit der Handlungssituation nach der Natur der Sache entschieden wird, d. h. nach der Funktion der Wirtschaft, die Güterversorgung zu leisten und schöpferisches

ständigungsschwierigkeiten sind die Folge. Vgl. hierzu grundlegend *Lakatos* (1971a), ders. (1971b) sowie ders. (1974, 1982). *Lakatos* (1982) ist - als Übersetzung von *Lakatos* (1978) - eine posthum zusammengestellte Sammlung seiner wichtigsten Arbeiten. Unter Inkommensurabilität versteht Kuhn die fehlende Möglichkeit eines sinnvollen Theorienvergleichs, wenn die beiden zu vergleichenden Theorien unterschiedlichen Paradigmata folgen und nicht in die jeweilige 'Sprache' des anderen übersetzt werden können. Entsprechende Versuche wurden oben mit der 'Übersetzung' in die ökonomische Transaktionskostenterminologie angestellt. Vgl. *Kuhn* (1976), z. B. S. 209 ff.

[63] *Koslowski* (1988, 1991), S. 1.

[64] Und auch wegen mancher Gleichsetzung normativ-präskriptiver mit analytisch-empirischen Argumenten, jedenfalls aus dem (vermeintlich?) engen Blickwinkel der 'reinen' Ökonomik betrachtet.

Handeln zu ermöglichen."[65] Genau hier beginnen institutionenökonomische Ansätze aber erst mit ihren wissenschaftlichen Anstrengungen: bei der Frage der verbesserten Umsetzung dieser Ansinnen.

Es konnte oben deutlich gemacht werden, daß in einem so verstandenen Ansatz in keiner Weise, wie von Koslowski kritisiert, der '*homo oeconomicus* als Leitbild dient'; es wurde vielmehr deutlich, daß mit der hier vorgestellten Strategie Bedingungen ermittelt werden können, die es dem moralisch denkenden Menschen erleichtern, seine ohnehin angestrebten Ideale zu verwirklichen, die aber gleichzeitig andere möglicherweie besser in ihre Schranken verweisen, die diese Ideale nicht in vergleichbarem Maße verfolgen. Peter Koslowski verzichtet trotz des ordnungstheoretischen Erkenntnisinteresses auf eine umfassende institutionenökonomische Fundierung, seine Konzeption ist letztlich individualethisch angelegt;[66] eine (immerhin) verbesserte Durchsetzung moralischer Vorstellungen durch verbesserte Institutionen wird nach Wissen des Verfassers von Koslowski nicht systematisch thematisiert.

Gegen eine Etablierung von Unternehmenskodizes beispielsweise, wie sie in den USA Mode werden, wendet Koslowski ein, „daß Ethiken, die eingeführt werden, um einem Zweck zu dienen, der außerhalb der Ethik, außerhalb des Sittlichen selbst liegt, immer in Gefahr sind, ihren Zweck zu verfehlen. Ihre Zweckhaftigkeit wird von den Mitarbeitern durchschaut, und gerade deshalb wird die Ethik nicht anerkannt."[67] Koslowskis Bedenken ist in vollem Umfange zuzustimmen.[68] Nur liegt die Problematik in der Umsetzung dieser Erkenntnis in der Unternehmenspraxis.

Wie einige der oben angeführten Zitate belegen, erkennt Koslowski grundsätzlich auch das Fortschrittspotential ökonomischen Denkens an, konstruiert dann aber einen prinzipiellen Gegensatz zwischen ökonomischer und ganzheitlicher Rationalität: Im Versuch einer Verwirklichung moralischer Ansinnen kommt auch nach seinem eigenen Bekenntnis der Ethik eine heikle, reli-

---

[65] *Koslowski* (1988, 1991), S. 304.

[66] Genau hier hat James M. Buchanan, Peter Koslowski nach Wissen des Verfassers freundschaftlich verbunden, frühzeitig Kritik angemeldet: „Ein konstruktiver Entwurf sollte den Schwerpunkt darauf legen, zu sichern, daß das 'Spiel' ein 'faires' ist." *Buchanan* (1982, 1991), S. 83.

[67] *Koslowski* (1987), S. 13.

[68] Vgl. die Ausführungen oben zu den Zweifeln an einer 'Wirtschaftsethik' als Teildisziplin der Ökonomik.

giös fundierte Korrektivfunktion zu:[69] 'Falsche' Marktergebnisse sollen durch Ethik korrigiert werden. Wenn diese versagt, soll die Religion helfend eingreifen. Damit aber ergibt sich die Frage, wie nunmehr auf ein Versagen der Religion zu reagieren ist; wörtlich heißt es: „Ethik ist das Korrektiv und die Kompensation von Marktversagen, Religion das Korrektiv und die Kompensation von Ethikversagen. Wenn die Ökonomie versagt, tritt die Ethik ein, wenn die Ethik versagt, Religion. ... Die Gefahr ist freilich gegeben, daß sich Ethikversagen in Religionsversagen wiederholt ..., weil es keine letzte Zusicherung für die Wahrheit der Religion gibt. Religionsversagen ist nicht durch weitere Iteration kompensierbar. Die ... Zusicherung ... der religiös-transzendenten 'Entlohnung' für die Vorleistung ethischen Verhaltens ... bleibt selbst Folge eines ontologischen Ur-Vertrauens."[70] Mit dem Versagen religiöser Ordnungsprinzipien aber beginnt offenbar erst die Problematik der Moderne: Diese schwerwiegende Belastung für Koslowskis Ansatz dürfte bei einer Rekonstruktion bereits im Konsens- oder Zustimmungsparadigma fragwürdig erscheinen; im Durchsetzungsparadigma ist diese spezifisch religiöse, individualethische Perspektive zumindest auf absehbare Zeit der Gefahr einer völligen Kapitulation vor dem Problem der Umsetzung moralischer Ansprüche in unserer Gesellschaft ausgesetzt.

Letztlich ist nur schwer nachzuvollziehen, warum Koslowski ausgerechnet das alte Thomassche Programm eines gerechten Preises wieder aufnimmt: Eine solche Konzeption verkennt die Anreizfunktion von Vorsprungsgewinnen, die wiederum von Schumpeter deutlich herausgearbeitet worden sind. Darüber hinaus sind solche unternehmerischen Spielräume immer ein Indiz für unternehmensinterne Ineffizienzen.

Schwerwiegender erscheint jedoch ein forschungssystematischer Aspekt, der vor allem den Ansatz von Steinmann/Löhr trifft, da die im Wettbewerb verbleibenden unternehmerischen Spielräume für ihr Konzept zentral sind; die schwerwiegende theoretische Hypothek liegt darin, daß die Last *und Möglichkeit* einer Durchsetzung moralischer Normen nunmehr zum einen ausschließlich bei den gut verdienenden Unternehmen liegt - solange diese tatsächlich gute Erträge aufweisen: in der Konsequenz bedeutet dies eine systematische Erosion der Moral ausgerechnet in Zeiten wirtschaftlichen Abschwungs. Eine

---

[69] Vgl. grundlegend *Koslowski* (1988, 1991), S. 31 - 45.

[70] *Koslowski* (1988, 1991), S. 40.

Tendenz zu einer 'Aufschwungmoral', so ein Vorwurf Homanns, ist unverkennbar.

Eine weitere Ambivalenz oder Anomalie - die sie nicht produktiv verarbeiten - haben Steinmann und Löhr selbst erkannt: Sie betonen die „begriffliche Bindung der Unternehmensethik an die originäre Bestimmung der Unternehmung, ihre Aktivitäten zum Zweck der Gütererstellung und -verteilung im Rahmen dezentraler Wirtschaftsordnungen zu entfalten." Daraus folgt: „Es soll bei einer Unternehmensethik also nicht um die Verfolgung unternehmensfremder, nicht-ökonomischer Ziele in der Gesellschaft gehen, wie es z. B. eine generelle Mildtätigkeit seitens der Unternehmensführung gegenüber sozialen Problemgruppen darstellt. Gleichwohl können solche Engagements natürlich sehr wohl Ausdruck einer ethischen Grundhaltung sein..."[71] Damit drängt sich unmittelbar die Frage auf: In welcher Form soll die Unternehmung nun gegebenenfalls die unternehmensfremden Ziele - via dialogische Verständigung - beachten?

Möglicherweise sollen unternehmensfremde Ziele nun definiert sein als 'Ziele, die nicht mit dem betrieblichen Gewinnmaximierungsziel dieser spezifischen Unternehmung konfligieren', so daß nur die unmittelbare Geschäftstätigkeit der in Frage stehenden Unternehmung angesprochen ist. Wenn das aber gemeint ist, dann ist etwa zu komplexen und zugleich besonders akuten Bereichen wie der Umweltverschmutzung, der Gentechnologie oder anderer globaler Probleme zu fragen, welche Ziele in diesem Sinne überhaupt noch unternehmensfremd sein können.[72] Es ist auch zu fragen, ob den Autoren die unternehmensrechtlichen Konsequenzen ihres Ansatzes bewußt sind, zumal aus der unmittelbaren Anerkennung der nicht im engeren Sinne betriebswirtschaftlichen Ziele die Frage erwachsen kann, inwiefern diese nicht gleich in bestehendes Unternehmensrecht eingewoben werden sollten. Dies aber hätte sehr weitreichende Folgen, da hiermit einem unmittelbaren Klagerecht Unternehmensfremder Vorschub geleistet würde. Im Einzelfall kann dies angesichts hoher Prozeßrisiken die notwendige Bereitschaft der Unternehmen zu Innovationen zusätzlich beeinträchtigen.[73] Wenn der unternehmerische Gewinn au-

---

[71] Beide Zitate: *Steinmann / Löhr* (1991a), S. 101.

[72] Dagegen erscheint die von Dieter Schneider vorgebrachte Kritik, Steinmann / Löhr könnten keine konkreten inhaltlichen Zielvorgaben ableiten, abwegig, zumal dies auch niemals Erkenntnisziel der Betriebswirtschaftslehre war. Siehe hierzu die sogenannte Schneider-Kontroverse *Schneider* (1990), ders. (1991), *Steinmann / Löhr* (1991d), *Ulrich* (1991b).

[73] Dies ist keine Fiktion, zumal etwa in das bisher als sehr liberal geltende Unternehmensrecht des US-Staates Pennsylvania ausdrücklich eine Verpflichtung der Unternehmung auf

ßerdem nicht mehr die zentrale Rechengröße sein soll, sind Wirkungen auf die Effizienz der Kapitalmärkte in Rechnung zu stellen: eine Kettenreaktion wird ausgelöst.

Diesem Defekt des Ansatzes steht sein weit ausgearbeiteter Praxisbezug entgegen. Da eine Öffnung der Unternehmen im übrigen ein verstärktes Maß an Transparenz und insofern stärkerer Verzahnung der Unternehmen mit der Umwelt schafft, ist es im Grunde genommen kontraproduktiv, wenn Steinmann/Löhr das hier angelegte Potential nicht auch nutzen wollen für jene Bereiche, in denen ggf. durch die Implementation weitsichtigerer Unternehmensstrategien Konfliktpotentiale produktiv in ertragreiche Zukunftsinvestitionen überführt werden können, in denen sich vermutete Interessenkonflikte als Fälle von fruchtbarer Interessenkongruenz herausstellen.[74] Ihre Argumentation ist außerdem in sich widersprüchlich, wenn sie einerseits moralisches Verhalten nur im Verzicht auf Erträge erkennen wollen, andererseits aber die Richtigkeitsvermutung des Gewinnprinzips gerade auf die grundsätzliche Vereinbarkeit von individuellem Ertragsstreben und moralischen Ansprüchen stützen! Steinmann und Löhr verpassen nach der hier vertretenen Auffassung also eine große Chance, ihren Ansatz produktiv und institutionenorientiert umzusetzen.

Anders als der am praktischen Dialog ansetzende Vorschlag Steinmanns und Löhrs verfolgt Ulrich den Diskursansatz als regulative Idee.[75]

Ulrich hat sich viel vorgenommen: Er sieht das Ziel in einer „'Entschränkung' von Kommunikationsprozessen im und um das Unternehmen, damit

---

(noch zu operationalisierende) gesellschaftliche Ziele vorgesehen ist. Solche Bedenken sind nicht per se von der Hand zu weisen, wie die Überlegungen zur Einführung eines Rechts auf Schutz der natürlichen Lebensgrundlagen ('Umweltgrundrecht') in das Grundgesetz zeigen. Hier soll jedoch darauf aufmerksam gemacht werden, daß die angesprochene rechtliche Restriktion der unternehmerischen Zielsetzung ein sehr starkes Mittel mit einem entsprechenden Potential an unerwünschten Nebenwirkungen bedeutet, die - in der Terminologie dieser Arbeit - im Implementations- und im Durchsetzungstest gleichermaßen Berücksichtigung finden müßten.

[74] Ein soeben veröffentlichter Aufsatz betont jetzt das *synergetische* Potential moralischer und i.e.S. betriebswirtschaftlicher Erwägungen, das in einer strategischen, also langfristig angelegten Unternehmensstrategie umgesetzt werden kann: siehe *Steinmann / Gerhard* (1992). Da Steinmann zuvor rigoros solche Überlegungen als 'unethisch' ausgegrenzt hatte, dokumentiert der Aufsatz insofern möglicherweise eine argumentative Wende.

[75] „Die Idee des rationalen Konsens stellt kein 'anwendbares' Moralprinzip dar, sondern ein kritisches Regulativ und damit den praktisch unerreichbaren vernunftethischen Orientierungshorizont, auf den hin ... pragmatische Verbesserungen auszurichten und stets noch möglich sind." *Ulrich* (1987), S. 170; vgl. grundlegend: ebenda, S. 305 ff.

nicht strukturelle Sachzwänge ..., kulturelle Traditionen ... und auch nicht persönlicher Einfluß entscheiden, sondern 'ohne Ansehen der Person' die neue Sachlichkeit des besseren Arguments zur Geltung kommen kann."[76]

Diese Argumentation kommt, wie Ulrich ausdrücklich betont, nicht ohne ein 'deontologisches Element'aus[77]; zugleich bleibt unklar, ob die 'selbstinteressiert' rekonstruierten Zielvorgaben aufrechterhalten werden sollen oder nicht. Auch er muß *fordern*, was in seiner Einlösung gerade als zentrales Problem zu konzipieren ist: Die 'regulative Idee sozialökonomischer Rationalität' „lässt sich durchaus im Anschluss an das herkömmliche ökonomische Rationalitätsverständnis gewinnen; es muss nur die neoklassische Standarddefinition, die ... allein den (instrumentell und strategisch) rationalen Umgang mit der *Knappheit* alternativ verwendbarer Güter oder Ressourcen thematisiert, um den Aspekt des (kommunikativ-ethisch) rationalen Umgangs mit den sozialen *Konflikten* um die Verteilung nicht nur der internen, sondern auch der externen Kosten und Nutzen einer fraglichen wirtschaftlichen Handlung oder Regelung erweitert [werden]."[78]

Den von ihm angeführten Gründen zu einem neuen Rationalitätsverständnis ist andererseits „gemeinsam, daß hier aus realistischen betriebswirtschaftlichen Gründen - also keineswegs aus rein idealistischen Motiven - ein umfassender kommunikativer Rationalisierungsbedarf im Sinne eines konsensorientierten Managements erwächst"[79].

Zwei Interpretationen dieser Formulierung erscheinen möglich: Entweder ist der 'kommunikative Rationalisierungsbedarf' kollektiv formuliert in dem Sinne, daß es 'eigentlich für alle' sinnvoll ist, *wenn* die beteiligten Unternehmen diesem Muster folgen. Dann aber fällt die Diskussion zurück hinter die spieltheoretischen Erkenntnisse, die anhand des Gefangenendilemmas erläutert wurden, und Ulrich muß sich fragen lassen, wie der von ihm erkannte Bedarf sich in individuellen Handlungen auch *situativ* umsetzen läßt.

Oder dieser Bedarf ist tatsächlich individuell und situativ formuliert. Dann ist es im wohlverstandenen Eigeninteresse des Unternehmens (im Sinne langfristiger Gewinnmaximierung), so zu handeln, und die Position ähnelt jener

---

[76] *Ulrich* (1992), S. 206, i. Orig. z. T. kursiv.

[77] Vgl. z. B. *Ulrich* (1990b), S. 194 f., S. 199 f.

[78] *Ulrich* (1990b), S. 210, Herv. i. Orig.

[79] *Ulrich* (1992), S. 206, i. Orig. z. T. kursiv.

der von Ulrich so heftig kritisierten 'Ökonomisten', also der Vertreter des ökonomischen Denkansatzes in der Diktion dieser Untersuchung, und der Streit ist nur mehr akademischer Natur: Dann ist er fokussiert auf die unterschiedliche Bewertung moralischen *Verhaltens* (des moralischen *Mimikri*, wie es die 'Hardcore-Ökonomik' ausschließlich rekonstruieren kann) im Vergleich zu moralischen *Motiven*.

Abschließend ist anzumerken, daß gegenüber Ulrichs Strategie offenbar in den Konsequenzen ähnlich skeptische Überlegungen sogar von Karl-Otto Apel vorgetragen werden (auf den sich Ulrich ausdrücklich beruft), diesmal aber mit genau entgegengesetztem Impetus, weil (!) die Ulrichsche Konzeption dem 'Subsystem Wirtschaft' eine nunmehr neu definierte Eigenständigkeit zugesteht, die für Apel systematisch nicht in andere Ergebnisse münden kann als die 'traditonelle' marktwirtschaftliche Konzeption. Einerseits steht er damit „dem Ansatz von Ulrich verständlicherweise mit größter Sympathie gegenüber“[80]; andererseits bezweifelt er, daß in Ulrichs Entwurf die „Spannung zwischen der menschlichen Handlungsrationalität insgesamt und der Systemrationalität des Wirtschaftssystems prinzipiell zugunsten der kommunikativen Handlungsrationalität aufgehoben wäre.“[81] Mit einem Wort: Die Drei-Ebenen-Konzeption Ulrichs führt für Apel zu „geradezu ungeheuerlichen Idealisierungen.“[82]

An dieser Stelle ist festzuhalten, daß keiner der Ansätze eine grundlegende Auseinandersetzung mit dem in dieser Arbeit gerade als fundamental angesehenen Problem der Anreizkompatibilität auf der Stufe der Durchsetzung moralischer Normen in Angriff nimmt. Es geht allen vornehmlich um eine beabsichtigte Etablierung einer universalisierenden Denkweise, die aber recht weitgehend in Postulaten verhaftet bleibt.

Dies läßt sich beispielhaft an einem grundlegenden Argumentationsdefekt des diskurstheoretischen Modells zeigen: Alle Vertreter dieses Ansatzes sehen das Problem, daß die Betroffenen überhaupt *bereit* sein müssen, in einen herrschaftsfreien Diskurs einzutreten.[83] Sie argumentieren zu Recht, daß ein

---

[80] *Apel* (1988, 1990), S. 291.

[81] *Apel* (1988, 1990), S. 296.

[82] *Apel* (1988, 1990), S. 297.

[83] Vgl. *Steinmann / Löhr* (1991a), *Ulrich* (1987a); bereits: *Habermas* (1983a), *Apel* (1988, 1990).

„Diskursverweigerer“[84] sich in seiner Ablehnung auch auf Normen berufen muß, die er dabei schon implizit anerkannt hat, so daß ein entsprechender Einwand sich als zirkulär erweisen muß: Es gibt kein rational begründbares Interesse an der Verweigerung des normenbegründenden Diskurses. Im Paradigma von Normenimplementation einerseits und Normendurchsetzung andererseits ist hiermit die erste Stufe der Mikrofundierung erfolgreich erklommen: Das Normenbegründungsverfahren hat gute Aussichten, zur Normenimplementation zu führen. Das Argument des Ökonomen ist jedoch subtiler: Ein *homo oeconomicus* hat immer Anreize, der Implementation einer Konfliktnorm zuzustimmen, um einerseits von der Normeneinhaltung durch alle anderen zu profitieren, sie selbst aber, wo irgend möglich, zu brechen: Das oben bereits angesprochene ‘Pharisäerproblem’ wird vom Diskursansatz nicht thematisiert. Dies kann auch nicht gelingen, da dort, in der Terminologie dieser Arbeit, Normenbegründung, -implementation und -durchsetzung als Einheit gedacht werden, weil es aus dieser Sicht ‘schizophren’ erscheinen mag, einer Norm zuzustimmen, um sie dann zu mißachten.

Gerade mit der Einschätzung, solche Handlungsweisen seien in sich widersprüchlich, wird jedoch ein fundamentaler Zusammenhang übersehen: Letztendlich handelt es sich hier um nichts anderes als die Anreizsituation, die durch das oben skizzierte Gefangenendilemma illustriert wird. Eine allgemeine Normengeltung, genauer: die Einhaltung der Norm durch *alle anderen* (aus Sicht eines Spielers A: Kooperation des Spielers B, der hier beispielhaft für den ‘Rest der Welt’ steht), *ist immer vorteilhaft*. Die *allseitige* Kooperation jedoch, also Regelbefolgung auch durch das jeweils betrachtete Individuum (‘Spieler A’) - dies wird auch in der ökonomischen Literatur offenbar nicht immer hinreichend thematisiert - ist immer nur eine *‘Second-best’*-Lösung aus der Sicht eines *homo oeconomicus*! Sie belastet zugleich den ‘Nicht-homo oeconomicus’ permanent mit akuten Gewissensnöten (so die empirische Umsetzung des theoretischen Themas). ‘First best’ und alles andere als schizophren im kühlen, eigennützig rationalen Kalkül des homo oeconomicus ist dagegen leider die Einhaltung der Norm durch alle anderen (daher die Zustimmung zur allgemeinen Normengeltung) bei eigener Mißachtung eben dieser Norm, sobald es opportun erscheint.

Bei Steinmann und Löhr bleibt in diesem Zusammenhang schließlich schwer nachvollziehbar, warum sie ausgerechnet den sogenannten Nestlé-

---

[84] *Steinmann / Löhr* (1991a), S. 83.

Fall[85] zum paradigmatischen Ausgangspunkt ihrer Argumentation einer dialogisch vermittelten Unternehmensethik nehmen: Wie Löhr selbst in seiner Dissertation[86] in großer Ausführlichkeit beschreibt, benötigte der von ihm so genannte Umdenkungsprozeß bei diesem Unternehmen viele Jahre, in denen zugleich (von Löhr detailliert beschrieben) die Entscheidungsfreiräume der Unternehmung immer enger wurden (Löhr beschreibt Kampagnen bis hin zum Boykottaufruf durch die Kirchen in den USA, einem der bedeutendsten Absatzmärkte von Nestlé).[87]

F. Unternehmensethik als Anwendungsbeispiel institutionenökonomischer Rationalität. Der Ansatz von Karl Homann

Den bisher am weitesten entwickelten Ansatz zum Problembereich Ethik, Moral und Ökonomik hat vermutlich Karl Homann[88] vorgelegt.[89] Seine Arbeiten umfassen im hier interessierenden Zusammenhang Fragestellungen, die (u.a.) von dem grundlegenden Verhältnis von Ethik und Ökonomik über die ethische Begründung einer marktwirtschaftlichen Ordnung (von ihm als Wirtschaftsethik bezeichnet) bis zum 'Geltendmachen' moralischer Normen in unternehmerischem Handeln (von ihm als Unternehmensethik bezeichnet) reichen. Mit der Überführung seiner grundlegenden Analysen auf die - in dieser Arbeit zentrale - letztgenannte Fragestellung hat sich Homann vor allem in den letzten Jahren beschäftigt.[90]

---

[85] Das Unternehmen war in den Ruf geraten, durch äußerst aggressive Marketingstrategien für Milchpulver in Ländern der sogenannten Dritten Welt - wenn auch ohne Absicht - ein großes Säuglingssterben ausgelöst zu haben.

[86] Siehe *Löhr* (1991).

[87] Zudem hat ausgerechnet H. Maucher, Vorstand dieser Unternehmung, in einem Interview geäußert, er könne das 'ethische und soziale Gesäusel' nicht mehr hören: Die Zukunft gehöre endlich wieder den Managern mit 'Biß'; siehe *Maucher* (1990), S. 36. Vgl. auch die Glosse *Siemons* (1990), der feststellt, 'die Tage der Ethik' seien 'gezählt' (vielleicht verfrüht, jedoch mit gutem Grund?).

[88] Homann ist Inhaber des Lehrstuhls für Wirtschafts- und Unternehmensethik an der Wirtschaftswissenschaftlichen Fakultät der Katholischen Universität Eichstätt (Außenstelle Ingolstadt), des bisher einzigen dieser Art in der Bundesrepublik Deutschland.

[89] Vgl. die oben mehrfach zitierten Arbeiten; zur Grundlegung seines spezifisch wirtschaftsethischen Programms bereits *Homann* (1985b), Abschnitte III und IV, zentral jedoch *Homann* (1988b), ders. (1988c) und *Hesse / Homann et al.* (1988).

[90] Vgl. *Homann* (1990b), ders. (1991a), ders. (1991b), ders. (1992d); grundlegend jedoch bereits: ders. (1989b). Vgl. soeben zusammenfassend: *Homann / Blome-Drees* (1992), S. 112 - 191 (2. Teil).

Seine Position unterscheidet sich in einer grundlegenden Hinsicht von den bisher diskutierten: Er nimmt die Bedeutung marktwirtschaftlichen Denkens, die Logik der Märkte und die volkswirtschaftliche Bedeutung von unternehmerischem Gewinn für die Investitionsbereitschaft zur Basis seiner weiteren Überlegungen.

Seiner Überzeugung nach kann es keine Verwirklichung von moralischen Zielen 'gegen den Markt', sondern nur 'mit dem Markt' geben - und wer das eingesehen hat, darf auch dessen Funktionsweise bei der Vorgabe moralischer Ansinnen nicht einfach außer acht lassen.[91] Dazu gehört auch und gerade die Ansicht (in der Tradition Smiths), daß in modernen westlichen Marktwirtschaften eine enorme Steigerung der gesellschaftlichen Problemverarbeitungskapazität gerade dadurch erreicht wurde, daß die Mechanismen Kooperation oder Konsens (im öffentlichen/politischen Kontext) und Wettbewerb (im marktwirtschaftlichen Kontext) zu gleicher Zeit genutzt werden, indem der erste Mechanismus auf der Ebene der 'Spielregeln', der zweite auf der Ebene der 'Spielzüge' eingesetzt wird.[92]

Die Quintessenz lautet: „*Moralische Normen und Ideale müssen sich am Ende als vorteilhaft für die Betroffenen herausstellen*, in welcher 'Währung' auch immer die Betroffenen abrechnen. Normen und Ideale bilden den Input in einen Prozeß der Suche nach Möglichkeiten menschlichen Lebens, und die Aufgabe dieses Suchprozesses ist es herauszufinden, ob und wie sich diese Normen und Ideale ökonomisch implementieren lassen."[93]

Geht man von dieser Frage der 'Implementation'[94] moralischer Normen als einer der *Leitfragen* dieser Arbeit aus: Wie lassen sich moralische Wertvorstellungen im Handeln des einzelnen Unternehmers in einer marktwirtschaftlich

---

[91] Vgl. dazu zusammenfassend soeben *Homann* (1992d), v. a. S. 75 - 75, S. 84 - 85.

[92] Dies ist eine Metapher, die besonders von James M. Buchanan geprägt wurde. Vgl. zusammenfassend *Brennan und Buchanan* (1985), S. 5 - 7 („Rules of Games"), insgesamt: S. 1 - 18 (Kap. 1, „The constitutional imperative"). Das dort eingesetzte Wortspiel rund um die Logik gesellschaftlicher Regeln läßt sich leider nur schwer ins Deutsche übertragen ('Rule of reason' - aus dem amerikanischen Wettbewerbsrecht - vs. 'reason of rules' und, grundlegend: „Reason *for* rules" (ebenda, Kap. 1, Abschnitt II., S. 3, Herv. d. d. Verf.). Die treffende deutsche Übersetzung von Monika Vanberg für den Buchtitel „The Reason of Rules" lautet „Die Begründung von Regeln".

[93] *Homann* (1992d), S. 84, Herv. i. Orig., dort weitere Herv.

[94] In der Terminologie Homanns; in der hier verwendeten Terminologie: *Durchsetzung*. Man beachte, daß in der vorliegenden Untersuchung der Begriff der Implementation ausschließlich für die Einsetzung und *allgemeine* Geltung von Normen verwendet wird.

verfaßten, aber anonymen Großgesellschaft (wieder) besser verwirklichen?, so lautet Homanns provozierende *Leitthese*, hier prägnant als Kapitelüberschrift formuliert:

„Der systematische Ort der Moral in der Marktwirtschaft: Die Rahmenordnung"[95]

Die Formulierung provoziert den Eindruck, man könne nach Homanns Auffassung für eine Marktwirtschaft in einer Art Pauschalabsolution völlig auf moralische Anforderungen an den einzelnen (hier: unternehmerisch Tätigen) verzichten; die Formulierung erinnert an das klassische Smithsche Marktparadigma einer sich selbst steuernden Marktwirtschaft - so, als ob es eine massive Umweltbeeinträchtigung, schwindenden Gemeinsinn und illegale Aktivitäten, negative (wie übrigens auch positive!) externe Effekte und andere fundamentale Probleme nicht gäbe. Dies löste erhebliche Kritik aus.[96] Homann hat eine entsprechende Ansicht allerdings nie vertreten.

Aus diesem Grunde und wegen der grundsätzlichen Tragweite der zitierten Leitthese soll im folgenden der Versuch unternommen werden, die Homannsche Position zur hier in Rede stehenden Fragestellung im forschungssystematischen Aufriß seines vertragstheoretischen Ansatzes zu erschließen. Angesichts von Umfang und Zahl der bisher vorliegenden Arbeiten muß dieser Versuch einerseits notwendig holzschnittartig und skizzenhaft bleiben, andererseits sehr grundlegend ansetzen: in der normativen und der positiven Grundposition Homanns. In dieser führt er die Überlegungen Beckers, in jener die Buchanans weiter.

1. Die vertragstheoretische Fundierung

Die zentrale Argumentationskette kann in stenographischer Kürze etwa wie folgt in zwei Stufen zu insgesamt fünf syllogistisch angesetzten Schritten rekonstruiert werden, die anschließend einzeln erörtert werden.

Auf der ersten Stufe werden die normativen und positiven *Prämissen* formuliert. Diese lauten:

---

[95] *Homann* (1991b), S. 5. Vgl. gleichlautend: ders. (1990b), S. 42, S. 44, ders. (1992d), S. 75, u. ö.

[96] Als Beispiele allein aus einem Jahr siehe z. B. *Kaiser* (1992), S. 135, *Korff* (1992), S. 9, *Furger* (1992), z. B. S. 129.

(1) Allgegenwart des ökonomischen Problems, also des *Knappheitsproblems.*

(2a) *Methodologischer Individualismus* und

(2b) *normativer Individualismus*; in diesem wird das Erfordernis unbedingter Einstimmigkeit identifiziert.[97]

Aus diesen Prämissen folgen zwingend, auf einer zweiten Stufe, drei hierarchisch angelegte *Schlüsse* für die Organisationsformen - die Regeln - einer Gesellschaft, die den (unbedingten!) Prämissen (1), (2a) und (2b) genügen. Diese drei hierarchisch angeordneten Ordnungsprinzipien oder Regeln sind, vom allgemeinen zum besonderen, die Demokratie, die Soziale Marktwirtschaft und die Moralfreiheit der einzelnen Handlungen, und zwar gemäß folgenden Ableitungen.

Unmittelbar aus den Prämissen (1), (2a) und (2b) folgt als übergreifende gesellschaftliche Organisationsform

(3) die *Demokratie*. Aus (1), (2a), (2b) und (3) wird nunmehr

(4) *die Soziale Marktwirtschaft* als Ausprägung dieser Organisationsform im Subsystem Wirtschaft entwickelt; das Bild vervollständigt sich, wenn etwa als (4/P) die repräsentative Demokratie als Ausprägung im politischen Bereich eingesetzt wird. Schließlich ergibt sich als Konsequenz auf der untersten Ebene, aus (1), (2a), (2b), (3) und (4) abgeleitet,

(5) *Moralfreiheit* als Ausprägung in den einzelnen Handlungen, den einzelnen Spielzügen des Subsystems.[98]

Die entscheidende Grundidee lautet dabei: Wenn auf der jeweils vorgeordneten Hierarchieebene Konsens bezüglich der *Regel* herrscht, ist es widersinnig, auf einer jeweils nachgelagerten Ebene einzelne *Ergebnisse* in Frage zu stellen.

Ausgehend von der letzten Ebene der einzelnen Handlungen hat daher Kritik nicht unmittelbar an einzelnen Ergebnissen, sondern in einem rekursiven Verfahren an den Regeln der jeweils vorgelagerten Stufe anzusetzen.[99]

---

[97] Unterschiede man zusätzlich zwischen positiver Theorie einerseits und normativer Theorie andererseits, so wären natürlich (1) und (2a) der ersteren, (2b) der letzteren zuzuordnen.

[98] Auch hier kann als Analogon (5/P) im politischen Subsystem die einzelne Handlung bzw. sogar das einzelne (Wahl-) Ergebnis gedacht werden.

Es ergibt sich etwa das folgende, stark vereinfachende Schaubild, das die logischen Bezüge verdeutlicht (hier nur bezogen auf die normativen Aspekte, die positive Theorie ergibt sich als unmittelbare Rekonstruktion):

(1) Allgegenwart von Entscheidungskonflikten

(2b) Normativer Individualismus

(3) Demokratie

(4/P) Politisches Subsystem: Repräsentative Demokratie mit Mehrheitsregeln

(4) Wirtschaftliches Subsystem: Soziale Marktwirtschaft mit Regeln für Wettbewerb und Sozialstaat

(5/P) Polit. Einzelergebnisse: z. B. Wahlergebnisse, Koalitionen, auch: Vertretung und Durchsetzung von Gruppeninteressen

(5) Wirtschaftl. Einzelergebnisse: z. B. Wachstum, Produktivitätsfortschritt, Transferzahlungen an Benachteiligte; auch: Konkurse, Strukturwandel, Arbeitslosigkeit

Abb. F.1: Die systematische Hierarchie von Regeln und Einzelergebnissen in der vertragstheoretischen Fundierung der Marktwirtschaft

Beispielsweise resultiert daher das Sub-(!) System Soziale Marktwirtschaft als logische - und systematisch nachgeordnete! - Umsetzung von (1) allgegen-

[99] Bei Unzufriedenheit mit einem einzelnen Ergebnis im politischen Bereich (4/P, 5/P) ist völlig analog vorzugehen. Etwa: Bei beobachteter Zersplitterung und Machtasymmetrie zugunsten kleiner Parteien bei einem reinen Verhältniswahlrecht ohne qualifizierende Eintrittsklausel ('Fünf-Prozent-Hürde') wie derzeit in Polen ist nicht das Wählerverhalten 'anzuklagen', sondern auf der vorgelagerten Ebene eine Wahlrechtsänderung anzustreben.

wärtigen Entscheidungskonflikten bzw. ökonomischer Knappheit, (2) normativem Individualismus und - nunmehr Prämisse - (3) der Demokratie. Dabei erfolgt die normative Auszeichnung der Marktwirtschaft (ohne den Zusatz 'sozial'!) *gerade nicht* aufgrund ihrer potentiell freiheitschaffenden Wirkung, da diese nicht der Einstimmigkeitsprämisse (2b) genügt und die ohne Zweifel grundlegenden Fragen der individuellen Freiheit bereits auf der Ebene der vorgelagerten Regeln der Demokratie abzuarbeiten sind.[100] Ihr Eigenwert liegt vielmehr in ihrer überragenden Effizienz, ihrem hohen Wirkungsgrad, wenn man so will: Aufgrund dieser Eigenschaft trifft sie auch auf Zustimmung der prinzipiell Benachteiligten (der 'Leistungsschwachen'), da auch für diese Gruppe bessere Ergebnisse im Vergleich zu alternativen Organisationsformen der Wirtschaft zu erwarten sind.

Schließlich erscheint, als Anwendungsfall, die fragliche Aussage: (5) Eine moralische Beurteilung individuellen und damit auch unternehmerischen Handelns läßt sich nicht unmittelbar vornehmen, sondern nur eingebettet in ein rekursives Verfahren über (4) - nunmehr ebenfalls Prämisse - zu (3) zu (2) und (1).

Diese nur abstrakte Zuordnung läßt sich wie folgt inhaltlich verdeutlichen.

Ad (1): Homanns leitende Idee ist die leitende Idee der Ökonomik[101], die Idee allgegenwärtiger *Entscheidungszwänge* (bei Homann: *Knappheit*). Diese Idee wendet er allerdings umfassend an: Homann ist ökonomischer Imperialist. Die Ökonomik ist demnach grundsätzlich bei der Analyse jedes menschlichen Handelns fruchtbar anwendbar, weil sie als Wissenschaft von den Kosten die tatsächliche Universalität von Knappheit und Entscheidungszwängen allgemein rekonstruiert,[102] und zwar - hier ist der imperialistische Zusatz wichtig - in normativer wie in positiver Analyse.

Homann will den Begriff des ökonomischen Imperialismus allerdings nur auf die Gegenstände, nicht auf die Fragestellungen der Ökonomik bezogen wissen: Es dürften keine Erkenntnisgegenstände für 'tabu' erklärt werden, aber es sei wiederum von der Ökonomik anzuerkennen, daß andere Wissen-

---

[100] Wir kommen gleich auf diesen zentralen und auf den ersten Blick irritierend erscheinenden Standpunkt zurück.

[101] Vgl. die Erörterung oben, im zweiten Kapitel, Abschnitt B.

[102] Vgl. z. B. *Homann* (1980), S. 165 - 170, zentral: ders. (1988a), S. 52 - 64.

schaften an denselben Erkenntnisgegenstand mit durchaus anderen Fragestellungen als ökonomischen herangehen können.[103]

Ad (2a): Der ökonomische Ansatz zur Erklärung menschlichen Handelns bedient sich in Verbindung mit dem Knappheitsaxiom des Prinzips des *methodologischen Individualismus*, wonach der Forscher sich erst dann mit einer Erklärung zufrieden gibt, wenn er sie auf die Interessen der handelnden Individuen zurückführen konnte: „Kosten sind grundsätzlich Opportunitätskosten ... Sie resultieren damit aus Knappheit in bezug auf die individuellen Bedürfnisse ...: Bezugspunkt von Nutzen und Kosten ist grundsätzlich das Individuum"[104].

Ad (2b): Wissenschaftliche Arbeit wird von Homann immer als Aufklärungsarbeit verstanden, und dazu muß sie nach seiner festen Überzeugung auch in der Lage und bereit sein, als normative Theorie einen Beitrag zur politischen Willensfindung zu leisten.[105] Auch in normativer Theorie ist jedoch - in Erkenntnis des Albertschen Münchhausen-Trilemmas[106] aller Versuche der zureichenden Begründung - ein 'Abbruchkriterium' im normativen Begründungsregreß zu finden. Hier lautet Homanns offen ausgewiesene Setzung, die er nicht mehr für ernsthaft hinterfragbar hält: Die Wissenschaft muß das Wohl des einzelnen Menschen, gemessen an dessen wohlverstandenem Eigeninteresse, in den Mittelpunkt ihrer Bemühungen stellen; Homann ist ausgewiesener Verfechter des normativen Individualismus, wie auch das folgende Zitat belegt.

---

[103] Vgl. *Homann und Suchanek* (1987), S. 71, dies. (1989), *Homann* (1989a), S. 60.

[104] *Homann* (1988a), S. 62. Vgl. ders. (1980), S. 70 ff.; vgl. auch die Ausführungen oben.

[105] Vgl. grundlegend *Homann* (1980). Dort findet der Gedanke der umfassenden Knappheitsproblematik seine systematische Anwendung auf die Interdependenz von Zielen und Mitteln kollektiven Handelns.

[106] Vgl. zusammenfassend *Albert* (1991), S. 11 - 18: Danach enden alle Begründungsbemühungen normativer Aussagen in der Wahl zwischen drei Möglichkeiten, die einem Problem des Barons Münchhausen entsprechen, sich am eigenen Schopf aus dem Sumpf ziehen zu müssen (vgl. *Albert* 1991, S. 15): 1. Die Begründung kann in einem *infiniten Regreß* enden, indem für jeden Grund wiederum nach einem weiteren gesucht werden muß. 2. Man kann in einen *logischen Zirkel* der Form gelangen, daß im Begründungsverfahren Aussagen eingesetzt werden, die sich zuvor schon als begründungsbedürftig erwiesen haben. 3. Man entscheidet sich - willkürlich - für einen *Abbruch des Verfahrens*, was aber eine Aufhebung des Prinzips der zureichenden Begründung mit sich bringt: nunmehr könnte nach dem Grund für den Abbruch gefragt werden.

„Entgegen der verbreiteten Auffassung, daß alles geschichtlich Gewordene auch historisch relativ sei, wird hier der Grundsatz vertreten, daß mit der Anerkennung des normativen Individualismus in einigen Verfassungen ein Resultat erreicht ist, hinter das nicht mehr zurückgegangen werden kann.“[107]

Es ist in diesem Zusammenhang allerdings auch anzumerken, daß Homann hier seinerseits einen 'letzten Wert' ausdrücklich für sich in Anspruch nimmt, der zumindest nicht mehr explizit der Kostenheuristik unterworfen wird (was prinzipiell durchaus möglich wäre).

Ad (3): Diese scheinbar banale Ausgangsposition hat weitreichende Konsequenzen, denn hier kommt der entscheidende Zusatz: Wenn es Homann um das Wohl der Menschen geht, dann ist damit stets an das Wohl *aller* Menschen gedacht.[108] Dann aber ist es verfehlt, die Demokratie als 'Staatsform' (wie im traditionellen Liberalismus) oder als 'Lebensform' (wie im Sozialismus) zu verstehen und sie überdies über eine 'Herrschaft der Mehrheit' zu rekonstruieren: Die Herrschaft der Mehrheit kann zum Terror der Mehrheit über die Minderheit führen; nicht das Wohl des einzelnen, sondern das Wohl der Mehrheit wird dann implizit zur normativen Ausgangsbasis - eine gründliche Verkehrung individualistischen Denkens.

Vielmehr, so Homann, kann Demokratie sinnvollerweise nicht als Staats- oder Lebensform, sondern nur als *Instrument zur Legitimation kollektiven Handelns* gedacht werden: Die ökonomisch geprägten Staatstheorien haben präzise ermittelt, daß es für jeden einzelnen in seinem wohlverstandenen Interesse liegt, sich mit anderen zusammenzuschließen, um allgemein verbindliche Rechte überhaupt erst festzulegen. In diesem 'kollektiven'[109] Prozeß müssen damit Entscheidungen gefällt werden, die für alle gelten.[110]

---

[107] *Homann* (1980), S. 223. Es muß betont werden, daß Homann für diesen Ansatz ausdrücklich - und hier mit Bezug auf *Buchanan* (1975, 1984) - auf jegliche naturalistische Gleichheitsideologie verzichtet. Soweit ferner die Betroffenen nicht selbst mitstimmen können - Kinder, Ungeborene, Alte und geistig Verwirrte -, wird dieses Prinzip strikt weitergedacht und keineswegs in eine 'egoistische' Dimension überführt; er fordert, daß in solchen Fällen stellvertretend die Interessen *für* diese Betroffenen zu vertreten sind (!). In diesem Zusammenhang setzt sich Homann auch mit der sozialistischen Ideologie und ihrem nur formal, nicht aber substantiell individualistischen Ansatz auseinander. Vgl. hierzu insgesamt: *Homann* (1980), S. 222 - 227.

[108] Vgl. zum Folgenden *Homann* (1985a) und die entsprechende Passagen in *Homann* (1988a).

[109] 'Kollektivität' ist also nicht mit 'Kollektivismus' zu verwechseln: Gemeint ist immer das gemeinsame Handeln von *Individuen*.

[110] Auch hier die Analogie zu *Buchanan* (1975, 1984); vgl. dazu auch oben die entsprechenden Passagen. Darauf braucht an dieser Stelle nicht mehr eingegangen zu werden.

Wenn die Legitimität eines solchen Handelns aber auf der Prämisse des normativen Individualismus ruht, dann bedeutet dies, daß nur eine einzige Entscheidungsregel systematischen Vorrang vor allen anderen verdient: die Einstimmigkeitsregel, nicht irgendeine Mehrheitsregel.[111] Dies bedeutet: Der *Konsens* - die einhellige Zustimmung - aller Betroffenen wird zum normativen Ausgangspunkt der - nunmehr von Homann entwickelten - *Vertragstheorie der Demokratie*, denn es ist die Demokratie, die im Vergleich zu allen anderen Konzeptionen (konstitutionellen Institutionen!) die Kosten der Diskrimierung des einzelnen minimiert.

Idealtypisch entscheidet in der Demokratie also nicht die (eine) Mehrheit, sondern es entscheiden alle Betroffenen einstimmig: Nur das Vetorecht verhindert, daß der Wille eines einzelnen unterdrückt, überstimmt werden kann; es ermöglicht dem einzelnen, solche Aktivitäten - wörtlich: - zu verbieten.[112]

Um seine Gedanken nun auf den springenden Punkt zu führen - die eigentlich 'ökonomische' Revolution im vertragstheoretischen Denken -, verwendet Homann die Figur eines Syllogismus[113]:

(P_1) Die normative Vorgabe ist der Konsens aller Betroffenen (der normative Individualismus); vgl. oben: (2b).

(P_2) Die Randbedingung ist die Knappheit; vgl. oben: (1).

(S) Als Schluß aus Norm und Randbedingung ergeben sich die *Organisationsformen der* Demokratie (nicht: der Idealtypus mit Einstimmigkeitsregel); vgl. oben: (3).

Das bedeutet unter Knappheitsbedingungen - hier fließt der genuin ökonomische Ansatz ein -, daß die

---

[111] Hier folgt Homann ausdrücklich *Buchanan / Tullock* (1962). Vgl. z. T. kritisch: *Fritsch* (1983), ders. (1984).

[112] Vgl. *Homann* (1988a), S. 162 f. Bei Buchanan heißt es - in Auseinandersetzung mit der defätistischen Ansicht, „daß der Staat und nur der Staat die Individualrechte festlegen und neu definieren kann": „... Die Demokratie kann nur dann als politisches System erhalten bleiben, wenn die Bürger die Regierung aus der Sicht des Konsensmodells betrachten". *Buchanan* (1975, 1984), S. 251; im engl. Original - *Buchanan* (1975) - heißt es an dieser Stelle für Konsensmodell explizit 'consent paradigm' (S. 177).

[113] Ein Syllogismus besteht aus zwei Prämissen (P_1, P_2) und dem abgeleiteten Schluß (S). Vgl. zum Folgenden *Homann* (1988a), S. 162 - 177, hier insbes. S. 168 f.

„*Norm* ... nicht unbedingt als *Organisationsprinzip* des kollektiven Handelns“[114]

fungiert![115] Mit anderen Worten: Unter den Bedingungen der Knappheit ist zu beachten, daß eine Umsetzung der Konsensnorm in die Realität (in Homanns Terminologie: in ein Organisationsprinzip) ‘im Maßstab 1:1’ mit prohibitiv hohen Kosten, nämlich *Kosten der Einstimmigkeit*, verbunden wäre.[116] Homann nennt hier die bekannten Kosten der Vorbereitung und Durchführung von Abstimmungen - in heutiger Terminologie: Transaktionskosten -, weist aber auch auf Alternativkosten im engeren Sinne hin: auf den Verzicht auf mögliche Verbesserungen, in diesem Fall wegen strategischer Ausbeutungsmöglichkeiten, die der Minderheit (im Extremfall: einem einzelnen) gegenüber der Mehrheit eingeräumt würden.[117] Das Ergebnis dieser Überlegungen sind die bekannten Mehrheitsregeln.[118] Die Grundrechte etwa des Grundgesetzes müssen dann im übrigen nicht mehr als ‘Schutz des einzelnen vor der Demokratie’ rekonstruiert werden, sondern als individuelles Vetorecht des einzelnen in für ihn fundamentalen Fragen.[119]

Demokratie erweist sich damit als Verfahren zur *Minimierung der Diskriminierungskosten* des einzelnen.[120] In diesem Zusammenhang kann Ho-

---

[114] *Homann* (1988a), S. 169, Herv. i. Orig.

[115] Bei näherer Betrachtung zeigt sich, daß die Knappheitsbedingung in dem zugehörigen positiv-analytischen Forschungsprogramm (natürlich) implizit stets mit dem methodologischen Individualismus *und* dem Axiom rationaler Eigeninteressiertheit zusammen gedacht wird (werden muß!), so daß das in der interdisziplinären Diskussion sicher problemlos akzeptierbar erscheinende Knappheitsaxiom insofern eine delikate Implikation erfährt. Homanns eigene, stets die Kosten bzw. Knappheit herausstellende Terminologie macht dies nicht immer deutlich.

[116] Auch hier folgt Homann im Prinzip - es gibt eine Einschränkung bzw. Ergänzung - *Buchanan / Tullock* (1962), insbes. S. 63 ff.

[117] Vgl. *Homann* (1988a), S. 170 f. Homann unterscheidet genauer drei Kostenarten: Konsensfindungskosten (i. S. v. Transaktionskosten), Kosten der Nichtentscheidung sowie Kosten schlechter Entscheidungen; vgl. ebenda, z. T. erneut mit Bezug auf *Buchanan / Tullock* (1962). Vgl. bereits *Homann* (1980), S. 228, S. 268.

[118] Zur Ermittlung ‘effizienter’ Abstimmungsregeln, die in der Summe die Diskriminierungskosten und die eben von Homann genannten minimieren, vgl. bereits *Buchanan / Tullock* (1962). Vgl. zu einer ausführlichen Kritik *Fritsch* (1983), ders. (1984).

[119] Eine ähnliche, auf die Kostensenkungsheuristik gestützte Analyse entwirft Homann zur Frage wissenschaftlicher Rationalität; dabei setzt er sich mit der verbreiteten Meinung auseinander, daß in der politischen Umsetzung wissenschaftlicher Erkenntnis aufgrund demokratischer Entscheidungsprozesse die ‘Rationalität leide’: „Insofern Rationalität und Demokratie die beiden wichtigsten Konzepte sind, für jeden einzelnen die Kosten zu senken, stellen sie sich als Lösungsversuche für ein und dasselbe Problem dar, das die Ökonomik als das universale, die menschliche Existenz als solche bestimmende Kostenproblem auslegt.“ *Homann* (1988a), S. 264; vgl. auch ebenda, S. 266.

[120] Vgl. zusammenfassend *Homann* (1988a), S. 264.

mann auch Harsanyi nachweisen, daß dessen Versuch einer Rehabilitierung des Utilitarismus über die bekannte soziale Wohlfahrtsfunktion scheitern muß, weil dessen Prinzip des 'One man - one vote'[121] (moderner: 'One person - one vote') gerade nicht dem strengen normativen Individualismus gerecht wird: Der einzelne hat in der gewichteten Nutzenfunktion Harsanyis eben nur ein begrenztes Gewicht, kann aber 'beliebig' von der Mehrheit überstimmt werden.[122] Andererseits liegt es im elementaren Interesse jedes einzelnen, in der Realität bei allem Wunsch nach Partizipation auch die Kosten zu berücksichtigen:

> „Konsens in der Realität ist extrem teuer ... Damit entstehen auch Institutionen, die auf direkte Partizipation verzichten und sich aus Kostengründen auf ... indirekte Kontrollsysteme stützen"[123].

Aus genau diesem Kalkül heraus ist auch das Eintreten gegen eine „Demokratisierung der Wirtschaft", zum Beispiel qua Sozialisierung, vollständig kompatibel mit den erwähnten Grundprinzipien der Demokratie.

Wenn aber nun in der Realität vom Einstimmigkeitsprinzip sogar fast immer abgewichen werden muß, so lautet doch die grundlegende Forderung, daß nun wiederum über die jeweils anzuwendenden *Mehrheits*regeln auf einer Meta-Ebene Konsens im Sinne von *Einstimmigkeit* herrschen muß.[124] Hier weicht jedoch Homann in entscheidender Weise von Buchanan ab: Auch diese konsensuellen Entscheidungen werden in der Realität nicht herbeigeführt, so daß allen demokratischen Entscheidungsprozessen unterhalb der Einstimmigkeit (also fast allen) potentiell die Legitimität fehlt. Wenn also Homann an seinem Legitimationskonzept festhalten will, muß er insistieren, daß nicht der faktische, sondern ein fiktiver Konsens zur Grundlage der Rechtfertigung demokratischer Entscheidungen zu machen ist.

Mit anderen Worten: Aufgrund einer anderen Problemstellung - normative Rechtfertigung demokratischer Prozesse aus dem normativen Individualismus - kommt Homann auch zu anderen Ergebnissen bezüglich der Konsensfrage als Buchanan, dem es vordringlich um effiziente Vorschläge zur unmittelbaren Einspeisung in den politischen Prozeß, um komparative konstitutionelle Ökonomik, geht.

---

[121] Vgl. grundlegend *Harsanyi* (1955), außerdem ders. (1976) und ders. (1982).

[122] Vgl. hierzu *Homann* (1988a), S. 220 - 232, insbes. S. 230; auch ders. (1985b).

[123] *Homann* (1988a), S. 271.

[124] Vgl. ebenda.

Mit der Figur vom fiktiven Konsens bewegt sich Homann nun auch nach eigenem Bekenntnis in großer Nähe zu Rawls[125]: Er sieht hier die Rehabilitierung der normativen Gerechtigkeitstheorie, der nunmehr die Aufgabe zukomme, angesichts hoher Konsenskosten hypothetische Vorschläge in den politischen Prozeß einzuspeisen, die sich auf den fiktiven Konsens aller gründen. Er will nur den methodologischen Status der philosophischen Gerechtigkeitstheorie nicht 'dogmatisch' verstanden wissen - dies wirft er Rawls vor: „Wenn der wissenschaftliche Diskurs die Normen rechtfertigt im Sinne von legitimiert, dann kann diese Rolle nicht mehr den Individuen zukommen - und umgekehrt."[126] Vielmehr sieht er (auch) hier die Rolle des Wissenschaftlers als die eines sachkundigen Beraters: „Praktische Philosophie wäre ... vielmehr zu begreifen als methodisch erarbeiteter, sachlich begründeter *Vorschlag von Fachleuten* für die allein zur Entscheidung berechtigten Individuen, und sie wäre in dieser Funktion und in der Beschränkung auf diese Aufgabe unverzichtbar."[127] Im übrigen aber kommen über die fiktive Zustimmung aller wieder die Rawlsschen Ergebniskriterien ins Spiel, da von den erwarteten Ergebnissen - und nicht nur den Regeln 'an sich' - natürlich auch die individuelle Zustimmung abhängt![128]

In seiner Habilitationsschrift wird Homann noch deutlicher: „Die normative Gerechtigkeitstheorie wird begriffen als kostengünstige Simulation des Konsenses. - Was damit vorgeschlagen wird, ist eine gegenseitige Ergänzung und Kontrolle von 'gerechten' Verfahren und 'gerechten' Endzuständen."[129] Dies ist sein Programm einer normativ vermittelten Suche nach institutionellen Veränderungen.[130]

---

[125] *Rawls* (1979).

[126] *Homann* (1990d), S. 168. Vgl. *Homann* (1984).

[127] *Homann* (1990d), S. 168, Herv. i. Orig.

[128] In dieser neueren Version seines Aufsatzes von 1984 weist Homann auch darauf hin, daß Buchanan die somit ins Spiel gebrachte Ergebniskomponente anerkennen muß - siehe hierzu etwa *Brennan / Buchanan* (1985), S. 30. Vgl. *Homann* (1990d), S. 169, im Vergleich zu *Homann* (1984).Vgl. hierzu auch die oben, in Abschnitt C, angestellten Überlegungen.

[129] *Homann* (1988a), S. 196, vgl. ders. (1989b), S. 61.

[130] Vgl. *Homann* (1989b), S. 61. Homann erkennt selbst eine gewisse Ähnlichkeit seiner Überlegungen zum Konzept des advokatorisch durchgeführten Diskurses bei *Habermas* (1973), S. 161, sofern man dessen Ansprüche einer transzendentalpragmatischen Normenbegründung aufgebe; vgl. *Homann* (1989b), S. 61. Allerdings kommt Habermas dabei zu dem diametral entgegengesetzen Ergebnis, Gerechtigkeitsüberlegungen und ethische Ansprüche in der Bevölkerung würden dem (zumindest bis Ende der 80er Jahre so genannten) westlichen Wirtschaftssystem die Legitimität entziehen.

Soweit nun unmittelbar die beratende Tätigkeit des Wissenschaftlers angesprochen wird, muß allerdings gefragt werden, ob der Homannsche Ansatz hier nicht in 'Konkurrenz' zum Buchananschen tritt, der sich 'realistischerweise' am faktischen Konsens orientiert. Wenn dies so ist, muß die Frage nach der konkreten Umsetzung erlaubt sein, insbesondere die Frage, warum Homann hier die Rolle des Wissenschaftlers im Vergleich wie die eines Neutralen, eines selbstlosen Wesens in einem Meer von Eigennutzmaximierern rekonstruiert; denn wenn er darauf dringt, daß konsistent auf der theoretischen Ebene argumentiert wird, so müßte dies auch konsistente Verhaltensannahmen über die betroffenen Wissenschaftler umfassen. In diesem Zusammenhang muß daher eine Anfrage an den verwendeten Rationalitätsbegriff erlaubt sein: Rationales Handeln des Wissenschaftlers wird rekonstruiert als kostenbewußtes Handeln zur Erkenntnisgewinnung, kurz: „Rational ist ein Verhalten, das den Erkenntnisfortschritt fördert", und diesen Anforderungen genügt, „wer einer auf Dauer leistungsfähigen Heuristik folgt."[131] Es kann zumindest den Anschein erwecken, als werde hier ein 'kollektiver' Rationalitätsbegriff angesetzt, während es doch in sich schlüssig wäre, nunmehr im Rahmen einer 'ökonomischen Theorie der Ökonomik' einen eigeninteressierten Forscher zu modellieren, dessen individuelle Anreizstrukturen dann keineswegs am wissenschaftlichen Fortschrittsgedanken allein ausgerichtet sein müssen.[132] Dieser Ansatz einer Kritik soll jedoch hier nicht weiter verfolgt werden.

Ad (4): In diesem Kontext wird nunmehr von Homann der systematische Rang der *Marktwirtschaft* neu verortet. Zum einen bestimmt sich ihre Rechtfertigung nicht nach den potentiellen Freiheiten einzelner, sondern nach denen *aller* Menschen - sie unterliegt dem gleichen Konsensprinzip wie die Demokratie. Zum anderen werden Erkenntnisse der Property-Rights-Theorie verarbeitet: Der Markt funktioniert überhaupt erst, wenn vorab die Verfügungs- und Handlungsrechte der jeweils Beteiligten festgelegt wurden. Dies bedeutet auch, daß die Entfaltung der im Markt erlebten *Freiheit* nicht voraussetzungslos, sondern auf eine funktionierende Rechtsordnung angewiesen ist, die prinzipiell von allen Mitgliedern der Gesellschaft anerkannt sein muß![133]

---

[131] *Homann* (1988a), S. 126.

[132] Homann schneidet dieses Problem selbst an, ohne es allerdings zu vertiefen; vgl. hierzu *Homann* (1988a).

[133] Vgl. grundlegend bereits *Homann* (1983).

Das aber geschieht 'kollektiv', politisch, auf der konstitutionellen Ebene in der Diktion Buchanans. Freiheit am oder im *Markt* ist damit immer eingebunden in ein grundlegendes *gesellschaftliches* Freiheitskonzept:

> „In der Demokratie geht es nicht um die Freiheit der Wettbewerber und Marktteilnehmer, es geht um die Freiheit aller, auch derer, die im Wettbewerb am Markt nichts zu bieten haben."[134]

Das auch dem Markt zugrundeliegende Prinzip der Freiwilligkeit wird damit konsequent auf die zugrundeliegende konstitutionelle Vereinbarung bezogen: Hier werden Rechte getauscht, also auch Verpflichtungen verbindlich abgegeben. Damit kann auf der postkonstitutionellen Ebene bzw. mit Bezug auf eine individuelle Aktivität am Markt nicht als 'Freiheitsbeschränkung' rekonstruiert werden, was auf der konstitutionellen Ebene konsensuell vereinbart worden war: Die Freiheit am oder im Markt wird erst *innerhalb dieser Voraussetzungen* verwirklicht.[135] Die Betonung des Wohls aller Menschen impliziert somit die Ablehnung einer libertären Freiheitsperspektive etwa nach Nozickscher Vorstellung, die Homann konsequent und mit den dargelegten guten Gründen ablehnt.[136]

Dies kann kaum überbetont werden: Es geht im Ergebnis - paradigmatisch und pointiert - nicht darum, 'Freiheit im Markt zu verteidigen', sondern darum, Freiheit im Markt überhaupt erst zu schaffen, und dies kann lexikalisch nur *vor* dem Eintritt in einzelne Marktaktivitäten geschehen. Wettbewerb ist auch aus diesem Blickwinkel nur „Mittel, aber nicht letzter Zweck" - hier zitiert Homann die berühmte Passage aus dem Vorwort der ersten ORDO-Ausgabe von 1948 (S. IX).

Ad (5): Damit wird der Blick frei für die eigentliche moralische Qualität der Marktwirtschaft: ihre überlegene Koordinationsfähigkeit in den *einzelnen Handlungen*, die letztlich gerade die materielle Besserstellung der Armen eher ermöglicht als jede andere Wirtschaftsform (zu Smiths Zeiten: der Merkantilismus).[137] In dieser enorm wichtigen Erkenntnis liegt offenbar für Homann heute vor allem der Wert der Arbeiten des Moralphilosophen Smith.[138]

---

[134] *Homann* (1991b), S. 9.

[135] Vgl. *Homann* (1988a), S. 136.

[136] Vgl. z. B. *Homann* (1988a), S. 136 f.

Ausschlaggebend für den hier zugrundeliegenden Kontext ist nunmehr, daß nicht die Moral Gewinnprinzipien unterworfen wird, wie die landläufige Meinung lautet, sondern aus den vorstehend genannten Gründen zeigt sich, daß, umgekehrt, das Gewinnstreben im Interesse der Moral genutzt wird.[139]

Die Frage, wie dies im einzelnen zu geschehen hat, unterliegt dem gleichen Kriterium wie die Bestimmung der Organisationsformen der Demokratie: dem Konsensprinzip, auf dessen Grundlage geeignete Institutionen zum gegenseitigen Vorteil geschaffen werden. Somit wird mit einem gedanklichen Kniff ein zweistufiges Verfahren etabliert: *Einzelwirtschaftliche Effizienz* wird, gewissermaßen auf der zweiten, nachgelagerten Stufe, in den singulären Handlungen der Individuen verwirklicht, während auf der ersten, vorgelagerten Stufe bei der Festlegung der Spielregeln aufgrund des Konsenserfordernisses *Freiheit* und *gesamtwirtschaftliche Effizienz* für alle Betroffenen sichergestellt wird. Mit anderen Worten: Freiheit und Wettbewerb bzw. Freiheit und einzelwirtschaftliche Effizienz werden aus ihrer seltsamen Verschmelzung in libertären Theorien gelöst, einzelwirtschaftliche und gesamtwirtschaftliche Effizienz nicht mehr gleichgesetzt: Freiheit ist nicht Spiegelbild der einzelwirtschaftlichen Effizienz, sondern ihre Voraussetzung. Was dann in der einzelnen Handlung 'effizient' ist, bestimmen die Handelnden selbst: sie kennen die Gesamtheit der *situativen* Umstände besser als jeder Außenstehende; die *globalen* Umstände sind dagegen institutionell beeinflußbar.

Der Ansatz ist kongenial: Er überwindet die alte (und nur scheinbare) Kluft zwischen demokratischen und marktwirtschaftlichen Grundlagen, zerstört nachhaltig die Annahme, in der Marktwirtschaft werde die Demokratie (zeitweilig, sachlich oder regional) teilweise „außer Kraft gesetzt", und überwindet den vermeintlichen Gegensatz von Freiheit, Gerechtigkeit und Effizi-

---

[137] „Es ist heute nicht anders als in den Tagen von A. Smith, er sah sich vor der Wahl: Hilfe für die unidentifizierbare Allgemeinheit durch allgemeines Wirtschaftswachstum, das durch Markt und Wettbewerb erzielt wird, oder Hilfe für identifizierbare einzelne oder Gruppen durch Interventionen." *Homann* (1990b), S. 41, i. Orig. z. T. kursiv.

[138] „Der Professor für Moralphilosophie und Logik entschied sich im 18. Jahrhungert für die erste Strategie - ..." - vgl. die vorangegangene Fußnote „- aus moralischen Gründen, und genau in dieser Entscheidung trug er den Bedingungen und Chancen der modernen Welt ... Rechnung." *Homann* (1990b), S. 41. Vgl. soeben auch *Hesse / Homann* (1992).

[139] Vgl. *Homann* (1990c), S. 41 ff., soeben: *Homann / Blome-Drees* (1992), S. 142.

enz (ohne ihn freilich auflösen zu können), wie ihn die traditionelle Wohlfahrtsökonomik noch konstatieren muß[140].

Zusammenfassend läßt sich daher sagen: Die Marktwirtschaft legitimiert sich genau wie die Demokratie, jedoch als ihr untergeordnetes System gemäß den zugrundeliegenden Regeln, deren Inhalt - allerdings! - den Gerechtigkeitsvorstellungen der Menschen entsprechen muß, die diesbezüglich einen (Minimal-) Konsens finden (müssen);[141] insofern wird jedem Individuum ein unabdingbares Vetorecht zugestanden.[142] Individuelles Handeln in der Marktwirtschaft kann daher nur im Zusammenhang mit den geltenden Spielregeln dieser Ordnung beurteilt werden: Ein Kriterium für individuelles Handeln ist nicht 'von außen' überzustülpen; Kriterium für individuelles Handeln ist vielmehr die Konformität mit den geltenden Wettbewerbsregeln; durch Regeln trägt die Moral so über die höchst ungewisse Reichweite und Tragweite persönlicher Motivation hinaus.[143] Zugleich gelingt es mit diesem Ansatz, moralische Ansprüche der Solidarität nicht gegen, sondern durch eine marktwirtschaftliche Ordnung geltend zu machen.

Hier liegt der enorme Erkenntnisfortschritt der aufklärerischen Arbeit in der Tradition Smiths: daß moralische Werte - die Verbesserung der Lebensbedingungen, die Überwindung der Armut ist unwidersprochen ein ethisches wie moralisches Postulat ersten Ranges - besser verwirklicht werden können, wenn man einige von ihnen gerade nicht in jeder einzelnen Handlung des einzelnen, sondern in der zugrundeliegenden Ordnung zu verankern sucht. Indem nunmehr der einzelne (im Prinzip, nicht in jedem Einzelfall) entlastet wird von Besorgnissen um das Wohlergehen seines Tausch- oder Geschäftspartners, werden überhaupt erst die Voraussetzungen geschaffen, um den Wohlstand aller zu sichern: genau in diesem Sinne ist Wettbewerb seliger als Teilen.[144] Die Rahmenbedingungen dafür sind dem Markt systematisch

---

[140] Siehe etwa *Rowley / Peacock* (1975).

[141] Grundlegend: *Brennan / Buchanan* (1985), S. 97 ff.; soeben: *Homann / Blome-Drees* (1992), S. 64 ff.

[142] Dies kann durchaus so verstanden werden, daß den im Vergleich zu anderen institutionellen Arrangements Benachteiligten entsprechende Regelgestaltungen aus dem für alle erreichbaren Überschuß „abgekauft" werden.

[143] Vgl. *Homann* (1991b), S. 7. Diese Konzeption schließe, so Homann, ausdrücklich auch schärfsten Wettbewerb bis zum Ruin des Konkurrenten ausdrücklich ein, um letztlich und nur auf den ersten Blick paradox erscheinend dem Wohle aller besser zu dienen. Vgl. *Homann* (1990b), S. 38 ff.

[144] Vgl. in diesem Sinne z. B. *Homann / Pies* (1991b), S. 610, *Homann* (1990b), S. 36.

vorgeordnet, und sie erschöpfen sich nicht in der Sicherstellung des Wettbewerbs: dafür zu sorgen, daß die grundsätzlich wohlfahrtsfördernden Wirkungen des Wettbewerbs tatsächlich auch den im Wettbewerb Benachteiligten, den Schwächeren zugute kommen, ist eine Aufgabe des Staates in einer dem Markt nachgeordneten Phase öffentlichen Handelns (das im übrigen auch Smith als notwendig erachtet hat).

Homann setzt der populären Aufgabenzuweisung einer „angewandten Ethik" an die Wirtschaftsethik somit bewußt das Programm eines eigenständigen und gleichrangigen Beitrags zur ethischen Grundlagendiskussion aus ökonomischer Sicht entgegen.[145]

2. Der systematische Ort der Moral

Dies ist die Quintessenz: In einer funktionierenden Marktwirtschaft lautet die moralische Forderung an die einzelnen Unternehmer, sich an die bestehenden Regeln zu halten. Laut Homann arbeitet der Markt - dies ist eine These, die allerdings später noch kritisch zu hinterfragen sein wird - im Prinzip 'moralfrei'.[146] Insofern befindet er sich durchaus in Übereinstimmung mit der Friedmanschen These, wonach die soziale Verantwortung des Unternehmers darin liege, seinen Gewinn zu maximieren.[147]

Die Frage bleibt, ob damit das eigentliche Problem nicht erst beginnt: Von den bisher angesprochenen aktuellen Problemen wird damit keines angegangen, da ja gerade die problematischen Fälle - etwa die externer Effekte - zu thematisieren sind, in denen die bestehenden Regeln bzw. Sanktionsmechanismen für nicht hinreichend erachtet werden.

---

[145] Vgl. grundlegend *Homann und Suchanek* (1987), *Homann* (1988b), ders. (1989b), ders. (1991c); vgl. auch das von Homann entscheidend mitgestaltete Thesenpapier *Homann / Hesse et al.* (1988) sowie, in einem erweiterten Kontext, *Homann* (1988c).

[146] Vgl. z. B. *Homann* (1990b), S. 39: „Paradigmatisch sind Marktprozesse moralfrei". Vgl. auch *Gauthier* (1986), Kap. IV (Freedom of Morality), den Homann u. a. zitiert.

[147] So der Titel von *Friedman* (1970). Friedman redet hier übrigens keineswegs einer 'zügellosen' Gewinnmaximierung das Wort, wie die entsprechende Formulierung bei Steinmann / Löhr - und auch an einschlägiger Stelle bei Ulrich - vermuten läßt; darauf ist später noch zurückzukommen. Vgl. übrigens bereits *Friedman* (1962), hier das Kap. „The Social Responsibility of Business".

Wie sich leicht belegen läßt, ist es dabei keineswegs so, daß Homann etwa, wie ihm vor allem von Peter Ulrich entgegengehalten wird[148], die zentrale Bedeutung des spezifisch Moralischen - die Hintanstellung eigener Interessen[149] -, die des Kantschen Universalisierungsprinzips[150] oder die Notwendigkeit einer kollektiven Verantwortung[151] leugnete; das wäre „eine Konsequenz, zu der sich wohl niemand im Ernst bereitfinden will."[152] Homann will die Verantwortung nur 'recht verstanden' wissen, und das heißt: sinnvoll verortet und im überwiegend anonymen wirtschaftlichen und gesellschaftlichen Alltag erfolgreich (und nicht nur der Forderung nach) umgesetzt. Für ihn bedeutet dies eben, in modernen Gesellschaften die Moral von den individuellen Motiven - und damit von individuellen Appellen - möglichst weitgehend zu entkoppeln:[153] „Nach meiner Auffassung kommen wir in einer modernen anonymen Gesellschaft mit zunehmenden Interdependenzen ohne eine *recht verstandene* gemeinsame oder 'kollektive' Verantwortung nicht mehr aus."[154] Das rechte Verständnis in Homanns Sicht wird sogleich erläutert:

> „Der einzelne kann nicht verantwortlich gemacht werden für solche Resultate des Handelns, die er als einzelner nicht hätte anders gestalten können."[155]

Das ist auf den ersten Blick quasi-tautologisch formuliert; Homann definiert das 'Können' jedoch spezifisch: „Gedanklich einen Schritt weiter ist das Argument, daß zwar nicht der einzelne allein verantwortlich ist, wohl aber alle einzelnen gemeinsam - mit der Folge, daß kein einzelner aus seiner Verantwortung entlassen wird."[156]

Er wendet sich damit gegen eine nach seiner festen Überzeugung vormoderne Auffassung von Ethik: darin werde

> „ein individualethisches Paradigma auf interdependente Handlungszusammenhänge ausgedehnt, ohne zu berücksichtigen, daß die Gesellschaft - vor allem wegen Proble-

---

[148] Vgl. zentral: *Ulrich* (1990b), S. 184 - 199.

[149] Vgl. z. B. *Homann* (1988b), S. 224.

[150] Vgl. z. B. *Homann* (1988b), S. 233.

[151] Vgl. z. B. *Homann* (1988b), S. 236.

[152] *Homann* (1989b), S. 58.

[153] Vgl. z. B. *Homann* (1988b), S. 236 ff.

[154] *Homann* (1989b), S. 58; Herv. d. d. Verf.

[155] *Homann* (1989b), S. 58. Dies ist wohl eine Anspielung auf das vor allem von Albert geprägte 'Sollen impliziert Können' (gemeint: Sollen setzt Können voraus).

[156] *Homann* (1989b), S. 59.

men von der Struktur des Gefangenendilemmas - nicht als die einfache Ausdehnung der kleinen Gruppe verstanden werden kann."[157]

3. Defizite in der Rahmenordnung: Normendurchsetzung durch kollektive Selbstbindung und neue Wettbewerbsstrategien

Zu dem verbleibenden Fragenkomplex - was geschieht bei unvollständig funktionierender Rechtsordnung? - werden sechs Punkte genannt,[158] die unter die bekannten beiden Probleme fehlender oder nicht hinreichend sanktionsbewehrter Normen subsumiert werden können: 1. Fehlende Gesetze, hier a) 'vergessene' Normen, aber auch b) noch nicht an die technische Entwicklung angepaßte Normen oder c) im Weltmaßstab fehlende Kodizes - Stichworte Gentechnologie und Umweltstandards für Anlagen in Entwicklungsländern. 2. Vorhandene, aber nicht durchsetzbare Rechtsnormen, insbesondere in bezug auf a) asymmetrisch verteilte Informationsdefekte, b) Machtasymmetrien oder c) die Absicherung spezifischer Investitionen im Sinne Williamsons.[159] Unter diesen Voraussetzungen eines Versagens der Rahmenordnung fällt nach Homann die moralische Verantwortung - vorübergehend! - an den einzelnen Unternehmer zurück.[160]

Seinen Lösungsansatz hat Homann erstmals in dem oben zitierten, 1989 erschienenen Beitrag vorgestellt, wobei Problem und Lösung nun konsequent in der theoretischen Figur des Gefangenendilemmas gesehen werden:[161] Es wird - erstens - das Moralproblem als Gefangenendilemma rekonstruiert und - zweitens - als Lösung ein *Prinzip kollektiver Selbstbindungen*[162] vorgeschla-

---

[157] *Homann* (1989b), S. 59.

[158] Vgl. *Homann* (1988b), aktuell *Homann* (1991a), S. 106 f., gleichlautend ders. (1992d), S. 75, u. ö.

[159] Dabei wird an dieser Stelle davon ausgegangen, daß auf die angesprochenen Fälle *eigentlich* die längst vorhandenen Paragraphen im Gesetz gegen unlauteren Wettbewerb - UWG - oder im Gesetz gegen Wettbewerbsbeschränkungen - GWB - anzuwenden *wären* - wenn dies in den entsprechenden Fällen durchsetzbar, sprich: beweisbar wäre. Außerdem sei auf die für alle Verträge einschlägige Generalklausel § 242 BGB hingewiesen.

[160] Vgl. z. B. *Homann* (1992d), S. 81.

[161] Vgl. *Homann* (1989b). Vgl. auch *Homann / Pies* (1991b), zur kollektiven Selbstbindung - hier noch im staatstheoretischen Kontext - bereits *Homann* (1988a), S. 281 ff., insbes. S. 282.

[162] Vgl. bereits *Homann* (1988a), S. 284. Dort wird für ein Beispiel der langen Tradition kollektiver Selbstbindung bzw. Selbstverpflichtung allerdings ausgerechnet der Dialog zwischen Sokrates und seinem Wärter Kriton genannt, der am Vorabend der Hinrichtung Sokrates' spielt (vgl. *Platon* 1974, Kriton 50a ff.): Sokrates macht deutlich, daß er - auch und gerade

gen, eine Lösung, die sich streng an den klassischen - von Homann wörtlich zitierten - Hobbesschen Problemaufriß hält.[163]

Von ausschlaggebender Bedeutung ist dabei das eindeutig ausgewiesene Ziel, nur solche Vorschläge als akzeptabel zu betrachten, die sich für das einzelne Unternehmen 'am Ende' lohnen. Programmatisch ist die folgende Passage:

> „Auch hier setzen wir nicht eine originär moralische Interessenlage voraus, womit wir aus der ökonomischen Argumentation herausfallen würden. Wir unterstellen nicht ein Interesse der Unternehmen, selbst gebunden und kontrolliert zu werden. Wir unterstellen lediglich das Interesse, daß das Verhalten der Wettbewerber kontrolliert wird, und interpretieren die Bereitschaft, sich selbst kontrollieren zu lassen, als 'Preis' für diese Kontrolle der Wettbewerber"[164].

Dies bedeutet, übersetzt in die hier zugrundeliegende Gefangenendilemma-Situation, erstens: Wir befinden uns in Feld III[165] allseitiger Deviation. Zweitens liegt es im Interesse aller Betroffenen, eine 'Verschiebung' in Feld I - allseitige Kooperation - herbeizuführen.[166] Der einzelne willigt daher in eine Einschränkung seiner situativen Handlungsmöglichkeiten ein, *vorausgesetzt*, daß auch alle anderen dazu bereit sind.[167]

Vor diesem Hintergrund wird von Karl Homann und seinem Mitarbeiter Franz Blome-Drees ein Szenario entworfen, das im Unterschied zu den anderen Ansätzen die potentielle Komplementarität von Moral und Rentabilität

---

angesichts eines offenkundig ungerechten Urteils - das unter der Hand von allen anderen Beteiligten gebilligte Angebot ablehnt, die Flucht zu ergreifen - mit der heroischen, 'aus ökonomischer Sicht' vielleicht *irrational* (!) erscheinenden Begründung, er könne jetzt nicht einfach die Gesetze übertreten, die er ein Leben lang gern akzeptiert und verteidigt habe; vgl. *Platon* (1974), Kriton 50a ff. (Diese Entscheidung war übrigens insofern konsequent, als es aus der Sicht Sokrates' im Zweifel besser [!] war, Unrecht zu leiden, als Unrecht zu tun. Vgl. *Platon* 1974, Gorgias 468e ff., insbes. 479c-d).

[163] Vgl. grundlegend *Homann* (1988a), S. 281 - 286. Eine in späteren Arbeiten entwickelte, ergänzende Strategie wird unten im Zusammenhang zu diskutieren sein.

[164] *Homann / Blome-Drees* (1992), S. 148.

[165] Vgl. Abb. C.2 im zweiten Kapitel.

[166] Vgl. durchgängig: *Homann* (1988b), ders. (1989a), ders. (1989b), ders. (1990b), mit einer thesenartigen Zusammenfassung: ders. (1990c), ferner ders. (1991a), ders. (1991b), ders. (1992d). Eine kritische Auseinandersetzung mit dieser Rekonstruktion wird im folgenden Abschnitt G dieser Arbeit erfolgen.

[167] Dies entspricht der Formulierung aus *Hobbes* (1651, 1991), S. 100 für die allseitige Bereitschaft zur Einwilligung in den *Unterwerfungsvertrag*: Dort geht es für den einzelnen darum, „auf sein Recht auf alles" (ebenda) zu verzichten, weil anders eine wirksame Sanktionierung nach Hobbes' Überzeugung nicht möglich ist. Dies wird in der aktuellen ökonomischen Hobbes-Rezeption, soweit dies zu überblicken ist, nicht erwähnt.

bereits als Teil der Modellkonstruktion berücksichtigt.[168] Diesen beiden 'kritischen' und (eben nur:) potentiell konfligierenden Kriterien - Moral und Rentabilität - werden nun je zwei idealtypische Ausprägungen zugeordnet: Hohe vs. geringe moralische Akzeptanz sowie hohe vs. geringe Rentabilität einer unternehmerischen Entscheidung, so daß sich das Spannungsfeld der unternehmerischen Entscheidung in folgender Matrix darstellen läßt (vgl. Abbildung F.2. auf der folgenden Seite).

Fall (1) bildet nun den 'klassischen' Fall des großen Entwurfs von Adam Smith ab. Er braucht hier zunächst nur als Referenzfall erwähnt zu werden, Fall (4) muß nur der Vollständigkeit halber genannt werden, obgleich er in der Literatur auch diskutiert wird: er erledigt sich sozusagen von selbst.

		Moralische Akzeptanz?	
		Ja	Nein
Rentabilitätskriterium erfüllt?	Ja	Harmonie-fall (1)	Moralischer Konfliktfall (2)
	Nein	Ökonomischer Konfliktfall (3)	Irrelevanter Fall (4)

Abb. F.2: Das moralische Entscheidungsproblem des Unternehmers nach K. Homann und F. Blome-Drees[169]

Für die beiden Konfliktfälle (2) und (3) werden nun dem Unternehmen unterschiedliche Strategien empfohlen, die alle auf die Durchsetzung kollektiv erwünschter Lösungen abzielen. Der Grundgedanke dabei ist bereits hergeleitet worden: In einer marktwirtschaftlichen Ordnung ist das Vorpreschen eines

---

168 Vgl. zum Folgenden *Homann* (1991b), S. 13 - 22, soeben: *Homann / Blome-Drees* (1992), S. 131 - 167.

169 Interpretation der verbalen Ausführungen in *Homann* (1992b), S. 13 - 21. Vgl. soeben: *Homann / Blome-Drees* (1992), S. 133.

einzelnen Unternehmens zumindest auf Dauer ruinös, und der Vorschlag der 'ethischen' Gewinnverwendung verkennt die systematische Bedeutung von Gewinnen für unternehmerische Investitionen.[170] Letztlich, und dies ist ausschlaggebend, verpufft die Wirkung der Vorleistung eines einzelnen. Daher sind Strategien mit *wettbewerbsneutraler* Wirkung anzustreben.

Unter dieser Prämisse werden nun zwei 'Strategiearten' vorgestellt, die als Wettbewerbsstrategie und als ordnungspolitische Strategie bezeichnet werden.[171]

1. Die *Wettbewerbsstrategie* meint zunächst die naheliegendste, auf die Umsetzung moralischer Ansprüche angewandte Suche nach innovativen Produkten und Produktionsmethoden. Im wesentlichen geht es also darum, einen Wandel der Nachfrage zu antizipieren und mit entsprechenden Produkten, etwa besonders umweltfreundlichen, vor der Konkurrenz am Markt zu sein.[172] Da diese Aktivitäten in aller Regel mit Investitionen verbunden sind, wird hier auch von vorübergehenden Kostensteigerungen gesprochen.[173] Die ausdrückliche Diskussion dieser Strategie ist wohl als Hinweis darauf zu verstehen, daß ein großes 'moralisches Potential' im verborgenen liege, das bei entsprechender Risikobereitschaft von den Unternehmen über das schon erkannte Maß hinaus noch erschlossen werden könne.

Als zweites Element dieser Strategie wird dann auf die Möglichkeit verwiesen, in der Art einer individuellen Selbstbindung - „getreu dem Motto: Tue Gutes und rede darüber"[174] zum einen interne Verhaltensnormen zu entwickeln und zum anderen damit das Firmenimage 'aufzupolieren'.[175] Darüber hinaus wird hier bemerkenswerterweise ein Bedürfnis festgestellt, den Dialog (!) mit der kritischen Öffentlichkeit zu suchen, auf diese Weise für die Unternehmen eine „Kultur der Begründbarkeit"[176] aufzubauen und damit drohenden Legitimationsdefiziten der Unternehmen vorzubeugen.

---

[170] Und für den Kapitalmarkt, ist hier hinzuzufügen.

[171] Vgl. *Homann / Blome-Drees* (1992), S. 136.

[172] Und auch für entsprechende Innovationen zu werben, also insofern in einer insgesamt wünschenswerten Form Einfluß zu nehmen.

[173] Vgl. *Homann* (1992d), S. 83.

[174] *Homann / Blome-Drees* (1992), S. 137.

[175] Vgl. *Homann* (1991b), S. 110.

[176] *Homann* (1991a), S. 111.

2. Die sogenannte *ordnungspolitische Strategie* wird wiederum in zwei Stoßrichtungen dargestellt.[177]

Zunächst wird empfohlen, die beobachteten Defizite in der Rahmenordnung gegenüber den zuständigen Politikern zu reklamieren und auf eine Änderung zu drängen, um letztlich eine für alle Konkurrenten gültige, wettbewerbsneutrale Lösung zu erzielen. Kleinen und mittelständischen Unternehmen wird empfohlen, einen gleichgerichteten Weg über ihre Verbände und Berufsorganisationen zu gehen.

Da dieser Strategie jedoch angesichts wachsender ordnungspolitischer Defizite in der Politik von den Autoren offenbar nur geringe Chancen eingeräumt werden[178], wird als besonders praktikabler Ausweg empfohlen, nunmehr gewissermaßen auf niedrigerer ordnungspolitischer Ebene verstärkt tätig zu werden und auf die Verabschiedung von Branchenvereinbarungen, berufs- bzw. standesbezogenen Kodizes u. ä. hinzuwirken: „Unternehmen substituieren so die staatliche Ordnungspolitik und ermöglichen es ganzen Branchen, in den Bereich hoher moralischer Akzeptanz vorzustoßen.“[179] Hintergrund ist also hier die fehlende Legitimationsleistung durch den Staat.

Einige der naheliegenden Einwände gegen diese Strategie werden in der neuesten Veröffentlichung, wenn auch nur knapp, erwähnt:

Zum einen wird erkannt, daß nunmehr die Branchenvereinbarung ein öffentliches Gut darstelle, das von Trittbrettfahrern innerhalb der Branche ausgenutzt werden könne; außerdem müsse verhindert werden, so ist die entsprechende Passage wohl zu verstehen, daß nunmehr der ‘Grenzmoralist’ der Branche qua Vetorecht eine angestrebte moralisch einwandfreie Lösung blokkiere. Schließlich, als gewichtigster Einwand, wird die Gefahr einer Kartellbildung der Branche gegenüber Dritten gesehen.[180]

Die Autoren sehen diese Einwände offenbar als überwindbar an und empfehlen die Einbeziehung von außenstehenden Fachleuten: „Man könnte beispielsweise daran denken, bei der Abfassung solcher Kodizes Vertreter des

[177] Vgl. zum Folgenden *Homann* (1991b), S. 13 ff., auch *Homann / Blome-Drees* (1992), S. 138 - 140.

[178] Vgl. *Homann / Blome-Drees* (1992), S. 139.

[179] *Homann / Blome-Drees* (1992), S. 138 f.

[180] Vgl. *Homann / Blome-Drees* (1992), S. 140.

'öffentlichen Interesses' wie Richter oder Wissenschaftler zu beteiligen oder den Kodex ihnen vorzulegen und von ihnen prüfen zu lassen."[181]

Die beiden genannten Grundstrategien werden nun den oben erwähnten Konflikt- bzw. Harmoniefeldern wie folgt zugeordnet (vgl. die nachstehende Abbildung F.3).

Die zunächst diskutierten Fälle (1) und (4) können, weil unproblematisch, auch hier außer acht gelassen werden. Die Autoren verweisen jedoch - zu Recht - auf die wesentliche Erkenntnis, daß der Eindruck unberechtigt ist, hier werde die Moral für den unternehmerischen Gewinn funktionalisiert: aus ordnungspolitischer Sicht ist es tatsächlich so, daß vielmehr die Gewinnerzielungsabsicht des Unternehmens für moralische Ziele 'funktionalisiert' werden kann.[182]

		Moralische Akzeptanz?	
		Ja	Nein
Rentabilitäts-kriterium erfüllt?	Ja	Harmoniefall: Wettbewerbs-strategien (1)	Moral. Konfliktfall: Wettbewerbs- und/od. ordnungs-polit. Strategien (2)
	Nein	Ökonomischer Konfliktfall: ordnungspolitische Strategien (3)	Irrelevanter Fall: Marktaustritts-strategien (4)

Abb.F.3: Unternehmensethische Strategien nach K. Homann und F. Blome-Drees[183]

---

[181] *Homann / Blome-Drees* (1992), S. 140.

[182] Vgl. *Homann / Blome-Drees* (1992), S. 142. Die Autoren wenden sich hier ausdrücklich gegen den Ansatz von Steinmann / Löhr; vgl. ebenda, S. 143 sowie ebenda, S. 174 ff., *Homann* (1992d), S. 82.

[183] Vgl. soeben: *Homann / Blome-Drees* (1992), S. 141.

Es verbleiben die Fälle (2) und (3), auch als Fälle dauerhafter Kostensteigerungen[184] bezeichnet, weil hier eine Wettbewerbsstrategie auch auf Dauer nicht von Erfolg gekrönt ist. Bei beiden geht es also um eine dauerhafte Transformation vom Konflikt- zum Harmoniefall, die über eine *kollektive* Selbstbindung anzustreben sei.

In Fall (2), dem sogenannten moralischen Konfliktfall, wird ohne nähere Erläuterung zunächst die Wettbewerbsstrategie empfohlen: auf die moralisch bedenklichen Handlungsweisen zu verzichten, also vorübergehend Rentabilitätseinbußen hinzunehmen, die sich dann langfristig doch rechnen können.[185] Die ordnungspolitische Strategie wurde bereits diskutiert.

In Fall (3), dem ökonomischen Konfliktfall, wird ausschließlich eine ordnungspolitische Strategie empfohlen. Hier seien die „Unternehmen nicht in der Lage, moralische Anliegen auf dem Wege der eigenen Verhaltensänderungen durchzusetzen."[186] Es wird die in diesem Fall ambivalente Disziplinierungswirkung des Wettbewerbs betont, die anhand des Gefangenendilemmas erläutert wird und die die Unternehmungen nun zunächst zwinge, dem Verhalten der Wettbewerber zu folgen: „Es erweist sich als ... fatal ..., wenn genau jene Unternehmen ... langfristig vom Markt verschwinden, die offen sind für berechtigte moralische Anliegen."[187]

Hier wird die paradigmatische Rolle der kollektiven Selbstbindung gesehen: Die Unternehmen sollen auf den beiden genannten ordnungspolitischen Wegen mit einer 'begrenzt offensiven Strategie'[188] dafür sorgen, daß moralische Ansinnen wettbewerbsneutral verwirklicht werden.[189]

Dies schließe nicht aus, so die Einschränkung, daß die Unternehmen gleichzeitig teilweise Vorleistungen erbrächten, etwa im Sinne der Strategie 'Tit-for-tat'.[190] Betont wird hier, aber auch bei allen anderen Strategien im-

---

[184] Vgl. *Homann* (1992d), S. 81.

[185] Vgl. *Homann / Blome-Drees* (1992), S. 145.

[186] *Homann / Blome-Drees* (1992), S. 145.

[187] *Homann / Blome-Drees* (1992), S. 146.

[188] Vgl. soeben *Homann* (1992d), S. 84.

[189] Vgl. *Homann* (1991b), S. 109.

[190] Vgl. z. B. *Homann* (1991a), S. 108, *Homann / Blome-Drees* (1992), S. 147. Vgl. zur Strategie 'Tit for tat' *Axelrod* (1984, 1991); vgl. bereits *Axelrod / Hamilton* (1981); auch: *Axelrod* (1990). In einem mittlerweile berühmt gewordenen Computer-Simulationsturnier von aufeinanderfolgenden 2-Personen-Gefangenendilemma-Spielen gewann eine von Anatol Rapoport eingesandte Strategie, die den berühmten Namen erhielt, weil sie mit einem 'freundlichen'

mer, daß sie wegen des Wettbewerbsdrucks „nicht allzu viel kosten“[191] dürften. Diese Aussage wird allerdings nicht präzisiert.

4. Ein Vergleich

In einer vergleichenden Gegenüberstellung der Ansätze von Koslowski, Steinmann/Löhr und Ulrich einerseits sowie Homann andererseits konnten die konzeptionellen Stärken des Homannschen Ansatzes herausgearbeitet werden: Er hat zum einen die eminent wichtige und systematische Bedeutung des genuin moralischen Werts des Gewinnstrebens *im Interesse aller* verdeutlicht und gezeigt, daß Moral und Wettbewerb oder Moral und Marktwirtschaft keineswegs einen Widerspruch bilden, sondern sich aus einem einheitlichen Konzept heraus denken lassen, das prinzipiell die Interessen aller zum Ausgangspunkt nimmt. Außerdem konnte die systematische Einbettung der umstrittenen Äußerung vom systematischen Ort der Moral in der Marktwirtschaft in den vertragstheoretischen Legitimationsansatz der (Marktwirtschaft in der) Demokratie verdeutlicht werden.

Tatsächlich hat unsere Zeit die festgefügten Strukturen konventioneller Moral lange hinter sich gelassen und damit Max Webers Thesen vom Beginn dieses Jahrhunderts bestätigt: Ethik kann (und will) nicht mehr auf invariante, unzweifelhafte und vor allem: externe Instanzen rekurrieren; in diesem Zusammenhang gewinnt nach der in dieser Studie vertretenen Überzeugung eine Position an Überzeugungskraft, die von schwachen statt von starken Ansprüchen an die individuelle Vernunft ausgeht und auf dieser Grundlage nach konstruktiven politischen Verbesserungen sucht.

Betrachtet man die vorliegenden individualethisch 'anspruchsvolleren' Ansätze im Vergleich zum ökonomischen, so lautet die Alternative zum letztgenannten derzeit scheinbar nur, eine Rückkehr allgemeingültiger moralischer Regeln um ihrer selbst willen bzw. deontologisch zu postulieren, ohne dabei eine überzeugende Antwort auf die Frage zu finden, auf welchem Wege eine entsprechende moralische Überzeugung denn aus dem Kreis weniger Gelehr-

---

Zug beginnt (Kooperation), auf einen 'unfreundlichen' Zug (Deviation) des Gegenübers sofort, jedoch nur genau einmal, mit Vergeltung (mit eigener Deviation) reagiert: auf Deviation wird mit Deviation, auf Kooperation mit Kooperation reagiert, eben: 'Wie du mir, so ich dir'. Vgl. zur Kritik an dieser Argumentation im moralökonomischen Kontext Abschnitt G.

[191] *Homann* (1991a), S. 108; vgl. soeben auch *Homann* (1992d), S. 82.

ter heraus- und in die Gesellschaft hineingetragen werden kann. 'In die Gesellschaft' bedeutet: dorthin, wo in der Alltäglichkeit der lebensweltlichen Ereignisse individuelle Entscheidungen mit dem hinlänglich diskutierten Dilemma zwischen Moralität und Rentabilität konfrontiert werden. Die Frage wird von Karl Homann auf systematische Weise beantwortet: Da sich für alle die Einhaltung von Normen 'letztlich' lohnt, sollen Mechanismen in Gang gesetzt werden, die auch auf Gefangenendilemma-Situationen eine Antwort finden bzw., genauer, die die Einhaltung von Normen durch institutionell motivierte Übergänge von Gefangenendilemma- zu Nicht-Gefangenendilemma-Situationen sicherstellt. Die Stichworte lauten individuelle bzw. kollektive Selbstbindung, nunmehr aber systematisch aus dem Ansatz eigeninteressierter Rationalität heraus rekonstruiert.

Im folgenden wird jedoch genauer zu untersuchen sein, ob Homann den von ihm gestellten - und für den Status seines Ansatzes ausschlaggebenden - Anspruch tatsächlich einlösen kann, auch auf die brennenden Fragen der Moral in den einzelnen Handlungen - nicht nur auf der Ebene der Regeln - eine Antwort zu finden, nach der sich 'Moral letztlich für die Unternehmen rechnet'[192]. Es ist bereits hier anzumerken, daß der Ansatz der kollektiven Selbstbindung in der Literatur bereits früher diskutiert wurde:[193] Baumol z. B. argumentierte empirisch anhand einer Stichprobe; er fand keinerlei Hinweis darauf, daß etwa ein Unternehmen von sich aus eine Initiative im Interesse der Allgemeinheit - eine in diesem Sinne 'moralische Aktivität' - ergriffen hätte.[194] Es bliebe also zu fragen, ob in den aktuell angesprochenen Strategien nach der Idee des Gefangenendilemmas letztlich doch eine Verbesserung auch der Situation eines jeweils angesprochenen Unternehmens zu konstatieren ist.

Wenn dies aber nicht gelänge, wäre der Anspruch einer Rechtfertigung individueller Interessen gefährdet: Wenn in diesen grundlegenden Fragen moralisches Handeln doch in Widerspruch zu individuellen Gewinninteressen geriete, böte dies durchaus Raum zur Rechtfertigung interventionistischer Maßnahmen. Und zusätzlich bedeutete es die von vielen erwartete nachhaltige Niederlage des ökonomischen Paradigmas, das sich als widersprüchlich erwiese und nur durch *ad hoc* eingeführte Zusatzannahmen zu retten wäre - eine theoretisch wie praktisch äußerst unbefriedigende Perspektive.

---

[192] Vgl. *Homann* (1991a), S. 110, ders. (1991b), S. 5, *Homann / Blome-Drees* (1992), S. 148.

[193] Vgl. *Phelps* (ed.) (1975).

[194] Vgl. *Baumol* (1975), insbes. S. 52 ff.

People may, in a time to be, come to love one another. Much energy has been expended in promoting this objective. The observed record of success is dubious, although we do not want here to judge such effort unworthy or unnecessary.

Geoffrey Brennan und James McGill Buchanan

Viertes Kapitel

Unternehmer, Ethos und Ökonomik: Ein abschließender Vorschlag

Konkurrierende unternehmensethische Konzeptionen standen im Mittelpunkt des dritten Kapitels. In Abschnitt E waren die Probleme des Ansatzes einer - an sich als wünschenswert unterstellten - Überwindung von Interessenkonflikten durch *vernunftgeleitete* Handlungen der Unternehmer herausgestellt worden.

Diesem Ansatz stand in Abschnitt F das institutionenökonomische Programm einer *interessengeleiteten* Umsetzung moralischer Normen gegenüber, wie es zuallererst von Karl Homann vertreten wird. Nach den Überlegungen im ersten und zweiten Kapitel der vorliegenden Arbeit hatte die Vermutung nahegelegen, daß dieses Forschungsprogramm aufgrund seiner institutionenökonomischen Fundierung und damit unbestritten wettbewerblich ausgerichteten, prinzipiell institutionen- *und* anreizkompatiblen Konzeption das für moderne, anonyme Großgesellschaften produktivere sei: Zustimmungs- und Durchsetzungsparadigma wurden systematisch getrennt.

Dennoch verbleiben, wie zu zeigen sein wird, auch innerhalb des letztgenannten Ansatzes einige nicht unerhebliche konzeptionelle Probleme, die oben bereits skizziert worden sind. Ausgehend von entsprechenden Überlegungen soll daher in diesem *vierten Kapitel* abschließend ein konzeptioneller Entwurf vorgestellt werden, der auf einer erneuten Betrachtung des vermeintlich öffentlichen Gutes Moral fußt. Dieser Entwurf ist moralökonomisch (nicht: unternehmensethisch) angelegt und somit im Hinblick auf ein Schließen der ökonomischen *„Rechtfertigungslücke“* nicht vollständig; insofern sei auch auf das diesem Kapitel vorangestellte Motto verwiesen. Im Hinblick auf die *Durchsetzung* moralischer Normen in unternehmerischem Handeln ist dagegen eine Weiterentwicklung nach der hier vertretenen Überzeugung möglich. Es wird sich zeigen, daß zur Durchsetzung moralischer Normen die institutionenenökonomische Methode letztlich mit der klassischen Konzeption funktionierender Märkte verknüpft werden kann: Die erstgenannte kann dazu beitragen, die gewissermaßen natürlichen Erfolgsbedingungen der letztgenannten zu ermitteln und zu ihrer zwar nur synthetischen und nur in Teilen erfolgenden, möglicherweise aber höchst wirkungsvollen (Wieder-) Herstellung zu sorgen. Die (leider) verbleibenden Defekte werden ebenfalls diskutiert.

Den Ausgangspunkt dieses Kapitels bildet, in *Abschnitt G*, eine nähere Betrachtung der Probleme des in Abschnitt F betrachteten ökonomischen Ansatzes zur individuellen Normenbefolgung. Dabei geht es insbesondere um die Verankerung moralischer Normen in der Rahmenordnung *(1. Teilabschnitt)* sowie um das am Gefangenendilemma orientierte Konzept der kollektiven Selbstbindung *(2. Teilabschnitt)*. Zu beiden müssen in der folgenden Überlegung, die die Ergebnisse bewährter ökonomischer Theorien berücksichtigt, Zweifel angemeldet werden. In bezug auf die kollektive Selbstbindung ergibt sich dabei eine eher pessimistische, in bezug auf die gütertheoretische Analyse der Moral (genauer: der Befolgung moralischer Normen) eine eher optimistische Perspektive.

Auf diesen Überlegungen aufbauend, wird in *Abschnitt H* der Entwurf eines hier so genannten Regeltransparenzansatzes zur Durchsetzung informeller Normen in unternehmerischem Handeln vorgestellt. Im Kern geht es dabei um den Vorschlag einer Neu- oder besser: einer modifizierten Konzeption des vermeintlich öffentlichen Gutes Moral *(1. Teilabschnitt)*, die in Überlegungen zu möglichen *Privatisierungsstrategien* für eben dieses Gut mündet. Dabei wird zwischen möglichen privaten und nötigen öffentlichen Strategien zu unterscheiden sein *(2. Teilabschnitt)*.

G. Wirtschafts- und Unternehmensethik aus ökonomischer Sicht: Zwei verbleibende Schwierigkeiten

1. Eine erneute Betrachtung zum systematischen Ort der Moral in der Marktwirtschaft

Durch die Einbettung der Leitthese des ökonomischen Ansatzes zur Unternehmensethik[1] in den zugrundeliegenden demokratietheoretischen Ansatz konnte nachgewiesen werden,[2] daß eben diese These sich inhaltlich konsequent und widerspruchsfrei aus einem individualistisch angelegten, auf Konsens[3] angelegten Demokratiekonzept ableiten läßt; es wurde verdeutlicht, daß die These genau genommen zwei Grundaussagen enthält: 1. In einer Marktwirtschaft muß der moralische Anspruch zunächst, paradigmatisch, auf die Einhaltung der in der Rahmenordnung verankerten Regeln setzen und nicht auf ein kasuistisches Außerkraftsetzen durch Solidaritätsnormen, wenn ein einzelnes Ergebnis als ungerecht erscheint. Auch hier zeigt sich der nachgewiesene Analogieschluß von Buchanan zu Homann: Ersetzt man 'im Einzelfall ungerecht' durch 'im Einzelfall ineffizient', so zeigt sich ein vergleichbares Argumentationsmuster in Buchanans Ansatz zur Konstitutionellen Ökonomik.[4] 2. Weil die Rahmenordnung in vielfacher Hinsicht defizient ist, fällt vorübergehend, pragmatisch, die Aufgabe einer Durchsetzung moralischer Normen an die Unternehmen zurück: Die Rahmenordnung ist nach diesem Verständnis der systematische, aber nicht der einzige Ort der Moral.

Betrachtet man jedoch die Implikationen, so erweisen sich die Mißverständnisse, die sich an die 'starke' These von der in den Rahmenbedingungen

---

[1] Gemeint ist die These, der systematische Ort der Moral in der Marktwirtschaft sei in den Rahmenbedingungen zu suchen. Vgl. die Ausführungen oben in Abschnitt F, insbes. Teilabschnitte 1 und 2.

[2] Vgl. oben, Abschnitt F.

[3] Es sei zur Vermeidung von Mißverständnissen noch einmal darauf hingewiesen: Gemeint ist die einhellige, jedoch stets hypothetische Zustimmung, also die Zustimmung im Sinne der theoretischen Rekonstruktion einer normativen Theorie der Demokratie. In der Terminologie dieser Arbeit: Alle Begriffe sind auf der wissenschaftlichen Ebene der theoretischen Reflexion angesiedelt. Vgl. die einleitende Diskussion im I. Kapitel, Abschnitt A.

[4] Vgl. oben die Ausführungen zum (in dieser Arbeit so formulierten) systematischen Ort der Effizienz in der Marktwirtschaft, der nach der (hier unterstützten) Überzeugung Buchanans in den Regeln des 'Spiels' zu suchen ist und nicht in den Spielergebnissen. Zu einer Kritik an dem vorgenommenen Analogieschluß vgl. die Überlegungen unten, im 2. Teilabschnitt dieses Kapitels.

verorteten Moral knüpfen, dennoch zum Teil als gut nachvollziehbar. In der vorgestellten ökonomischen Theorie der Moral wird ja ausdrücklich konzediert, daß auch in einer Marktordnung mit 'funktionierenden' Regeln der einzelne moralisch gefordert ist: Die Koordinationseffizienz wird zumindest durch die individuelle Einhaltung *gewisser* moralischer Normen (z. B. 'transaktionskostensenkende Kaufmannstugenden', sofern diese in einer Situation zur Geltung kommen, in der auch das Erlangen eines Vorteils zu Lasten des Vertragspartners möglich wäre) eindeutig verbessert.

Hier zeigt sich eine eigentümliche Unklarheit in der in Abschnitt F vorgestellten ökonomischen Argumentation: An ebenfalls hervorgehobener Stelle heißt es tatsächlich, daß bereits in einer funktionierenden Marktwirtschaft „die individuelle Moral eine systematisch tragende Rolle spielt, *Individualethik also unverzichtbar* ist. ... Zentral ist die Befolgung der Wettbewerbsordnung durch den einzelnen und die Mitwirkung an der Etablierung dieser Ordnung"[5].

Interpretationsprobleme ergeben sich auch, weil an anderer Stelle eine 'funktionierende' Marktwirtschaft auch mit der Abwesenheit jeglicher Marktzutrittsschranken (!) in Verbindung gebracht wird[6] - eine eindeutig noch restriktivere Annahme. Es wird also nicht abschließend klar, ob mit 'funktionierend' vielleicht sogar die Zugrundelegung traditioneller neoklassischer Annahmen gemeint war. In einem derart restriktiven Modell aber *kann* die Moral *überhaupt keinen* Platz haben: Alle 'heiklen' Probleme sind entweder aufgrund vollkommener Voraussicht, fehlender externer Effekte und fehlender Transaktionskosten *ex ante kontrahierbar* oder aufgrund vollständiger Konkurrenz[7] *gar nicht existent*. Unter diesen Voraussetzungen aber ist die Aussage, Märkte funktionierten moralfrei, ebenso sinnvoll, wie es die Behauptung wäre, Märkte funktionierten paradigmatisch transaktionskostenfrei!

Sieht man jedoch von dieser wenig sinnvollen Interpretation ab, so verbleibt ein grundlegendes Problem: Wenn ausdrücklich anerkannt wird, daß die Einhaltung moralischer Normen *auch in den einzelnen Markttransaktionen* von ausschlaggebender Bedeutung, weil für alle vorteilhaft ist (Einhaltung von Verträgen, Grundsatz von Treu und Glauben, in § 242 BGB zwar rechtlich

---

[5] *Homann* (1990b), S. 47, Herv. d. d. Verf. Die Passage steht im unmittelbaren Kontext zu der formulierten Leitthese vom systematischen Ort der Moral.

[6] Vgl. *Homann* (1991a), S. 106.

[7] Die Annahme der vollständigen Konkurrenz schließt natürlich die zuvor genannten ein.

verankert, aber nicht immer justitiabel), dann ist es schlicht irreführend, den Markt moralfrei zu nennen.

Sicher ist die systematische Verankerung des Gedankens, daß Moral und Gewinn nicht substitutive, sondern komplementäre Güter sind, von fundamentaler Bedeutung.[8] Der entscheidende 'Kniff' der marktwirtschaftlichen Ordnung liegt aber offenbar nicht darin, 'die Moral schlechthin', sondern (vor allem) *eine ganz bestimmte* moralische Norm: die persönliche Fürsorge, Caritas oder Solidarität, dem Marktgeschehen möglichst fernzuhalten.[9] Normative Vorgabe eines funktionierenden Marktes ist demgemäß eher der Non-Tuismus im Sinne Wicksteeds: Die Eigeninteressiertheit ist idealtypisch so ausgestaltet, daß die Interessen *der jeweiligen Marktpartner* (auf der eigenen und der 'gegenüberliegenden' Marktseite, in der Sprache der Wettbewerbstheorie: im Austausch- und im Parallelprozeß) unbeachtlich sein sollen. Es wird daher die Formulierung vorgeschlagen:

> Der systematische Ort *der Solidarität* in einer Marktwirtschaft ist die Rahmenordnung; Märkte funktionieren in der Regel nicht 'moralfrei', aber 'caritasfrei'.[10]

Damit bleibt die Aussage unangetastet, daß - erstens - auch im Verhalten gegenüber dem Marktpartner auf der gleichen Marktseite (dem Konkurrenten) zwar nicht moralkonformes Verhalten insgesamt, wohl aber tätige Nächstenliebe letztlich zerstörerisch auf das Fundament der Marktordnung wirkt:[11] In

---

[8] Homann führt die Tatsache, daß dies gemeinhin anders gesehen wird, darauf zurück, daß die Vorteile der Marktordnung 'quasi unmerklich' auftreten - stark diffundieren -, während ihre Nachteile - Betriebsstillegungen, Konkurse etc. - selektiv und in großer Härte einzelne Gruppe treffen, die ihr Schicksal dann als ungerecht empfinden: vgl. hierzu *Homann* (1990b), S. 40 f. Auch hierin sieht er einen Grund dafür, daß die Moralphilosophie und theologische Ethik bisher weitgehend im Verständnis einer Kleingruppenethik verharrt, die die von Smith eingeleitete theoretische Wende (noch) nicht nachvollzogen hat. Es gibt jedoch eindeutige Anzeichen dafür, daß Homanns Arbeiten schon jetzt deutliche Wirkung zeigen, wie immerhin die vermehrte Beschäftigung von Sozialethikern mit seinen Thesen zeigt. Vgl. allein aus diesem Jahr *Furger* (1992), *Kaiser* (1992), *Korff* (1992).

[9] Damit treten auch die Reibungspunkte Homanns mit der christlichen Sozialethik deutlicher hervor - und umgekehrt: vgl. aktuell und kritisch *Furger* (1992), insbes. S. 129 f., insgesamt: *Korff* (1992).

[10] Auch hier bedeutet dann der Zusatz 'systematisch' nur, daß ein karitatives Verhalten nicht allgemein gefordert und im Parallelprozeß sogar ausdrücklich abgelehnt werden muß. Vgl. dazu die folgende Fußnote.

[11] Beispielhaft: Tätige Nächstenliebe unter Kartellbrüdern durch Verzicht auf Preisunterbietung (oder Qualitätsüberbietung). Gleichzeitig wird damit natürlich nicht jegliche Solidarität in wirtschaftlichem Handeln ausgeschlossen oder als irrational tituliert; sie kann nur nicht sinnvoll - systematisch, paradigmatisch - vom einzelnen gefordert werden.

diesem Zusammenhang löst sich auch - zweitens - der vermeintliche Widerspruch auf, der in der immer wieder Irritationen hervorrufenden Zuordnung von Verfügungsrechten in einer Marktwirtschaft liegt: So erweist es sich als konsistent gedacht, wenn die Schädigung einer anderen Person durch leichte Körperverletzung unter Strafe steht, die gegebenenfalls vollständige Zerstörung seiner wirtschaftlichen Existenz jedoch ausdrücklich gestattet wird (etwa durch überlegene eigene Produkte, die das Produktionsprogramm des Konkurrenten obsolet werden lassen), und zwar im Interesse der qua Regelkonsens höherrangig eingestuften gesamtwirtschaftlichen Effizienz ('des Fortschritts für alle').[12]

2. Die Problematik kollektiver Selbstbindungen

In Abschnitt F konnte unabhängig von dieser begrifflichen Unklarheit nachgewiesen werden, daß den dort vorgestellten ökonomischen Ansatz zur Wirtschafts- und Unternehmensethik insgesamt seine theoretische Konsistenz auszeichnet, vor allem im Hinblick auf den - in der Terminologie dieser Studie - im Zustimmungsparadigma angelegten Nachweis einer systematischen Kompatibilität von Moral und Gewinnerzielung, der den in Abschnitt E vorgestellten unternehmensethischen Alternativansätzen systematisch fremd ist.

Darüber hinaus wird jedoch der für eine tragfähige ökonomische Konzeption entscheidende Anspruch verfolgt, auch bei der Verwirklichung moralischer Normen im Einzelfall - in der hier verwendeten Begriffsordnung: im Durchsetzungsparadigma - widerspruchsfrei und durchgängig in ökonomischen Kategorien zu argumentieren, d.h. keine Empfehlungen auszusprechen, die sich 'unter dem Strich' für das einzelne Unternehmen nicht auszahlen.[13]

Für einen solchen Ansatz gibt es die zum Teil bereits diskutierten guten Gründe:

a) Empfehlungen, die die individuelle ökonomische Interessenlage hintanstellen, sind der überwältigenden Gefahr ausgesetzt, sich letztlich nicht durch-

---

[12] Damit ist einer der 'Preise der Effizienz' angesprochen, die aber stets im Zusammenhang mit den anderen Auswirkungen der Konzeption gesehen werden müssen. Im übrigen könnte sich hier ein Ansatz zur Rechtfertigung abfedernder Maßnahmen ergeben, ähnlich der Hayekschen Begründung eines Mindesteinkommens: Eine derartige Absicherung erleichtert es dem einzelnen, die in einer Marktwirtschaft unvermeidlichen Risiken einzugehen.

[13] Vgl. die oben angeführten Fundstellen.

setzen zu können - die Formel lautet hier: Institutionelle Vorkehrungen statt Appelle.

b) Wenn in Teilbereichen *ad hoc* dem ökonomischen Prinzip widersprechende Empfehlungen ausgesprochen werden müßten, wäre damit in der - erst mittelbar, dann aber einschneidend wirksam werdenden - Konsequenz die zugrundeliegende Legitimationsbasis staatlichen Handelns in Frage gestellt, es gäbe keine systematische Grenze zwischen marktkonformen Maßnahmen und interventionistischen *Ad-hoc*-Strategien;

c) die Konsequenz daraus wäre letztendlich auch ein Infragestellen der allgemeinen Legitimität unternehmerischen, gewinnorientierten Handelns am Markt: Wenn in einem so wichtigen Bereich wie den moralischen Fragen die Verwirklichung eben dieser Normen nicht in widerspruchsfreien Einklang mit der Logik des Marktes zu bringen wäre - warum sollten dann nicht weitere Prinzipien jeweils *ad hoc* in Frage gestellt werden?

d) Letztlich, die Frage war bei der Diskussion des dialogethischen Ansatzes bereits erörtert worden, ist auf die - scheinbar! - banale, aber grundlegende Bedeutung eindeutiger Rechengrößen (Gewinn) für die Funktionsweise der Kapitalmärkte einschließlich der Leistungs- und Effizienzkontrolle des Managements in den ursprünglichen Aufgaben der Unternehmensführung hinzuweisen. Hier liegt ja gerade der große Vorzug einer 'eindimensionalen' Recheneinheit (der Monetisierung) für die Vielzahl entscheidungsrelevanter Größen.

Diese Überlegungen sind also systematisch angelegt und damit weit davon entfernt, einem 'unbeschränkten Egoismus' oder einem negativen Menschenbild das Wort zu reden: Auch in der einschlägigen Literatur finden sich immer wieder die ausdrücklichen Hinweise darauf, daß das in der Realität zu beobachtende verantwortungsbewußte Handeln zahlreicher Unternehmer mehr als anerkannt ist.[14]

Vielmehr geht es darum, die moralischen Anliegen „theoretisch sauber in eine tragfähige ordnungstheoretische Konzeption"[15] einzuarbeiten. Das heißt, daß alle Vorschläge so ausgearbeitet sein müssen, daß sie, in der Terminologie Homanns, '*homo-oeconomicus*-resistent'[16] sein müssen. Deshalb „setzen

---

[14] Vgl. soeben etwa *Homann* (1992d), S. 80.

[15] *Homann* (1991b), S. 100.

[16] Vgl. *Homann / Blome-Drees* (1992), S. 95.

wir nicht eine originär moralische Interessenlage voraus, womit wir aus der ökonomischen Argumentation herausfallen würden."[17]

Vor einer näheren Untersuchung des Konzepts einer kollektiven Selbstbindung ist allerdings zu fragen, warum in der im vorangegangenen Abschnitt F vorgestellten ökonomischen Konzeption für - verkürzt gesagt - das Verhältnis von Moral und Rentabilität zwei Kompatibilitäts- und zwei Harmoniefälle, also insgesamt vier Ausprägungen unterschieden wurden und nicht einfach die bekannten zwei: ein Kompatibilitäts- und ein Konfliktfall. Dies sei am dort verwendeten Beispiel eines ökonomischen Konfliktfalles (d. h. moralische Akzeptanz, aber fehlende Rentabilität einer unternehmerischen Strategie) verdeutlicht.

Als ökonomischer Konfliktfall wird ein freiwilliger Verzicht auf die Ausfuhr von Rüstungsgütern in Krisengebiete angeführt.[18] Aus genau dieser Entscheidungssituation kann jedoch auch ein moralischer Konfliktfall konstruiert werden: die Ausfuhr der Rüstungsgüter. Aus der ökonomischen Alternativkostenperspektive betrachtet, geht es also in den sogenannten moralischen und ökonomischen Konfliktfällen um ein und dasselbe Entscheidungsproblem. Dem Verzicht auf eine Handlung entspricht spiegelbildlich ihre Durchführung oder, anders gesagt: Jeder ökonomische Konfliktfall ist zugleich ein moralischer Konfliktfall.

Analog gilt dies für den Harmoniefall und den (irrelevanten) Fall einer negativen Kompatibilität: Wenn die Ausführung einer Handlung den erwarteten Gewinn schmälert und unmoralisch ist, dann impliziert spiegelbildlich der Verzicht auf eben diese Handlung eine Harmonie von Moral und Ertrag.

Wenn man nun aus heuristischen Gründen dennoch an dem in der 2x2-Matrix dargelegten Spannungsfeld festhalten will - dafür gibt es gute Gründe -, ist allerdings nicht einzusehen, warum die so bezeichneten ökonomischen und moralischen Konfliktfälle asymmetrisch behandelt werden, also in dem einen Fall (Feld 2 in Abb. F.3) auch eine Wettbewerbsstrategie empfohlen werden kann, in dem anderen (Feld 3 in der Abbildung) dagegen nicht: Die zur Verfügung stehenden Optionen müßten aus der Logik der Situation heraus identisch sein.

---

[17] *Homann / Blome-Drees* (1992), S. 148. Vgl. oben, Abschnitt F.

[18] Vgl. *Homann / Blome-Drees* (1992), S. 145, S. 152 ff., insbes. S. 155.

Im folgenden wird daher lediglich zwischen den beiden grundlegenden Fällen Harmonie und Konflikt von moralischen und gewinnorientierten Anliegen unterschieden.

Die spieltheoretische Rekonstruktion des Gefangenendilemmas, die den oben diskutierten hypothetischen Strategien zugrundeliegt, enthält vor allem drei Annahmen, die in diesem Zusammenhang bedeutsam werden und bei denen nicht unerhebliche Zweifel anzumelden sind. Die grundlegende Rechtfertigung einer rationalen Annahmenkritik war oben bereits diskutiert worden;[19] wir können uns daher im folgenden auf die unmittelbare Diskussion der drei kritischen Annahmen konzentrieren:

Erstens: Die dominante Strategie der (idealtypisch) beiden Beteiligten, die Deviation, ist im Gefangenendilemma nur 'third best': Beim Übergang von Deviation auf Kooperation verbessern sich beide, die Auszahlungen sind für alle Beteiligten bei allseitiger Kooperation höher als bei allseitiger Deviation. Die in Frage stehenden Aktivitäten zur kollektiven Selbstbindung werden also so rekonstruiert, als ob sich die Gewinnsituation auch der unmittelbar betroffenen Unternehmungen durch eine kollektive Selbstbindung verbesserte, zumindest aber nicht verschlechterte (Diskussion im folgenden Unterabschnitt a).

Zweitens: Der Vorschlag von Homann und Blome-Drees zielt ausdrücklich auf eine Änderung der Regeln des 'Original-Spiels' ab, also auf die Überführung einer Situation von der Art eines Gefangenendilemmas in eine Non-Dilemma-Situation.[20] Voraussetzung dafür - und damit für eine Pareto-Verbesserung der Betroffenen - ist die Etablierung *bindender* Vereinbarungen, die ja in den ursprünglichen Spielregeln ausdrücklich nicht vorgesehen sind ('Kommunikation und Durchsetzung einer Vereinbarung über das Leugnen' im ursprünglichen Spiel); wir werden auf diese Frage im folgenden unter b) eingehen.

Drittens: Es wird unterstellt, daß die Möglichkeit bindender Vereinbarungen ordnungspolitisch erwünscht ist und ggf. institutionelle Voraussetzungen dafür zu schaffen sind (im folgenden: c).

In allen drei Fällen handelt es sich um (im theoretischen Sinne) 'starke' Annahmen, deren Anwendbarkeit für die vorliegende Problemstellung - Ver-

---

[19] Vgl. hierzu Teilabschnitt B.3.

[20] Vgl. hierzu bereits *Kliemt* (1986a), S. 335.

wirklichung moralischer Normen im Durchsetzungstest, auf der Stufe singulärer Handlungen - in Frage zu stellen ist.

a) Die individuelle Anreizsituation

Der erste Kritikpunkt lautet, daß die dargelegte ökonomische Strategie der Normendurchsetzung via Selbstbindung der Struktur nach im Zustimmungstest, d.h. auf Regelebene angelegt ist, nicht im Durchsetzungstest: Dort befinden sich alle Teilnehmer in einer für alle gleichen (symmetrischen), 'unpersönlichen' Entscheidungssituation, hier aber geht es um die Verwirklichung einer einzelnen, bestehenden Norm im Konflikt mit situativen Handlungsanreizen: um die Anwendung einer allgemeinen Regel auf einen speziellen Fall.[21]

Die Vorteilhaftigkeit der Norm, 'wenn sich alle daran halten', ist dagegen bereits auf der ersten Stufe der Mikrofundierung abgearbeitet worden. Die situativen, entscheidungsrelevanten Anreize beziehen sich dagegen aus der Sicht des einzelnen Unternehmens sinnvollerweise immer nur auf ein ganz bestimmtes, singuläres Problem; um die Beispiele zu übernehmen: Export von Rüstungsgütern in Krisengebiete oder umweltgefährdende Emissionen.

Es ist definitionsgemäß ('Branchenlösung' und Transaktionskosten) nicht anzunehmen, daß eine Strategie der kollektiven Selbstbindung auf alle Normen und auf alle Branchen gleichzeitig ausgerichtet sein kann. Dann aber lautet die entscheidungsrelevante Alternative für das Unternehmen (i.e. im Durchsetzungsparadigma[22]): Allgemeine Deviation vs. Regeleinhaltung *in der betreffenden Branche* bei ansonsten unveränderten Bedingungen (Anwendung

[21] Übersetzt in die Metapher des Sports heißt dies, daß das Gefangenendilemma etwa für eine Situation steht, in der zwei Turnier-Tennisspieler auf einem Platz mit Begrenzungslinien, aber ohne Schiedsrichter stehen und auch keine gemeinsamen Regeln (aner-)kennen; für diese lohnt es sich ganz offensichtlich, sich auf Regeln und einen Schiedsrichter zu einigen: Die Situation ist a) symmetrisch und b) erscheint für beide eine Regelung vorteilhaft. In den vor allem diskutierten moralischen Dilemmasituationen 'läuft' aber offenbar das Spiel schon, und hier soll ggf. der kurz vor dem Matchball zum zweiten Gewinnsatz stehende Spieler A einen weiteren Satz akzeptieren. (Angenommen, A habe zwar einen starken Aufschlag, aber nur eine schwache Kondition und vor dem Spiel zufrieden zur Kenntnis genommen, das das Spiel nur über zwei Gewinnsätze geht, die er allemal überstehen würde).

[22] Dies ist auf der zweiten Stufe der Mikrofundierung der Programmschritt Folgenermittlung 2.

der *Ceteris-paribus*-Klausel!) und nicht: Allgemeine Deviation vs. allgemeine Regeleinhaltung, wie im Hobbesschen und Buchananschen Problemaufriß.

Unter diesen Voraussetzungen sind Grenzertrag (-erlös) und Grenzkosten einer Regeländerung aus der Sicht des einzelnen gegeneinander abzuwägen. Auf der (Grenz-) Ertragsseite steht in den Beispielen die verbesserte Durchsetzung moralischer Standards im Rüstungs- oder Umweltbereich (es sei sogar angenommen, daß eine weltweite Selbstbeschränkung durchsetzbar sei), die über eine Stabilisierung der geostrategischen Verhältnisse und/oder der Umweltqualität auch in einem vordergründig materiellen Sinne allen zugute kommt: Bei einer Bevölkerung von n Personen entfällt auf den handelnden Unternehmer bei gleichverteilten Vorteilen - dies ist sinnvollerweise zu unterstellen - ein Anteil von 1/n. Bei einem individuellen Vorpreschen wäre dagegen der Grenzertrag nicht signifikant von Null zu unterscheiden. Dies ist eindeutig auf der 'Habenseite' der kollektiven Selbstbindung zu verbuchen.

Was aber ist auf der 'Sollseite' unter den (Grenz-) Kosten zu erfassen? Zunächst einmal hat die Lösung vor allem einen Vorteil: Da sie alle Anbieter der Branche gleichzeitig trifft, gibt es keine direkten strukturellen Veränderungen auf der Anbieterseite dieses Marktes. Aber es gibt indirekte über die Nachfrageseite sowie die Interdependenzen mit anderen Märkten. Die folgende Überlegung verdeutlicht dies: Aufgrund der kollektiven Lösung kann das Verhalten aller Anbieter als das eines Monopolisten interpretiert werden, dessen Grenzkostenkurve sich nach oben verschiebt, in zahlreichen Fällen offenbar erheblich (z. B. durch den Einbau von Filtern im Umweltbeispiel)[23].

Die kollektive Bindung mag daher *wettbewerbsneutral* wirken, aber nicht unbedingt - wenn überhaupt - *gewinneutral*: Wollte man dies unterstellen, so müßte man die Preiselastizitäten und die Kreuz-Preis-Elastizitäten zwischen den Produkten der Branche und Produktsubstituten einschließlich Einkommens- und Substitutionseffekten vernachlässigen, wofür es jedoch im Normalfall keine Begründung gibt;[24] zumindest müßte dieses Problem einer eingehenden Untersuchung unterzogen werden.

---

[23] Ein Exportverbot wirkt wie eine Mengenrestriktion auf der Angebotsseite.

[24] Man kann nun natürlich damit argumentieren, daß mit einer solchen Verhaltensänderung ein Imagegewinn verbunden sei, der, in 'technischer' Terminologie, die Nachfragekurve nach außen schiebe. Nur ist das dann ein *zusätzlich einzuführendes*, systematisch von den genannten zu unterscheidendes Argument, da es dabei nicht um kollektive Selbstbindungen geht.

Das bedeutet im Ergebnis: Nur dann, wenn von den stark diffundierenden kollektiven Grenzerträgen der Regeländerung (im Extremfall: über die gesamte Bevölkerung) auch der einzelne Unternehmer 'außerordentlich' profitiert (wohlgemerkt: er hat dann nur für die partielle Änderung bei einem Problem gesorgt), besteht die Aussicht auf einen eigeninteressiert-rationalen Anreiz, für eine Regeländerung einzutreten.[25]

In allen anderen Fällen befinden sich die betroffenen Unternehmungen überhaupt nicht im Gefangenendilemma, die allseitige Deviation ist dann First-best-Strategie, weil z. B. die erzielbaren Renten im Rüstungsexportgeschäft exorbitant hoch und die drohenden Gefahren bei weiter verfolgter Deviationsstrategie gering eingeschätzt werden. Dies erscheint nicht unplausibel, da es sich angesichts der unterstellten Strukturen bei der drohenden Gefahr vor allem um die allgemeine Mißbilligung durch die Öffentlichkeit handeln wird, eine Öffentlichkeit, die aber naturgemäß von der überwiegenden Mehrzahl der Fälle gar nicht erfährt.

Argumentiert man nun mit den empirisch (!) zu beobachtenden Tatbeständen, daß nämlich tatsächlich kollektive Selbstbindungen eingefordert werden[26], so muß auch diese Verhaltensweise überführt werden in die bestehende Anreizsituation: die relevanten Alternativen sind zu ermitteln. Und hier war, speziell im Rüstungsgüterbereich zur Zeit des Golfkrieges, sehr fraglich, ob die relevante Alternative zu einer kollektiven Selbstbindung die Beibehaltung des *status quo ante* war oder nicht vielmehr eine erhebliche Verschärfung des Strafrechts, die in den Referentenentwürfen bis zum Abhören des Telephonverkehrs (!) von in Verdacht geratenen Unternehmungen reichte.[27] Im Vergleich mit einer solchen Alternative würde in der Tat eine Selbstbindung eine Pareto-Verbesserung der betroffenen Akteure ermöglichen - allerdings stünden dann auch ohnehin gesetzliche Maßnahmen unmittelbar bevor, die möglicherweise aber aufgrund größerer Schärfe in noch weitergehendem Maße die

---

[25] Dies ist der 'Mäzenateneffekt' aus der Kollektivgütertheorie: Die Zahlungsbereitschaft eines einzigen Nachfragers reicht aus, um für eine - bei Unteilbarkeiten ggf. effiziente - Versorgung mit dem öffentlichen Gut zu sorgen. Im Leuchtturmbeispiel etwa: Für eine große Reederei lohnt es sich ggf., einen 'privaten' Leuchtturm zu bauen.

[26] Vgl. z. B. *Homann / Blome-Drees* (1992) zu einer entsprechenden Initiative des Vorstandsvorsitzenden des deutschen Marktführers im Rüstungsgüterbereich im Jahre 1991.

[27] So *re*agieren von verschärften nationalen Umweltgesetzen bedrohte Unternehmen völlig rational, wenn sie *im Gegenzug* (zumindest) eine europaweite Regelung fordern: die relevanten Alternativen sind eben nicht 'Beibehaltung des *status quo ante*' vs. 'kollektive europaweite Selbstbindung', sondern 'erheblich verschärfte nationale Gesetze' vs. 'europaweit verschärfte Gesetze'.

Durchsetzung moralischer Interessen bewirken könnten als die - in Wahrheit defensiv angelegte - Selbstbindung der Unternehmungen!

Eine abschließende Beurteilung ist offenbar nicht möglich, da auch dann zwei Fälle zu unterscheiden wären. (i) Wie aus dem von uns erwähnten Beispiel einer drohenden Abhörung des Telephonverkehrs hervorgeht, könnte durch eine informelle Maßnahme der Branche eine nicht auszuschließende Überreaktion des Gesetzgebers abgewendet werden, die zumal vor wichtigen Wahlen in einem so schwerwiegenden Eingriff in ein elementares Grundrecht kulminieren könnte. In der Tat gibt es gute Gründe zu vermuten, daß ein entsprechender Eingriff bei nüchterner Kalkulation der Vor- und Nachteile nicht den oben entwickelten Zustimmungstest bestehen würde.

(ii) Nicht weniger plausibel ist allerdings die Möglichkeit, daß durch Aktivitäten zur informellen Selbstbindung zwar die unmittelbar betroffenen Akteure „vor Schlimmerem bewahrt" würden, aber zugleich auch eine gesetzliche Lösung - eine kollektive formelle Bindung - abgewendet würde, die den Interessen der *indirekt* Betroffenen ('der Allgemeinheit') in stärkerem Maße gerecht würde als die Ergebnisse der informellen kollektiven Selbstbindung. Worin aber sollte dann der Vorteil der informellen Lösung liegen, wenn branchenbezogen etwa entsprechende Kodizes in den Kommissionen „auf Vorrat" produziert würden, um sie bei drohenden gesetzlichen Maßnahmen schnell der Öffentlichkeit präsentieren zu können?

Ein weiterer Einwand ergibt sich, wenn man tatsächlich, wie geschehen, empirische Argumente ins Spiel bringt: Mit sinkender Zahl der Wettbewerber gehen ohne Zweifel die Einigungskosten für eine kollektive Selbstbindung zurück; daher wäre es mit dem Ansatz der kollektiven Selbstbindung schwer erklärlich, warum gerade auch Teilmonopolisten sich besonders heftig gegen entsprechende Regelungen wehren;[28] es müßte also jeweils unterstellt werden,

---

[28] Als Beispiele können die Märkte für Fluorchlorkohlenwasserstoffe (FCKW) und Asbest dienen, auf denen jeweils Teilmonopolisten tätig waren bzw. sind: Bereits zu Anfang der achtziger Jahre lagen z. B. Studien des Bundesgesundheitsamtes vor, die einen erheblichen Anfangsverdacht auf die kanzerogene Wirkung von Asbest erbrachten. Eine frühere Umstellung der Produktionstechnologie hätte möglicherweise die panikartige Reaktion verhindern können, die zwischenzeitlich unter dem Stichwort 'Asbestsanierung' vor allem öffentliche Stellen ergriffen hat. Auch bei FCKW, einem oligopolistisch strukturierten Markt, war die Bereitschaft der Anbieter zum freiwilligen Übergang auf andere - nur zu höheren Kosten zu gewinnende und überdies nicht patentrechtlich geschützte! - Stoffe offenbar auch eher verhalten, ehe, durch einen exogenen Schock ausgelöst (Subventionierung eines ostdeutschen Newcomers durch eine Umweltschutzorganisation), zum Beispiel bei der Kühlschrankproduktion eine sehr schnelle Umstellung erfolgte.

daß die Unternehmen den notwendigen Erkenntnisprozeß, daß sich kollektive Selbstbindung unmittelbar rechne, noch nicht vollzogen hätten.

Für die Wirkung von Kreuz-Preis-Elastizitäten sei schließlich noch an die Situation der Automobilindustrie Mitte der 80er Jahre erinnert. Als die erwünschten niedrigeren Emissionswerte der Fahrzeuge den Einbau von (zu der Zeit noch überwiegend als umweltfreundlich eingestuften) Katalysatoren voraussetzten, wehrten sich am heftigsten die Produzenten der romanischen Länder gegen eine kollektive Lösung, bei denen der Markt- und Verkaufsanteil kleiner Fahrzeuge besonders hoch ist. Eine absolut gleiche Preiserhöhung aber (durch Katalysatoreinbau) hätte sich auf die relative Preisänderung der Produkte besonders deutlich ausgewirkt und somit besonders starke Substitutionseffekte erwarten lassen.[29]

Ohne daß also ein empirischer 'Nachweis' möglich wäre, spricht einiges gegen die Rekonstruktion dieses Problems im Gefangenendilemma. Dieses bildet offenbar eher die Entscheidungssituation im vorgelagerten Zustimmungsparadigma auf Regelebene ab als die im Durchsetzungsparadigma auf Handlungsebene relevante. Offenbar läßt sich jedes Gefangenendilemma als moralisches Dilemma interpretieren, aber bei weitem nicht jedes moralische Dilemma als Gefangenendilemma.[30]

Aufgrund der soeben vorgenommenen Plausibilitätsüberlegungen - diese Einschränkung ist vorzunehmen - erscheint es daher sehr fraglich, ob das Gefangenendilemma die situativen Anreize sinnvoll abbildet oder nicht eher zu irreführendem Optimismus Anlaß gibt:[31] Wie erwähnt, ist im Gefangenendilemma in jedem Fall 'Allseitige Kooperation' für alle Beteiligten besser als 'Allseitige Deviation'. In den diskutierten Fällen spricht jedoch einiges

---

[29] Man beachte hier auch die dann im EG-Kompromiß verwirklichte Sonderregelung für Fahrzeuge mit geringen Hubräumen, die den Einbau von Katalysatoren für kleine Fahrzeuge überflüssig machte. - Das offiziell vorgebrachte Argument fehlender technologischer Voraussetzungen und damit eintretender Wettbewerbsbehinderungen der betroffenen Produzenten war insofern nicht stichhaltig, als dieselben Anbieter zugleich an jenen Märkten präsent waren - vor allem in den USA, aber auch in Japan -, in denen bereits Katalysatoren obligatorisch eingebaut wurden. Die Kapazitätsprobleme dagegen waren für die meisten Anbieter vergleichbar, da es sich hier um ein typisches Zulieferprodukt handelt.

[30] Die im II. Kapitel geführte Argumentation wird damit also nicht hinfällig: ausschlaggebend ist die Dilemmasituation!

[31] *Kliemt* (1985), S. 62 schlägt deshalb - in einem anderen Zusammenhang - vor, eine solche Analyse stets zweistufig anzulegen und dabei in einem ersten Schritt zu analysieren, ob das Gefangenendilemma-Spiel die Situation hinreichend gut abbildet, in einem zweiten Schritt dann nach Lösungen zu suchen.

dafür, daß in eigennütziger Kalkulation die Deviation (in dem aus moralischer Sicht unzweifelhaft zynischen Sinne) vorteilhaft bleiben könnte.[32]

Wie bereits im vorangegangenen Abschnitt erwähnt, wird in den jüngsten Veröffentlichungen Homanns die Einschränkung vorgenommen, die Unternehmen könnten entsprechende Vorleistungen erbringen, wenn es nicht allzu viel koste:[33] Die damit angesprochene Tit-for-tat-Strategie hatte sich in der Tat in empirischen Untersuchungen als relativ erfolgreich herausgestellt.[34] Hier sind jedoch erhebliche Einschränkungen vorzunehmen, die in der spieltheoretisch ausgerichteten Literatur diskutiert werden.[35]

Abgesehen von der für eine Übersetzung in die Empirie ggf. schwierigen Gestaltung als 2-Personen-Spiele waren die Akteure in der Axelrodschen Konstellation in einem sogenannten Superspiel mit n Wiederholungen zwangsweise miteinander verbunden, was modellimmanent ein hohes 'Retorsionspotential' für einen einmal Geschädigten impliziert: Ein Deviant kann nicht einfach 'in der Anonymität des Marktes' verschwinden. Gerade diese Option scheint aber in zahlreichen einschlägigen Problemen der Realität zu bestehen: Ausgerechnet die Strategie '*Take and run*'[36] - eine unfreundliche Antwort auf einen freundlichen Zug - ist in der Spielform Axelrods nicht angelegt[37]. R. Schüßler, der sich mit der spieltheoretischen Abbildung von Dilemmasituationen ausführlich beschäftigt hat, verwendet deshalb für eigene Simulationen eine 'offenere' Spielstruktur, kommt dann aber auch zu ambivalenten Ergebnissen, die erwartungsgemäß auch der Strategie 'Deviiere immer!' beachtliche Chancen attestieren.[38]

---

[32] Dies übersehen offenbar auch *Raub / Voss* (1986), S. 198 ff., wenn sie zwar darauf hinweisen, daß es andere als Gefangenendilemma-Modelle gibt, aber stets in vergleichbaren Grundstrukturen argumentieren.

[33] Vgl. *Homann* (1991a), S. 108.

[34] Vgl. *Axelrod* (1984, 1991), *Raub / Voss* (1986), dies. (1987, 1991). Frühere spieltheoretisch angelegte Monographien zum Thema einer evolutiven Entwicklung allseitiger Kooperation sind - neben einer Vielzahl von Aufsätzen - *Ullmann-Margalit* (1977) und *Schotter* (1981).

[35] Vgl. zum Folgenden zusammenfassend z. B. *Schüßler* (1990), S. 33 - 38 mit der dort angegebenen Literatur.

[36] Bei Schüßler: 'Hit and run'.

[37] Vgl. *Schüßler* (1990), Kap. 3; vgl. insbesondere S. 78 ff.

[38] Insgesamt zeigt sich hier, daß in der spieltheoretischen Rekonstruktion durch eine jeweils leichte Veränderung der vorzugebenden Auszahlungsmatrix nahezu beliebige Ergebnisse generiert werden können. Da in diesen Auszahlungsmatrizen die Gestaltung der Institutionen abgebildet ist, fällt es schwer, von den Auszahlungsmatrizen wiederum zu 'realen' Institutionen zu finden. Ein enormes Potential des spieltheoretischen Ansatzes liegt jedoch offenbar darin, zu

b) Die Notwendigkeit und Möglichkeit bindender Vereinbarungen

Selbst wenn ein Fall vorliegt, dessen Anreizstruktur schlüssig im Gefangenendilemma abgebildet werden kann, so bleibt die grundlegende Frage, worin die *Bindungswirkung* der kollektiven Aktivität im Vergleich zur Ex-ante-Situation liegt: Diese ist definitionsgemäß erforderlich, um die Anreizstruktur des Gefangenendilemmas zu überwinden. Da davon ausgegangen wird, daß eine rechtliche, also formaljuristische Regelung gerade nicht in Frage kommt, ist die Absicherung beim Übergang von der Deviation zur Kooperation - die Durchsetzung der einmal vereinbarten Kooperation - gründlich zu untersuchen. Es soll ja gerade nicht bei Appellen bleiben.

Die diskutierte Theorie ist explizit in Analogie zum Buchananschen Ansatz angelegt; es ist jedoch fraglich, ob dieser Analogieschluß zulässig ist.

Buchanan denkt die Durchsetzung einer Regelbindung *uno actu* mit ihrer Implementation.[39] Regeln sind dort jedoch - dies ist der plausible Grund für die Gleichsetzung - ganz selbstverständlich immer *kodifizierte* Regeln, zu deren Durchsetzung der Apparat von Jurisdiktion und Exekutive zur Verfügung steht; moralische Normen jedoch fallen gerade wegen ihres Defektes - des Durchsetzungsproblems aufgrund fehlender formeller Sanktionen - nachweislich 'aus dem Programm' heraus, so daß Buchanan sie substitutiv zu kodifizierten Regeln, nicht komplementär denkt.[40] Daher sieht er sich offenbar gezwungen, moralische Normen gegen kodifizierte auszuspielen, wobei die Wirkung der erstgenannten offenbar ausschließlich über die Beeinflussung von Präferenzen gedacht wird. Die informelle Restriktion kommt bei diesem Programm gar nicht erst in den Blick:

---

jeweils bekannten, nicht zu komplizierten strategischen Interdependenzen die situativen Anreize, etwa in Verhandlungssituationen, aufzudecken, und der Mechanism-Design-Ansatz, quasi als institutionenökonomische Anwendung der Spieltheorie zu verstehen, versucht die 'Institutionen' jeweils (nicht über eindeutig definierte Auszahlungen, sondern) über Auszahlungs*schemata* abzubilden.

[39] Vgl. die Nachweise oben in Abschnitt C.

[40] Als Beleg mögen die folgenden programmatisch formulierten Fundstellen dienen: „When we recognize that man's natural proclivity is to pursue his own interests and that different persons' interests ... come to conflict, ... [a]ny social order seems to rest on extremely fragile foundations... Two broadly defined escape routes have offered hope ... One of them is man's capacity for moral improvement ... The observed record of success is dubious ... The second possible avenue ... starts with the empirical realities ...[;] hope emerges for sustainable social order through the appropriate design, construction, and maintenance of rules that set limits on the way in which each person is allowed to order his conduct toward others." *Brennan / Buchanan* (1985), S. ix f.

„[D]er Wert, den die Ordnung besitzt, leitet sich entweder ... aus einem formalen Rechtssystem *oder* aus einem allgemein anerkannten Grundstock ethisch-moralischer Gebote her. Es ist wichtig zu erkennen, daß es sich hier um alternative Mittel zur Sicherung von Ordnung handelt. In dem Maße, wie den Menschen ethische Überzeugungen gemeinsam sind und diese das Verhalten des einzelnen beeinflussen, verringert sich der Bedarf nach gesetzlich auferlegten Normen und ihrer mehr formalen Restriktivität. ... Sowohl die Anarchie als auch die formalisierte Verfassungsstruktur müssen strikt unterschieden werden von einer Gesellschaft, in der die Individuen ihr Verhalten an der Sitte ... ausrichten und wo nur geringe oder überhaupt keine Bindungen an rational ausgewählte Normen vorhanden sind. Eine solche Ordnung ist wahrscheinlich äußerst ineffizient...“[41]

Auch hier wird deutlich, daß für Buchanan die kollektive Selbstbindung nur eine formelle, gewissermaßen gerichtsfeste Selbstbindung sein kann. Somit ist eine unmittelbare Übertragung auf das hier in Rede stehende Programm informeller Selbstbindungen nicht möglich, da angesichts fehlender formaljuristischer Sanktionen zusätzlich die Frage zu klären ist, auf welchem Wege eine Maßregelung von Regelverletzern erfolgen kann.[42]

Theoretisch denkbar wären nun zur Durchsetzung der informellen kollektiven Selbstbindung *monetäre* Sanktionen, die etwa innerhalb eines Verbandes privatrechtlich zu vereinbaren wären. Dies impliziert jedoch nicht unerhebliche Transaktionskosten und die eingangs gestellte Frage, inwiefern hier ein Interesse der beteiligten Unternehmen zu vermuten ist.

Denkbar wäre auch eine gemeinsame Vereinbarung, wonach im Falle von Normenverletzungen der zuständige Verband verpflichtet wäre, den Tatbestand zu *veröffentlichen*, so daß der Ruf des Unternehmens in Gefahr geriete.

Ein solcher Ansatz hätte aus transaktionskostentheoretischer Sicht den Vorteil der geringeren Informationskosten innerhalb der Branche (im Vergleich zu jeder staatlichen Lösung); unbegründete öffentliche Vorwürfe wären dadurch sehr unwahrscheinlich. Aber: Auch hier ist nicht das Prinzip der Selbstbindung, sondern die potentiell imageschädigende Wirkung das ausschlaggebende Moment.[43]

---

[41] *Buchanan* (1975, 1984), S. 167 f.; Herv. i. Orig.

[42] In der einschlägigen Literatur wird dieses Problem ohne Angabe einer Lösung erwähnt. Vgl. *Homann / Blome-Drees* (1992), S. 140.

[43] Als Beispiel diene ein aktueller Fall aus dem Deutschen Werberat, einer in Selbstverwaltung eingerichteten Kontrollinstanz der werbetreibenden Wirtschaft. Es wurde gemeldet, daß der Werberat gegen die Anzeigenkampagne eines Mineralwasserproduzenten vorgegangen ist, in der sich Personen „in Situationen befänden, die für Alkoholmißbrauch typisch seien“. Dies scheint das Konzept der Selbstbindung beispielhaft zu bestätigen. Wie aber hat der Werberat sein Ansinnen gegen das Unternehmen durchgesetzt? Dazu heißt es weiter: „Da sich die Mine-

c) *Wettbewerbspolitische Implikationen*

Eine nähere Untersuchung der vorgeschlagenen Maßnahmen zur kollektiven Selbstbindung zeigt schließlich, daß diese von ihrer Konstruktion her als Kartelle angelegt sind, wenn auch in diesem Fall als 'moralische Normenkartelle'. In seiner Anreizstruktur handelt es sich hier jedoch nicht um das bekannte Normenkartell, in dem allgemeine Standards festgelegt werden (Tonbandcassetten, Steckdosen usw.), sondern um ein klassisches Kartell: Dort geht es um Koordinations-, hier um Konfliktregeln, dort schädigt sich der potentielle *free rider*, der nicht nach der Norm produziert, hier ist die Außenseiterposition sogar besonders lukrativ.[44]

Die wettbewerbspolitischen Nebenwirkungen eines solchen, nunmehr ausdrücklich geforderten *Regelkartells* sind nicht abzusehen; es ist fraglich, ob hier nicht die von Kartellen bekannte Eigendynamik ihre Fortsetzung fände, wonach die Beteiligten tatsächlich Anreize hätten, spezifische Gruppennormen statt der angestrebten moralischen Interessen zu verfolgen.

Gerade die hier empfohlene Kooperation ist dem Wettbewerb wesensfremd; sie müßte ein enormes produktives moralisches Potential entwickeln, um die grundsätzlichen, in der Wettbewerbstheorie als bewährt geltenden Bedenken überkompensieren zu können: Weil Kartelle einer marktwirtschaftlichen Ordnung prinzipiell fremd sind, bedarf jede Abweichungen von dieser Regel der gründlichen Überlegung im Einzelfall. Aufgrund der jeweils vorliegenden Konstellation ist jedoch gerade in engen Oligopolen am ehesten die Möglichkeit zur Bildung entsprechender Kommissionen zu sehen, die aber, solange dies unter Ausschluß der Öffentlichkeit geschähe, gewissermaßen ein staatlich und wissenschaftlich sanktioniertes Forum zur Kollusion erhielten.

---

ralwasserleute gegenüber den Werbewächtern wenig einsichtig zeigten und nicht freiwillig auf eine mögliche Fortsetzung verzichten mochten, ging der Werberat in die Öffentlichkeit. Ausgelöst hätten den Beschluß der Selbstkontrollinstanz 'Beschwerden aus der Bevölkerung'." O. V. (1992c), S. 36. Es war also offenbar nicht die Selbstbindung als solche, die für eine Durchsetzung des Anliegens gesorgt hatte, sondern letztlich reputative Effekte: Das Unternehmen sollte „in der Öffentlichkeit blamiert" werden - was dem Artikel zufolge auch gelang. Auch ein Beispiel wie dieses kann natürlich nur als Illustration dienen; es wird hier jedoch die These vertreten, daß sich derartige Effekte systematisch nachvollziehen lassen und der empirischen Überprüfung unterworfen werden können. Wenn aber diese letztlich ausschlaggebend sind: Warum sollten dann nicht auch reputative Effekte in einer theoretischen Heuristik zentral eingesetzt werden? Genau dafür wird in dieser Arbeit plädiert.

44 Vgl. zum allgemeinen Kartellproblem etwa *Schumann* (1992), S. 354 - 359, insbes. S. 365 f.

Natürlich ist nunmehr denkbar, daß etwa Richter und Wissenschaftler in den Kommissionen säßen, gewissermaßen als Vertreter einer kritischen Öffentlichkeit.[45] Aber sollten sie Sitz *und* Stimme bekommen? Einmal abgesehen davon, daß auch Wissenschaftler i. d. R. nicht in einem völlig 'interessenfreien' Raum leben[46], lägen ihre Sanktionsmechanismen in erster Linie darin, über ein Recht auf Veröffentlichung Reputationsmechanismen in Gang zu setzen, die auch hier das ausschlaggebende Moment abgäben.

d) Zwischenergebnis

Die Zwischenbilanz ist ernüchternd: Die erhoffte Anreizkompatibilität in Dilemmasituationen läßt sich über den Ansatz einer kollektiven Selbstbindung nicht widerspruchsfrei einlösen, eine „Motivationslücke"[47] verbleibt.

Andererseits dürfte der praktische Wert dieser Lösung von großem Wert sein, da die besagte Lücke zwischen normativem Anspruch und positiver Rekonstruktion immerhin verringert werden konnte: Es sind Wege aufgezeigt worden, die tendenziell eine zusätzliche 'Bestrafung' durch Verschlechterung der *relativen* Wettbewerbsposition *innerhalb der Branche* zu vermeiden helfen.

In allen anderen Fällen aber müßten zusätzliche Bedingungen eingeführt werden, die das Konzept verwässerten: etwa ohnehin zu erwartende staatliche Maßnahmen, so daß Regeln zur Verhinderung einer noch schlechteren individuellen Position gefordert würden - vgl. die eingangs angestellten Überlegungen. Die raschere Festlegung einer ohnehin in irgendeiner Form zu erwartenden, restriktiveren Norm trüge den in handfesten Kostensenkungen meßbaren Vorteil verringerter Planungsunsicherheit in sich, der Verlust (!) könnte minimiert werden, eine bereits geltende nationale Regel ließe den Betroffenen eine supranationale einfordern, um gegenüber der internationalen Konkurrenz bestehen zu können.[48]

---

[45] So der Vorschlag in *Homann / Blome-Drees* (1992), S. 140.

[46] Es gibt zahlreiche Beispiele, in denen auch in rein naturwissenschaftlichen Fragen Dissens herrscht; vgl. die Auseinandersetzung um die Sicherheit von Kernreaktoren. Vgl. auch die diesbezüglichen Ausführungen oben zur Rolle der normativen Gerechtigkeitstheorie in der Politikberatung.

[47] *Homann* (1989a), S. 62.

[48] Vgl. die eben angestellten Überlegungen zum Konfliktfall.

Nur geht es hier um defensive und nicht, wie unterstellt, um offensive Strategien: Das Zwischenergebnis lautet, daß die Strategie der aktiv eingeleiteten kollektiven Selbstbindung (Einfordern einer Regel und Bereitschaft, sie dann auch selbst einzuhalten) nicht zwangsläufig, aber doch regelmäßig in einen Widerspruch zum individuellen Nutzenmaximierungskalkül führen muß.[49]

Unter dieser Maßgabe folgt allerdings zwingend die Frage, inwiefern der ökonomische Ansatz noch grundsätzlich dem dialogethischen vorzuziehen ist,[50] wie er vor allem von Horst Steinmann und seinen Mitarbeitern verfolgt wird.

Im Vergleich der Ansätze ist zur Zeit zwar aufgrund der hochaktuellen Entwicklung eine abschließende Beurteilung nicht möglich. Festzustellen ist allerdings eine gegenseitige Annäherung in der Sache[51]: Von 'Erlanger Seite' wird das synergetische Potential von Moral und Gewinn anerkannt und offenbar die Gegensatzthese zumindest nicht mehr in der alten Schärfe vertreten.[52] Von 'Ingolstädter Seite' wird ausdrücklich die Verantwortung des einzelnen Unternehmens betont; zur Zeit noch vage Formulierungen wie die, daß die Einhaltung von Normen 'nicht allzu viel' kosten dürfe, sind hier ebenfalls zu nennen.[53] Aus dem Kontext ergibt sich stets, daß per saldo eine Gewinnver-

---

[49] Zu einem ähnlich ernüchternden Ergebnis kommt, allerdings ohne nähere Begründung, M. *Wessling* (1992) am Ende seiner Arbeit, in der er den ökonomischen Ansatz zur Normenbefolgung aufgibt. Er muß als unabdingbar für das Wirksamwerden moralischer Normen im Unternehmen voraussetzen, „daß in einem Unternehmen zumindest einige Personen mit einem nicht vollständig funktionalen (gemeint: eigennutzorientierten, D.A.), sondern einem sittlichen Gewissen arbeiten, welches ... die eigenen Normen übernommen hat und realisiert.“ *M. Wessling* (1992), S. 202. Und: „An diesem Punkt der Analyse ist notwendig [sic], die Ebene der konsequenten Anwendung des Modells ökonomischer Moral zu verlassen.“ *Wessling* (1992), S. 203. Das Ergebnis bei *Kliemt* (1992) ist ähnlich pessimistisch. Er schlägt vor, den ökonomischen Erklärungsansatz für 'Kleinkostensituationen' außer Kraft zu setzen, also jene Situationen, in denen die Nutzeneinbuße im eigeninteressierten Rationalmodell (das 'Maß an Irrationalität') nur gering ist. Vgl. *Kliemt* (1992), S. 102. Vgl. zuvor bereits *Kliemt* (1986), allgemein: *Zintl* (1989), soeben: *Homann / Suchanek* (1992); als 'klassisches' Beispiel für eine solche Kleinkostensituation kann die individuelle Wahlbeteiligung gelten, bei der kein signifikanter objektivierbarer Nutzen erkennbar ist, bei dem aber eben auch keine hohen Kosten eines solchen Verhaltens anfallen. Vgl. die Ausführungen oben, in Abschnitt A.

[50] Von beiden Seiten erfolgt nach wie vor eine scharfe Grenzziehung; vgl. soeben erneut *Homann / Blome-Drees* (1992), S. 145, 174 - 179, insbes. S. 177.

[51] Vgl. auch die entsprechenden Indizien in den Abschnitten E und F.

[52] Der Titel von *Steinmann / Gerhard* (1992) lautet 'Effizienz und Ethik in der Unternehmensführung'!

[53] Eine besonders produktive Investition kann auch sehr hohe Kosten rechtfertigen, so daß diese Formulierung zu präzisieren wäre.

besserung, also eine mit dem Gewinnprinzip konsistente theoretische Fundierung angestrebt wird. Da dies aber, wie die oben angestellten Überlegungen gezeigt haben, nur eingeschränkt möglich ist, ist zu fragen, warum man dann nicht gleich den direkten Weg geht, den Steinmann und Löhr verfolgen: Wenn nämlich im Endeffekt ein moralisches Gewissen doch eine notwendige Voraussetzung zur Umsetzung des Konzepts darstellt, so wird der Appell an die Branchenkollegen, zu einer kollektiven Selbstbindung zu gelangen, auf Hindernisse stoßen: Ein Mißerfolg, wenn die Branchenkollegen sich nicht überzeugen lassen, hat immer noch ein schlechteres Ergebnis zur Folge als eine Aktivität im Sinne Steinmanns und Löhrs, die den - auch von der Gegenseite ausdrücklich erwähnten - Vorbildeffekt haben kann.[54]

Damit ist die pessimistische Perspektive des ökonomischen Ansatzes expliziert. Die optimistische wurde mehrfach angedeutet, sie soll nun in einer gütertheoretischen Analyse fundiert werden.

H. Der Regeltransparenzansatz: Ein Entwurf

Der Gedanke kann etwa wie folgt skizziert werden: Die Kollektivguteigenschaft der Moral gilt nur bedingt. Vielmehr ist unter bestimmten Bedingungen offenbar eine verhaltenskanalisierende Wirkung - eine 'Privatisierung' oder 'Internalisierung' der von potentiellen Regelverletzungen ausgehenden Wirkungen - möglich.

Für die kleine Gruppe werden solche Effekte, überwiegend in Anlehnung an *Olson* (1965, 1985), ausdrücklich in der ökonomischen Literatur anerkannt, ohne daß daraus bisher zufriedenstellende Schlußfolgerungen für die Funktionsweise anonymer Großgesellschaften hätten entwickelt werden können. Ausschlaggebend für die Durchsetzung einer informellen Norm - dies ist die leitende Idee der im folgenden zu explizierenden Heuristik - ist jedoch keineswegs die Gruppengröße, die im übrigen auch bei Olson nur die Funktion eines Indikators hat. In diesem Zusammenhang wird das *Privatisierungspotential des 'öffentlichen Gutes Moral'* zu ermitteln sein.

[54] Vgl. hier z. B. ausdrücklich *Homann / Blome-Drees* (1992), S. 148. Auch in diesem Fall gilt jedoch: Ausschlaggebend wäre die öffentliche, reputative Wirkung.

1. Das Klubkollektivgut Moral: Bedingungen der Durchsetzung moralischer Normen

a) Das vermeintlich öffentliche Gut Moral im Lichte der modernen Kollektivgütertheorie

Die Moral wird - ebenso wie die (kodifizierte) Rechtsordnung - in der einschlägigen ökonomischen Literatur durchweg als öffentliches Gut im Sinne der traditionellen ökonomischen Kollektivgütertheorie konzipiert.[55] Das bedeutet: Moral wird als ein Gut angesehen, von dessen Nutzung niemand ausgeschlossen werden kann und dessen 'Produktion' auf privaten Märkten nicht zustande kommt, weil der 'Anbieter' kein 'Entgelt' durchsetzen kann. Eine dramatische Neigung zur Unterversorgung ist die Folge.[56]

Zunächst kann der Charakter eines öffentlichen Gutes hier natürlich in einem tautologischen Sinne verstanden werden, da der Begriff der 'moralischen Normen' qua Definition als 'für alle gültig' verstanden werden muß und sich ihnen insofern niemand entziehen kann. Hier jedoch geht es nicht um die allgemeine Zustimmung oder Geltung von Normen, sondern um ihre Befolgung oder Durchsetzung. Die Überlegungen haben daher, in der Terminologie dieser Arbeit, im Durchsetzungsparadigma anzusetzen, und dies bedeutet: Mit der Eigenschaft der Moral als Kollektivgut ist die Nichtexkludierbarkeit jener Nutzer impliziert, die es darauf anlegen, die Normenbefolgung anderer zu ihrem Vorteil einzusetzen und zugleich selbst die Spielregeln zu verletzen, also als *free riders* tendenziell zur Zerstörung der Norm - des öffentlichen Gutes Moral - beizutragen.

Genau hier sind konzeptionelle Zweifel anzubringen. Wir greifen dazu in einem kleinen Exkurs auf eine Präzisierung des Kollektivgutphänomens zurück, die bereits Ende der 50er Jahre von Richard A. Musgrave entwickelt

---

[55] Vgl. unmittelbar etwa die folgende Passage: „Die soziale Ordnung ist ... ein 'öffentliches Gut'. Ein öffentliches Gut ist dadurch definiert, daß es, wenn vorhanden, niemandem vorenthalten werden kann. Typische öffentliche Güter sind die Rechtsordnung, innere und äußere Sicherheit und die Umwelt." *Homann* (1990b), S. 42. Ferner: „Die Existenz einer gesellschaftlichen Moral, einer moralische Intentionen einschließenden Rahmenordnung ... ist ein *öffentliches Gut*, das nur kollektiv erstellt werden kann, meist über politische Willensbildungsprozesse unter Einschluß der Institutionen des Staates: Durch *kollektives Handeln* wird die Situation des Gefangenendilemmas überwunden". ebenda, S. 44, Herv. i. Orig.

[56] Vgl. die ausführliche Diskussion im II. Kapitel, Unterabschnitt C.2.a).

worden war, aber leider bis heute immer noch nicht Eingang in alle Lehrbücher zum Thema gefunden hat.[57]

Es hat sich als zweckmäßig erwiesen, Güter nach zwei Kriterien zu unterscheiden:[58]

- hinsichtlich der *Exkludierbarkeit von Nichtzahlern* auf privatwirtschaftlich organisierten Märkten, wie bereits erwähnt, sowie zusätzlich
- hinsichtlich der *Rivalität im Konsum.*

Das Problem der Nichtexkludierbarkeit war bereits angesprochen worden; bei Vorliegen von *Nichtrivalität* beeinträchtigt der Konsum eines Gutes durch eine Person nicht den Nutzen anderer Personen, ein zusätzlicher Nutzer kann grenzkostenfrei zugelassen werden.[59] Als klassische Beispiele für Nichtrivalität gelten die Nutzung von nichtüberfüllten Straßen, Hallenbädern oder Tennisplätzen in den Morgenstunden von Werktagen.

Konzentriert man sich nun aus heuristischen Gründen und in Anlehnung an die klassische Einteilung bei Musgrave auf die polaren Fälle Exkludierbarkeit und Nichtexkludierbarkeit, Rivalität und Nichtrivalität im Konsum,[60] so ergeben sich 2 x 2 Güterkategorien, die nach Grossekettler wie in der nachstehenden Abbildung H.1 bezeichnet werden können[61]; eine weitere Differenzierung wird anschließend einzuführen sein.

Zu untersuchen sind also zwei potentielle Defekte des stets auf die Durchsetzung von Preisforderungen angelegten privatwirtschaftlichen Angebots: Bei Nichtausschließbarkeit ist, vereinfachend gesagt, die Exklusion nicht möglich,

---

[57] Vgl. zum Folgenden erstmals *Musgrave* (1959), in der deutschen Übersetzung *Musgrave / Musgrave / Kullmer* (1978), S. 54 ff.

[58] Leider wird auch in der aktuellen ökonomischen Literatur gelegentlich diese wichtige Unterscheidung nicht vorgenommen und nur eines der beiden Definitionskriterien berücksichtigt. Vgl. neuerdings z. B. *Holler / Illing* (1991).

[59] In diesem Falle kann ein Gut also im Sinne der früheren, noch unpräzisen Kollektivgutdefinition von Samuelson 'von allen gleichermaßen genutzt werden'; vgl. hierzu *Samuelson* (1954) und ders. (1955).

[60] Vgl. jedoch für eine - hier nicht interessierende - Feingliederung zwischen diesen Extremen *Grossekettler* (1984).

[61] Vgl. *Grossekettler* (1984), S. 21. Musgrave, von dem diese Einteilung stammt, hatte die Güterkategorien lediglich mit Nummern versehen. Grossekettler hat nach Wissen des Verfassers (zwar nicht das Konzept, aber) den Begriff des 'Klubkollektivguts' in die deutsche Sprache eingeführt; die gedachte, tpyische Assoziation ist die eines Tennisklubs. Vgl. zum Begriff *Buchanan* (1965b).

bei Nichtrivalität jedoch ist sie nicht nötig (Grossekettler). Nur dann, wenn beide Fälle zusammentreffen, Exklusion also weder nötig noch möglich ist, sprechen wir von echten Kollektivgütern oder polaren öffentlichen Gütern.[62]

Die Anwendung des Exklusionsprinzips ist...	Rivalität im Konsum...	
	liegt vor	liegt nicht vor
möglich bzw. wirtschaftlich	Individualgüter (z. B. Lebensmittel)	Klubkollektivgüter (z. B. Tennisplätze)
nicht möglich bzw. unwirtschaftlich	Quasikollektivgüter (z. B. derzeit: Ozonschicht der Erde)	'echte' (polare) öffentliche Güter

Abb. H.1: Güterkategorien (Definitionstabelle nach Musgrave und Grossekettler)[63]

Ist dagegen eine Exklusion von Nichtzahlern möglich und liegt Rivalität im Konsum vor, so kann man von Individualgütern sprechen; hier funktionieren private Märkte problemlos.

Eine eigentümliche Zwischenstellung nehmen die sogenannten Quasikollektivgüter ein: Aufgrund der Rivalität im Konsum wäre 'eigentlich' eine privatwirtschaftliche Exklusion nötig, aber sie ist aufgrund fehlender Exkludierbarkeit nicht möglich.

---

[62] Wie oben erwähnt, schlägt Grossekettler vor, den Begriff öffentliche Güter der Ebene der Empirie vorzubehalten (also nur auf die tatsächlich öffentlich bereitgestellten Güter anzuwenden) und den Begriff Kollektivgüter ausschließlich auf der theoretischen Ebene anzusiedeln. Da jedoch hier und im folgenden ausschließlich das theoretische Konzept gemeint ist, verzichten wir auf diese Unterscheidung, zumal der Begriff öffentliches Gut in der Literatur für die theoretische Konzeption bereits eingeführt ist.

[63] Vgl. *Grossekettler* (1984), S. 21, nach *Musgrave / Musgrave / Kullmer* (1978), S. 54 ff., hier: S. 57; vgl. auch *Grossekettler* (1985) sowie die Weiterentwicklung *Grossekettler* (1991), hier insbes. S. 13 (zum sog. Extensionsniveau). Die 'Möglichkeit' der Anwendung des Exklusionsprinzips ist immer unter Beachtung der Durchsetzungskosten (Transaktionskosten) zu sehen; daher der qualifizierende Zusatz 'wirtschaftlich/unwirtschaftlich'.

In den hier interessierenden Zusammenhängen ist die vierte Gruppe der Klubkollektivgüter von besonderem Interesse. Hier können zusätzliche Nutzer grenzkostenfrei zugelassen werden, eine Preisforderung ist nicht nötig. Sie ist aber gleichwohl möglich, weil Exkludierbarkeit vorliegt. Im Falle einer rein privatwirtschaftlichen Lösung ergibt sich unter diesen Voraussetzungen eine Preisforderung, die über den (vernachlässigbaren) Grenzkosten liegt: Kapazitäten bleiben ungenutzt, die Nachfrage wird unnötig zurückgedrängt. Eine 'staatliche' Lösung wäre gleichwohl auch nicht angebracht: Die (marginalen) Produktionskosten, also die Kosten zur Erstellung und Erhaltung des Gutes (zum Beispiel eines Tennisplatzes) sind in aller Regel signifikant von null verschieden; die Möglichkeit der Exklusion legt die Entscheidung nahe, die Kosten nur auf diejenigen umzulegen, die das Gut auch nutzen wollen.

Dies führt zu einer Teilprivatisierung solcher Güter in Klubform: Die Interessenten schließen sich zusammen, verzichten untereinander (jedenfalls in Zeiten der Unterauslastung der Kapazitäten) auf Nutzungsgebühren und sichern die nutzungsfixen Kosten zur Finanzierung des Gesamtprojekts über (ggf., zur Berücksichtigung unterschiedlicher Zahlungsbereitschaften, nach Einkommen gestaffelte) Beiträge. Wer die Klubanlagen nutzen möchte, ist also entweder gezwungen, Klubbeiträge zu entrichten oder, als nur gelegentlicher Nutzer, eine Gebühr zu entrichten, die insgesamt bei durchschnittlicher Nutzung die (zeitbezogenen) Beiträge nicht unterschreiten darf und somit zur Vermeidung kontraintentionaler Anreize der Klubmitglieder die Grenznutzungskosten überschreiten muß.

Wie ist das Gut Moral hier einzuordnen?

Hinsichtlich der Rivalität in der Nutzung ist die Antwort recht leicht zu finden: Haben sich erst einmal informelle Normen etabliert - sind sie erst einmal produziert -, so sind sie ganz genau wie formaljuristisch sanktionierte Normen prinzipiell von beliebig vielen Nutzern einsetzbar, ohne daß diese sich in der Nutzung gegenseitig beeinträchtigten: Wenn zum Beispiel zwei Vertragspartner A und B einen Vertrag per Handschlag schließen und sich dabei stillschweigend auf einen bestehenden Kanon von (formellen und informellen) Normen einigen, können zwei weitere, C und D, das gleiche tun, ohne daß durch die Nutzung derselben Normen zusätzliche Kosten entstünden; mit anderen Worten: Es liegt Nichtrivalität in der Nutzung vor.[64]

Hinsichtlich der Exkludierbarkeit besteht in der Literatur der oben dargestellte Konsens; die Moral wäre somit ein polares Kollektivgut. Hier sind erhebliche Zweifel angebracht.

Es hat sich nämlich bereits bei der Analyse konventioneller Kollektivgüter herausgestellt, daß die zur Verfügung stehenden Exklusionstechniken weder sachlich noch zeitlich noch regional invariant sind und vor allem nach intensiverer Analyse auch bei vermeintlich polaren öffentlichen Gütern zumindest für einen modifizierten Nutzerkreis zur Verfügung standen oder stehen. Zwei Beispiele seien hierzu angeführt:

(i) Daß sich vermeintlich polare öffentliche Güter als Klubkollektivgüter entpuppen können, zeigt ein Hinweis bei Grossekettler: Waren in dem 1984 erschienenen Aufsatz noch 'Deiche' als Beispiel für echte (polare) öffentliche Güter (Kollektivgüter in der präzisen Definition Grossekettlers) angeführt worden,[65] so wird in dem 1991 veröffentlichen Beitrag das altfriesische Deichrecht zitiert: „Wer nicht will deichen, der muß weichen!"[66] (ii) Ferner galten bisher überfüllte innerstädtische Straßen als Quasikollektivgüter;[67] der Fortschritt in der elektronischen Datenverarbeitung macht es aber bereits heute prinzipiell möglich, einen Preis ohne Behinderung des laufenden Verkehrs (über Induktionsschleifen und Datenspeicherung) zu erheben.

Letztlich hängt bei Nichtrivalität die Exkludierbarkeit oder 'Klubgütereigenschaft' offenbar immer von der räumlichen oder sachlichen Eingrenzungsmöglichkeit und der zur Verfügung stehenden Technik der Exklusion ab, und ein für einen bestimmten Kreis von Betroffenen polares öffentliches Gut kann für einen anderen - meist größeren - ein Klubkollektivgut sein; kurz: nahezu jedes polare Kollektivgut erweist sich auf höherer 'Exklusionsebene'[68] als Klubkollektivgut, so daß hiermit ein drittes Kriterium zur Klassifizierung von Kollektivgütern herangezogen werden muß.

---

[64] Die Produktivität - der Kapitalgutcharakter - der informellen Normen wird unmittelbar durch die Einsparung von Transaktionskosten (zu Vorbereitung und Abschluß von Verträgen) deutlich.

[65] Vgl. *Grossekettler* (1984).

[66] *Grossekettler* (1991), S. 11.

[67] Vgl. hierzu z. B. *Grossekettler* (1984).

[68] Bei Grossekettler: auf höherem Extensionsniveau.

So kann beispielsweise ein privater Klub auf das Gut „militärische Sicherheit" ebenso wenig eine wirtschaftliche Exklusionstechnik anwenden wie eine Gemeinde als kleiner Zwangsverband; auf nationaler Ebene, also für einen größeren Kreis von potentiellen Nutzern, ist dies dagegen sehr wohl möglich; der - öffentlich-rechtliche - „Klub" ist dann allerdings der Staat.

Wir argumentieren hier und im folgenden, daß - wie bei anderen vermeintlichen Kollektivgütern auch - bei moralischen Normen eine fruchtbare Heuristik darauf abstellen sollte, nach Exklusionstechniken zu forschen, die bisher noch unbekannt sind und bei erfolgreicher Implementation gewissermaßen eine Privatisierung des öffentlichen Gutes Moral ermöglichen.

Im hier interessierenden Zusammenhang ist zu beobachten, daß beispielsweise für den Kreis der Nutzer formeller Normen Exklusionstechniken vorhanden sind - und angewendet werden -, die es zumindest in bestimmten Situationen ermöglichen, mit der Präzision chirurgischer Schnitte Gruppen von Individuen mit bestimmten Eigenschaften von der bestehenden Rechtsordnung auszuschließen; dies sind - unabhängig von der moralischen Bewertung - je nach der jeweiligen Situation die Nationalität, das Geschlecht, die Hautfarbe, der Dialekt usw., also jeweils Exklusionstechniken, die nicht zu den 'klassischen' regionalen Kriterien (etwa: Ländergrenzen) gehören. Unsere Rechtsordnung sieht darüber hinaus sehr weitreichende Möglichkeiten eines gezielten Ausschlusses einzelner Personen vor; dies reicht bis zur Aberkennung einzelner Grundrechte (!), die, allerdings nur durch das Bundesverfassungsgericht vorzunehmen, in Artikel 18 des Grundgesetzes vorgesehen ist. Die eher traditionellen regionalen Exklusionstechniken machen sich beim Überfahren von Landesgrenzen an nicht bundeseinheitlichen Feiertagen bemerkbar, usw. Kurz: auch die Rechtsordnung ist keineswegs ein (polares) öffentliches Gut im Sinne der Kollektivgütertheorie, sondern ein *Klubkollektivgut*, das definitorisch die Möglichkeit einschließt, bestimmte Personen oder Gruppen von den Leistungen des Klubs auszuschließen. Es wird nachzuweisen sein, daß für die Moral, wenn auch mit nicht unerheblichen Einschränkungen, ähnliche Ansätze möglich sind.[69]

---

[69] Unverheiratete Mütter in kleinen, ländlichen Gemeinden dürften noch heute gelegentlich zu spüren bekommen, wie grundlegend einzelne Personen von den geltenden Solidaritätsnormen einer Dorfgemeinschaft unter bestimmten Voraussetzungen ausgeschlossen werden können - was sie letztlich zum Verlassen der Normengemeinschaft zwingen kann (bzw. aus der Sicht der übrigen Beteiligten auch soll). Dieses Beispiel mag im übrigen dazu dienen, die gelegentliche Ambivalenz moralischer Normen zu verdeutlichen - entsprechende Fragen waren aus dieser Arbeit ausdrücklich ausgeklammert worden.

Es wird daher hier vorgeschlagen, die in moralischen Fragen zunächst mehr als abwegig erscheinende Terminologie für einen Lösungsansatz vorübergehend anzuwenden. Damit lautet die zentrale Frage, *unter welchen Voraussetzungen* eine Exklusion bei dem Gut 'Moral', oder besser: 'Befolgung moralischer Normen', möglich ist.[70]

Bei der durch Gesetze geschaffenen Rahmenordnung ist die Antwort leicht zu finden, da hier Zwangsbeiträge in Form von Steuern und Abgaben erhoben werden können, während nur die situativ anfallenden Grenzkosten über Gebühren unmittelbar zu entrichten sind (z. B. für behördliche Dienstleistungen).

Genau die fehlende Möglichkeit einer pauschalen 'Beitragszahlung' zur 'Finanzierung' - ein geradezu absurd erscheinender Gedanke - unterscheidet die Befolgung moralischer Normen in einem technischen Sinne von anderen Normen - und anderen Klubkollektivgütern: Moralische Normen können zwar im Prinzip grenzkostenfrei genutzt werden, aber die aus der ökonomischen Theorie abzuleitende pauschale Finanzierung steht - wenn man so will, spätestens nach Abschaffung der mittelalterlichen Ablaßzahlung - nicht zur Verfügung.

Vielmehr erfolgen die (Re-) Produktion und Finanzierung dieses Gutes offenbar auf besonders ungewöhnliche Weise: Der einzelne Betroffene muß - ohne daß der Eintritt dieses Falles im vorhinein jeweils abzusehen wäre - Verzicht darauf leisten, seinen persönlichen Vorteil über das in den Spielregeln festgelegte Maß hinaus zu suchen, er muß im Zusammenhang mit der Transaktion - gegebenenfalls und keinesfalls immer vorhersehbar - materielle Verzichtskosten auf sich nehmen und dadurch für den Erhalt des Gutes sorgen; sein Verzicht auf Regelverletzung sorgt wie der (Zwangs-) Beitrag bei (öffentlich-rechtlichen) Klubs für eine (Re-) Investition in die Geltung der Regel, die hier allerdings unmittelbar und nicht über den Umweg eines Entscheidungsgremiums erfolgt.

Das moralische Dilemma und damit die Forderung zur Beitragsentrichtung *kann*, wohlgemerkt, den einzelnen (zwar nicht unbedingt stochastisch[71], aber) unvermittelt treffen; in zahlreichen Interaktionen werden jedoch keine Fälle

---

[70] Daß die Exklusionsmöglichkeit wiederum nur eingeschränkt besteht, war ein Anlaß für die vorliegende Untersuchung, weil sich sonst 'immer schon' spontane Marktlösungen ergeben hätten.

[71] Es dürfte leicht nachzuvollziehen sein, daß der einzelne Akteur die Fälligkeit eines Beitrages selbst herbeiführen kann.

der potentiellen Regelverletzung auftreten, im Beispiel der Vertragspartner A und B durch eine problemlose Abwicklung des informellen Vertrages ohne Auftreten von Meinungsverschiedenheiten. Hier kann das Gut Moral problemlos rein konsumtiv genutzt werden, und zwar zum einen grenzkostenfrei und zum anderen mit außerordentlicher Produktivität: Der transaktionskostensenkende Wert informeller Übereinstimmung oder einer sogenannten Kultur- oder Wertegemeinschaft kann kaum überschätzt werden.[72]

Ausgehend von der idealtypischen Konzeption des Klubkollektivgutes - Nichtrivalität im Konsum (grenzkostenfreier Nutzenstrom), daher auch situationsbezogen kostenlose Bereitstellung, Finanzierung der Produktionskosten pauschaliert über nutzungsunabhängige Beiträge, Exklusion der Nicht-Beitragszahler - wird daher vorgeschlagen, in einem ersten Zugriff *moralische Normen als ein Klubkollektivgut aufzufassen, dessen Beitragsfinanzierung in vorab nicht festlegbarer Höhe, aber dennoch nach festgelegten Regeln erfolgt; der geforderte Finanzierungsbeitrag kann auch den Wert null annehmen.*

Diese durchaus regelmäßig anfallenden Beiträge - Verzichtskosten durch Regeleinhaltung - könnten nun dazu verleiten, sie als (Grenz-) Nutzungskosten des Konsums zu interpretieren. Es ist daher zusammenfassend noch einmal zu betonen: (i) Die moralischen Normen sind, wie auch die Beispiele der Vertragspartner oben illustriert haben, sehr wohl *grenzkostenfrei* zu nutzen, weil im Prinzip beliebig viele Interaktionen auf ihrer Basis vereinbart werden können. Nichtrivalität besagt ja gerade, daß Gebrauch nicht mit Verbrauch einhergehen muß. (ii) Die durch Regeleinhaltung im Konfliktfall sichergestellte Finanzierung erfolgt wie bei anderen Klubkollektivgütern auch 'pauschal'

---

[72] Das folgende - reale - Beispiel diene als Illustration für einen Fall *fehlender informeller Übereinstimmung*: Ein deutscher Anlagenbauer trat erstmals in ein internationales Konsortium mit einem japanisichen Partnerunternehmen ein. Erstaunlich zahlreiche Regelungen für - im Anlagenbau nicht wenige - mögliche Konfliktfälle bei Leistungsmängeln, Verzug, unerwarteten technischen Problemen etc. hatten sich unter inländischen Anbietern im Verlauf der Jahrzehnte so weit eingespielt, daß sie nicht mehr der Schriftform bedurften. In diesem Fall wollte jedoch die deutsche Delegation sichergehen: Die juristische Abteilung hatte einen ganzen Katalog entsprechender Probleme zur Klärung der Frage vorgelegt, ob beide Parteien im Konfliktfalle die gleiche Auffassung hinsichtlich der Regelungsmodi teilten. Die Vertreter der japanischen Delegation nickten bei allen Punkten mit Nachdruck. Als jedoch der deutsche Delegationsleiter anschließend erleichtert vorschlug, die entsprechenden Punkte in den Vertrag aufzunehmen, reagierte die andere Seite mit heftigem Kopfschütteln. Auf seine irritierte Nachfrage nach der Bedeutung des Kopfnickens kam die gleichermaßen prompte wie selbstverständliche Antwort des japanischen Delegationsleiters: „Our nodding meant: 'Yes, we understood', but it did *not* mean: 'Yes, we agree!'"

in dem Sinne, daß die Leistungen des einzelnen, bezogen auf die Entscheidungssituation, nutzenunabhängig erfolgen.

Die beiden Aspekte sind streng voneinander zu trennen. Es wäre daher eher irreführend, das Verhalten des Regelverletzers als 'konsumtive', Grenzkosten verursachende Nutzung des Gutes Moral zu interpretieren und die des Regelbefolgers als 'investive' Nutzung: Durch Regelverletzung wird das öffentliche Gut, die Normengeltung, beschädigt oder gar zerstört; wollte man dies als einfachen Konsum des Gutes betrachten, so müßte man analog auch den nächtlichen Randalierer in einem städtischen Freibad - einem konventionellen Klubkollektivgut - als einfachen 'Nutzer' einstufen und den gewöhnlichen Schwimmer, der (nur) den grenzkostenfreien Nutzenstrom in Anspruch nimmt, durch dieses Verhalten zum Investor in eben dieses Gut erklären: Die (Re-) Investition findet hier wie dort durch einen (allerdings unterschiedlich) pauschalierten Beitrag statt.

Mit dieser Konzeption ist zunächst - einige Sollensaussagen verdeutlichen es - nur der normative Ansatz in anderer Formulierung wiederholt. Die Durchsetzung kann auf dieser Basis jedoch systematisch verortet werden, wenn man bedenkt, daß auch die monetären Beitragszahlungen von konventionellen Klubkollektivgütern überprüft werden müssen, aber nicht immer auch tatsächlich durchgesetzt werden:[73]

Die 'Überprüfung der Beitragszahlung' bei dem speziellen Klubkollektivgut Moral - um diese Terminologie erneut zu strapazieren - erfolgt offenbar nur dann, wenn es gelingt, die Finanzierung an *selektive Anreize* im Sinne der Kollektivgütertheorie zu knüpfen, also an private Güter, die mit dem Kollektivgut selbst nicht oder nicht in unmittelbarem Zusammenhang stehen. Diese selektiven Anreize bestehen in prospektiven Interaktionen mit einem Regelbefolger, dem dadurch zukünftiger Gewinn oder Nutzenstrom zukommt.

---

[73] Als Beispiel diene eine nicht überprüfte Steuerpflicht; auch Kassierer von privatrechtlichen Vereinen - einschließlich Selbstverwaltungsorganen der Wirtschaft - sollen gelegentlich Probleme bei der Eintreibung der Mitgliedsbeiträge haben, weil sie vor Vereinsausschlüssen zurückschrecken.

b) Adam Smith, Regeln und Transparenz. Die institutionenökonomische Dimension des Klubkollektivgutes Moral

Dies ist exakt das Paradigma der Selbststeuerungsfähigkeit von Märkten, das offenbar auch Adam Smith im Sinne hatte, als er - durchaus kritisch gegenüber der Bereitschaft auch von Unternehmern, geltende Regeln zu verletzen -, auf die disziplinierende Kraft des Marktmechanismus hinwies.

Diese veranlaßt zum Beispiel den Metzger, den Brauer und den Bäcker, sich über das gesetzlich vorgeschriebene (und vorschreibbare) Maß hinaus für den Kunden einzusetzen und zum Beispiel statt rechtlich nicht zu beanstandender, aber billigerer Zutaten die vom Kunden erwarteten und bezahlten höherwertigen Ingredienzen für die angebotene Ware zu verwenden.[74] Eine Reihe von moralischen Normen im Sinne der in dieser Arbeit gewählten Definitionskriterien - Zustimmungsfähigkeit auf Regelebene, Konfliktpotential bei Durchsetzung auf Handlungsebene, nur informelle Sanktionierbarkeit -, ist also ohne Zweifel bereits in diesen einfachen Interaktionskontexten relevant - und durchsetzbar, wie sich auf zahlreichen Wettbewerbsmärkten trotz partieller Interessendivergenz von Anbieter und Nachfrager zeigt.

Die selektiven Anreize können (nur) in der Weigerung liegen, zukünftige Transaktionen mit einem Regelverletzer zu tätigen - also in Angebots- oder Nachfrageentzug -, oder darin, auf - kostentreibenden - Vorsichtsmaßnahmen in Form sehr detaillierter Verträge zu bestehen, die wiederum die Interaktion mit einem Regelverletzer unwirtschaftlich machen kann.

Die Wirksamkeit selektiver Anreize ist jedoch ihrerseits nicht voraussetzungslos: Notwendig sind, in einem ersten Zugriff, eine hinreichende *Transparenz der Regeleinhaltung* (durch Beobachtung) und hinreichende *informelle*, d.h. nicht-juristische *Sanktionen* durch Dritte, die nicht direkt von einer Regelverletzung betroffen sein müssen: Hier sind das Sanktionspotential der anderen 'Klubmitglieder' und die Finanzierungsmechanismen des Klubkollektivguts Moral zu verorten.

Diese Voraussetzungen sind offenbar auf den überschaubaren Märkten des 18. Jahrhunderts eher gegeben gewesen, als sie es heute sind, aber sie mußten auch gegeben sein, um den Selbststeuerungsmechanismus im Sinne Smiths in

---

[74] Bei formell sanktionierbaren Regelverstößen - Nichteinhaltung von Gewichtsangaben z. B. - sprechen wir definitionsgemäß nicht von moralischen Normen, solange die Sanktion z. B. qua Gewerbeaufsicht durchgesetzt wird.

Gang zu setzen: Ein nicht einmal beobachtbarer Leistungsmangel wird durch Wettbewerb ebenso wenig beseitigt wie ein Leistungsmangel, auf den die andere Marktseite nicht in hinreichendem Maße durch Abwanderung antworten kann.

Nach Ansicht zahlreicher Autoren ist der Grad der Beobachtbarkeit - genauer: die informelle Kontrolle durch Beobachtung und informelle Sanktion - eng korreliert mit der Größe der betroffenen Gruppe.[75] Daher erscheint es unmittelbar einsichtig, eine verbesserte Selbststeuerung der Märkte durch eine Rückkehr zur kleinen Gruppe oder durch gezielte Aufgliederung der Großgesellschaft in kleinere Einheiten *(cluster)* - in Klubs mit wirkungsvolleren Exklusionstechniken - herbeizuführen.[76] Das heißt: In jeder Großgruppe müßten sich (wieder) Kleingruppen bilden, die letztlich (als *„small-number settings“*[77]) die Interaktion stabilisieren, weil sich in ihnen aufgrund ihrer inhärenten Fähigkeit zur Reziprozität die Befolgung informeller Normen lohnt; auch verstärkte Anstrengungen zur Förderung des Föderalismus gehören sachlich hierher.[78] Da Beobachtung und Sanktion (wegen der zahlreichen wiederkehrenden Interaktionen) offenbar in kleinen Gruppen besonders gut funktionieren, schließt sich diese Überlegung unmittelbar an die ökonomischen Analysen an, die das Moralproblem vor allem als ein Problem der Anonymität rekonstruieren.[79]

Damit müßte jedoch zumindest implizit eine überragende Kulturleistung der Neuzeit in Teilen wieder aufgegeben werden: die enorme Produktivitätssteigerung durch Arbeitsteilung, die ja nicht grundlos vorangetrieben worden ist.

---

[75] Vgl. grundlegend *Olson* (1965, 1985), der letztlich seine eigenen Bedenken gegenüber dem Kleingruppenkonzept zurückstellt; zu moralischen Normen zum Beispiel *Kliemt* (1986a), S. 359, *Vanberg / Buchanan* (1988).

[76] Vgl. die in der vorstehenden Fußnote angeführte Literatur.

[77] *Vanberg / Buchanan* (1988), S. 147.

[78] Diesen Weg sieht offenbar *Buchanan* (1987b).

[79] Vgl. die frühe Arbeit *Buchanan* (1965a), der anhand von (Gefangenen-) Dilemmasituationen den auf die Moral destruktiv wirkenden Einfluß der großen Gruppe analysierte. Für die allgemeine Kollektivgütertheorie ist hier natürlich *Olson* (1965, 1985) einschlägig. Anhand des bereits genannten lebensweltlichen Beispiels einer unverheirateten Mutter sei noch einmal darauf hingewiesen, daß es sich hier um eine rein analytische und nicht um eine normativ ausgerichtete Aussage handelt: der *Inhalt* der Normen wird in dieser Arbeit als allgemein zustimmungsfähig vorausgesetzt.

Es soll hier nicht diskutiert werden, ob möglicherweise die 'Kosten der Arbeitsteilung', also die Kosten zunehmender Anonymisierung, gegenüber ihren Erträgen bisher unterschätzt wurden; dafür spricht jedenfalls einiges, und die Ansätze zur Stärkung föderalistischer Gedanken werden auch aus diesem Blickwinkel - in normativer Perspektive, vgl. den nachfolgenden Unterabschnitt - nachdrücklich zu unterstützen sein.

Der hier verfolgte Lösungsansatz geht jedoch weiter. Bei genauerer Analyse zeigt sich nämlich, daß die Größe der Gruppe keineswegs das ausschlaggebende Kriterium für die Wirksamkeit der - hier natürlich angesprochenen - sozialen Kontrolle oder der Exklusion von Regelverletzern ist:[80]

Transparenz herrscht, so lautet die bereits skizzierte leitende Idee, auch in völlig anonymen Marktkontexten hinsichtlich schwer operationalisierbarer Kriterien wie etwa Produktqualitäten, wenn es gelingt, gewissermaßen zur Überbrückung der länger gewordenen Wege zwischen den Marktpartnern geschickte institutionelle Vorkehrungen zu treffen, die die Beobachtbarkeit der Einhaltung einiger wichtiger Spielregeln zu verbessern helfen - sei es die öffentlich finanzierte Einrichtung von Warentestinstituten (öffentlich-rechtlich organisiert, aber ohne hoheitliche Zwangsbefugnisse!), seien es Deklarationspflichten für die Produkte der Bäcker, Brauer, Metzger und anderer Wirtschaftszweige.

Daher liegt es nahe, den Ansatz zu verallgemeinern und von der Erklärungsvariable Gruppengröße gänzlich zu lösen.

Eine einfache Modelldarstellung soll die Zusammenhänge *in terms of economics* illustrieren: Allgemein läßt sich in positiver Analyse genau dann die Einhaltung moralischer Normen prognostizieren und erklären, wenn - bei Risikoneutralität - der Erwartungswert der Regelverletzung (der erwartete Deviationsertrag) geringer ist als der erwartete Ertrag einer Regeleinhaltung.[81]

---

[80] Bemerkenswerterweise wird auch bei Olson die Gruppengröße ausschließlich als Indikator bzw. Hilfsgröße verwendet. Vgl. jedoch zu einer unterstellten inversen Korrelation zwischen Gruppenröße und selbststabilisierender moralischer Ordnung z. B. *Vanberg / Buchanan* (1988), S. 152.

[81] Insofern können Modelle der (ökonomisch-) rationalen Kriminalität Anwendung finden. Vgl. hierzu grundlegend *Becker / Stigler* (1974), vor allem: *Becker* (1982b). Da diese Analyse ausschließlich auf der Ebene des individuellen Durchsetzungstests moralischer Normen angesiedelt worden ist, dürfte zugleich deutlich werden, daß die hier zugrundeliegenden „Effizienzkriterien" ausschließlich individuell und ergebnisorientiert angelegt sind, während hinsichtlich der *Bewertung* eine Überprüfung durch den Zustimmungstest auf Regelebene erfolgen müßte. Damit wird auch deutlich, daß Ansätze über eine Theorie des „effizienten"

Entscheidungsvariable des handelnden Akteurs sei der Anteil d der Regelverletzungen oder Deviationen D an den (in diesem kleinen Modell gegebenen) gesamten Aktivitäten A:

$$(1)\ d := D/A.$$

Im Falle einer Regelverletzung erzielt der Entscheidungsträger einen Deviationsgewinn (sei es durch opportunistische Ausbeutung eines Vertragspartners, sei es durch Verletzung anderer informeller Normen) in Höhe von G(d), der mit abnehmender Rate in d steige:

$$(2)\ dG/dd > 0,\ d^2G/dd^2 < 0.$$

Die Wahrscheinlichkeit p(d), das Entdeckungsrisiko, steige c. p. mit wachsender Zahl von Regelverletzungen überproportional (progressiv in d), etwa weil zunächst die am wenigsten riskanten Deviationen begangen werden, dann erst die riskanteren:

$$(3)\ dp/dd > 0,\ d^2p/dd^2 > 0$$[82],

Nicht entdeckt wird eine Regelverletzung also mit der Wahrscheinlichkeit (1-p).

Im Falle einer Entdeckung der Regelverletzung werde der Akteur von potentiellen Vertragspartnern gemieden: Die dadurch verursachte Sanktion S(d) - das Retorsionspotential „des Marktes“ - bemißt sich nach dem Barwert des erwarteten entgangenen Gewinns aus zukünftigen Transaktionen aufgrund der Regelverletzung und reflektiert, wenn man so will, die mit wachsendem d zunehmend geschädigte Reputation des Akteurs, deren Aufbau oder Zerstörung somit durch das eigene Verhalten beeinflußt wird:

$$(4)\ S = S(d) \text{ mit } dS/dd > 0,\ d^2S/dd^2 \geq 0.$$

Vertragsbruchs - etwa in der Tradition der Chicago School - aus der institutionenökonomischen Perspekte sogar irreführend wären: Unter anderem wird gerade in der Unbedingtheit oder Verläßlichkeit der Normbefolgung ihre Produktivität und damit ihre Zustimmungsfähigkeit - ihre gesamtwirtschaftliche Effizienz! - gesehen. Vgl. hierzu auch oben, Abschnitt C. Vgl. zur - aus dieser Sicht besonders fragwürdigen - Konzeption des effizienten Vertragsbruchs jedoch z. B. *Birmingham* (1970), *Barton* (1972), *Goetz / Scott* (1977), *Shavell* (1980), ders. (1984), *Rogerson* (1984); kritisch bereits: *Macneil* (1982).

[82] Hinreichend ist im Modellkontext ein zumindest linearer Anstieg der Entdeckungswahrscheinlichkeit, also die Annahme $d^2p/dD^2 \geq 0$. Diese vereinfachende Annahme liegt auch der Abbildung H.2 zugrunde; vgl. auch die Annahme zur Grenzsanktion.

Im Umkehrschluß bedeutet dies, daß für den einzelnen durch den Verzicht auf Regelverletzung zusätzliche Transaktionen und damit zusätzliche Erträge möglich werden: Der Verzicht auf Regelverletzung impliziert ein sinkendes d, senkt zwar den Deviationsgewinn G, bedeutet aber über ein sinkendes S spiegelbildlich den Zugang zu tendenziell wachsenden zukünftigen Erträgen. Das Gegenstück zur vermehrten Retorsion bei vermehrter Deviation ist der zusätzliche Ertrag (-S) bei verringerter Deviation, die sich somit als eine Investition in die eigene Reputation darstellt.[83] Dieser Trade-off ist nun zu berücksichtigen.

Der Erwartungswert der Erträge einer Regelverletzung kann geschrieben werden als

$$(5)\ E(d) = [1-p(d)]G(d) + p(d)[G(d) - S(d)] = \max.!$$

Mit einer Wahrscheinlichkeit (1-p) streicht also der potentielle Regelverletzer den Deviationsgewinn vollständig ein, mit einer Wahrscheinlichkeit p ist von diesem Gewinn der diskontierte entgangene Gewinn aus potentiellen zukünftigen Transaktionen abzuziehen.

Ein eigennützig-rationaler potentieller Regelverletzer - ein *homo oeconomicus* - wird nun so lange die Normen verletzen, bis:

$$(6)\ \frac{dE}{dd} = -\frac{dp}{dd}G + (1-p)\frac{dG}{dd} + \frac{dp}{dd}G + p\frac{dG}{dd} - \frac{dp}{dd}S - p\frac{dS}{dd} \overset{!}{=} 0$$

$$(7) \Leftrightarrow \frac{dG}{dd} \overset{!}{=} \frac{dp}{dd}S + p\frac{dS}{dd}.$$

Das heißt, im Deviationsoptimum entspricht der erwartete Grenzgewinn der Deviation der erwarteten Grenzsanktion, die sich additiv zusammensetzt aus der mit der marktlichen Sanktion gewichteten zusätzlichen Entdeckungswahrscheinlichkeit und dem mit der Entdeckungswahrscheinlichkeit gewichteten zusätzlichen Nachfrageentzug.[84] Die nachstehende Abbildung H.2 illu-

---

[83] In einem Mehr-Perioden-Modell wären somit die unterschiedlichen Zeitindizes von G (etwa: t_0) und S (etwa: t_1) zu berücksichtigen, die hier aufgrund der vereinfachenden Diskontierung entfallen.

[84] Wegen $d^2G/dd^2 < 0$ und $d^2p/dd^2 \geq 0$ sowie $d^2S/dd^2 \geq 0$ sind die Bedingungen zweiter Ordnung erfüllt. Eine *wertende* Aussage zur Transparenz oder Beobachtbarkeit ist damit n. b. in keiner Weise verbunden, wie der beispielhafte Hinweis auf die Transparenz des moralrelevanten Verhaltens einer unverheirateten Mutter in einer kleinen Dorfgemeinschaft und das respektable Retorsionspotential zeigen.

striert beispielhaft diesen Kalkül mit d_0 als einzelwirtschaftlich optimalem Deviationsgrad.

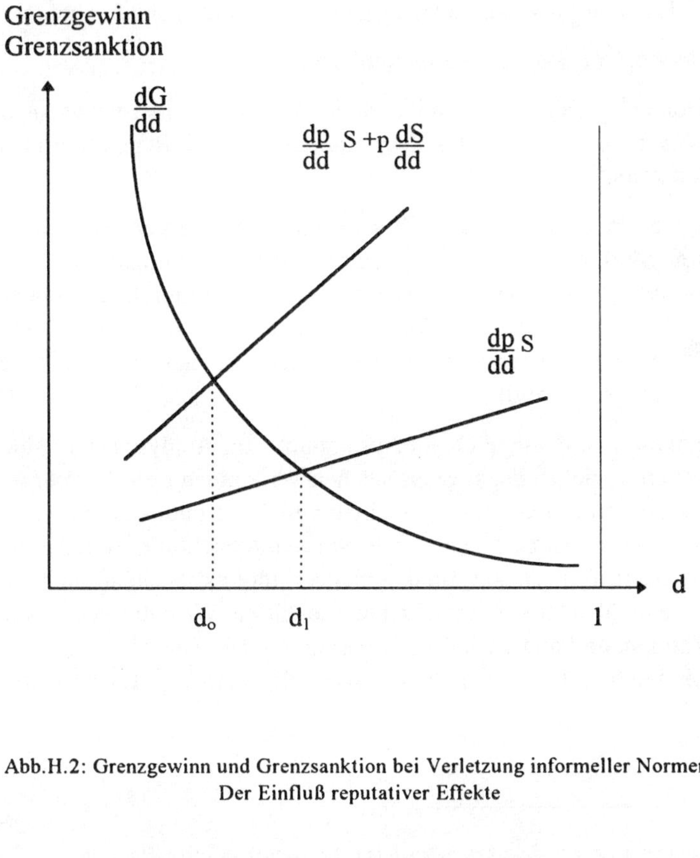

Abb.H.2: Grenzgewinn und Grenzsanktion bei Verletzung informeller Normen: Der Einfluß reputativer Effekte

Wie anhand der Gleichungen (4) bis (7) leicht nachvollziehbar ist, wird auch die durch reputative Effekte verursachte Stabilisierung der Normeneinhaltung abgebildet: Nimmt man statt $S = S(d)$ mit $S = \overline{S}$ ein nicht durch individuelles Verhalten beeinflußbares Sanktionspotential an, so entfällt in Gleichung (7) der letzte Summand; ein solches Ergebnis ist zum Vergleich in der vorstehenden Abbildung ebenfalls abgetragen; einzelwirtschaftlich optimal ist dann ein höherer Deviationsgrad d_1.[85] In diesem Beispiel ergibt sich ein signifikant von null und eins verschiedener Deviationsgrad.

Faßt man die vorgenannten Überlegungen zusammen, so sind für die Wirkung informeller Normen - und reputativer Effekte - die folgenden Faktoren ausschlaggebend:

1. Die Höhe des erwarteten *Grenzgewinns* aus einer Mißachtung der Norm (c. p., das heißt ohne Berücksichtigung von Retorsionsmaßnahmen).
2. Die *Beobachtbarkeit* der Normenmißachtung.
3. Die Höhe der selektiven Anreize, m. a. W.: das zu erwartende *Retorsions- oder Sanktionspotential*, das über eine geschädigte Reputation abgebildet werden kann.[86]

Auch hier sollte bereits deutlich sein, daß auch die vergleichsweise überschaubaren Märkte des 18. Jahrhunderts weder paradigmatisch noch empirisch moralfrei funktionierten: „Adam Smiths Fleischer kann immer seine Hand auf die Waage legen"[87]. Ein funktionierender Markt *minimiert* jedoch den Bedarf an moralischen und formellen Normen gleichermaßen,[88] wenn die genannten Kriterien erfüllt sind.

Systematisch ist damit auch ein Ansatzpunkt zur Analyse jener zahlreichen Fälle gegeben, in denen die angesprochenen Wirkungen *gerade nicht* eintreten können: Wenn eine Beobachtung nicht möglich ist und/oder die verlorengehenden selektiven Anreize den durch Normenmißachtung erzielbaren materiellen Grenzertrag z. B. aufgrund fehlender Interaktionshäufigkeit nicht erreichen, wenn also eine hinreichende reputative Wirkung nicht aufgebaut werden kann, dann kann auch die Durchsetzung der Finanzierungsbeiträge für das Klubkollektivgut Moral nicht sichergestellt werden.[89] Im übrigen konnte

---

[85] Alle Summanden und Faktoren nehmen annahmegemäß positive Werte an.

[86] Einen Überblick über die frühe Literatur zu Reputationseffekten vermittelt *Wilson* (1985); vgl. auch *Klein* (1985). Vgl. für die Erklärung von über den Grenzkosten liegenden Preisen z. B. *Klein / Leffler* (1981), zur Bedeutung der Reputation (sogar) für die Existenz von Unternehmungen *Kreps* (1984), ders. (1990) mit bemerkenswert abgeschwächten Hypothesen. *von Weizsäcker* (1984) spricht von einem Extrapolationsprinzip, da die Akteure offenbar von singulären Ereignissen auf allgemeine Voraussagen schließen. Vgl. soeben auch *Sugden* (1992), S. 202.

[87] *Buchanan* (1992), S. 30.

[88] Vgl. in diesem Sinne aktuell auch *Buchanan* (1992).

[89] Vgl. zur Illustration den oben erwähnten fliegenden Teppichhändler in einem touristischen Reiseziel.

nachgewiesen werden, daß die analysierten Effekte keineswegs wie die Reputation in zahlreichen neueren Arbeiten - insbesondere innerhalb des Mechanism-Design-Ansatzes der Agency-Theorie - *ad hoc* eingeführt werden mußten.[90] Der Verzicht auf eine Regeldeviation kann in diesem Kontext vielmehr als Investition in intangibles Kapital - Vertrauenskapital - interpretiert werden: Wie bei jeder anderen Investition ist zunächst ungewiß, ob das aus der Investition erwachsende Angebot auch auf eine entsprechende Nachfrage trifft.

Im übrigen werden Reputationseffekte in der Literatur - gewöhnlich, aber zu Unrecht - ausschließlich als „spontane" oder „evolutive" Antwort auf Koordinationsprobleme angesehen und daher häufig einem unbegründeten „Selbststeuerungsoptimismus" zugeordnet.[91] Dabei wird übersehen, daß derartige informelle (positive wie negative) Sanktionen weder zeitlich noch räumlich invariant, sondern vielmehr durch institutionelle - öffentliche und/oder private - Institutionen beeinflußbar sind.

Diese Überlegungen können nunmehr in eine prinzipiell tragfähige ordnungspolitische Konzeption umgesetzt werden, die im folgenden zum Abschluß der vorliegenden Untersuchung skizziert werden soll und als Grundlage für weitergehende theoretische und empirische Studien dienen soll.

2. Privatisierungsstrategien. Vorschläge zur Umsetzung des Konzepts der Regeltransparenz

Der Vorschlag lautet also: Die in der Literatur zur ökonomischen Analyse der Moral erkannte Bedeutung reputativer Wirkungen - als Kurzformel für Beobachtbarkeit und Sanktionspotential bei Regelverletzungen - soll in der

---

[90] Gelegentlich wirkt die Reputation dort wie ein neuer *deus ex machina* der ökonomischen Theorie. (Im Theater der griechischen Antike wurden aporetische Situationen gelegentlich derart überwunden, daß ein göttliches Wesen dem Theologeion, einer im Hintergrund der Skené - der Bühne - angebrachten Vorrichtung, entstieg, um den rettenden Ausweg zu weisen.) Vgl. zu einer selbstkritischen Einschätzung z. B. *Fudenberg / Tirole* (1986), S. 2 ff. zur theoretischen und empirischen Relevanz von Reputationseffekten im Rahmen des Superspiel-Ansatzes. Die Autoren, die zu den exponiertesten Vertretern der spieltheoretisch ausgerichteten Industrial-Organization-Forschung zählen, diagnostizieren angesichts der implizierten Zirkularität eine Art *Münchhausen-Effekt*: Die angesprochenen Theorien modellierten die Strategie eines jeden Beteiligten dergestalt, daß sich sein auf reputative Erträge setzendes Verhalten offenbar nur deshalb einstellt, weil dies eben bei allen anderen Beteiligten auch zu beobachten ist (vgl. ebenda, S. 3), so daß sich die Akteure gewissermaßen am eigenen Schopf aus dem Sumpf ziehen.

[91] Vgl. in diesem Sinne pointiert den kürzlich erschienenen Beitrag von *Williamson* (1991a).

theoretischen Rekonstruktion nicht additiv gesehen werden, sondern als universale Heuristik, als systematische Basis für alle ggf. zu ergreifenden Aktivitäten: Nach der Identifikation der Moral (nicht als polares Kollektivgut, sondern) als Klubkollektivgut ist, im Zustimmungstest in der Diktion der hier vorgelegten Arbeit, nach allgemeinen informellen Regeln zu forschen, über deren Wünschbarkeit hinreichender Konsens herrscht. Anschließend ist nach geeigneten institutionellen Vorkehrungen zu suchen, die die Exklusionsmöglichkeiten innerhalb vorhandener oder noch zu bildender „Normenklubs" - und damit die partielle oder vollständige *Privatisierung der Moral*[92] - hinreichend sicherstellen. Diese Sicherstellung erfolgt dann, wenn durch Regelbindung und Transparenz einer Regelbefolgung oder -verletzung die Finanzierung, wenn man so will: die Zahlung der Klubbeiträge, informell überprüft werden kann. Da es hier um Regeln und ihre Transparenz geht, sprechen wir kurz vom Regeltransparenzansatz. Dessen Leitfrage lautet: Wie kann die Transparenz der Regeleinhaltung auf dem untersuchten Markt erhöht werden?

a) Das Subsidiaritätsprinzip und die moralische Selbststeuerungsfähigkeit von Märkten

In normativer Analyse ergibt sich der Stellenwert dieser Überlegungen nunmehr daraus, daß immer dann mit - im konsensuell definierten moralischen Sinne - verbesserten Ergebnissen zu rechnen ist, wenn es gelingt, durch geeignete - transaktionskostengünstige - institutionelle Vorkehrungen die Transparenz der relevanten Verhaltensweisen zu erhöhen und damit die Voraussetzungen für eine wirksame Selbststeuerungskraft des Marktes im anonymen Kontext zu verbessern bzw. wiederherzustellen: Institutionalisierte, artefakte Transparenz substituiert dann die verlorengegangene natürliche Transparenz der Face-to-Face-Beziehung weniger arbeitsteiliger vormoderner Märkte.

Damit wird - dies kann kaum überbetont werden - keineswegs dem Mythos einer allumfassenden Selbstreinigungskraft von Marktprozessen das Wort geredet. Es wird die Durchsetzung einer zwar an den individuell erwarteten Ergebnissen gemessenen, aber konsensuell und damit kollektiv ermittelten Norm untersucht.[93] Wenn man so will, wird unter dieser Voraussetzung die

---

[92] N. b.: Nicht die Norm wird privatisiert, sondern der Ertrag ihrer Einhaltung.

[93] Vgl. oben die 1. Stufe im Ansatz zur zweistufigen Mikrofundierung.

Verantwortung an den einzelnen Handelnden zurückgegeben, aber ihm keineswegs allein überlassen wie in traditionell liberalistischen Ansätzen: Inhalt und Rechtfertigung einer Norm sind und bleiben ein kollektives Phänomen, das nicht durch isolierte Tauschakte definiert *oder gar bewältigt* werden kann.

Unter diesen Voraussetzungen jedoch - auf der Handlungsebene, der zweiten Stufe der Mikrofundierung in der Terminologie dieser Arbeit - kommt der Reputation eine systematisch vorgeordnete Bedeutung zu: Alle ökonomischen Argumentationen (etwa zur kollektiven Selbstbindung) bezüglich der Durchsetzung moralischer Normen können auf die Frage zurückgeführt werden, ob hinreichende Wirkungen auf das Vertrauenskapital einer Unternehmung rekonstruiert werden können.

Dieser Ansatz wird letztlich in besonderem Maße dem für marktwirtschaftliches Denken konstituierenden Subsidiaritätsprinzip besonders gerecht:

Zwar wurde der grundlegende Bedarf nach kollektivem Handeln in moralischen Fragen auch hier eindeutig bejaht. Wenn aber Konsens auf der Regelebene herrscht, wird über den Transparenzansatz zunächst und unmittelbar nach Möglichkeiten zur Durchsetzung auf der untersten Entscheidungsebene gesucht: Wenn zum Beispiel durch zunehmende Anonymität die Einhaltung von moralischen Standards in Gefahr gerät, dann wird nach Voraussetzungen dafür geforscht, wie der Markt selbst (wieder) die Einhaltung moralischer Normen sichert: Es wird überprüft, ob das kollektive Problem der Einhaltung moralischer Normen weiterhin höchst individuell und dezentral - eben subsidiär - gelöst werden kann, während das Ausmaß des kollektiven Eingriffs auf der Ebene der Spielregeln qua Transparenzerhöhung minimiert wird.[94] Es sei hier nur angemerkt, daß dieser Ansatz durchgängig, also auch in Abgrenzung zu formellen Normen, subsidiär angelegt ist: Es wird zugleich überprüft, ob im Interesse einer (für notwendig erachteten, zustimmungsfähigen) Sanktion statt der formaljuristischen *Verifizierbarkeit* einer Handlung ihre *Beobachtbarkeit* ausreicht, die informelle Norm also subsidiär zur formellen greifen kann.

---

[94] Es sei noch einmal darauf hingewiesen, daß auch die Grenzen der Subsidiarität ermittelt wurden: Diese sind dann erreicht, wenn die Kriterien Beobachtbarkeit bzw. Transparenz einerseits und Sanktion durch Abwanderung andererseits nicht so weit zur Geltung gebracht werden können, daß sie den Deviationsgewinn übersteigen.

b) Öffentliche Institutionen: Eine ordnungstheoretische und ordnungspolitische Umsetzung

In Abschnitt D wurde eine Unterscheidung zwischen moralischen Normen, die nicht entgolten werden, und solchen, die prinzipiell später nach dem Reziprozitätsprinzip entgolten werden können, vorgenommen. Diese Überlegungen sind hier wieder aufzunehmen: Bei der ersten Gruppe von Normen ist zu ihrer Durchsetzung kollektives Handeln erforderlich, weil definitionsgemäß von der Einhaltung der Norm positive externe Effekte ausgehen, über die auf privaten Märkten nicht abgerechnet wird; dies wird das Thema dieses Unterabschnittes sein. Bei der anderen Gruppe können auch private Aktivitäten unmittelbar erfolgreich sein, und zwar dann, wenn gemäß der hier verfolgten Heuristik auch Private in einem hinreichenden Maße Regelbindung und Transparenz sicherstellen können. Dies ist das Thema des Unterabschnittes c).

Hier geht es also zunächst um die ordnungstheoretische und -politische Komponente des Regeltransparenzansatzes: um kollektiv bereitzustellende Institutionen, die der inneren Dynamik der Märkte bessere Voraussetzungen zur Verwirklichung moralischer Normen bieten. Regeltransparenz ist daher in doppeltem Sinne herbeizuführen: (i) durch das Schaffen transparenter, nachvollziehbarer Regeln, (ii) durch Verbesserung der Transparenz bzgl. der Regeleinhaltung.

Hier ist die Erkenntnis systematisch zu verankern, daß mit wachsender Arbeitsteilung auch wachsende Koordinationsaufgaben des Staates verbunden sind und beispielsweise Gewerbeaufsicht und Deklarationspflichten eben nicht als Teile eines wachsenden Überwachungsstaates mißverstanden werden: Gerade eine anonyme Großgesellschaft mit zunehmend tieferer Arbeitsteilung ist zur Sicherung moralischer Standards auf flankierende Maßnahmen elementar angewiesen.

An die Stelle des Smithschen Bäckers, Brauers und Metzgers sind Backfabriken, Großbrauereien und Fleischfabriken getreten. Bei solchen Entwicklungen kann - im Beispiel - eine über das bisherige Maß hinausgehende Deklarationspflicht von gentechnologisch hergestellten Zutaten in Lebensmitteln gleichermaßen eine formelle und eine informelle Regel greifen: Hinsichtlich der Quantität der Zutaten - bzw. ihres bloßen Vorhandenseins - würde eine moralische Norm ihres Konfliktpotentials durch Umwandlung in eine formaljuristisch sanktionierte und somit nichtmoralische enthoben, sofern jedenfalls Verstöße gegen die Deklarationspflicht wirksam unterbunden würden.

Hinsichtlich der, wenn man so will, Qualität der Zutaten würde weiter eine moralische Verpflichtung bestehen, hier etwa zum Verzicht auf - erlaubte - Zusatzstoffe mit noch unbekannten biochemischen Wirkungsketten: nicht, weil diese verboten wären, sondern weil deren transparent gewordene Beigabe die Nachfrager vom Kauf abschrecken könnte. Hier bleibt im übrigen den Betroffenen selbst die Entscheidung überlassen, die Verwendung entsprechender Zusätze als bedenklich einzustufen - oder eben nicht, und dies durch Kauf entsprechender Produkte weiterhin zu honorieren. Wenn aber, wie häufig geschehen, die Gefahr einer Hysterie etwa der Verbraucher ins Spiel gebracht wird, so ist kaum nachzuvollziehen, warum nicht auch hier das Problem durch geeignete Maßnahmen zur Transparenzerhöhung statt zu deren Senkung zu bewältigen ist: indem etwa eine als geboten angesehene Verwendung bestimmter Stoffe sachlich begründet wird[95].[96]

Hierzu sind einige Institutionen längst vorhanden und anerkannt; etwa stellt die Stiftung Warentest in Berlin nichts anderes bereit als Informationen über Produktqualitäten, wobei dieser Produktionsprozeß von Information durch eine spezifische Ausgestaltung der Anreizstrukturen (leider auch: Verzicht auf Werbeeinnahmen) beeinflußbar ist; in Hannover ist ein Institut gegründet worden, das sich, mit öffentlichen Mitteln gefördert, um die wissenschaftliche Erarbeitung von Indikatoren für die Berücksichtigung von Umweltwirkungen von Industrieprodukten bemüht.[97]

---

[95] Noch heute gilt es als unzumutbar, dem Weintrinker den konservierenden Zusatz von Schwefel auf dem Etikett zu offenbaren. Die Beispiele für ad hoc ausgelöste Hysterien (etwa: wegen Nematoden in Fischen), die sachlich in ihren schädlichen Folgen nicht vergleichbar waren mit 'ernsthaften' Skandalen, dienen somit wohl eher als ein Argument für *mehr* Transparenz: Fehlende Aufklärung ist eine gute Voraussetzung für die Auslösung von Panikreaktionen, wenn aus dem Zusammenhang gerissene Teilinformationen publik werden.

[96] Zur Unterscheidung zwischen reziprok entgoltener und nicht reziprok entgoltener Normenbefolgung ist an dieser Stelle eine kleine Anmerkung vorzunehmen: Es wäre abwegig, die Gegenleistung des Kunden - seine Zahlung und Bereitschaft zu wiederholter Interaktion - nunmehr als „Entgelten" moralischer Leistung des Anbieters durch eigenes moralisches Verhalten zu interpretieren: Der Kunde zahlt jeweils nur und genau das, was zuvor kontrahiert worden war. Daher wäre es gewiß übertrieben, jeden Gang zu einem bestimmten Bäcker oder Metzger als moralische (Gegen-) Leistung einzustufen. Eine moralische Qualität wäre darin im Sinne der hier vertretenen Definiton nur in den Fällen zu sehen, in denen der Anbieter die Zahlung nicht formaljuristisch durchsetzen könnte. Gerade dies ist aber in unserer Rechtsordnung in aller Regel relativ problemlos möglich.

[97] Kein Nutzen ohne Kosten, kein Ertrag ohne Risiko: Die Katastrophe der Inititativen zur Erstellung von sogenannten 'Sozialbilanzen' kann vielleicht Anleitung zur zukünftigen Vermeidung bereits begangener konstruktiver Fehler sein. Vgl. zur Problematik der effizienten Messung von Indikatoren auch *F. Simon* (1993), hier v. a. zur Problematik solcher Indikatoren bei der Vermarktung sogenannter Ethikfonds am Kapitalmarkt. In diese Fonds werden aus-

Durch die infolge verschärfter Knappheitsfolgen wachsende Diskussionsbereitschaft auf der gesellschaftlichen (öffentlichen) Ebene wächst auf diesem Wege der Rechtfertigungsdruck für den einzelnen auf der einzelwirtschaftlichen (privaten) Ebene.

Entscheidend ist im Vergleich zur bisher veröffentlichten Literatur die *Umkehr der Initiativnorm:* Die Forderung, im Interesse der Regeleinhaltung bzw. Regeländerung aktiv zu werden, wird systematisch nicht mehr an den gestellt, der damit - wie erneut nachgewiesen werden konnte - regelmäßig in ein unentrinnbares Dilemma gestürzt würde, sondern an den potentiell negativ Betroffenen.

Mit Olson und gegen Hayek ist also zu argumentieren, daß öffentliche Güter eben nicht spontan bereitgestellt werden; mit Hayek gegen Olson jedoch, daß die Fähigkeit der Märkte zur spontanen Selbstorganisation und zur Entdeckung neuer Handlungsspielräume nicht unterschätzt werden darf.[98]

Der hier skizzierte Ansatz ist im übrigen weit davon entfernt, eine Lösung der Probleme zu behaupten; auf die regelmäßig weiter bestehende Notwendigkeit formeller Lösungen und die weiter verbleibenden „unbeobachteten Zonen", etwa aufgrund nicht überwindbarer Informationsasymmetrien, war bereits hingewiesen worden. An die Stelle der informellen tritt hier die formelle Beobachtung, deren Effizienz ihrerseits einer Untersuchung unterzogen werden kann. Hier ist u.a. an eine über das bisherige Maß hinausgehende gesetzlich verankerte Pflicht zu rollierenden Personalsystemen in den Gewerbeaufsichtsämtern zu denken; zugleich verpflichtet dieser dem Subsidiaritätsprinzip verpflichtete Ansatz zu der Überprüfung, ob bestehende formelle Vorschriften tatsächlich notwendig oder nicht als Relikte einer Überregulierungsstrategie anzusehen sind, also durch eine erhöhte informelle Transparenz ersetzt werden können.[99]

---

schließlich Aktien von Unternehmen aufgenommen, die sich bestimmten, über die gesetzlichen Bestimmungen hinausgehenden Restriktionen unterwerfen, zum Beispiel hinsichtlich der Produktionsverfahren oder der Produktpalette.

[98] Vgl. *Olson* (1965, 1985), S. 91 ff. sowie, insgesamt programmatisch, *von Hayek* (1969c).

[99] Weder der Kontroll- noch der Deregulierungsaspekt der Regeltransparenz scheinen beispielsweise bei den aktuellen Bemühungen um eine europaweite Neuordnung der Versicherungsmärkte derzeit eine Rolle zu spielen.

Vor allem aber ist grundsätzlich die Privatisierung eines öffentlichen Gutes selbst ein öffentliches Gut - mit allen damit verbundenen Problemen.[100]

Andererseits sollten hier die Möglichkeiten 'politischer Unternehmer' nicht unterschätzt werden, transparenzerhöhende Regeln durchzusetzen: Gerade hier kann das von Koslowski, Steinmann und Ulrich immer wieder erwähnte kritische Potential geltend gemacht werden, das offenbar nach wie vor im Bewußtsein der Menschen verankert ist: Eine erhöhte Regeltransparenz[101] dürfte einerseits mehrheitsfähig sein, andererseits gerät derjenige in besonderem Maße in Begründungsschwierigkeiten, der eine erhöhte Transparenz auch unter Beachtung der Persönlichkeitsrechte ablehnt.[102]

Es ist hiermit natürlich nicht 'Markttransparenz' im herkömmlichen Sinne gemeint. Deren Maximierung wirkt unter oligopolistischen Marktbedingungen regelmäßig kontraproduktiv, da sie gerade auf eng strukturierten Märkten die Möglichkeiten zur Kollusion erhöht (in der Sprache der Transaktionskostenökonomik: die Transaktionskosten der Kartellbrüder zur Überwachung der vereinbarten Wettbewerbsbehinderung senkt).[103] Transparenz stellt daher ausschließlich ab auf die Transparenz der konsensuell ermittelten bzw. zu ermittelnden moralischen Regel ('Welche Norm gilt'?) sowie auf die Transparenz der Einhaltung der je einschlägigen Regel ('Wurde die Norm in hinreichendem Maße eingehalten?'). Die Grenzkosten der Transparenz - Stichwort 'gläserner Bürger' - rücken zugleich systematisch in den Blick: Sie gehen in die ökonomische (Teil-) Folgenkalkulation ein. Es geht auch nicht um eine Erhöhung des allgemeinen Informationsstandes, da hier in Teilen

---

[100] Vgl. *Bonus* (1980c), S. 172.

[101] Diese ist in einem doppelten Sinne zu verstehenden als 'Transparenz einer (möglichst einfachen) Regel' und 'Transparenz der Regeleinhaltung'.

[102] Vgl. hierzu z. B. den Kontrollschritt (11) in Abbildung D.2.

[103] Ein häufig zitiertes Beispiel ist das in den 70er Jahren untersuchte amerikanische Dyopol für Kraftwerksturbinen bzw. -generatoren, in dem ein (kollusiver) Preisanstieg durch einen raffinierten Schachzug eines der beiden Anbieter A und B möglich wurde: Anbieter A gewährte seinen Kunden bei Vertragsabschluß eine halbjährige Preisgarantie; sollte ein anderer Kunde später bessere Konditionen erhalten, so würde die Differenz zurückgezahlt. Die Einhaltung dieser Regelung wurde durch ein eigens eingeschaltetes Wirtschaftsprüfungsunternehmen überwacht. Erst diese scheinbar selbstschädigende Maßnahme ermöglichte es dem Wettbewerber B, das Preisverhalten des einzigen Konkurrenten zu überwachen; B übernahm, dies kann kaum überraschen, wenig später diese Praxis und etablierte so ein reziprokes Überwachugnssystem. Erst Jahre später wurde das Kartell durch regulierende Eingriffe des Staates - u. a. das *Verbot* der so herbeigeführten Preistransparenz - in Frage gestellt. Die obige Darstellung ist stark verkürzt und simplifizierend. Vgl. jedoch ausführlich *Sultan* (1975).

offenbar eher eine Überversorgung zu konstatieren ist: Es geht um eine effiziente Bündelung zu leicht erfaßbaren Kriterien.

c) Spontane private Institutionen: Transparenzerhöhung, Regelbindung und Produktivität

Ein Vorteil der hier vorgeschlagenen Heuristik wird auch darin gesehen, daß sie grundsätzlich zweigleisig angelegt werden kann: Innovative Unternehmer haben jederzeit die Möglichkeit, selbst Öffentlichkeit herzustellen. Allerdings ist eine solche Strategie nur dann aussichtsreich, wenn sie langfristig und umfassend und in diesem Sinne glaubwürdig angelegt ist. Der Aufbau einer einwandfreien Reputation eröffnet mit den genannten Einschränkungen dem Unternehmen eine *Privatisierungsstrategie par excellence* für das Gut Moral. Die zu den Möglichkeiten der Unternehmungen bereits vielfach angestellten Überlegungen sollen hier nicht im einzelnen aufgeführt werden[104]; entscheidend sind aus der Sicht des hier vertretenen Ansatzes die Regelbindung und die hinreichende Transparenz.

In diesem Zusammenhang zeigen sich letztlich auch Synergieeffekte mit neueren organisationstheoretischen und betriebswirtschaftlichen Erkenntnissen:

Da die geringsten Transparenzgewinnungskosten weniger auf den Produktmärkten als vielmehr innerhalb der Unternehmung selbst anfallen, wird eine entsprechende langfristige Strategie der eigenen Belegschaft am schnellsten zu verdeutlichen sein und dies die Bereitschaft zu unternehmensspezifischen Investitionen erhöhen. Aktuelle empirische Untersuchungen ergaben, daß sich hier sogar unmittelbar eine reziproke Finanzierungsmöglichkeit für 'moralisches Handeln' zeigt, weil der Untersuchung zufolge Angestellte bewußt Unternehmen wählten, in denen sie ein signifikant geringeres Gehalt erzielten, wenn die Unternehmung dafür im Gegenzug bereit war (genauer wohl: in dem Ruf stand), auf bestimmte als unmoralisch angesehene Geschäftspraktiken zu verzichten (und sich dies, soweit für die Angestellten identifizierbar, in ihrem tatsächlichen Geschäftsgebaren zeigte).[105]

---

[104] Vgl. hierzu z. B. die in Abschnitt E zitierte Literatur.

[105] Vgl. *Frank* (1991), ders. (1992).

Man sollte den Einfluß dieser Faktoren nicht überbewerten. Allerdings werden diese Tendenzen durch die Entwicklung der industriellen Produktionstechnologie unterstützt, die - unter dem Stichwort 'lean production'[106] - bei Einführung von Gruppenarbeit, jedoch unter Beibehaltung der Fließbandtechnologie offenbar eine stärkere Bereitschaft des einzelnen zu Investitionen in Humankapital erfordert, andererseits insgesamt eine veränderte Stellung des 'Produktionsfaktors Arbeit' erwarten läßt.[107] In jedem Fall läßt der - erstaunliche - Übergang von einer tayloristischen Arbeitsteilung zu einer modernen Fließbandproduktion mit Gruppenarbeit die Bedeutung der *soft factors* in den Vordergrund treten. Diese galten bisher eher als Problem denn als Problemlösungsansatz, und zwar aufgrund der Plastizität (Alchian) der eingesetzten Arbeitskräfte, also ihrer Fähigkeit, die eigene Leistungsabgabe zu steuern. Durch Verminderung der Arbeitsteilung wird die Plastizität bemerkenswerterweise gezielt erhöht statt gesenkt, da aufgrund verstärkter Gruppenarbeit zwar gruppeninterne Kontrolle möglich wird, andererseits aber die Produktionsgruppe einen Vorteil auf Kosten aller anderen suchen kann; die Abhängigkeiten wachsen also bei allen Beteiligten.

Hier ist offenbar eine zunehmende Bedeutung der sogenannten Unternehmenskultur zu konstatieren, die in *terms of economics* nichts anderes meint als die gegenseitige spezifische Bindung *(asset specificity)* von Arbeitgeber- und Arbeitnehmerseite: Der Bereitschaft der Arbeitnehmerseite zur Investition in Humankapital steht dann die Bereitschaft der Unternehmensleitung zu eigenen Bindungen gegenüber, etwa hinsichtlich der Belegschaftsplanung oder der Beteiligung der Arbeitnehmer am Gesamterfolg des Unternehmens.[108] Zugleich ist es durchaus denkbar, daß Unternehmensleitungen versuchen, einen Aufbau von Reputation durch Verhaltenskodizes als Teil der Unternehmenskultur zu verwirklichen. Diese unterliegen allerdings stets der Gefahr des „Window Dressings“: nur glaubwürdige Bindungen *(credible commitments)* sind in der Lage, die gewünschten Wirkungen herbeizuführen.[109]

---

[106] Eine fünfjährige Großstudie des MIT erregte hier besonderes Aufsehen: vgl. hierzu *Womack / Johnes / Roos* (1991) sowie aktuell z. B. den Überblicksartikel *Kränzle* (1991).

[107] Vgl. soeben *Schumann* (1992a).

[108] Kürzlich war der Presse zu entnehmen, daß das deutsche Tochterunternehmen eines großen amerikanischen Automobilproduzenten nicht nur eine nach den Prinzipien der *lean production* angelegte neue Fabrik gebaut, sondern sich auch entschieden habe, an die Mitarbeiter 2,6 % vom vor Steuern erwirtschafteten Gewinn des Unternehmens auszuschütten, eine Verlustbeteiligung aber nicht einzuführen.

[109] Vgl. in diesem Sinne bereits *Bowie* (1979).

Im übrigen kann jedoch der oben explizierte Gedanke der Klubgründung zur Durchsetzung informeller Normen durchaus wörtlich genommen werden: Oliver E. Williamson, der sich unter anderem mit spezifischen Abhängigkeiten von Zulieferunternehmungen gegenüber der Automobilindustrie beschäftigte, beobachtete eine auch im Vergleich mit amerikanischen Verhältnissen erstaunlich weitgehende Abhängigkeit japanischer Zulieferer von ihren Kunden. Weitergehende empirische Untersuchungen brachten dann jedoch auch die Tatsache zutage, daß beispielsweise die Zulieferer von Toyota Lieferantenverbände - private Klubs! - gegründet hatten, deren vorrangiger Zweck darin lag, einen Informationspool über das Verhalten von Toyota gegenüber den Lieferanten zu schaffen und somit reputativen Druck auszuüben;[110] besonders bemerkenswert ist in diesem Zusammenhang, daß Toyota selbst an diesen Zusammenschlüssen aktiv beteiligt war.[111]

3. Zusammenfassung und Ausblick

Die für die Leistungsfähigkeit des ökonomischen Paradigmas eminent wichtige Frage einer Kompatibilität von Moral und unternehmerischem Gewinn in der modernen, tief arbeitsteilig gestaffelten Marktwirtschaft stand im Mittelpunkt der vorliegenden Untersuchung. Der nunmehr vorgelegte Entwurf eines Regeltransparenzsansatzes ist ausgewiesenermaßen im ökonomischen Forschungsprogramm verankert, dessen leitende Ideen der positiven Theorie im ersten Kapitel erörtert wurden und dessen grundsätzliche Möglichkeiten und Grenzen auch und gerade angesichts der Fiktion des *hominis oeconomici* unter dem Aspekt einer rationalen Annahmendiskussion erörtert wurden.

Nach einer grundlegenden Auseinandersetzung mit dem potentiellen Beitrag einer normativen Ökonomik zur Analyse von Normen und Werten wurde im zweiten Kapitel das heuristische Potential der Neuen Institutionenökonomik expliziert und das Konzept einer institutionenorientierten Moralökonomik rekonstruiert. Es zeigte sich einerseits, daß die im Programm der Neuen Institutionenökonomik, vor allem der Konstitutionellen Ökonomik, angelegte Trennung von Regel- und Handlungsebene, von Zustimmungs- und Durchset-

---

[110] Auch der Begriff dieses reputativen Drucks muß natürlich operationalisiert werden; hier könnte man möglicherweise an die Bereitschaft zum Eingehen *zusätzlicher* kundenspezifischer Investitionen der Zulieferer bei Modellwechseln, neuen Produkten etc. denken.

[111] Vgl. *Williamson* (1985a), S. 121 f. Vgl. zu einem Hinweis auf ähnliche Effekte im Franchising-Geschäft auch *Klein* (1985), Fn. 6.

zungstest moralischer Normen die zentralen Probleme deutlich hervortreten läßt. Andererseits wurde deutlich, daß das jeweils zugrundeliegende Konsenskonzept in der Literatur umstritten ist. Hier wurde die These entwickelt, daß der Vorwurf eines Gerechtigkeitsdefizits dem auf (nur) faktischen Konsens setzenden Konzept zu Unrecht entgegengebracht wird. Vielmehr zeigte sich, daß diesem Konzept besonders im Hinblick auf sein - komparativ ansetzendes - Problemlösungspotential eine enorme Bedeutung zukommt.

Zur Operationalisierung des Ansatzes wurde das Konzept der zweistufigen Mikrofundierung entwickelt, das über einen Prüfalgorithmus die Möglichkeit zu einer systematischen Erfassung der anstehenden Fragen bietet und zugleich die besonderen Probleme (nicht der allgemeinen Implementation auf Regelebene, sondern) der Durchsetzung moralischer Normen auf Handlungsebene verarbeitet.

Anschließend wurden im dritten Kapitel vorliegende unternehmensethische Konzeptionen im Vergleich untersucht und ihre Besonderheiten evaluiert. Damit waren die notwendigen methodischen Grundlagen gelegt, um im vierten Kapitel in Auseinandersetzung mit diesen derzeit dominierenden unternehmensethischen Programmen einen - hier als Regeltransparenzansatz bezeichneten - Vorschlag entwickeln zu können.

Dieser ist als Heuristik a) zur positiven Rekonstruktion des Moralproblems in individuellem, unternehmerischen Handeln und b) zur Grundlegung einer normativen Theorie der Ermittlung von institutionellen Vorkehrungen zu verstehen, die in der Lage sind, zumindest tendenziell bei Divergenzen zwischen Zustimmungs- und Durchsetzungsebene marktwirtschaftlichen Handelns die fragliche Kompatibilität gegebenenfalls herzustellen.

Insofern erwies sich die fehlende Fähigkeit des ökonomischen Ansatzes, unternehmerisches Ethos theoretisch abzubilden, eher als Stärke denn als Schwäche dieses Programms: Es konnten, basierend auf der Identifikation der Moral (nicht als eines öffentlichen Gutes, sondern) als eines Klubkollektivgutes mit besonderen Beitragsmechanismen Vorschläge unterbreitet werden, die nicht nur auf den Appell an genuin moralische Motive verzichten, sondern zugleich in Abgrenzung zu anderen derzeit vorliegenden ökonomischen Ansätzen das Subsidiaritätsprinzip marktwirtschaftlichen Handelns konzeptionell verankern, ohne damit einer Selbstreinigungsideologie der Märkte das Wort zu reden: Es geht nicht um die Vermeidung, sondern um die konsensuell (!) zu definierende Minimierung kollektiven Handlungsbedarfs durch (nicht Selbst-, sondern) Regelbindung und die Transparenz ihrer Einhaltung.

Diese Überlegungen wurden vor dem Hintergrund der Beobachtung entwickelt, daß offenbar der Übergang von den überschaubaren (politischen und wirtschaftlichen) Märkten des 18. Jahrhunderts zu den anonymisierten, vielfach interdependenten und damit große Distanzen implizierenden Märkten des ausgehenden 20. Jahrhunderts noch keine adäquaten institutionellen Modifikationen zur Erhaltung oder Herstellung der für funktionierende Märkte unabdingbaren (nicht vollständigen, aber hinreichenden) Beobachtbarkeit der individuellen Regeleinhaltung mit sich gebracht hat. Es ist jedoch davon auszugehen, daß Vorschläge, die unter Beachtung der Persönlichkeitsrechte auf verbesserte Transparenz der Regeleinhaltung - wenn man so will: auf institutionelle Sehhilfen - setzen, die betroffenen Entscheidungsträger unter verstärkten Rechtfertigungsdruck setzen, wenn sie sich entsprechenden Überlegungen widersetzen: Sofern, wie gesagt, Persönlichkeitsrechte gewahrt bleiben, kann die Begründung nur in wohlverborgenen Partikularinteressen liegen.

Es besteht - insofern - auch die Möglichkeit zur Berücksichtigung und zugleich zur rationalen Umsetzung der gerade von Menschen mit besonders hohen moralischen Ansprüchen vorgebrachten Einwände, ethische Normen könnten nur kommunikativ und nicht zweckrational etabliert werden; durch auf Regeltransparenz setzende Maßnahmen ist die Sicherstellung einer Verhaltensweise möglich, die auch auf der Ebene der einzelnen Handlung, in den Worten Kants, eine „freie und öffentliche Prüfung hat aushalten können“[112].

---

[112] *Kant* (1781, 1974), Bd. 1, S. 13.

Literaturverzeichnis[1]

Albert, Hans (1963a), Modellplatonismus, in: Karrenberg, Friedrich / Albert, Hans (Hrsg.), Sozialwissenschaft und Gesellschaftsgestaltung, Festschrift für Gerhard Weisser, Berlin, S. 45 - 76.

- (1963b), Wertfreiheit als methodisches Prinzip, in: Beckerath, Erwin von / Giersch, Herbert / Lampert, Heinz (Hrsg.), Probleme der normativen Ökonomik und der wirtschaftspolitischen Beratung, Schriften des Vereins für Socialpolitik, N. F. 29, S. 32 - 63.

- (1966, 1979), Theorie und Praxis. Max Weber und das Problem der Wertfreiheit und der Rationalität, in: Albert, Hans / Topitsch, Ernst (Hrsg.), Werturteilsstreit, S. 200 - 236.

- (1967), Marktsoziologie und Entscheidungslogik, Neuwied, Berlin.

- (1972), Das Werturteilsproblem im Lichte der logischen Analyse, in: Gäfgen, Gérard (Hrsg.), Grundlagen der Wirtschaftspolitik, S. 25 - 52.

- (1978a), Traktat über rationale Praxis, Tübingen.

- (1980), Die Wissenschaft und die Suche nach Wahrheit, in: Radnitzky, Gerard / Andersson, Gunnar (Hrsg.), Fortschritt und Rationalität der Wissenschaft, S. 221 - 245.

- (1991), Traktat über kritische Vernunft, 5. Aufl., Tübingen.

Albert, Hans / Topitsch, Ernst (Hrsg.) (1979), Werturteilsstreit, 2. Auflage, Darmstadt.

Alchian, Armen A. (1978), Economic Laws and Political Legislation, in: Siegan, Bernard H. (ed.), The Interaction of Economics and the Law, 2nd pr., Lexington, Toronto, S. 139 - 148

Alexander, Jeffrey C. et al. (eds.) (1987), The Micro-Macro Link, Berkeley et al.

Alt, James E. / Shepsle, Kenneth A. (eds.) (1990), Perspectives on Positive Political Economy, Cambridge et al.

Apel, Karl-Otto (1986), Grenzen der Diskursethik? Versuch einer Zwischenbilanz, in: Zeitschrift für philosophische Forschung, 40, S. 3 - 21.

- (1988, 1990), Diskurs und Verantwortung, Taschenbuchausgabe, Frankfurt/M.

---

[1] Hinweis: Werden zwei Jahreszahlen angegeben, so bezieht sich die erste auf das Datum des ersten Erscheinens, die zweite auf die zitierte Auflage bzw. Übersetzung.

Arbeitsgemeinschaft selbständiger Unternehmer (ASU) (1991), Ethik und Marktwirtschaft. Positionen und Argumente, Bonn.

Arni, Jean-Louis (1989), Die Kontroverse um die Realitätsnähe der Annahmen in der Oekonomie, Zürcher Dissertation, Grüsch.

Arrow, Kenneth J. (1951), Social Choice and Individual Values, New York.

-. (1987), Economic Theory and the Hypothesis of Rationality, in: The New Palgrave, S. 69 - 75.

Aufderheide, Detlef (1989), Staatsaufgaben in der Sozialen Marktwirtschaft: Für Freiheit, Gerechtigkeit und Effizienz?, in: Schumann, Jochen (Hrsg.), Der Staat in den Volkswirtschaften Polens und der Bundesrepublik Deutschland, Deutsch-polnische wirtschaftswissenschaftliche Schriften, Bd. 8, S. 86 - 110.

- (Hrsg.) (1990), Deregulierung und Privatisierung, Symposium Oeconomicum Muenster, Stuttgart.

Axelrod, Robert (1984, 1991), Die Evolution der Kooperation, 2. Aufl., München.

- (1990), The emergence of cooperation among egoists, in: Moser, Paul K. (ed.), Rationality in Action, S. 294 - 314.

Axelrod, Robert / Hamilton, William D. (1981), The Evolution of Cooperation, in: Science, 211, S. 1390 -1396.

Barinaga, Marcia (1992), Conflicts of Interest: Confusion on the Cutting Edge, in: Science, 257, S. 616 - 619.

Baron, D. (1989), Design of Regulatory Mechanisms and Institutions, in: Schmalensee, Richard / Willig, Robert D. (eds.), Handbook of Industrial Organization, Amsterdam et al.

Barrow, Richard (1991), Utilitarianism. A Contemporary Statement, Brookfield, Vt.

Barton, John H. (1972), The Economic Basis of Damages for Breach of Contract, in: Journal of Legal Studies, 1, S. 277 - 304.

Baumol, William J. (1975), Business Responsibility and Economic Behavior, in: Phelps, Edmund S. (ed.), Altruism, Morality, and Economic Theory, New York, S. 45 - 56.

Becker, Gary S. (1981), Altruism in the family and selfishness in the market place, in: Economica, 48, S. 1 - 15.

- (1976, 1982), Der ökonomische Ansatz zur Erklärung menschlichen Verhaltens, Tübingen.

- (1982a), Einleitung, in: ders. (1976, 1982), Tübingen, S. 1 - 15.

- (1982b), Kriminalität und Strafe: Ein ökonomischer Ansatz, in: ders. (1976, 1982), S. 39 - 96.

- (1982c), Altruismus, Egoismus und genetische Eignung: Ökonomie und Soziobiologie, in: ders. (1976, 1982), S. 282 - 316.

- (1983), A Theory of Competition Among Pressure Groups for Political Influence, in: Quarterly Journal of Economics (QJE), 98, S. 371 - 400.

Becker, Gary S. / Stigler, George J. (1974), Law enforcement, malfeasance and compensation of enforcers, in: Journal of Legal Studies, 3, S. 1 - 18.

Berle, Adolf August / Means, Gordimer C. (1932, 1968), The Modern Corporation and Private Property, revised edition, New York.

Biervert, Bernd / Held, Klaus / Wieland, Josef (Hrsg.) (1990), Sozialphilosophische Grundlagen ökonomischen Handelns, Frankfurt/M.

Biervert, Bernd / Wieland, Josef (1990), Gegenstandsbereich und Rationalitätsform der Ökonomie und der Ökonomik, in: Biervert, Bernd / Held, Klaus / Wieland, Josef (Hrsg.), Sozialphilosophische Grundlagen ökonomischen Handelns, S. 7 - 32.

Birmingham, Walter (1970), Breach of Contract, Damage Measures, and Economic Efficiency, in: Rutgers Law Review, 24.

Birnbacher, Dieter / Hoerster, Norbert (Hrsg.) (1976, 1991), Texte zur Ethik, 8. Aufl., München.

Blaug, Mark (1975), Kuhn versus Lakatos, or Paradigms versus Research Programmes in the History of Economics, in: History of Political Economy, 7, S. 399 - 433.

- (1980), The Methodology of Economics, Cambridge.

Blaug, Mark / de Marchi, N. (eds.) (1991), Appraising Modern Economics: Studies in the Methodology of Scientific Research Programs.

Boland, Lawrence A. (1979), A Critique of Friedman's Critics, in: Journal of Economic Literature, 17, S. 503 - 522.

Bonus, Holger (1978), Verzauberte Dörfer, oder: Solidarität, Ungleichheit und Zwang, in: Ordo, 29, S. 49 - 82.

- (1979/80), Öffentliche Güter: Verführung und Gefangenendilemma, in: List-Forum, Bd. 10, Heft 2.

- (1980a), Öffentliche Güter und der Öffentlichkeitsgrad von Gütern, in: Zeitschrift für die gesamte Staatswissenschaft (ZgSt), 136, S. 50 - 81.

- (1980b), Öffentliche Güter und Gefangenendilemma, in: Dettling, Warnfried (Hrsg.), Die Zähmung des Leviathan. Neue Wege der Ordnungspolitik, S. 129 - 160.

- (1980c), Neue Politische Ökonomie und öffentliche Güter, in: Boettcher, Erik / Herder-Dorneich, Philipp / Schenk, Karl-Ernst (Hrsg.), Neue Politische Ökonomie als Ordnungstheorie, Tübingen, S. 153 - 172.

- (1983), Das Ordnungssystem der Sozialen Marktwirtschaft, in: Glück, Alois / Huttner, Karltheodor (Hrsg.), Ökonomie und Ökologie in der Sozialen Marktwirtschaft, Arbeitsmaterialien zu Politik, Bildung und Wissenschaft Nr. 2, S. 119 - 160.

Bonus, Holger / Ribhegge, Hermann (1986), Wohlfahrtsökonomie - Werkzeug für Diktatoren oder ökonomische Grammatik? Bemerkungen zu einem neuen Buch von A. Woll, Volkswirtschaftliche Diskussionsbeiträge Nr. 78, Münster.

Boulding, Kenneth E. (1973), Ökonomie als eine Moralwissenschaft, in: Vogt, W. (Hrsg.), Seminar: Politische Ökonomie, S. 103 - 125.

- (1986), Ökonomie als Wissenschaft, München.

Bowie, Norman E. (1979), Business Codes of Ethics: Window Dressing or Legitimate Alternative to Government Regulation?, in: Beauchamp, T. L. / Bowie, N. E. (eds.), Ethical Theory and Business.

Brandt, Richard B. (1992), Einige Vorzüge einer bestimmten Form des Regelutilitarismus, in: Höffe, Otfried (Hrsg.), Einführung in die utilitaristische Ethik, S. 183 - 222.

Brennan, Geoffrey / Buchanan, James M. (1984), The Normative Purpose of Economic "Science": Rediscovery of an Eighteenth-Century Method, in: Buchanan, James M. / Tollison, Robert D. (eds.), The Theory of Public Choice II, S. 382 - 394.

- / - (1985), The Reason of Rules, Cambridge et al., deutsch: Die Begründung von Regeln, übersetzt von Monika Vanberg, Tübingen 1993.

Briefs, Goetz (1957), Grenzmoral in der pluralistischen Gesellschaft, in: Beckerath, Erwin von / Meyer, Fritz W. / Müller-Armack, Alfred (Hrsg.), Wirtschaftsfragen der freien Welt, S. 97 - 108.

Broome, John (1987), Utilitarianism and Expected Utility, in: Journal of Philosophy, 84, S. 405 - 422.

Buchanan, James M.(1954), Social Choice, Democracy, and Free Markets, in: Journal of Political Economy, 62, S. 114 - 123.

- (1959), Positive Economics, Welfare Economics, and Political Economy, in: Journal of Law and Economics, 2, S. 124 - 138.

- (1962), The Relevance of Pareto Optimality, in: Journal of Conflict Resolution, 6, S. 341 - 354.

- (1965a), Ethical Rules, Expected Values, and Large Numbers, in: Ethics, 76, S. 1 - 13.

- (1965b), An Economic Theory of Clubs, in: Economica, 32, S. 1 - 14.

- (1969), Cost and Choice. An Inquiry in Economic Theory, Chicago, London.

- (1975), The Limits of Liberty. Between Anarchy and Leviathan, Chicago, London.

- (1975, 1984), Die Grenzen der Freiheit, dt. Übers. zu *Buchanan, James M* (1975), Tübingen.

- (1975b), A Contractarian Paradigm for Applying Economic Theory, in: American Economic Review, Papers and Proceedings, 65, S. 225 - 230.

- (1977), Freedom in Constitutional Contract, College Station, London.

- (1982, 1991), Kommentar, in: Koslowski, Peter (1982, 1991), S. 81 - 92.

- (1984), Rights, Efficiency, and Exchange: The Irrelevance of Transactions Cost, in: Neumann, Manfred (Hrsg.), Ansprüche, Eigentums- und Verfügungsrechte, Schriften des Vereins für Socialpolitik, N. F. 140, S. 9 - 24.

- (1987a), Economics. Between Predictive Science and Moral Philosophy, College Station.

- (1987b), Markets, States, and the Extent of Morals, in: ders. (1987a), S. 269 - 275.

- (1987c), The Constitution of Economic Policy. Rede anläßlich der Verleihung des Nobelpreises am 8. Dezember 1986 in Stockholm, in: American Economic Review, 77, S. 243 - 250.

- (1987, 1989), Art. Constitutional Economics, in: The New Palgrave, Vol. 1, S. 585 - 588, w. a. in: ders. (1989), S. 57 - 67.

- (1988), Political Economy 1957 - 1982, in: Ideas, Their Origins, And Their Consequences. Lectures to Commemorate the Life and Work of G. Warren Nutter, The Thomas Jefferson Center Foundation, S. 119 - 130.

- (1989), Explorations Into Constitutional Economics, College Station.

- (1990), The Domain of Constitutional Economics, in: Constitutional Political Economy, 1, S. 1 - 18.

- (1991), Constitutional Economics, Oxford, Cambridge, Ma.

- (1992), Die konstitutionelle Ökonomik der Ethik, in: Koslowski, Peter (Hrsg.), Neuere Entwicklungen in der Wirtschaftsethik und Wirtschaftsphilosophie, S. 21 - 46.

Buchanan, James M. / Tollison, Robert D. / Tullock, Gordon (1980), Toward a Theory of the Rent-Seeking Society, o. O.

Buchanan, James M. / Tullock, Gordon (1962), The Calculus of Consent, Ann Arbor (Mich.).

Bund, Dorothee (1984), Die ökonomische Theorie der Verfassung. J. M. Buchanans Modell des Verfassungsvertrages und evolutionstheoretische Kritik, Baden-Baden.

Caldwell, Bruce J. (1982), Beyond Positivism: Economic Methodology in the Twentieth Century, London et al.

- (1991), Clarifying Popper, in: Journal of Economic Literature, 29, S. 1 - 33.

Carter, John R. / Irons, Michael D. (1991), Are Economists Different, and If So, Why?, in: Journal of Economic Perspectives, 5, S. 171 - 177.

Clapham, Ronald (1989), Zur Rolle der Ordnungsethik für das Konzept der Sozialen Marktwirtschaft, in: Boettcher, Erik / Herder-Dorneich, Philipp / Schenk, Karl-Ernst / Schmidtchen, Dieter (Hrsg.), Jahrbuch für Neue Politische Ökonomie, 8, S. 30 - 41.

Coase, Ronald H. (1937), The Natur of the Firm, in: Economica, N. S. 4, S. 386 - 405.

- (1976), Adam Smith's View of Man, in: Journal of Law and Economics, 19, S. 529 ff.

- (1988), How Should Economists Choose?, in: Ideas, Their Origins, And Their Consequences. Lectures to Commemorate the Life and Work of G. Warren Nutter, The Thomas Jefferson Center Foundation, S. 63 - 79.

Coleman, James S. (1987), Microfoundations and Macrosocial Behavior, in: Alexander, Jeffrey C. et al. (eds.), The Micro-Macro Link, Berkeley et al., S. 153 - 176.

Dahms, Hans-Joachim / Witt, Ulrich (1981), Die Forderung nach Realitätsnähe der Annahmen: Weder ein Widerspruch noch ein überflüssiger Diskussionspunkt, in: Zeitschrift für die gesamte Staatswissenschaft (ZgSt), 137, S. 295 - 301.

Darby, Michael R. / Karny, Edi (1973), Free Competition and the Optimal Amount of Fraud, in: Journal of Law and Economics, 16, S. 67 - 86.

Davidson, D. Kirk (1990), On Corporate Reputation: A Reply to Dobson, in: Business and Society, 29, S. 39 - 41.

De Alessi, Louis R. (1983), Property Rights, Transaction Costs, and X-Efficiency: An Essay in Economic Theory, in: American Economic Review, 73, S. 64 - 81.

- (1987), Nature and Methodological Foundations of Some Recent Extensions of Economic Theory, in: Radnitzky, Gerard /Bernholz, Peter (eds.) (1987), New York, S. 51 - 77.

De George, Richard T. (1987, 1991), The Status of Business Ethics: Past and Future, in: Journal of Business Ethics, 6, S. 201 - 211.

- (1990), Business Ethics, 3rd ed., New York, London.

Demsetz, Harold (1964), The Exchange and Enforcement of Property Rights, in: Journal of Law and Economics, 7, S. 11 - 26.

Dobson, John (1989), Corporate Reputation, in: Business and Society, 28.

- (1990), The Role of Ethics in Global Corporate Culture, in: Journal of Business Ethics, 9, S. 481 - 488.

- (1991), Management Reputation: An Economic Solution To The Ethics Dilemma, in: Business and Society, 30, S. 13 - 20.

Downs, Anthony (1957), An Economic Theory of Democracy, New York.

Dugger, William M. (1983), The Transaction Cost Analysis of Oliver E. Williamson: A New Synthesis?, in: Journal of Economic Issues, 17, S. 95 - 114.

Elster, Jon (1987), Subversion der Rationalität, Frankfurt/M., New York.

- (1989a), The cement of society. A study of social order, Cambridge.

- (1989b), Social Norms and Economic Theory, in: Journal of Economic Perspectives, 3, S. 99 - 117.

Enderle, Georges (Hrsg.) (1985), Ethik und Wirtschaftswissenschaft, Schriften des Vereins für Socialpolitik, N. F. 147, Berlin.

- (1992), Zur Grundlegung einer Unternehmensethik: das Unternehmen als moralischer Akteur, in: Homann, Karl (Hrsg.), Aktuelle Probleme der Wirtschaftsethik, Schriften des Vereins für Socialpolitik, N. F. 211, S. 143 - 158.

Enderle, Georges / Homann, Karl / Honecker, Martin / Kerber, Walter / Steinmann, Horst (Hrsg.) (1993), Lexikon der Wirtschaftsethik, Freiburg et al.

Engelhardt, Gunther (1989), Imperialismus der Ökonomie?, in: Schäfer, Hans-Bernd / Wehrt, Klaus (Hrsg.), Die Ökonomisierung der Sozialwissenschaften, S. 19 - 50.

Eschenburg, Rolf (1977), Der ökonomische Ansatz zu einer Theorie der Verfassung, Tübingen.

Etzioni, Amitai (1988), The Moral Dimension. Toward a New Economics, New York, London.

- (1992), "Wir haben die Konkurrenz übertrieben" (Interview), in: Die Zeit vom 18. September 1992, S. 42 - 43.

Ewers, Hans-Jürgen (1986a), Zur monetären Bewertung von Umweltschäden, Berichte 4/86 des Umweltbundesamtes, Berlin.

- (1986b), Kosten der Umweltverschmutzung - Probleme ihrer Erfassung, Qualifizierung und Bewertung, in: Umweltbundesamt, Kosten der Umweltverschmutzung, S. 9 - 19.

Ewers, Hans-Jürgen / Rennings, Klaus (1991), Die monetären Schäden eines Super-GAU's in Biblis, Diskussionspapier Nr. 2 des Instituts für Verkehrswissenschaft an der Universität Münster, Münster.

Feyerabend, Paul K. (1973), Die Wissenschaftstheorie - eine bisher unbekannte Form des Irrsinns?, in: Hübner, K. / Menne, A. (Hrsg.), Natur und Geschichte, S. 88 - 124.

- (1983), Wider den Methodenzwang, vom Autor rev. u. erw. Fassung der dt. Übersetzung durch Hermann Vetter von 1976, text- u. seitengleiche Taschenbuchausgabe 1986, Frankfurt/M.

Fleischmann, Gerd (1981), Ökonomische Theorie der Bedürfnisbefriedigung und Wertwandel, in: Klages, Helmut / Kmieciak, Peter (Hrsg.), Wertwandel und gesellschaftlicher Wandel, Frankfurt/M., New York, S. 84 - 96.

- (1988), Nationalökonomie und sozialwissenschaftliche Integration, in: Boettcher, Erik / Herder-Dorneich, Philipp / Schenk, Karl-Ernst (Hrsg.), Jahrbuch für Neue Politische Ökonomie, 7, S. 20 - 38.

Foot, Philippa (1972), Morality as a System of Hypothetical Imperatives, in: Philosophical Review, 81, S. 305 - 316.

Frank, Robert H. (1991), What Price the Moral High Ground?, Cornell University, unveröff. Manuskript, zit. nach *Frank* (1992).

- (1992), Melding Sociology and Economics: James Coleman's Foundations of Social Theory, in: Journal of Economic Literature, 30, S. 147 - 170.

Frey, Bruno S. (1980), Ökonomie als Verhaltenswissenschaft. Ansatz, Kritik und der europäische Beitrag, in: Jahrbuch für Sozialwissenschaft, 31, S. 21 - 35.

- (1989), Möglichkeiten und Grenzen des ökonomischen Denkansatzes, in: Schäfer, Hans-Bernd / Wehrt, Klaus (Hrsg.), Die Ökonomisierung der Sozialwissenschaften, S. 69 - 102.

- (1990), Institutions Matter, in: European Economic Review, 34, S. 443 - 449.

Friedman, Milton (1953), The Methodology of Positive Economics, in: ders., Essays in Positive Economics, Chicago, London, S. 3 - 43.

- (1962), Monopoly and the Social Responsibility of Business and Labor, in: ders., Capitalism and Freedom, Chicago, S. 118 - 136.

- (1970), The social responsibility of business is to increase its profits, in: New York Times Magazine v. 13. September 1970, hektographierter Reprint, S. 32 - 33 u. 122 - 126.

Fritsch, Michael (1983), Ökonomische Ansätze zur Legitimation kollektiven Handelns, Berlin.

- (1984), Die Legitimation kollektiven Handelns in der neueren Vertragstheorie. Nozick, Buchanan und Rawls im Vergleich, in: Boettcher, Erik / Herder-Dorneich, Philipp / Schenk, Karl-Ernst (Hrsg.), Jahrbuch für Neue Politische Ökonomie, 3, S. 31 - 59.

Fudenberg, Drew / Tirole, Jean (1986), Dynamic Models of Oligopoly, Chur et al.

Furger, Franz (1992), Moral oder Kapital? Grundlagen der Wirtschaftsethik, Zürich, Mödling.

Furubotn, Eirik G.(1986), Efficiency and the Maximization Postulate: Another Interpretation, in: Journal of Behavioral Economics, 15, S. 41 - 48.

Furubotn, Eirik G. / Richter, Rudolf (1991), The New Institutional Economics: An Assessment, in: Furubotn, Eirik G. / Richter, Rudolf (eds.), The New Institutional Economics, S. 1 - 32.

- / - (eds.) (1991), The New Institutional Economics, Tübingen.

Gauthier, David (1986), Morals by Agreement, Oxford.

- (1990), Maximization Constrained: The Rationality of Cooperation, in: Moser, Paul K. (ed.), Rationality in Action, S. 315 - 334.

Gäfgen, Gérard (1963, 1974), Theorie der wirtschaftlichen Entscheidung. Untersuchungen zur Logik und ökonomischen Bedeutung des rationalen Handelns, 3. Aufl., Tübingen.

- (1980), Ökonomische Implikationen ethischer Prinzipien, in: Duwendag, D. / Siebert, H. (Hrsg.), Politik und Markt. Wirtschaftspolitische Probleme der 80er Jahre, S. 191 - 207.

- (1988), Der Wandel moralischer Normen in der Entwicklung der Wirtschaftsordnung: Positive Erklärung und ethische Folgerungen, in: Hesse, Helmut (Hrsg.), Wirtschaftswissenschaft und Ethik, Schriften des Vereins für Socialpolitik, N. F. 171, S. 85 - 107.

- (1992), Wechselwirkungen zwischen Wirtschaftswissenschaft und Ethik, in: Koslowski, Peter (Hrsg.), Neuere Entwicklungen in der Wirtschaftsethik und Wirtschaftsphilosophie, S. 47 - 71.

Gerum, Elmar (1989), Neoinstitutionalismus, Unternehmensverfassung und Unternehmensethik, in: Biervert, Bernd / Held, Martin (Hrsg.), Ethische Grundlagen der ökonomischen Theorie, S. 134 - 155.

Gigon, Olof (1974), Einleitung zu *Platon* (1974), Bd. VIII, Zürich und München.

Ginters, Rudolf (1982), Werte und Normen, Göttingen, Düsseldorf.

Göbel, Elisabeth (1992), Wirtschaftsethik, in: Wirtschaftswissenschaftliches Studium (WiSt), 21, S. 285 - 290.

Goetz, Charles J. / Scott, Robert E. (1977), Liquidated Damages, Penalties and the Just Compensation Principle: Some Notes on an Enforcement Model and a Theory of Efficient Breach, in: Columbia Law Review, 77.

Granovetter, Mark (1985), Economic Action and Social Structure: The Problem of Embeddedness, in: American Journal of Sociology, 91, S. 481 - 510.

Grossekettler, Heinz (1980), Zur wirtschaftspolitischen Relevanz neoklassischer und verhaltenstheoretischer Ansätze der Volkswirtschaftslehre, in: Rippe, Wolfgang / Haarland, Hans-Peter (Hrsg.), Wirtschaftstheorie als Verhaltenstheorie, S. 11 - 57.

- (1984), Verwaltungsstrukturpolitik, in: Ewers, Hans-Jürgen / Schuster, Helmut (Hrsg.), Probleme der Ordnungs- und Strukturpolitik, Festschrift für H. St. Seidenfus, S. 16 - 51.

- (1985), Options- und Grenzkostenpreise für Kollektivgüter unterschiedlicher Art und Ordnung, in: Finanzarchiv, N. F. 43, S. 211 -252.

- (1991), Die Versorgung mit Kollektivgütern als ordnungspolitisches Problem, Westfälische Wilhelms-Universität, Volkswirtschaftliche Diskussionsbeiträge Nr. 135, Münster.

Güth, Werner (1984), Egoismus und Altruismus - Eine spieltheoretische und experimentelle Analyse, in: Todt, Horst (Hrsg.), Normengeleitetes Verhalten in den Sozialwissenschaften, Schriften des Vereins für Socialpolitik, N. F. 141, S. 35 - 58.

Habermas, Jürgen (1973), Legitimationsprobleme im Spätkapitalismus, Frankfurt/M.

- (1981, 1987), Theorie des kommunikativen Handelns, Bd. 1: Handlungsrationalität und gesellschaftliche Rationalisierung, Taschenbuchausgabe 1988, 4. Aufl., Frankfurt/M.

- (1983a), Moralbewußtsein und kommunikatives Handeln, Frankfurt/M.

- (1983b), Diskursethik - Notizen zu einem Begründungsprogramm, in: ders. (1983a), S. 53 - 125.

Hardin, Russell (1980), Rationality, Irrationality and Functionalist Explanation, in: Social Science Information (August - October), S. 755 - 72.

- (1992), Determinacy and Rational Choice, in: Selten, Reinhard (ed.), Rational Interaction. Essays in Honor of John C. Harsanyi, S. 191 - 200.

Harsanyi, John C. (1955), Cardinal Welfare, Individualistic Ethics, and Interpersonal Comparison of Utility, in: Journal of Political Economy, 63, S. 309 - 321.

- (1976), Essays on Ethics, Social Behavior, and Scientific Explanation, Dordrecht, Boston.

- (1982), Morality and the theory of rational behavior, in: Sen, Amartya / Williams, Bernard (eds.), Utilitarianism and beyond, S. 39 - 62.

Hartfiel, Günter (1968), Wirtschaftliche und soziale Rationalität, Stuttgart.

Hart, Oliver / Holmström, Bengt (1987), The theory of contracts, in: Bewley, Truman F. (ed.), Advances in Economic Theory. Fifth World Congress, S. 71 - 155.

Hausman, Daniel M. (1992), The Inexact and Separate Science of Economics, Cambridge et al.

Hayek, Friedrich A. von (1969a), Freiburger Studien, Tübingen.

- (1969b), Die Ergebnisse menschlichen Handelns, aber nicht menschlichen Entwurfs, in: Hayek, Friedrich A. von (1969a), S. 97 - 107.

- (1969c), Der Wettbewerb als Entdeckungsverfahren, in: ders. (1969a), S. 249 - 265.

Hazlitt, Henry (1964), The Foundations of Morality, Princeton, NJ et al.

Hegselmann,R. / Raub, W. / Voss, T. (1986), Zur Entstehung der Moral aus natürlichen Neigungen. Eine spieltheoretische Spekulation, in: Analyse & Kritik, 8, S. 150 - 177.

Hesse, Günter (1983), Zur Erklärung der Änderung von Handlungsrechten mit Hilfe ökonomischer Theorie, in: Schüller, Alfred (Hrsg.), Property Rights und ökonomische Theorie, S. 79 -109.

Hesse, Helmut (1987), Wirtschaft und Moral, Bursfelder Universitätsreden, hrsg. von Lothar Perlitt, Nr. 6, Göttingen.

- (Hrsg.) (1988), Wirtschaftswissenschaft und Ethik, Schriften des Vereins für Socialpolitik, N. F. 171, Berlin.

Hesse, Helmut / Homann, Karl (1992), Die moralische Akzeptanz der Marktwirtschaft, Typoskript, S. 1 - 36.

Hesse, Helmut / Homann, Karl et al. (1988), Wirtschaftswissenschaft und Ethik, in: Hesse. Helmut (Hrsg.) (1988), S. 9 - 33.

Hirschman, Albert O. (1981), Morality and the Social Sciences: a Durable Tension, in: ders. (ed.), Essays in Trespassing: Economics to Politics and Beyond, S. 294 - 306.

- (1984), Against Parsimony: Three Easy Ways of Complicating Some Categories of Economic Discourse, in: American Economic Review, Papers and Proceedings, 74, S. 89 - 96.

Hirshleifer, Jack (1977), Shakespeare vs. Becker on Altruism: The Importance of Having the Last Word, mit einem Kommentar von G. Tullock und einer Antwort von G. S. Becker, in: Journal of Economic Literature, 15, S. 500 - 507.

- (1985), The Expanding Domain of Economics, in: American Economic Review, 75, 53 - 68.

Hobbes, Thomas (1651, 1991), Leviathan, Übersetzung von Walter Euchner (Erstausgabe in engl. Sprache 1651, in lat. Sprache 1688), 4. Aufl., Neuwied und Berlin.

Hoerster, Norbert (1976, 1991), Einleitung: Ethik und Moral, in: Birnbacher, Dieter / Hoerster, Norbert (Hrsg.) (1976, 1991), S. 9 - 23.

- (1983a), "Wirksamkeit", "Geltung" und "Gültigkeit" von Normen. Ein empiristischer Definitionsvorschlag, in: Mayer-Maly, Dorothea / Simons, Peter M. (Hrsg.), Das Naturrechtsdenken heute und morgen, S. 585 - 596.

- (1983b), Moralbegründung ohne Metaphysik, in: Erkenntnis, 19, S. 225 - 238.

Hoffmann, Friedrich / Rebstock, Wolfgang (1989), Unternehmensethik, in: Zeitschrift für Betriebswirtschaft, 59, S. 667 - 687.

Holler, Manfred J. (Hrsg.) (1983), Homo oeconomicus I, München.

- (Hrsg.) (1984), Homo oeconomicus II, München.

Holler, Manfred J. / Illing, Gerhard (1991), Einführung in die Spieltheorie, Berlin et al.

Holmström, Bengt (1979), Moral Hazard and Observability, in: Bell Journal of Economics, 10, S. 74 - 91.

- (1982), Moral Hazard in Teams, in: Bell Journal of Economics, 13, S. 324 - 340.

Holmström, Bengt / Tirole, Jean (1989), The Theory of the Firm, in: Schmalensee, Richard / Willig, Robert D. (eds.), Handbook of Industrial Organization, Vol. I, Amsterdam et al., S. 61 - 133.

Homann, Karl (1980), Die Interdependenz von Zielen und Mitteln, Tübingen.

- (1983), Markt, Staat und Freiheit im Liberalismus, in: Boettcher, Erik / Herder-Dorneich, Philipp / Schenk, Karl-Ernst (Hrsg.), Jahrbuch für Neue Politische Ökonomie, 2, Tübingen, S. 325 - 350.

- (1984), Demokratie und Gerechtigkeitstheorie. J. M. Buchanans Kritik an J. Rawls, in: Albert, Hans (Hrsg.), Ökonomisches Denken und soziale Ordnung, Festschrift für Erik Boettcher, S. 133 -153.

- (1985a), Legitimation und Verfassungsstaat. Vertragstheoretische Interpretation der Demokratie, in: Boettcher, Erik / Herder-Dorneich, Philipp / Schenk, Karl-Ernst (Hrsg.), Jahrbuch für Neue Politische Ökonomie, 4, S. 48 - 72.

- (1985b), Types of Rationality versus Theory of Rationality, in: Koslowski, Peter (ed.), Economics and Philosophy, S. 141 ff.

- (1988a), Rationalität und Demokratie, Tübingen.

- (1988b), Die Rolle ökonomischer Überlegungen in der Grundlegung der Ethik, in: Hesse, Helmut (Hrsg.), Wirtschaftswissenschaft und Ethik, Schriften des Vereins für Socialpolitik, N. F. 171, S. 215 - 240.

- (1988c), Philosophie und Ökonomik, in: Boettcher, Erik / Herder-Dorneich, Philipp / Schenk, Karl-Ernst (Hrsg.), Jahrbuch für Neue Politische Ökonomie, 7, S. 99 - 127.

- (1989a), Entstehung, Befolgung und Wandel moralischer Normen: Neuere Erklärungsansätze, in: Pappi, Franz Urban (Hrsg.), Wirtschaftsethik. Gesellschaftswissenschaftliche Perspektiven, Christiana Albertina, Sonderheft, S. 47 - 64.

- (1989b), Vertragstheorie und Property-Rights-Ansatz - Stand der Diskussion und Möglichkeiten der Weiterentwicklung, in: Biervert, Bernd / Held, Martin (Hrsg.), Ethische Grundlagen der ökonomischen Theorie - Eigentum, Verträge, Institutionen, S. 37 - 69.

- (1989c), Heilige Samariter - Über die Schwierigkeiten der Kirchen, den Markt als soziale Veranstaltung zu begreifen, in: Die Zeit v. 14. April 1989, S. 45.

- (1990a), Strategische Rationalität, kommunikative Rationalität und die Grenze der ökonomischen Vernunft, in: Ulrich, Peter (Hrsg.), Auf der Suche nach einer modernen Wirtschaftsethik, St. Galler Beiträge zur Wirtschaftsethik, Bd. 4.

- (1990b), Wettbewerb und Moral, in: Jahrbuch für Christliche Sozialwissenschaften, 31, S. 34 - 56.

- (1990c), Kollektive Probleme und individualethisches Paradigma, in: Ethik und Sozialwissenschaften, 1, S. 67 - 69.

- (1990d), Demokratie und Gerechtigkeitstheorie. J. M. Buchanans Kritik an J. Rawls (aktualisierte Fassung von *Homann* [1984]), in: Biervert, Bernd / Held, Klaus / Wieland, Josef (Hrsg.), Sozialphilosophische Grundlagen ökonomischen Handelns, S. 155 - 175.

- (1991a), Der Sinn der Unternehmensethik in der Marktwirtschaft, in: Corsten, Hans / Schuster, Leo / Stauss, Bernd (Hrsg.), Die soziale Dimension der Unternehmung, Festschrift für Eduard Gaugler, S. 97 - 118.

- (1991b), Ordnungspolitik und Moral, Festvortrag zum 50jährigen Bestehen der Forschungsstelle für allgemeine und textile Marktwirtschaft an der Universität Münster (Typoskript), Münster.

- (1991c), Ökonomik und Ethik, in: Baadte, Günther / Rauscher, Anton (Hrsg.), Wirtschaft und Ethik, S. 9 - 29.

- (Hrsg.) (1992a), Aktuelle Probleme der Wirtschaftsethik, Schriften des Vereins für Socialpolitik, N. F. 211, Berlin.

- (1992b), Einleitung: Ethik und Ökonomik, in: ders. (Hrsg.), Aktuelle Probleme der Wirtschaftsethik, Schriften des Vereins für Socialpolitik, N. F. 211, S. 7 - 12.

- (1992c), Antworten (Interview), in: statement (Zeitschrift der AIESEC), S. 16 - 18.

- (1992d), Marktwirtschaftliche Ordnung und Unternehmensethik, in: Zeitschrift für Betriebswirtschaft, Ergänzungsheft 1/92, S. 75 - 90.

Homann, Karl / Blome-Drees, Franz (1992), Wirtschafts- und Unternehmensethik, Göttingen.

Homann, Karl / Hesse, Helmut et al. (1988), Wirtschaftswissenschaft und Ethik, in: Hesse, Helmut (Hrsg.), Wirtschaftswissenschaft und Ethik, Schriften des Vereins für Socialpolitik, N. F. 171, S. 9 - 33.

Homann, Karl / Pies, Ingo (1991a), Der neue Institutionalismus und das Problem der Gerechtigkeit, in: Boettcher, Erik / Herder-Dorneich, Philipp / Schenk, Karl-Ernst / Schmidtchen, Dieter (Hrsg.), Jahrbuch für Neue Politische Ökonomie, 10, S. 79 - 99.

- / - (1991b), Wirtschaftsethik und Gefangenendilemma, in: Wirtschaftswissenschaftliches Studium (WiSt), 20, S. 608 - 614.

Homann, Karl / Suchanek, Andreas (1987), Wirtschaftsethik - Angewandte Ethik oder Beitrag zur Grundlagendiskussion?, in: Biervert, Bernd / Held, Martin (Hrsg.), Ökonomische Theorie und Ethik, S. 101 - 121.

- / - (1989), Methodologische Überlegungen zum ökonomischen Imperialismus, in: Analyse & Kritik, 11, S. 70 - 93.

- / - (1992), Grenzen der Anwendbarkeit einer "Logik kollektiven Handelns", in: Schubert, Klaus (Hrsg.), Leistungen und Grenzen politisch-ökonomischer Theorie: Eine kritische Bestandsaufnahme zu Mancur Olson, S. 13 - 27.

Höffe, Otfried (1990), Gerechtigkeit als Tausch? Ein ökonomisches Prinzip, in: Ulrich, Peter (Hrsg.), Auf der Suche nach einer modernen Wirtschaftsethik, St. Galler Beiträge zur Wirtschaftsethik, Bd. 4, S. 91 - 102.

- (Hrsg.) (1986), Lexikon der Ethik, 3. Aufl., München.

- (Hrsg.) (1992), Einführung in die utilitaristische Ethik. Klassische und zeitgenössische Texte, 2. Aufl., München.

Hurwicz, Leonid (1973), The Design of Mechanisms for Resource Allocation, in: American Economic Review, Papers and Proceedings, 63, S. 1 - 30.

Jonas, Hans (1986), Das Prinzip Verantwortung - Versuch einer Ethik für die technologische Zivilisation, Frankfurt/M.

Kagan, Jerome (1984), The Nature of the Child, New York.

Kahnemann, Daniel / Knetch, Jack / Thaler, Richard (1986), Fairness as a Constraint on Profit Seeking, in: American Economic Review, 76, S. 728 - 41.

Kaiser, Helmut (1992), Die ethische Integration ökonomischer Rationalität, St. Galler Beiträge zur Wirtschaftsethik 7, Bern, Stuttgart, Wien.

Kant, Immanuel (1781, 1974), Kritik der reinen Vernunft, Bd. 1 u 2, Werkausgabe Bd. III u. IV, hrsg. v. Wilhelm Weischedel, Frankfurt/M.

- (1907), Metaphysik der Sitten, Kants gesammelte Schriften, hrsg. v.d. K̈onglich Preußischen Akademie der Wissenschaften, Bd. IX (Reimer-Ausg.), Berlin.

Kappelhoff, Peter (1989), Die Befolgung sozialer Normen: Moralität oder Klugheitserwägungen, in: Pappi, Franz Urban (Hrsg.), Wirtschaftsethik, S. 65 - 70.

Karmann, Alexander (1992), Principal-Agent-MOdelle und Risikoallokation, in: Wirtschaftswissenschaftliches Studium (WiSt), 21, S. 557 - 562.

Katterle, Siegfried (1990), Der Beitrag der institutionalistischen Ökonomik zur Wirtschaftsethik, in: Ulrich, Peter (Hrsg.), Auf der Suche nach einer modernen Wirtschaftsethik, S. 121 - 144.

Keuth, Herbert (1989), Wissenschaft und Werturteil. Zu Werturteilsdiskussion und Positivismusstreit, Tübingen.

Kirchgässner, Gebhard (1980), Können Ökonomie und Soziologie voneinander lernen? Zum Verhältnis zwischen beiden Wissenschaften, mit besonderem Bezug auf das Wählerverhalten, in: Kyklos, 33, S. 420 - 448.

- (1985), Rationales Verhalten und vernünftiges Handeln: Ein Widerspruch?, in: Milde, Hellmuth / Monissen, Hans G. (Hrsg.), Rationale Wirtschaftspolitik in komplexen Gesellschaften, S. 29 - 41.

- (1988a), Die neue Welt der Ökonomie, in: Analyse & Kritik, 10, S. 107 - 137.

- (1988b), Ökonomie als imperial(istisch)e Wissenschaft, in: Boettcher, Erik / Herder-Dorneich, Philipp / Schenk, Karl-Ernst (Hrsg.) (1988), Jahrbuch für Neue Politische Ökonomie, Tübingen, S. 128 - 145.

- (1991), Homo oeconomicus, Tübingen.

Kirsch, Guy (1985), Wie frivol sind Liberale? Der Verfassungskonsens zwischen Liberalität und Moral, in: Jahrbuch für Neue Politische Ökonomie, Tübingen, S. 3 - 34.

Klein, Benjamin (1985), Self-Enforcing Contracts, in: Journal of Institutional and Theoretical Economics (JITE), 141, S. 594 - 600.

Klein, Benjamin / Leffler, Keith B. (1981), The Role of Market Forces in Assuring Contractual Performance, in: Journal of Political Economy, 89, S. 615 - 641.

Kliemt, Hartmut (1984), Nicht-explanative Funktionen eines "Homo oeconomicus" und Beschränkungen seiner explanativen Rolle, in: Holler, Manfred J. (Hrsg.), Homo oeconomicus II, S. 7 - 49.

- (1985), Moralische Institutionen. Empiristische Theorien ihrer Evolution, Freiburg, München.

- (1986a), Antagonistische Kooperation. Elementare spieltheoretische Modelle spontaner Ordnungsentstehung in menschlichen Gesellschaften, Freiburg, München.

- (1986b), The Veil of Insignificance, in: European Journal of Political Economy, 2/3, S. 333 - 344.

- (1992), Normbegründung und Normbefolgung in Ökonomik und Ethik, in: Zeitschrift für Betriebswirtschaft, Sonderheft 1/92, S. 91 - 105.

Kluxen, Wolfgang (1965/66), Ethik und Ethos, in: Philosophisches Jahrbuch, 73, S. 339 - 355.

- (1974), Ethik des Ethos, Freiburg, München.

Knight, Frank H. (1921, 1965), Risk, Uncertainty and Profit, 1957 ed., repr. 1965, New York.

- (1966), Abstract Economics as Absolute Ethics, in: Ethics, 76, S. 163 - 177.

Koller, Peter (1987), Neue Theorien des Sozialkontrakts, Berlin.

Korff, Wilhelm (1992), Unternehmensethik und marktwirtschaftliche Ordnung, in: Zeitschrift Interne Revision, 27, S. 1 - 16.

Koslowski, Peter (1982), Gesellschaft und Staat, Tübingen.

- (1982, 1991), Ethik des Kapitalismus, Walter Eucken Institut, Vorträge und Aufsätze, 4. Aufl., Tübingen.

- (1987), Über die Notwendigkeit von ethischen und zugleich ökonomischen Urteilen, in: Ludwig-Erhard-Stiftung (Hrsg.), Orientierungen zur Wirtschafts- und Gesellschaftspolitik, Nr. 33, S. 7 - 13.

- (1988a), Nebenwirkungen (Externalitäten) als Problem der Wirtschaftsethik, in: Hesse, Helmut (Hrsg.), Wirtschaftswissenschaft und Ethik, S. 259 - 275.

- (1988b), Über die Sittlichkeit und Effizienz. Notwendigkeit und Möglichkeit einer Wirtschaftsethik, in: Rahmsdorf, Detlev / Schäfer, Hans-Bernd (Hrsg.), Ethische Grundfragen der Wirtschafts- und Rechtsordnung, S. 101 - 121.

- (1988, 1991), Prinzipien der ethischen Ökonomie, 2. Aufl.(hier zit. nach der 1. Aufl.), Tübingen.

- (1989a), Grundlinien der Wirtschaftsethik, in: Zeitschrift für Wirtschafts- und Sozialwissenschaften (ZWS), 109, S. 345 - 383.

- (1989b), Ethik gegen Ideologien, in: Die Zeit v. 12. Mai 1989.

- (1990), Wirtschaftsethik als Synthese von ökonomischer und ethischer Theorie. Antwort auf Hans-Peter Weikard, in: Zeitschrift für Wirtschafts- und Sozialwissenschaften (ZWS), 110, S. 277 - 281.

- (1991a), Ethische Ökonomie als Synthese von ökonomischer und ethischer Theorie, in: Jahrbücher für Nationalökonomie und Statistik, 208, S. 113 - 139.

- (1991b), Gesellschaftliche Koordination, Tübingen.

- (Hrsg.) (1992a), Neuere Entwicklungen in der Wirtschaftsethik und Wirtschaftsphilosophie, Berlin et al.

- (1992b), Der homo oeconomicus und die Wirtschaftsethik, in: ders. (Hrsg.) (1992a), Neuere Entwicklungen in der Wirtschaftsethik und Wirtschaftsphilosophie, Berlin et al., S. 73 - 91.

Kränzle, Birgid S. (1991), Schlanke Produktion. Aufbruch in ein neues Zeitalter der industriellen Produktion?, in: technologie & management, S. 38 - 41.

Kreps, David M.(1984), Corporate Culture and Economic Theory, mimeo, Graduate School of Business, Stanford University.

- (1990), Corporate Culture and Economic Theory, in: Alt, James E. / Shepsle, Kenneth A. (eds.), Perspectives on Positive Political Economy, S. 90 - 143 (modifizierte Fassung von *Kreps* [1984]).

Kreps, David M. / Milgrom, Paul / Roberts, John / Wilson, Robert (1981), Rational Cooperation in the Finitely Repeated Prisoner's Dilemma, in: Journal of Economic Theory, 27, S. 245 - 252.

Kuhn, Thomas S. (1971), Notes on Lakatos, in: Buck, Roger C. / Cohen, Robert S. (eds.), PSA (Philosophy of Science Association) 1970. In Memory of Rudolf Carnap, Boston Studies in the Philosophy of Science, Volume III, S. 137 - 146.

- (1962, 1976), Die Struktur wissenschaftlicher Revolutionen, Taschenbuchausgabe, Übersetzung der 2., revidierten und um das Postskriptum von 1969 ergänzten Auflage von 1970, Frankfurt/M.

- (1988), Die Entstehung des Neuen. Studien zur Struktur der Wissenschaftsgeschichte, übers. v. Hermann Vetter, 3. Aufl., Frankfurt/M.

Küpper, Hans-Ulrich (1988), Verantwortung in der Wirtschaftswissenschaft, in: Zeitschrift für betriebswirtschaftliche Forschung, 40, S. 318 - 339.

Lachmann, Werner (1989), Wirtschaft und Ethik. Maßstäbe wirtschaftlichen Handelns, 2. Aufl., Neuhausen-Stuttgart.

Lakatos, Imre (1971a), History of Science and Its Rational Reconstructions, in: Buck, Roger C. / Cohen, Robert S. (eds.), PSA (Philosophy of Science Association) 1970. In Memory of Rudolf Carnap, Boston Studies in the Philosophy of Science, Volume III, S. 91 - 136.

- (1971b), Replies to Critics, in: Buck, Roger C. / Cohen, Robert S. (eds.), PSA (Philosophy of Science Association) 1970. In Memory of Rudolf Carnap, Boston Studies in the Philosophy of Science, Volume III, S. 174 - 182.

- (1974, 1982), Falsifikation und die Methodologie wissenschaftlicher Forschungsprogramme, in: ders. / Musgrave, Alan (Hrsg.), Kritik und Erkenntnisfortschritt, S. 89 - 189.

- (1978), The Methodology of Scientific Research Programmes, Philosophical Papers, Vol. I, edited by John Worrall and Gregory Currie, Cambridge et al.

- (1982), Die Methodologie der wissenschaftlichen Forschungsprogramme, Philosophische Schriften Bd. I, hrsg. von John Worrall und Gregory Currie, Braunschweig, Wiesbaden.

Lattimore, Ralph (1992), Are Economists Different?, in: Journal of Economic Perspectives, 6, S. 199 - 201.

Lay, Rupert (1989), Ethik für Manager, Düsseldorf, Wien, New York.

Lindenberg, Siegwart (1983), The New Political Economy: Its Potential and Limitations for the Social Sciences in General and for Sociology in Particular, in: Sodeur, Werner (Hrsg.), Ökonomische Erklärung sozialen Verhaltens, Duisburg, S. 1 - 68.

- (1984a), Normen und die Allokation sozialer Wertschätzung, in: Todt, Horst (Hrsg.), Normengeleitetes Verhalten in den Sozialwissenschaften, Schriften des Vereins für Socialpolitik, N. F. 141, S. 169 - 191.

- (1984b), Preference versus Constraints, in: Zeitschrift für die gesamte Staatswissenschaft (ZgSt), 140, S. 96 - 103.

- (1985), Rational Choice and Sociological Theory: New Pressures on Economics as a Social Science, in: Journal of Institutional and Theoretical Economics (JITE), 141, S. 244 - 255.

- (1986b), Individual Econonomic Ignorance versus Social Production Functions and Precarious Enlightenment, in: Journal of Institutional and Theoretical Economics (JITE), 142, S. 20 - 26.

Lindenberg, Siegwart / Coleman, James S. / Nowak, Stefan (eds.) (1986), Approaches to Social Theory, New York.

Löhr, Albert (1991), Unternehmensethik und Betriebswirtschaftslehre, Stuttgart.

Luce, R. Duncan / Raiffa, Howard (1957), Games and Decisions, New York.

Luhmann, Niklas (1968), Zweckbegriff und Systemrationalität: Über die Funktion von Zwecken in sozialen Systemen, Tübingen.

- (1975), Legitimation durch Verfahren, 2. Auflage, Darmstadt.

- (1978, 1981), Funktion der Moral, in: Höffe, Otfried / Kadelbach, Gerd / Plumpe, Gerhard (Hrsg.), Praktische Philosophie / Ethik, S. 136 - 151.

- (1988), Paradigm Lost. Die ethische Reflexion der Moral, Festvortrag anläßlich der Verleihung des Hegel-Preises der Landeshauptstadt Stuttgart am 23.11.89, Stuttgart.

- (1989), Vertrauen. Ein Mechanismus der Reduktion sozialer Komplexität, 3. Aufl., Stuttgart.

- (1991), Wirtschaftsethik - als Ethik?, Vortrag anläßlich eines Symposions zur Wirtschaftsethik an der Universität Münster am 29.11.1991, Typoskript, Münster.

Lübbe, Hermann (1975, 1981), Dezisionismus - eine kompromittierte politische Theorie, in: Schweizer Monatshefte, 55, S. 949 - 960.

Maaz, Hans-Joachim (1991), Psychosoziale Aspekte im deutschen Einigungsprozeß, in: Aus Politik und Zeitgeschichte. Beilage zur Wochenzeitung Das Parlament, B 19/91, S. 3 - 10.

Macfie, Alec Lawrence (1985), Adams Smiths "Theorie der ethischen Gefühle" als Grundlage für seinen "Wohlstand der Nationen", in: Recktenwald, Horst C. (Hrsg.), Ethik, Wirtschaft und Staat. Adam Smiths politische Ökonomie heute, S. 131 - 157.

Machlup, Fritz (1955, 1978e), The Problem of Verification in Economics, in: ders. (1978a), S. 137 - 157.

- (1960, 1963), Micro- and Macro-Economics: Contested Boundaries and Claims of Superiority, in: Machlup, Fritz, Essays in Economic Semantics, Englewood Cliffs, N. J., S. 97 - 144.

- (1964), Paul Samuelson on Theory and Realism, in: American Economic Review, 54, S. 733 - 735.

- (1978a), Methodology of Economics and Other Social Sciences, New York, San Francisco, London.

- (1978b), Homo Oeconomicus and his Classmates, in: ders. (1978a), S. 267 - 281.

- (1978c), The Universal Bogey: Economic Man, in: ders. (1978a), S. 283 - 301.

- (1978d), Joseph Schumpeter's Economic Methodology, in: ders. (1978a), S. 461 - 474.

Mackie, John Leslie (1983), Ethik. Auf der Suche nach dem Richtigen und Falschen, übers. v. Rudolf Ginters, durchges. und verb. Ausg., Stuttgart.

Macneil, Ian R. (1974), The Many Futures of Contract, in: Southern California Law Review, 47, S. 691 - 816.

- (1982), Efficient Breach of Contract: Circles in the Sky, in: Virginia Law Review, 68, S. 947 - 969.

March, James G. / Simon, Herbert (1958), Organizations, New York, London.

Margolis, Howard (1981), A New Model of Rational Choice, in: Ethics, 91, S. 265 - 279.

- (1982), Selfishness, Altruism, and Rationality, A Theory of Social Choice, Chicago, London.

Matthiessen, Christian (Hrsg.) (1990), Ökonomie und Ethik. Moral des Marktes oder Kritik der reinen ökonomischen Vernunft, Freiburg / Breisgau.

Maucher, Helmut (1990), Interview, in: manager magazin, 4, S. 36 - 37.

McKenzie, Robert B / Tullock, Gordon (1978, 1984), Homo Oeconomicus: Ökonomische Dimensionen des Alltags, Frankfurt/M., New York.

Meckling, William H. (1976), Values and the Choice of the Model of the Individual in the Social Sciences, in: Schweizerische Zeitschrift für Volkswirtschaft und Statistik, 112, S. 545 - 560.

Meyer, Ulrich (1983), Neue Makroökonomik, Berlin et al.

Meyer-Faje, Arnold / Ulrich, Peter (Hrsg.) (1991), Der andere Adam Smith, St. Galler Beiträge zur Wirtschaftsethik, Bern, Stuttgart.

Mises, Ludwig von (1933), Grundprobleme der Nationalökonomie, Jena.

Mittelstraß, Jürgen (1990), Wirtschaftsethik oder der erklärte Abschied vom Ökonomismus auf philosophischen Wegen, in: Ulrich, Peter (Hrsg.), Auf der Suche nach einer modernen Wirtschaftsethik, St. Galler Beiträge zur Wirtschaftsethik, Bd. 4, S. 17 - 38.

- (1985), Wirtschaftsethik als wissenschaftliche Disziplin?, in: Enderle, Georges (Hrsg.), Ethik und Wirtschaftswissenschaft, Schriften des Vereins für Socialpolitik, N. F. 147, Berlin, S. 17 - 32.

Musgrave, Richard A.(1959), Public Finance in Theory and Practice.

Musgrave, Richard A. / Musgrave, Peggy B. / Kullmer, Lore (1978), Die öffentlichen Finanzen in Theorie und Praxis, Bd. 1, zitiert nach der älteren 2. Aufl., Tübingen.

Myerson, Roger B. (1989), Mechanism Design, in: Eatwell, John / Milgate, Murray / Newman, Peter (eds.), Allocation, Information and Markets, S. 191 - 206.

Nagel, Ernest (1963), Assumptions in Economic Theory, in: American Economic Review, Papers and Proceedings, 53, S. 211 ff.

Nelson, Phil (1970), Information and Consumer Behavior, in: Journal of Political Economy, 78, S. 311 - 329.

Neumann, John von / Morgenstern, Oskar (1944, 1953), Theory of Games and Economic Behavior, 3rd ed., Princeton.

Neumann, Manfred (1984), Neoklassik, in: Issing, Otmar (Hrsg.), Geschichte der Nationalökonomic, S. 205 - 220.

Nozick, Robert (1976), Anarchie, Staat, Utopia, München.

Olson, Mancur jr. (1965, 1985), Die Logik des kollektiven Handelns. Kollektivgüter und die Theorie der Gruppen, 2. Aufl., Tübingen .

Oncken, August (1897), The Consistency of Adam Smith, in: Economic Journal, 7, S. 443 - 450.

Opp, Karl-Dieter (1989), Ökonomie und Soziologie - Die gemeinsamen Grundlagen beider Fachdisziplinen, in: Schäfer, Hans-Bernd / Wehrt, Klaus (Hrsg.), Die Ökonomisierung der Sozialwissenschaften, S. 103 - 128.

Pagenstecher, Ulrich (1963), Über Empfehlungen "vom volkswirtschaftlichen Standpunkt", in: Karrenberg, Friedrich / Albert, Hans (Hrsg.), Sozialwissenschaft und Gesellschaftsgestaltung, Festschrift für Gerhard Weisser, S. 151 - 160.

- (1987), Verstehen und Erklären in der Nationalökonomie. Methodenkontroversen 1930 - 1985, Nürnberg.

Patzig, Günther (1971), Ethik ohne Metaphysik, Göttingen.

- (1986), "Principium diiudicationis" und "Principium executionis": Über transzendentalpragmatische Begründungssätze für Verhaltensnormen, in: Prauss, Gerold (Hrsg.), Handlungstheorie und Transzendentalphilosophie, S. 204 - 218.

Pejovich, Steve (1982), Karl Marx, Property Rights School and the Process of Social Change, in: Kyklos, 35. Jg., S. 383 - 397.

Phelps, Edmund S. (ed.) (1975), Altruism, Morality, and Economic Theory, New York.

Pieper, Annemarie (1991), Einführung in die Ethik, 2. Aufl., Tübingen.

- (Hrsg.) (1992), Geschichte der neueren Ethik, 2 Bände, Tübingen und Basel.

Pies, Ingo (1993), Normative Institutionenökonomik. Zur Rationalisierung des ökonomischen Liberalismus, Tübingen.

Platon (1974), Jubiläumsausgabe sämtlicher Werke zum 2400. Geburtstag, übertragen von Rudolf Rufener, Zürich und München.

Popper, Karl R. (1935, 1982), Logik der Forschung, 7. Aufl., Tübingen.

- (1944/45, 1969), Das Elend des Historizismus, 2. Aufl., Tübingen.

- (1963), The Demarcation between Science and Metaphysics, in: Schilpp, Paul Arthur (ed.), The Philosophy of Rudolf Carnap, Library of Living Philosophers, Vol. XI, S. 183 - 226.

- (1963, 1969), Conjectures and Refutations. The Growth of Scientific Knowledge, 3rd ed., London.

- (1972), Die Zielsetzung der Erfahrungswissenschaft, in: Albert, Hans (Hrsg.), Theorie und Realität. Ausgewählte Aufsätze zur Wissenschaftslehre der Sozialwissenschaften, S. 29 - 41.

- (1975), The Rationality of Scientific Revolutions, in: Rom, Harré, Problems of Scientific Revolution. Progress and obstacles to progress in the sciences, The Herbert Spencer Lectures 1973, S. 72 - 101.

Priddat, Birger P. (1989), Transformation der ökonomischen Vernunft? Über P. Ulrichs Vorschlag zur 'Moralisierung der Ökonomie', in: Seifert, Eberhard K. / Pfriem, Reinhard (Hrsg.), Wirtschaftsethik und ökologische Wirtschaftsforschung, S. 151 - 164.

- (1990), Arm und Reich. Zur Transformation der vorklassischen in die klassische Ökonomie. Zum 200. Todesjahr Adam Smiths, Beiträge und Berichte des Instituts für Wirtschaftsethik an der Hochschule St. Gallen, Nr. 39, St. Gallen.

- (1991), Der ethische Ton der Allokation. Elemente der aristotelischen Ethik und Politik in der deutschen Nationalökonomie des 19. Jahrhunderts, Baden-Baden.

Prisching, Manfred (1983), Über die Karriere einer Handlungstheorie. Der ökonomische Mensch auf dem Weg durch die Sozialwissenschaften, in: Zeitschrift für philosophische Forschung, 37, S. 256 - 274.

Rachlin, Howard (1989), Judgment, Decision, and Choice: A Cognitive / Behavioral Synthesis, New York, Oxford.

Radnitzky, Gerard / Bernholz, Peter (eds.) (1987), Economic Imperialism, New York.

Raphael, David D. (1991), Adam Smith, Aus dem Englischen von Udo Rennert, Frankfurt/M.

Rasmusen, Eric (1989, 1991), Games and Information, korr. Neudruck, Oxford, Cambridge, Ma.

Raub, Werner / Voss, Thomas (1986), Die Sozialstruktur der Kooperation rationaler Egoisten. Zur "utilitaristischen" Erklärung sozialer Ordnung, in: Zeitschrift für Soziologie, 15, S. 309 - 323.

- / - (1987, 1991), Selbstinteresse und Kooperation als Gegenstand der Sozialtheorie - Elemente eines Forschungsansatzes, Nachwort zur deutschen Übersetzung Axelrod (1984, 1991), S. 195 - 212.

Rawls, John (1979), Eine Theorie der Gerechtigkeit, Frankfurt/M.

Recktenwald, Horst C. (Hrsg.) (1985), Ethik, Wirtschaft und Staat. Adam Smiths politische Ökonomie heute, Darmstadt.

Reisman, David (1987), James M. Buchanan - A Bibliography, in: Southern Economic Journal, 54, S. 1 - 18.

- (1990), The Political Economy of James Buchanan, London.

Rich, Arthur (1985), Wirtschaftsethik, 2. Aufl., Gütersloh.

Robbins, Lionel (1932, 1952), An Essay on the Nature and Significance of Economic Science, 2nd ed. 1935, repr. 1952, London.

Robertson, Dennis H. (1956), What Does the Economist Economize?, in: ders., Economic Commentaries, S. 147 - 155.

Rogerson, William P. (1984), Efficient Reliance and Damage Measures for Breach of Contract, in: Rand Journal of Economics, 15, S. 39 - 53.

Ross, Stephen A. (1973), The Economic Theory of Agency: The Principal's Problem, in: American Economic Review, Papers and Proceedings, 63, S. 134 - 139.

Rothschild, Kurt W. (1981), Wie nützlich ist der Homo oeconomicus, in: Zeitschrift für die gesamte Staatswissenschaft (ZgSt), 137, S. 289 - 292.

Rowley, Charles K. / Peacock, Alan T. (1975), Welfare Economics. A Liberal Restatement, London.

Samuelson, Paul A.(1954), The Pure Theory of Public Expenditure, in: Review of Economics and Statistics, 36, S. 387 - 389.

- (1955), Diagrammatic Exposition of a Theory of Public Expenditure, in: Review of Economics and Statistics, 37, S. 350 - 356.

- (1963), Problems of Methodology (Discussion), in: American Economic Review, Papers and Proceedings, 53, S. 231 - 236.

- (1964), Theory and Realism: A Reply, in: American Economic Review, 54, S. 736 - 739.

- (1965), Professor Samuelson on Theory and Realism: Reply, in: American Economic Review, 55, S. 1164 - 1172.

Schäfer, Hans-Bernd / Wehrt, Klaus (Hrsg.) (1989), Die Ökonomisierung der Sozialwissenschaften, Frankfurt/M.

Scheler, Max (1966), Der Formalismus in der Ethik und die materiale Wertethik, Gesammelte Werke, Bd. 2, München.

Schelling, Thomas C. (1968), Game Theory and the Study of Ethical Systems, in: Journal of Conflict Resolution, 12, S. 34 - 44.

- (1978a), Egonomics, or the Art of Self-Management, in: American Economic Review, Papers and Proceedings, 68, S. 290 - 294.

- (1978b), Micromotives and Macrobehavior, New York und London.

- (1984a), Choice and Consequence, Cambridge, Ma., London.

- (1984b), The Intimate Contest for Self-Command, in: ders. (1984a), S. 57 - 82.

- (1984c), Ethics, Law, and the Exercise of Self-Command, in: ders. (1984a), S. 83 - 112.

- (1984d), Self-Command in Practice, in Policy, and in a Theory of Rational Choice, in: American Economic Review, Papers and Proceedings, 74, S. 1 - 11.

Schischkoff, Georgi (Hrsg.) (1982), Philosophisches Wörterbuch, 21. Aufl., Stuttgart.

Schlegelmilch, Bodo B. (1990), Die Kodifizierung ethischer Grundsätze in europäischen Unternehmen: eine empirische Untersuchung, in: Die Betriebswirtschaft, 50, S. 365 - 374.

Schneider, Dieter (1987), Allgemeine Betriebswirtschaftslehre, 3. Aufl., München, Wien.

- (1990), Unternehmensethik und Gewinnprinzip in der Betriebswirtschaftslehre, in: Zeitschrift für betriebswirtschaftliche Forschung, 42, S. 869 - 891.

- (1991), Wird die Betriebswirtschaftslehre durch Kritik an Unternehmensethik unverantwortlich?, in: Zeitschrift für betriebswirtschaftliche Forschung, 43, S. 537 - 543.

Schotter, Andrew (1981), The Economic Theory of Social Institutions, Cambridge et al.

Schubert, Klaus (Hrsg.) (1992), Leistungen und Grenzen politisch-ökonomischer Theorie. Eine kritische Bestandsaufnahme zu Mancur Olson, Darmstadt.

Schüßler, Rudolf (1988), Der homo oeconomicus als skeptische Fiktion, in: Kölner Zeitschrift für Soziologie und Sozialpsychologie, 40, S. 447 - 463.

- (1990), Kooperation unter Egoisten: vier Dilemmata, München.

Schumann, Jochen (1978), "Neue Mikroökonomik" und "Theorie der Eigentumsrechte": Ansätze zur Ergänzung der mikroökonomischen Theorie, in: Wirtschaftswissenschaftliches Studium (WiSt), 7, S. 307 - 312.

- (1980), Neue Ansätze zur Theorie der Unternehmung. Ein Überblick, in: Popkiewicz, Jozef / Schumann, Jochen (Hrsg.), Aufgaben und Funktionsweisen der Unternehmungen in den Wirtschaftsordnungen Polens und der Bundesrepublik Deutschland, Deutsch-polnische wirtschaftswissenschaftliche Schriften, Bd. 2, S. 68 - 88.

- (1984), Art. Nutzen, Grenznutzen, in: Historisches Wörterbuch der Philosophie (HWP), herausgegeben von Joachim Ritter und Karlfried Gründer, Bd. 6, Sp. 1008 - 1011.

- (1987), Die Unternehmung als ökonomische Institution, in: Das Wirtschaftsstudium (wisu), 16, S. 212 - 218.

- (1990), Geschichte der Wirtschaftstheorie: Ein Überblick, in: Das Wirtschaftsstudium (wisu), 19, S. 586 - 592.

- (1992), Grundzüge der mikroökonomischen Theorie, 6. Aufl., Berlin et al.

- (1992a), Der Produktionsfaktor Arbeit: Düstere Vergangenheit - glänzende Zukunft?, in: Jahrbuch für Sozialwissenschaft, 43, S. 1 - 24.

Schumpeter, Joseph Alois (1908), Das Wesen und der Hauptinhalt der theoretischen Nationalökonomie, 1. Aufl., Berlin .

- (1942, 1980), Kapitalismus, Sozialismus und Demokratie, 5. Aufl., München.

- (1984), The Meaning of Rationality in the Social Sciences, in: Zeitschrift für die gesamte Staatswissenschaft (ZgSt), S. 577 - 593.

Scodel, Alvin / Minas, J. Sayer / Ratoosh, Philburn / Lipetz, Milton (1959), Some descriptive aspects of two-person non-zero-sum games, in: Journal of Conflict Resolution, 3, S. 114 - 119.

Sen, Amartya K.(1970), The Impossibility of a Paretian Liberal, in: Journal of Political Economy, 78, S. 152 - 157.

- (1977), Rational Fools: A Critique of the Behavioral Foundations of Economic Theory, in: Philosophy and Public Affairs, 6, S. 317 - 344.

- (1987a), On Ethics and Economics, Oxford.

- (1987b), Art. Rational Behaviour, in: The New Palgrave, S. 68 ff.

- (1991), Beneconfusion, in: Meeks, J. Gay Tulip (ed.), Thoughtful economic man, Essays on rationality, moral rule and benevolence, S. 12 - 16.

Sen, Amartya K. / Williams, Bernard (1984), Introduction: Utilitarianism and beyond (und Buch ausleihen), in: Sen, Amartya / Williams, Bernard (eds.), Utilitarianism and beyond, S. 1 - 21.

Shavell, Steven (1980), Damage Measures for Breach of Contract, in: Bell Journal of Economics, 11, S. 466 - 490.

- (1984), The Design of Contracts and Remedies for Breach, in: Quarterly Journal of Economics (QJE), 99, S. 121 - 148.

Siemons, Mark (1990), Gesäusel - Die Jahre der Ethik sind gezählt, in: Frankfurter Allgemeine Zeitung vom 17.04.1990.

Simon, Frank (1993), Ökonomische Konsequenzen sozialen Unternehmerverhaltens, Dissertation, Münster.

Simon, Herbert A. (1972), Theories of bounded rationality, in: McGuire, C. B. / Radner, Roy (eds.), Decision and Organization. A Volume in Honor of Jacob Marschak, S. 161 - 176.

- (1957), Models of Man, New York.

- (1990), Alternative visions of rationality, in: Moser, Paul K. (ed.), Rationality in Action, S. 189 - 204.

Smith, Adam (1757), The Theory of Moral Sentiments, 2 Bände, London.

- (1757, 1926), Theorie der ethischen Gefühle, zwei Bände, übersetzt und herausgegeben von Walther Eckstein, Leipzig.

- (1776, 1937), An Inquiry into the Nature and Causes of the Wealth of Nations, 2 Bde., London.

- (1776, 1974), Der Wohlstand der Nationen, 4 Bände, aus dem Englischen übertragen von Horst C. Recktenwald nach der 5. Auflage 1789, München.

Sombart, Werner (1929), Die drei Nationalökonomien, München, Leipzig.

Spaemann, Robert (1982), Moralische Grundbegriffe, München.

Sprenger, Reinhard K. (1991, 1992), Mythos Motivation, 2. Aufl., Frankfurt/M., New York.

Stegmüller, Wolfgang (1973, 1979), Wertfreiheit, Interessen und Objektivität. Das Wertfreiheitspostulat von Max Weber, in: ders. (1979), S. 177 - 203.

- (1979), Rationale Rekonstruktion von Wissenschaft und ihrem Wandel, Stuttgart.

Steinmann, Horst / Gerhard, Birgit (1992), Effizienz und Ethik in der Unternehmensführung, in: Homann, Karl (Hrsg.), Aktuelle Probleme der Wirtschaftethik, Schriften des Vereins für Socialpolitik, N. F. 211, S. 159 - 141.

Steinmann, Horst / Löhr, Albert (1988), Unternehmensethik - eine 'realistische' Idee. Versuch einer Begriffsbestimmung anhand eines realistischen Falles, in: Zeitschrift für betriebswirtschaftliche Forschung, 40, S. 299 - 317.

- / - (1991a), Grundlagen der Unternehmensethik, Stuttgart.

- / - (Hrsg.) (1991b), Unternehmensethik, 2. Aufl., Stuttgart.

- / - (1991c), Einleitung: Grundfragen und Problembestände einer Unternehmensethik, in: Steinmann, Horst / Löhr, Albert (Hrsg.), Unternehmensethik, S. 3 - 32.

- / - (1991d), Wo die Betriebswirtschaftslehre unverantwortlich wird, in: Zeitschrift für betriebswirtschaftliche Forschung, 43, S. 525 - 528.

Steinmann, Horst / Oppenrieder, Bernd (1985), Brauchen wir eine Unternehmensethik? Ein thesenartiger Aufriß einzulösender Argumentationspflichten, in: Die Betriebswirtschaft, 45, S. 170 - 183.

Stigler, George (1961), The Economics of Information, in: Journal of Political Economy, 69, S. 213 - 225.

- (1982a), The Ethics of Competition: The Friendly Economists, in: ders. (ed.), The Economist as Preacher and Other Essays, S. 14 - 26.

- (1982b), The Ethics of Competition: The Unfriendly Critics, in: ders. (ed.), The Economist as Preacher and Other Essays, S. 27 - 37.

Stigler, George / Becker, Gary S. (1977), De Gustibus Non Est Disputandum, in: American Economic Review, 67, S. 76 - 90.

Straffin, Philip D. jr. (1980), The Prisoner's Dilemma, in: UMAP Journal, 1, S. 101 - 103.

Suchanek, Andreas (1991), Der ökonomische Ansatz und das Verhältnis von Mensch, Institution und Erkenntnis, in: Biervert, Bernd / Held, Martin (Hrsg.), Das Menschenbild der ökonomischen Theorie, S. 76 - 93.

Sugden, Robert (1992), Inductive Reasoning in Repeated Games, in: Selten, Reinhard (ed.), Rational Interaction. Essays in Honor of John C: Harsanyi, Berlin et al., S. 201 - 221.

Sultan, Ralph (1975), Pricing in the Electrical Oligopoly, Boston, Ma.

Tarascio, V. J. / Caldwell, Bruce (1979), Theory Choice in Economics: Philosophy and Practice, in: Journal of Economic Issues, 13, S. 983 - 1006.

Tarski, Alfred (1943/44), The Semantic Conception of Truth, in: Philosophy and Phenomenological Research, 4, S. 341 - 375.

Taylor, Frederick W. (1919), Die Grundsätze wissenschaftlicher Betriebsführung, München.

Tietzel, Manfred (1981a), Die Rationalitätsannahme in den Wirtschaftswissenschaften oder: Der homo oeconomicus und seine Verwandten, in: Jahrbuch für Sozialwissenschaft, 32, S. 115 - 138.

- (1981b), Die Ökonomie der Property Rights: Ein Überblick, in: Zeitschrift für Wirtschaftspolitik, Wirtschaftspolitische Chronik, 30. Jg., S. 207 - 243.

- (1981c), "Annahmen" in der Wirtschaftstheorie, in: Zeitschrift für Wirtschafts- und Sozialwissenschaften, Jg., S. 237 - 265.

- (1985), Wirtschaftstheorie und Unwissen, Tübingen.

- (1986a), Idealisierte Erklärungen, in: Zeitschrift für allgemeine Wirtschaftstheorie, 17, S. 315 - 321.

- (1986b), Moral und Wirtschaftstheorie, in: Zeitschrift für Wirtschafts- und Sozialwissenschaften, 106, S. 113 - 137.

- (1986c), Zur Theorie der Präferenzen, in: Boettcher, Erik / Herder-Dorneich, Philipp / Schenk, Karl-Ernst (Hrsg.), Jahrbuch für Neue Politische Ökonomie, 7, S. 38 - 71.

Todt, Horst (Hrsg.) (1984), Normengeleitetes Verhalten in den Sozialwissenschaften, Schriften des Vereins für Socialpolitik, N. F. 141, Berlin.

Tugendhat, Ernst (1984), Probleme der Ethik, Stuttgart.

- (1992a), Philosophische Aufsätze, Frankfurt/M.

- (1992b), Ethik und Politik. Vorträge und Stellungnahmen aus den Jahren 1978 bis 1991, Frankfurt/M.

Ullmann-Margalit, Edna (1977), The Emergence of Norms, Oxford.

Ulrich, Peter (1981), Wirtschaftsethik und Unternehmungsverfassung: Das Prinzip des unternehmungspolitischen Dialogs, in: Ulrich, Hans (Hrsg.), Management-Philosophie für die Zukunft. Gesellschaftlicher Wertewandel als Herausforderung an das Management, S. 57 - 75.

- (1987a), Die Weiterentwicklung der ökonomischen Rationalität - zur Grundlegung der Ethik der Unternehmung, in: Biervert, Bernd / Held, Martin (Hrsg.), Ökonomische Theorie und Ethik, S. 122 - 149.

- (1987b), Transformation der ökonomischen Vernunft, 2. Aufl., Bern, Stuttgart.

- (1988a), Wirtschaftsethik als Wirtschaftswissenschaft. Standortbestimmung im Verhältnis von Ethik und Ökonomie, Beiträge der Forschungsstelle für Wirtschaftsethik an der Hochschule St. Gallen Nr. 23, St. Gallen.

- (1988b), Unternehmensethik - Diesseits oder jenseits der betriebswirtschaftlichen Vernunft, in: Lattmann, Charles (Hrsg.), Ethik und Unternehmensführung, S. 96 - 116.

- (1988c), Wirtschaftsethik und ökonomische Rationalität. Zur Grundlegung einer Vernunftethik des Wirtschaftens, Beiträge und Berichte des Instituts für Wirtschaftsethik an der Hochschule St. Gallen, Nr. 19, St. Gallen.

- (1989a), Diskursethk und Politische Ökonomie, in: Biervert, Bernd / Held Martin (Hrsg.), Ethische Grundlagen der ökonomischen Theorie, Frankfurt/M., New York, S. 70 - 99.

- (1989b), Rückfragen zur Geschichte von der 'ethischen Katze und dem heißen ökonomischen Brei', in: Seifert, Eberhard K. / Pfriem, Reinhard (Hrsg.) (1989), Wirtschaftsethik und ökologische Wirtschaftsforschung, Bern, Stuttgart, 165 - 171.

- (Hrsg.) (1990), Auf der Suche nach einer modernen Wirtschaftsethik, Bern, Stuttgart.

- (1990a), Wirtschaftsethik als Kritik der "reinen" ökonomischen Vernunft, in: Matthiessen, Christian (Hrsg.), Ökonomie und Ethik, S. 111 - 138.

- (1990b), Wirtschaftsethik auf der Suche nach der verlorenen ökonomischen Vernunft, in: ders. (Hrsg.) (1990), S. 179 - 226.

- (1990c), Wirtschaftsethik als Kritik der „reinen“ ökonomischen Vernunft, in: Matthiessen, Christian (Hrsg.), Ökonomie und Ethik, Freiburg/Breisgau, S. 111 - 138.

- (1991), Unternehmensethik - Führungsinstrument oder Grundlagenreflexion?, in: Steinmann, Horst / Löhr, Albert (Hrsg.), Unternehmensethik, S. 189 - 210.

- (1991a), Der kritische Adam Smith - im Spannungsfeld zwischen sittlichem Gefühl und ethischer Vernunft, in: Meyer-Faje, Arnold / Ulrich, Peter (Hrsg.), Der andere Adam Smith, S. 145 - 190.

- (1991b), Schwierigkeiten mit der unternehmensethischen Herausforderung. Anmerkungen zu Dieter Schneiders Beitrag „Unternehmensethik und Gewinnprinzip in der Betriebswirtschaftslehre“, in: Zeitschrift für betriebswirtschaftliche Forschung, 43, S. 529 - 536.

- (1992), Perspektiven eines integrativen Ansatzes der Wirtschaftsethik am Beispiel sich verändernder betriebswirtschaftlicher Rationalisierungsmuster, in: Homann, Karl (Hrsg.), Aktuelle Probleme der Wirtschaftsethik, Schriften des Vereins für Socialpolitik, N. F. 211, S. 183 - 215.

Ulrich,Peter / Thielemann, Ulrich (1992), Ethik und Erfolg. Unternehmensethische Denkmuster von Führungskräften - eine empirische Studie, Bern und Stuttgart.

Vanberg, Viktor (1975), Die zwei Soziologien - Individualismus und Kollektivismus in der Sozialtheorie, Tübingen.

- (1986), Spontaneous Market Order and Social Rules - A Critical Examination of F. A. Hayek's Theory of Cultural Evolution, in: Economics and Philosophy, 2, S. 91 ff.

- (1988), Morality and Economics. De moribus est disputandum, Original Papers No. 7, Social Philosophy and Policy Center, Bowling Green.

Vanberg, Viktor / Buchanan, James M. (1988), Rational Choice and Moral Order, in: Analyse & Kritik, 10, S. 138 - 160.

Vossenkuhl, Wilhelm (1985), Types of Rationality and Economic Action, in: Koslowski, Peter (ed.), Economics and Philosophy, S. 126 - 140.

Voss, Thomas (1985), Rationale Akteure und soziale Institutionen, München.

Weber, Max (1921, 1988), Gesammelte Politische Schriften, hrsg. von Johannes Winckelmann, 5. Aufl., Tübingen.

- (1922, 1972), Wirtschaft und Gesellschaft. Grundriß der verstehenden Soziologie, Studienausgabe (erste Teillieferung der 1. Aufl. 1921, Leinen-Gesamtausabe erstmals 1922), 5. Aufl., Tübingen .

- (1922, 1988), Gesammelte Aufsätze zur Wissenschaftslehre, hrsg. von Johannes Winckelmann, 7. Aufl., Tübingen.

- (1922, 1988a), Die "Objektivität" sozialwissenschaftlicher und sozialpolitischer Erkenntnis, in: Weber, Max (1922, 1988).

Weikard, Hans-Peter (1990), Grundlinien der Wirtschaftsethik? Ein Diskussionsbeitrag zu Peter Koslowski, in: Zeitschrift für Wirtschafts- und Sozialwissenschaften (ZWS), 110, S. 273 - 276.

Weise, Peter / Brandes, Wolfgang / Eger, Thomas / Kraft, Manfred (1991), Neue Mikroökonomie, 2. Aufl., Heidelberg.

Weizsäcker, Carl Christian von (1984), The Cost of Substitution, in: Econometrica, 52, S. 1085 - 1116.

Weller, Steven (1988), The Effectiveness of Corporate Codes of Ethics, in: Journal of Buisness Ethics, 7, S. 389 - 395.

Werner, Jürgen (1992), Rupert Lay, in: Frankfurter Allgemeine Magazin v. 11. September 1992, S. 12 - 22.

Wessling, Ewald (1991), Individuum und Information, Dissertation, Münster.

Wessling, Matthias (1992), Unternehmensethik und Unternehmenskultur, Münster, New York.

Wiemeyer, Joachim (1988), Neuere Literatur zur Wirtschaftsethik, in: Jahrbuch für Christliche Sozialwissenschaften, 29, S. 213 - 226.

Wiesenthal, Helmut (1987), Rational Choice, in: Zeitschrift für Soziologie, 16, S. 434 - 449.

Williams, Bernard (1990), Internal and external reasons, in: Moser, Paul K. (ed.), Rationality in Action, S. 387 - 397.

Williamson, Oliver E.(1975), Markets and Hierarchies, Analysis and Antitrust Implications, New York, London.

- (1979), Transaction-Cost Economics: The Governance of Contractual Relations, in: Journal of Law and Economics, 22, S. 233 - 261.

- (1981), On the Nature of the Firm: Some Recent Developments, in: Zeitschrift für die gesamte Staatswissenschaft (ZgSt), 137, S. 675 - 680.

- (1983), Credible Commitments: Using Hostages to Support Exchange, in: American Economic Review, 83, S. 519 - 540.

- (1984a), Corporate Governance, in: Yale Law Journal, 93, S. 44 - 64.

- (1984b), The Economics of Governance: Framework and Implications, in: Zeitschrift für die gesamte Staatswissenschaft (ZgSt), 140, S. 195 - 223.

- (1985a), The Economic Institutions of Capitalism, New York, deutsch: Die ökonomischen Institutionen des Kapitalismus, Tübingen 1990.

- (1985b), Reflections on the New Institutional Economics, in: Journal of Institutional and Theoretical Economics (JITE), 141, S. 187 - 195.

- (1988), Corporate Finance and Corporate Governance, in: The Journal of Finance, 63, S. 567 - 591.

- (1989), Transaction Cost Economics, in: Schmalensee, Richard / Willig, Robert D. (eds.), Handbook of Industrial Organization, Vol. I, Amsterdam et al., S. 135 - 182.

- (1990a), A Comparison of Alternative Approaches to Economic Organization, in: Journal of Institutional and Theoretical Economics (JITE), 146, S. 61 - 71.

- (1990b), The Firm as a Nexus of Treaties: an Introduction, in: *Aoki, Masahiko / Gustafsson, Bo / Wiliamson, Oliver E.* (eds.), The Firm as a Nexus of Treaties, S. 1 - 25.

- (1991a), Economic Institutions: Spontaneous and Intentional Governance, in: Journal of Law, Economics and Organization, 7.

- (1991b), Institutional Aspects of Economic Reform: The Transaction Cost Economics Perspective, mimeon, University of California, Berkeley, August 1991.

- (1991c), Private Ownership and the Capital Market, Paper presented for the conference on "Privatization" at the Kiel Institute of World Economics, August 1991, University of California, Berkeley.

Williamson, Oliver E. / Ouchi, William G. (1983), The Market and Hierarchies Programme of Research: Origins, Implications, Prospects, in: Francis, A. / Turk, Jeremy / Willman, Paul (eds.), Power, Efficiency and Institutions, S. 13 - 34.

Williamson, Oliver E. / Winter, Sidney G. (1991), The Nature of the Firm, New York, Oxford.

Wilson, Robert (1985), Reputation in Games and Markets, in: Roth, Alvin E. (ed.), Game-theoretic Models of Bargaining, S. 27 - 62.

Wippler, Reinhard / Lindenberg, Siegwart (1987), Collective Phenomena and Rational Choice, in: Alexander, Jeffrey C. et al. (eds.), The Micro-Macro Link, Berkeley et al., S. 135 - 152.

Witt, Ulrich (1987), Individualistische Grundlagen der evolutorischen Ökonomik, Tübingen.

- (1989), Bemerkungen zu Hayeks Theorie sozioökonomischer Evolution, in: Wirtschaftspolitische Blätter, 36, S. 140 - 148.

Womack, James P. / Johnes, Daniel T. / Roos, Daniel (1991), Die zweite Revolution der Autoindustrie, dt. Übers. v. Wilfried Hof, Frankfurt/M.

Zimmer, Robert (1984), Die Motivation zur Anerkennung moralischer Normen, in: Philosophisches Jahrbuch, 91, S. 308 - 324.

Zintl, Reinhard (1986), Ökonomisches Rationalitätskonzept und normorientiertes Verhalten, in: Boettcher, Erik / Herder-Dorneich, Philipp / Schenk, Karl-Ernst (Hrsg.), Jahrbuch für Neue Politische Ökonomie, 5, S. 227 - 239.

- (1989), Der Homo Oeconomicus: Ausnahmeerscheinung in jeder Situation oder Jedermann in Ausnahmesituationen?, in: Analyse & Kritik, 11, S. 52 - 69.

Volkswirtschaftliche Schriften

412 **Eigennutz und Kapitalismus.** Von H. Reich. 282 S. 1991 ⟨3-428-07149-2⟩ DM 68,– / öS 531,– / sFr 68,–

413 **Steuerreform als gesellschaftspolitische Aufgabe der neunziger Jahre.** Hrsg. von D. Döring und P. B. Spahn. 308 S. 1991 ⟨3-428-07152-2⟩ DM 128,– / öS 999,– / sFr 128,–

414 **Die italienische Wirtschaftspolitik zwischen Politik und Wirtschaft.** Von G. Fraenkel. 329 S. 1991 ⟨3-428-07100-X⟩ DM 148,– / öS 1.155,– / sFr 148,–

415 **Ungewißheit und Risiko im sowjetischen planwirtschaftlichen System.** Von P. Callies. 317 S. 1991 ⟨3-428-07210-3⟩ DM 176,– / öS 1.373,– / sFr 176,–

416 **Geld und Produktionsstruktur.** Von G. Ewerhart. 241 S. 1991 ⟨3-428-07211-1⟩ DM 98,– / öS 765,– / sFr 98,–

417 **Evaluation der Bildungsgesamtplanung.** Von M. Sommer. 335 S. 1991 ⟨3-428-07256-1⟩ DM 124,– / öS 968,– / sFr 124,–

418 **Tobin's Q und die Investitionsentwicklung in den Wirtschaftszweigen des Unternehmenssektors in der Bundesrepublik Deutschland.** Von M. Funke. 193 S. 1991 ⟨3-428-07258-8⟩ DM 98,– / öS 765,– / sFr 98,–

419 **Der Beitrag der Ökonomik zur Begründung von Normen des Tier- und Artenschutzes.** Von H.-P. Weikard. VIII, 153 S. 1992 ⟨3-428-07340-1⟩ DM 58,– / öS 453,– / sFr 58,–

420 **Renditenunterschiede und Schumpetersche Entwicklung.** Von F. Schohl. IV, 266 S. 1992 ⟨3-428-07485-8⟩ DM 98,– / öS 765,– / sFr 98,–

421 **Strukturelle Sensitivitätsanalyse dynamischer ökonometrischer Prognosemodelle.** Von W. Terlau. 525 S. 1992 ⟨3-428-07549-8⟩ DM 112,– / öS 874,– / sFr 112,–

422 **Internationale Transmission und Koordinierung der Wirtschaftspolitik.** Von W. Maennig. 327 S. 1992 ⟨3-428-07439-4⟩ DM 154,– / öS 1.202,– / sFr 154,–

423 **Elemente volkswirtschaftlicher Forschung und Lehre.** Festschrift für Sigurd Klatt zum 65. Geburtstag. Hrsg. von M. Ernst und J. Kopf. Frontispiz; 296 S. 1993 ⟨3-428-07625-7⟩ DM 98,– / öS 765,– / sFr 98,–

424 **Der Stand und die nächste Zukunft der Geldforschung.** Festschrift für Hajo Riese zum 60. Geburtstag. Hrsg. von H.-J. Stadermann und O. Steiger. Frontispiz, VIII, 498 S. 1993 ⟨3-428-07534-X⟩ DM 298,– / öS 2.325,– / sFr 298,–

425 **Rationale Ökonomik?** Von C. Kastrop. 284 S. 1993 ⟨3-428-07506-4⟩ DM 98,– / öS 765,– / sFr 98,–

426 **Optimale Handelspolitik unter verschiedenen Wettbewerbsbedingungen.** Eine partialanalytische Untersuchung. Von S.-H. Park. 168 S. 1993 ⟨3-428-07690-7⟩ DM 98,– / öS 765,– / sFr 98,–

427 **Technological Innovation, Competitiveness, and Economic Growth.** Hrsg. von O. Clauser, P. Kalmbach, G. Pegoretti, and Luisa Segnana. 383 S. 1992 ⟨3-428-07627-3⟩ DM 138,– / öS 1.077,– / sFr 138,–

428 **Die Evolution moderner ökonomischer Kategorien.** Von H. A. Frambach. Tab., Abb.; 307 S. 1993 ⟨3-428-07594-3⟩ DM 124,– / öS 968,– / sFr 124,–

429 **Preis- und Produktionseffekte von Subventionskürzungen.** Eine empirische Analyse für die Bundesrepublik Deutschland. Von T. Siebe. XV, 198 S. 1993 ⟨3-428-07687-7⟩ DM 98,– / öS 765,– / sFr 98,–

430 **Gustav von Schmoller und die Probleme von heute.** Hrsg. von J. G. Backhaus. Frontispiz; 2 Abb.; 296 S. 1993 ⟨3-428-07502-1⟩ DM 168,– / öS 1.311,– / sFr 168,–

431 **Mikrotheorie in der Agrarsektoranalyse.** Von H. P. Witzke. Tab., Abb.; 297 S. 1993 ⟨3-428-07810-1⟩ DM 98,– / öS 765,– / sFr 98,–